本书为作者主持的国家自然科学基金项目“基于子空间耦合的金融复杂系统建模与风险控制研究（71371165）”的主要研究成果

经济管理学术文库 • 金融类

基于子空间耦合的金融复杂系统建模与风险控制研究

Interdependent Network Models and Risk Management in Complex Financial Systems

钟立新　徐文娟／著

经济管理出版社
ECONOMY & MANAGEMENT PUBLISHING HOUSE

图书在版编目（CIP）数据

基于子空间耦合的金融复杂系统建模与风险控制研究/钟立新，徐文娟著．—北京：经济管理出版社，2018.12

ISBN 978-7-5096-5547-4

Ⅰ.①基… Ⅱ.①钟… ②徐… Ⅲ.①金融—数据模型—研究 ②金融—风险管理—研究 Ⅳ.①F830

中国版本图书馆 CIP 数据核字（2017）第 313984 号

组稿编辑：张巧梅
责任编辑：张巧梅
责任印制：司东翔
责任校对：董杉珊

出版发行：经济管理出版社
（北京市海淀区北蜂窝 8 号中雅大厦 A 座 11 层　100038）
网　　址：www.E-mp.com.cn
电　　话：（010）51915602
印　　刷：北京玺诚印务有限公司
经　　销：新华书店
开　　本：720mm×1000mm/16
印　　张：23
字　　数：426 千字
版　　次：2018 年 12 月第 1 版　2018 年 12 月第 1 次印刷
书　　号：ISBN 978-7-5096-5547-4
定　　价：88.00 元

前　言

金融系统是一个包含着多个子系统的复杂系统。这种复杂性既体现在金融系统内部各子系统之间以及各要素之间复杂的相互作用关系，同时也体现在金融系统与其他社会经济系统之间复杂的相互作用关系。一国的国民经济甚至是世界经济就在这样一种复杂的相互作用关系中螺旋式上升，动荡和平稳交替中前行的。

近年来，针对复杂性问题的研究出现了许多新的理论、模型和方法。包括复杂系统理论、演化经济学理论、行为金融理论、混沌理论、分形理论、标度理论、复杂网络模型、交叉关联模型、风险传播模型、博弈模型、文本分析方法、计算实验方法、大数据分析方法等。这些源于社会科学和自然科学等多个领域的交叉学科创新为我们研究金融复杂性问题提供了有益的工具。

本书尝试借鉴复杂性问题的研究方法，从金融复杂系统中的各个子系统内部相互作用关系和不同子系统之间的相互作用关系的研究出发，通过经验数据的分析、理论建模、计算实验等，探究金融复杂系统的时空运动规律，发现金融复杂系统中的风险传播特征，找出有效的金融复杂系统管理方法和金融危机防控策略。

全书分为四大部分共十四章。第一部分为基础篇，分为两章；第二部分为实证篇，分为六章；第三部分为模型篇，分为四章；第四部分为拓展篇，分为两章。各章的具体内容如下：

第一章是金融复杂系统研究概述。包括金融系统的复杂性及研究的意义，金融复杂系统国内外研究现状及其述评，基于子空间耦合的金融复杂系统研究主要内容等。

第二章介绍了本书中所用到的金融复杂系统研究的主要模型。包括复杂网络模型、基于智能型个体演化模型、意见传播模型、风险传播模型、公共品博弈模型等。

第三章结合复杂网络模型实证研究了国际利率市场的波动关联性。包括国际利率市场波动关联研究的意义，利率波动关联网络模型的构建与结构分析，利率波动空间集聚效应的分析，利率波动关联与经济发展关联之间的联系等。

第四章结合复杂网络模型实证研究了国际汇率市场的波动关联性。包括汇率波动研究的意义，汇率波动关联网络模型构建与结构分析，汇率波动关联网络中的重要性节点特征分析，汇率波动与国际贸易之间的联系等。

第五章结合复杂网络模型和交叉关联方法实证研究了股票市场的波动关联。包括中美股票市场价格和交易量波动交叉关联，股市波动率跳跃关联网络模型及其拓扑结构分析，股市波动率跳跃关联网络社团结构及其信号特征分析等。

第六章结合复杂网络模型和传染病模型实证研究了上市公司交叉持股关联及风险传播。包括上市公司交叉持股关联网络模型构建，上市公司交叉持股关联网络结构分析，交叉持股企业之间的风险传播模拟等。

第七章结合复杂网络模型和风险传播模型实证研究了银行间资产负债表关联网络模型及其稳定性。包括银行间资产负债表关联网络模型构建及其拓扑特性分析，银行间同业拆借关联网络稳定性分析，影子银行间同业拆借关联网络稳定性分析，银行和影子银行耦合系统的稳定性分析等。

第八章结合文本分析方法和链路分析方法实证研究了 P2P 网络借贷平台信息披露特征及其风险。包括 P2P 网络借贷平台发展及其风险特征分析，P2P 网络借贷平台信息披露特征及其对投资者行为影响，基于链接因子的 P2P 网络借贷平台风险评估等。

第九章结合智能型个体演化模型研究了金融市场价格波动模型及其演化机制。包括单一市场下投资者认知偏差对价格波动的影响，多个市场下投资者认知偏差对金融市场价格波动的影响，动量交易者对金融市场价格波动的影响等。

第十章结合多层网络模型和意见传播模型研究了复杂网络中的意见传播机制。包括群体压力衰减效应及其对意见传播的影响，群体压力的累积效应及其对意见传播的影响，个体间倾向性连接对意见传播的影响等。

第十一章结合多层网络模型和传染病模型研究了复杂网络中的风险传播机制。包括基于传染病模型的风险传播问题研究现状，风险规避中的时间滞后效应及其对网络结构的影响，人口流动的范围效应及其对风险传播的影响等。

第十二章结合多层网络模型和公共品博弈模型研究了复杂网络中的合作演化机制。包括基于个人能力和项目收益门槛效应的投资者合作演化模型，惩罚机制对 N 人铲雪堆模型中合作演化的影响，人口流动对公共品博弈模型中合作演化的影响等。

第十三章结合供应链分析方法和博弈仿真模拟研究了供应链金融系统中风险识别和管理问题。包括供应链金融模式及其风险特征分析，基于分层控制的供应链金融风险管理，基于核心企业选择的供应链金融风险管理等。

第十四章对金融复杂系统研究前沿和未来研究方向作了展望。包括线上线下高度联通社会中的金融服务优化模式，互联网环境下多源大数据融合与金融风险管理，基于投资者行为心理的金融市场演化和资产定价等。

作者

2018 年 6 月于杭州

目　录

基 础 篇

实 证 篇

模 型 篇

基 础 篇

第一章　金融复杂系统研究概述

金融系统的复杂性主要体现在系统的自组织、非线性、混沌、涌现等特征。金融复杂性问题的研究可以分为以下三方面：一是通过对历史数据的计量分析发现金融系统的复杂性现象和统计规律；二是通过金融市场建模探究金融系统的演化机制；三是通过经验数据分析和数理建模结合考察金融系统的改善方法。本章首先介绍了金融系统的复杂性特征及其研究的意义，其次介绍了金融复杂系统国内外研究现状，最后介绍了金融复杂系统研究的主要方向。

第一节　金融系统的复杂性及研究的意义

所谓复杂系统是相对于简单系统而言的。在一个简单系统中，个体间的相互作用关系可以用牛顿力学去解析。如物体的运动满足牛顿第一、第二定律，物体间的碰撞满足动量定理等。而在一个复杂系统中，组成系统的个体具有一定的智能性。一个个具有自适应性的个体相互作用构成了复杂系统的子系统，一个个子系统相互耦合构成了一个完整的复杂性系统。我们可以给出复杂系统的一个描述性定义：复杂系统是一个由智能型个体组成，缺乏中央控制，具有自组织、非线性、混沌、涌现等特征的多层次耦合系统。

金融系统是一个复杂系统，这主要体现在以下两方面：一是金融系统中相关变量运动特征的复杂性。如股票价格的运动、市场利率的变化、期货交易量的波动等。这些变量的运动体现出了非线性、混沌、涌现等典型的复杂系统特征。二是金融系统中各子系统间相互作用关系的复杂性。金融系统的子系统有银行、证券公司、保险公司、新金融机构等。这些子系统之间通过复杂的相互作用关系构成了一个完整的世界性金融市场或金融体系。

在开放经济下，随着国际经济交往的日益频繁，国家与国家之间，虚拟经济与实体经济之间的联动效应不断增强。经济全球化在促进劳动生产率的同时，也使各类风险的积累和全球化扩散变得更为容易。2008 年下半年，随着美国第四大投资银行雷曼兄弟的倒闭，一场由次贷危机引发的金融海啸开始席卷全球。一时间，不仅代表着虚拟经济主体的外汇市场、股票市场和初级产品市场出现了剧烈的价格波动，而且导致了包括日本、美国、欧盟以及一些新兴市场国家在内的全球实体经济的严重衰退。虽然由于各个国家的救市政策，这场金融海啸最终没有演变成更为严重的全球性经济崩溃，但其后各国经济所表现出的“后金融危机时代特征”，使我们看到了这场危机所造成的严重后遗症。这场由个别国家的次贷危机所引发的全球性经济衰退表明，人们对金融系统复杂性的了解不足正逐步转化成包括金融业在内的世界各国经济的巨大风险和不稳定性。因此，明晰金融市场及其他关联市场的运行特征，了解不同市场间存在的时空联动关系，总结跨市场风险传播规律和风险控制方法，既是中国经济深度融入全球经济一体化过程中的一项长期而艰巨的任务，也是当前市场风险管理和经济决策领域一项迫切需要研究的重大课题。

总结起来有以下几方面原因，需要我们十分重视金融复杂系统中各子系统内部和各子系统之间相互作用关系，重视金融系统内部和金融系统与其他社会经济系统之间的风险传播问题。

从实践需求方面来看，第一，市场间的相互作用结构和耦合关系是影响金融风险传播的重要因素。金融系统是一个复杂关联系统。这种关联性一是表现在金融系统内部的关联，二是表现在与其他经济子系统之间的关联。不同时期这种关联性会有变化。如果我们以某种形式的网络结构来表示这种关联，那么金融系统中的关联问题可以转化为同一网络的时间演化问题和不同网络的相互耦合问题。构建金融复杂系统中各经济子空间的耦合网络模型可以显性化这些相互作用关系，对深入理解金融风险的演化机制及预防和控制风险具有重要意义。第二，在我国融入全球经济一体化的进程中，在资本市场和商品交易市场进行了一系列与全球性资本流通和国际贸易接轨的基础性和制度性改革。股票“全流通”改革的基本完成，汇率市场化机制的不断完善，国内外贸易规则的进一步统一。研究改革前后代表虚拟经济发展的金融市场和代表实体经济发展的进出口贸易市场的关联结构变化和抗风险能力的变化，对正确评价改革绩效，进一步完善中国的市场监管制度，提高监管效率，维护经济系统稳定具有重要意义。第三，虽然已有一些学者十分关注虚拟经济与实体经济之间的相互关联效应，并取得了一系列基础性成果，但是至今关于金融复杂系统关联性问题研究工作主要集中于对同一市场关联网络结构特征的研究和不同市场波动量统计性质关联性的研究。已有研究尚未将波动量和结构量统一起来研究经济子系统之间的全方位耦合关系，以考察金融风险的产生和扩散机制，提出有效的金融风险控制方法。因此，亟待我们在这方面进行系统、全面的研究。

从理论发展角度来看。近年来，随着复杂网络理论研究方面的一些突破性进展，网络建模方法越来越多地被应用于金融复杂系统理论研究中。其中有关金融复杂系统时空关联性建模和金融风险传播的模型化描述问题是金融复杂系统理论研究中的重大课题，引起了包括经济学家和交叉学科研究领域的科学家在内的广泛关注。2008 年以来，A. G. Haldane、F. Schweitzer 等分别在 Nature 和 Science 上撰文指出，可结合自然科学的研究方法来寻求金融复杂系统问题研究上的突破。其中研究多粒子相互作用的博弈模型、研究时空关联结构的网络模型等被看作是未来探索金融市场微观和宏观运动规律的重要理论工具。然而，正因为金融复杂系统理论研究的许多模型和方法是借鉴于其他学科，它的进一步发展也正面临着一些瓶颈性问题。

第一，从波动量的统计性质出发研究金融复杂系统关联性问题，主要侧重的是两个波动量之间的时间关联。这种比较虽然能够较为清晰地反映出两个市场相同量或相同市场两个不同量之间的关系，但对组成市场的多个变量之间的协同效应无法表达，导致我们对多变量或多系统之间的相互作用关系理解不足。

第二，最近的研究尝试从网络结构的角度对市场中的相互作用关系进行建模，不仅实现了同一市场中多个变量之间协同效应的显性化描述，而且初步总结了不同市场间相互作用的某些结构特征。单一网络模型虽然能够较为清晰地反映单一市场多个量或多个市场单一量之间的协同效应，但对多市场多变量相互作用的综合效应无法表达，导致我们对复杂金融系统中风险的跨空间传播机理理解不足。

第三，国内外对不同网络相互耦合问题的理论研究已获得一定进展，在耦合网络的建构方法和耦合网络的稳固性判定方面已有了一些好的工作。但这些研究目前主要集中于信息传播和控制领域，在金融工程研究领域尚未见相关的理论模型。这一方面可能由于金融工程领域的网络化建模研究刚刚起步，尚未发展到耦合网络的研究阶段。另一方面可能由于金融工程交叉学科研究领域的专家都较为关注其原学科领域认为重要的一些问题，对如何从交叉学科视角多方位观察和分析这些问题缺乏经验和理论直觉。

目前，模型化金融复杂系统中的各类相互作用关系，对金融风险进行定量化描述，正成为金融复杂系统理论发展的趋势。而依据现有的金融市场和进出口贸易市场数据，构建虚拟经济和实体经济之间的跨空间耦合网络模型和风险传播模型，正是推动金融复杂系统理论发展的一个重要方面。

第二节　金融复杂系统国内外研究现状及其述评

国内外对于金融复杂系统的研究，主要侧重于对金融市场中各类历史数据的统计性质的分析，金融市场运动及演化特征的分析，以及通过各类建模探究金融市场运动机制和风险传播机制等。

有关金融市场中各类波动的统计性质研究主要包括以下三方面的内容：一是金融市场中各类经验数据的统计分布形式。1963 年，Mandelbrot 通过对棉花价格的统计分析发现，价格发生大起伏的概率远远超过高斯分布的预言。1995 年，Mantegna 和 Stanley 通过对 S&P500 指数高频数据的统计分析，发现了收益率的尖峰胖尾特征。有关金融市场中各类经验数据的统计分布形式的研究发现为金融市场价格模型的构造提供了经验数据的支持。二是金融市场中各类经验数据的时间标度特征。对于不同的时间标度 Δt，如果经验数据具有相同的统计规律，那么说明市场演化存在标度不变性。金融指数和价格变化中的标度不变性反映的是金融市场中的自相似性和自相关性。Wang 等研究了股票市场记忆性和标度行为，发现股票市场多标度行为来源于价格波动率的非线性相关。Yamasaki 等研究了金融市场极端事件出现的时间间隔特征，发现金融市场波动的长程关联性。Elder 等研究了能源期货的价格演化特征，发现能源期货价格的长时记忆性。金融市场的时间标度特征对我们理解和解释金融波动的不连续性，以及市场的暴涨、暴跌，甚至崩盘具有重要意义。三是金融市场中的杠杆效应和反杠杆效应。股市波动的杠杆效应反映在股票价格在下跌时更容易出现剧烈波动。Black、Christie 和 Bouchaud 等研究发现，西方金融市场中普遍存在杠杆效应。而 Zheng 等研究发现，与西方金融市场不同，中国股票市场存在明显的反杠杆效应，即股票价格在上升时更容易出现剧烈波动。金融市场中的杠杆效应和反杠杆效应的发现对市场运行趋势和投资者行为的预测具有重要价值。

有关金融市场演化和风险传播的数理建模研究主要包括以下三方面的内容：一是金融市场运动模型。金融市场的运动特征类似于物理系统的多粒子相互作用体系的运动，它们的区别在于金融系统中的个体具有主观意识。Feng 等借助元胞自动机模型模拟研究金融市场的价格形成机制，发现金融市场的“ARCH 效应”源自市场参与者对市场信息的技术分析。Yeung、Zhong 等借助少数者博弈模型模拟研究影响股市价格波动的因素，发现投资者的信息依赖和风险厌恶等特征直接影响到价格波动特征的变化。应尚军等借助元胞自动机模型研究了股价指数序列的动力学特征，发现股票市场中存在的混沌现象。李昊等借助少数者博弈模型，研究了学习机制、学习结构及持续期策略等对金融市场价格、收益率等产生的影响。二是金融市场风险传播模型。金融市场风险传播既与风险特征有关，也与被感染个体的免疫特性有关。Garas 等借助传染病模型（SIR）模拟研究国家间风险传播过程，发现全球性经济危机的发生既可源于 GDP 高的国家，也可源于 GDP 低的国家。危机是否能快速扩散的决定因素是危机发生国所处世界经济网络的节点位置。Haldane 等借助生态系统中的食物链模型模拟研究银行间的危机传染过程，发现同质性银行系统对单个银行更有利，异质性银行系统对整个系统稳定性更有利。Gai 等用网络模型模拟金融系统个体崩溃对整个系统的影响，发现金融系统呈现出某种脆弱性。即使危机的传染概率很小，但一旦问题出现，其传播范围会很广。三是金融市场关联模型。对于宏观相互作用，常可用交叉关联模型进行展示。Plerou 等借助随机矩阵理论构建出美国最大的 1000 家公司股票价格变化的交叉关联模型，通过该模型可以反映出公司间相互作用关系的强弱。Podobnik、Horvatic 等提出的去趋势交叉关联法常被用来分析具有周期性特征的非稳态时间序列，通过该模型可以清晰反映出股市、汇市等不同市场间的关联特征。对同一市场中波动关联性的研究方面，李广子、张金清、郭梁等分别对股票名称与股票价格、股市规模与股价波动、股市交易量与交易价格等方面的关联性进行了实证研究，发现两两之间存在正向或负向联动效应。何兴强、陈永伟等分别对股市的周期性特征、记忆效应、杠杆效应等进行了实证研究，发现股市间的周期协同性、长期记忆性和杠杆反杠杆等效应。对不同市场间波动关联性和风险传播效应的研究方面，范奎、李红权、丁志国、董大勇等分别对不同国家间股市的互动关系进行了实证研究，发现了股市间信息溢出的变异效应和波动结构的差异性特征。邓桑、罗松、熊正德、舒家先等分别对中国股市与汇市间的互动关系进行了实证研究，发现两者间存在的时间关联特征和非对称性影响。李广众、潘红宇、刘庆富、吴吉林等分别对汇率波动与进出口贸易、市场间风险传递

等效应进行了实证研究，发现不同国家之间、虚拟经济与实体经济之间的风险相依性。

有关金融复杂系统的关系网络及其模型构建研究主要包括以下两方面的内容：一是基于相关性特征的金融市场网络模型。金融市场中各类经验数据的关联性特征常可用相关系数来描述。Mantegna 以相关系数为基础构建出反映股票间关系的最小生成树模型，其层次结构隐含着相关的经济信息。Qiu 等以交叉关联系数的静、动态临界值为基础，构建出中西方股市的交叉关联网络模型，从网络拓扑特性分析中发现其中的长程关联特征。Song 等构建的市场指数关联网络模型反映出地区经济发展和危机事件扩散的全球化特征。马源源、黄玮强、卞曰瑭等分别对股权关联网络的社团结构和稳定性等进行了研究，发现股市网络结构的无标度特征和鲁棒性特征。段文奇、刘宝全、孙晓蕾、陈卫东等分别对国际贸易网络和石油价格网络等的拓扑性质进行了分析，发现网络结构的动态演化特征。二是基于空间位置差异的金融市场网络模型。Boss 等以银行为节点，银行间借贷关系为连边构建的银行间网络显示出社团结构特征。De Masi 等以银行和公司为节点，以借贷关系为连边构建的银企关系网络反映出公司规模对借贷关系的影响。De Benedictis 等、Barigozzi 等和 Fagiolo 等分别以国家为节点，以贸易流为连边构建的国际贸易网络模型能有效反映国际间贸易关系的动态演化特征。

从国内外有关金融复杂系统研究中可以看出，在以下一些方面尚值得进一步探讨。一是现有对市场间波动关联性分析主要在于时间上的关联，缺乏结构关联比较。因此，无法通过不同方法进行相互印证，表明这种关联性分析方法的有效性。二是市场演化的数理模型主要还是侧重于自组织行为，对空间结构的影响未加引入，对投资者的心理和行为因素变量引入有待深化。三是对不同的市场网络构建方法缺乏深入比较，使现有网络模型都较分散，缺乏统一的定量比较模式。四是对市场间联动和风险传播的综合效应分析不够系统和全面。如何将众多的影响因素系统地筛选出来，并对其重要程度加以测度，这是研究市场间联动和风险跨空间传播的难点，也是金融复杂系统风险传播研究的发展方向。

第三节　金融复杂系统研究主要方向

近年来，人们发现耦合网络模型可用来描述与现实更为接近的复杂相互作用

关系。目前，有关市场运行趋势转折点的寻找，股市、汇市、进出口贸易流单一网络模型的构造，这些方面已有了一些很好的工作。随着对复杂网络的研究从以静态网络为主向静动态网络结合，从单一网络为主向多网络耦合方向发展，通过结合博弈模型研究经济子空间耦合网络的形成机制，结合传染病传播模型研究耦合网络中的风险传播过程和危机控制策略，将有助于我们对金融复杂系统演化机制的深入理解，进而提升对金融风险的管理和金融危机的防范能力。对于金融复杂系统的进一步研究可以从以下四方面展开。

一是有关金融复杂系统演化的时空临界点特征研究。可依托国内外金融市场和进出口贸易市场经验数据，研究金融复杂系统中市场波动量和网络结构量演化的临界效应，比较不同国家、不同市场间的临界特征差异。将波动转折和结构突变的临界点作为重点关注对象，研究临界点时间和空间特征，找出统一的描述量。具体来说，可以结合临界值法和局域最大最小值法，找出股市、汇市和进出口贸易市场运行趋势发生转折的时间临界点。结合重现时间间隔法，分析市场波动量的记忆效应和极端事件发生概率的标度特征，比较各量在临界点附近统计性质的异同。重点关注不同国家的股市，以及同一国家的股市和汇市、汇市和进出口贸易市场运行趋势发生逆转的时间点关系。结合最小生成树法和静动态阈值法，构建国内外股市、汇市的交叉关联网络。利用有向加权网络法，构造各国间的进出口贸易流网络，计算各类网络结构参量的时间序列值，找出能有效判定网络结构发生突变的临界值。利用随机化分析方法，比较各类交叉关联网络的结构差异，分析网络度序列、社团结构和临界值中所隐含的市场演化信息。

二是有关金融复杂系统耦合网络模型研究。在根据经验数据构建出单一市场网络模型的基础上，对不同的市场网络进行静态或动态耦合。网络间耦合的方法主要参照共节点法和关联节点法。比较各类耦合网络的结构差异，检验不同构建方法对网络模型特征量性质的影响。具体来说，可结合去趋势交叉关联法以及度分布比较法，分析汇率波动和进出口贸易流网络演化的时间相关性，建立波动量和结构量的函数关系。结合层级结构分解法、局部路径指数法以及最大似然法，分析网络节点和网络连边的相似性特征，考察网络演化的可预测性，比较各类波动量和结构量演化中的时间延迟效应，建立市场运行趋势预测的判定指标。根据波动量、结构量相关性的研究结果，结合部分节点关联法，来构建基于同板块股票关联的不同国家股市关联网络的耦合网络。利用共节点法，来构建股市网络和汇市网络、汇市网络和进出口贸易流网络的耦合网络，观察时间标度和时间延迟对耦合网络构建的影响。

三是有关金融复杂系统演化机理模拟研究。可结合博弈模型和风险传播模型，模拟耦合网络的形成过程，研究市场信号、个人预期、人口变化、相互作用结构等对市场波动量和网络结构量的影响。通过与基于经验数据构建的网络模型的比较，找到影响耦合网络各类结构生成的决定因素，在改进以上模型的基础上重新构建耦合网络经验模型，以期得到符合实际市场特征的金融复杂系统网络模型。具体来说，可以利用综合当前价格和下一期价格作为实际成交价格的方法，构建基于少数者博弈模型的股市价格波动模型，模拟市场综合因素、个人预期、信息反应的异质性等对股市价格波动的影响。结合人口增长型合作博弈模型，构建进出口贸易流波动模型，模拟研究人口数量、相互作用结构等的变化对贸易流的影响，通过与经验数据分析结果的比较，找出导致市场转折点出现的关键因素。利用个体状态和网络结构共同演化的动态网络模型，构建进出口贸易市场网络模型。结合动态人际关系网络构造方法，建立以金融市场信号或进出口贸易流信号为看板的市场耦合网络模型，观察市场变化、对市场变化的反应、信息交流等对不同耦合网络结构形成的影响，通过与经验数据分析结果的比较，找出导致实际市场耦合网络结构变化的关键因素。

四是有关金融复杂系统风险控制研究。可依据构建的耦合网络模型，结合意见传播模型和疾病传播模型，模拟研究耦合网络中风险传导过程，判断金融复杂系统中风险传播的可预测性，比较不同的免疫策略在危机防范中的作用。具体来说，可以结合耦合网络中风险传导和运动过程中风险传导的方法，研究风险起源地差异和耦合网络结构差异对危机发生的影响。利用基于免疫策略的风险控制方法，研究各类免疫策略对风险控制的影响，提出有效降低风险控制成本的方法，建立跨空间风险传播预警指标体系。利用基于节点的社团结构分析法，分析和比较各类耦合网络的度分布、介数、社团结构等方面的异同。结合随机移除法和目标攻击法，研究各类耦合网络的稳固性，着重观察信息网络、汇率网络等的崩溃对金融市场和进出口贸易市场耦合网络整体结构的影响，建立耦合网络结构稳固性评价的指标体系。

第二章　金融复杂系统研究模型基础

通过构建金融复杂系统模型，可以模拟金融系统中的各类相互作用关系，从而观察到影响金融系统演化的因素。本书在数值模拟部分所涉及的主要模型包括以下五大类：一是模拟个体间相互作用关系的复杂网络模型；二是模拟市场中投资者行为的基于智能型个体演化模型；三是模拟社会经济系统中冲突性意见演化的意见传播模型；四是模拟社会经济系统中风险传播的传染病模型；五是模拟社会经济系统中竞争与合作的公共品博弈模型等。

第一节　复杂网络模型

复杂网络模型最初源自于图论。图论中的图并不是指图像或者地图这类日常生活中的图形图像，而是指如果用点代表人或者事物，用线代表两个人或两个事物之间的联系，那么由一系列的点和一系列的线所连接而成的图形就被称为图。图所代表的是多个人或多个事物之间的相互作用关系网络。因此，在这类图中，节点和边是两个最重要的概念。

网络模型是由一系列的点和边按照某种规则连接起来的模型。点可代表具有智能的个体，也可代表空间的某个位置。边可代表个体之间的相互作用关系，也可代表空间的某条路径。之所以把有些网络模型称作是复杂网络模型，是因为这些网络有一些特殊的性质。那么，什么是复杂网络呢？复杂网络是指具有自组织、自相似、吸引子、小世界、无标度等性质中的部分或者全部性质的网络。因此，如果我们所构建的网络模型具有以上复杂网络性质中的部分或者全部特征，那么这一模型就可以被称为复杂网络模型。

网络模型可以按照某个分类标准区分成不同的种类。按照网络模型结构的层次特征，可以分为单层网络、双层网络和多层网络。按照网络模型结构的连接特征，可以分为规则网络、随机网络、小世界网络和无标度网络。按照网络模型结构的时间演化特征，可分为静态网络和动态网络。下面着重介绍规则网络、随机网络、小世界网络、无标度网络的构建方法及其结构特征。

规则网络是网络模型中结构较为简单的一种。在规则网络中，每一个节点都只能和最近邻的节点相连，每个节点的连边数也是相等的。图 2－1 中的两个规则网络分别是一维规则网络和二维规则网络。在一位规则网络中，各个节点首尾相连形成一个圈，不存在网络的边界效应。在二维规则网络中，各个节点都在同一个平面上，需要考虑网络的边界效应。一般最边上的节点的连边可以按首尾相连的规则来确定。

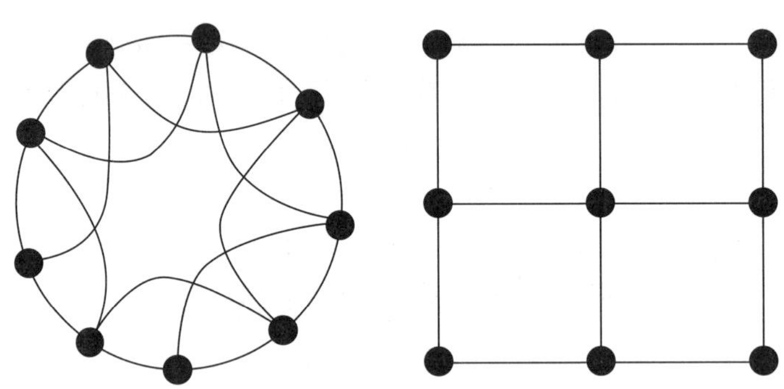

图 2－1　一维规则网络模型和二维规则网络模型

描述网络结构特征主要包括三个量：一是网络的平均路径长度；二是网络的集聚系数；三是网络的度分布。所谓网络的平均路径长度，是指网络中任意两个节点通过一定的路径相连所需要经过的最少边的数量的平均值。所谓网络的集聚系数是指网络中所有的节点通过两两之间的直接连接已经构成的三角形的数量除以这些节点最多可能构成的三角形的数量所得到的比值。所谓网络的度分布，是指将网络中的节点按其边的数量多少进行归类所得到的一个分布。对于规则网络，其任意两个节点之间的平均路径很长，网络的集聚系数值很大，度分布是一个 δ 函数。

随机网络是指节点与节点之间以一定的概率随机用边进行连接而形成的网络。节点间随机连接概率的变化会影响到网络的平均连边数，又称为平均度。图

2－2 中的两个随机网络分别是一维随机网络和二维随机网络。

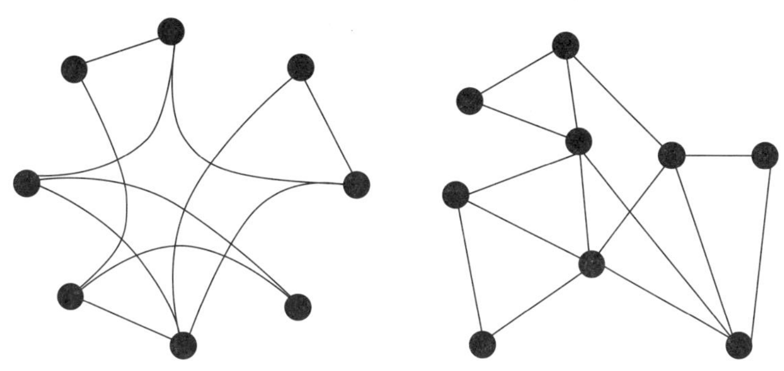

图 2－2 一维随机网络和二维随机网络

从网络结构的特征来区分规则网络和随机网络，可以发现随机网络任意两个节点之间的平均路径很短，网络的集聚系数值很小，度分布接近于泊松分布。

区别于规则网络和随机网络的定义方法。小世界网络是从网络的结构特征这一角度来定义的。所谓小世界网络是指网络的集聚系数很大，而平均最短路径又很短的网络。在一个规则网络中，以一个非常小的概率随机切断几条边，然后重新进行连接，这样就得到了一个小世界网络。或者也可以在一个规则网络中以一个非常小的概率随机增加几条边，这样也可以得到一个小世界网络。图 2－3 中的两个小世界网络分别是一维小世界网络和二维小世界网络。

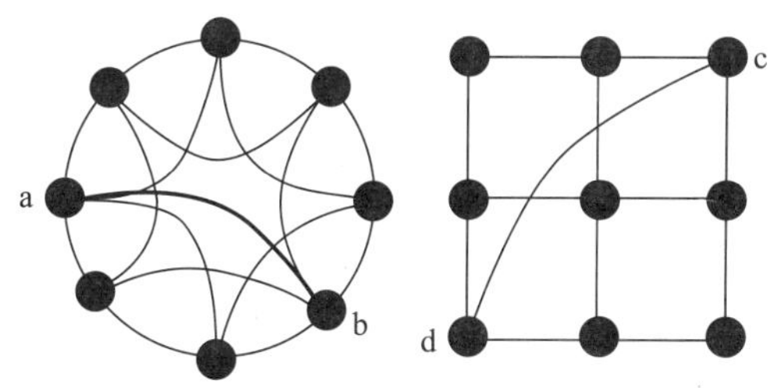

图 2－3 一维小世界网络和二维小世界网络

对于小世界网络，其任意两个节点之间的平均路径很短，与随机网络相近；而网络的集聚系数很大，与规则网络接近。小世界网络的度分布接近于一个 δ 函数。现实世界中与小世界网络特征相关联的一个重要理论就是六度分离理论。六度分离理论的基本含义是：假如你想认识世界上的任何一个人，那么中间最多只要通过五个人，你就能够和这个陌生人认识。即在小世界网络中，某一节点并不直接与其他大部分的节点相连，但经过少数的几个中间节点，它就可以很快地到达网络中的大部分结点。在现实社会中，大部分的网络结构都属于小世界网络结构。在这类结构中，信息传播速度快，网络的性能改变容易。只要改动很少几条线路，就可以显著地提高整个网络的性能。

与小世界网络的定义方式相同，无标度网络也是从网络的结构特征这一角度来定义的。所谓无标度网络是指网络的度分布满足幂律分布的网络。无标度网络的形成有两个主要机制：一是节点的生长机制；二是节点与节点之间的优先连接机制。在生长型无标度网络中，整个网络一开始只有少量的相互都有连接的节点。当新的节点带着少数几条边与网络中原有的节点相连时，会根据原有节点边的多少有倾向性地进行连接。网络中先前已存在的节点如果其已有的连边数越多，那么新节点与这个节点相连的概率就越大。图 2 –4 中的两个无标度网络分别是一维无标度网络和二维无标度网络。

从网络结构的特征来看，无标度网络中任意两个节点之间的平均路径很短，网络的集聚系数值很小，度分布呈幂律分布。其中幂律分布是无标度网络最典型的特征。从图 2 –4 中的一维无标度网络和二维无标度网络的度分布特征来看，网络中大部分节点只和网络中少量的其他节点直接连接，而极少量节点和网络中大多数其他节点直接连接。因此，这些极少量的大节点往往被称为枢纽，它们的健康与否影响到整个网络的拓扑性质。由于这类节点的存在，使无标度网络具有很强的抗击外部随机攻击的能力。但也正是由于这样的一种某几个关键节点的存在就可以决定整个网络性质的特征，使无标度网络对于有目的的攻击显示出其脆弱性。外部力量只要能找到这些关键节点进行定向攻击，整个网络结构就会很快崩溃。现实社会中大多数网络都具有无标度网络的特征，如人际关系网络、金融系统网络、互联网等。

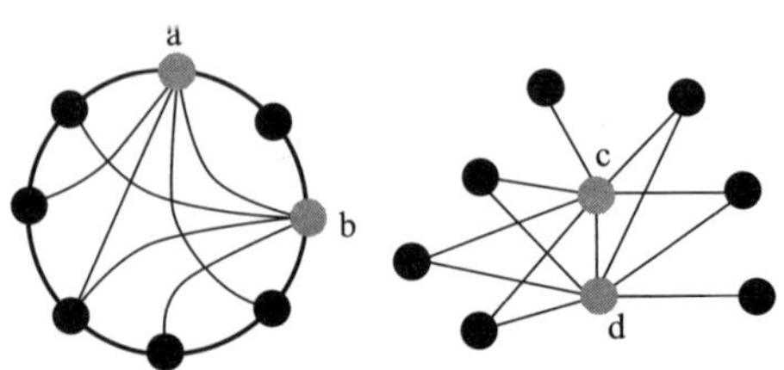

图 2 –4　一维无标度网络和二维无标度网络

第二节　基于智能型个体演化模型

基于智能型个体演化模型（Agent - based Model，ABM）中的核心概念是“Agent”。所谓的 Agent，又称智能型个体，是指具有认知能力、决策判断能力和行动能力的个体。相关的模型有元胞自动机模型、少数者博弈模型、羊群模型等。

基于 Agent 构建相关的模型时，可以根据研究的需要，设置不同类型的 Agent，如股票市场中的投资者、食物链上的动物等。根据这些智能型个体角色的不同，可赋予其特定的认知能力、资源禀赋、决策流程和行动模式。当有足够数量的智能型个体被放置在一个人工建立的自然环境或社会环境中时，它们将随着时间的推移重复着“对外部信息的接收和认知→利用已有的策略进行判断→根据判断展开行动→反思行动结果修正策略”这一过程，从而通过个体与个体之间、个体与环境之间的互动实现不同类型人工世界的演化。下面以元胞自动机模型和少数者博弈模型为例，比较两类模型在演化规则和应用领域等方面的异同。

元胞自动机模型中的元胞就是指散落在网络节点上的各个智能型个体。这些个体可以呈现有限的几种状态。这些元胞会依据相同的规则，进行局部的同步更新。依据这些简单的更新规则和相互作用机制，使整个系统能够演化出许多复杂的结构。

在元胞自动机模型中，系统的演化状态主要分为四种：一是平稳状态。给定任意一个初始状态，系统经过一定时间的演化后，形成一个相对稳定的空间构型。二是周期状态。给定任意一个初始状态，系统经过一定时间的演化后，形成一个相对固定的结构或周期性的结构。三是混沌状态。给定任意一个初始状态，系统经过一定时间的演化后表现出混沌行为，显示出分形空间构型。四是复杂状态。系统的自组织行为形成局部的混沌状态，这些局部状态会进一步演化到整体的复杂结构。元胞自动机模型在生态学、社会学、物理学、化学、计算机科学、军事科学等学科中都有应用。例如，在城市交通流问题的研究中，元胞自动机模型中的元胞可以代表由驾驶员驾驶着的汽车。通过设定不同的汽车行驶规则，可以观察到造成城市交通拥挤的原因，从而提出有效的改善方法。

少数者博弈模型是研究有限资源下的博弈问题。它源自经济学家 Arthur 提出的“酒吧问题”，由 Challet 和瑞士的华裔科学家张翼成共同提出。以下是一个形象的少数者博弈案例。存在 A 和 B 两个酒吧，N（奇数）个人独立地选择进入酒吧 A 还是酒吧 B。当每个人都独立地做出选择后，观察两个酒吧的人数情况。进入人数少的那个酒吧的那些人赢得博弈，进入人数多的那个酒吧的那些人输掉博弈。模型所关注的焦点问题是：经过多次博弈，系统最后会演化成怎样的一种状态?

当少数者博弈模型被应用到股票市场上，可以将投资者的状态分为买和卖两种状态。买进股票的人数多于卖出股票的人数，股票价格上涨。以比较低的价格买进股票的人赢。买进股票的人数少于卖出股票的人数，股票价格下跌。以比较高的价格卖出股票的人赢。

第三节　意见传播模型

意见传播模型中的意见实际上代表的是个体的一种状态，如同意或不同意，选择 A 或者选择 B 等。个体的意见在内部或者外部的相关影响力作用下，会发生变化。如由原来的同意变成不同意，由原来的选择 A 变成选择 B 等。模型主要被用于分析群体一致性意见达成的条件。

意见传播模型中群体意见的演化主要涉及四个方面的要素：一是意见特征。按照意见多样性特征，可分为分立意见和连续意见两大类。二是传播渠道。意见的传播渠道实际也是一种相互作用的关系渠道，或者是运动的路径。三是接受者特征。接受者的信念和人格，以及他对原有观点的自信度都会影响到意见的传播。四是情境因素。外部环境因素、群体压力对于个体意见的维持和改变都会起到一定的影响。下面以 Ising 模型、选举模型和连续意见模型为例，比较三类模型在演化规则和应用领域方面的异同。

在自然科学研究领域，有一种结构简单但内涵十分丰富的模型，称为 Ising 模型。在该模型中，系统中的个体只有两种状态。假设研究对象是一堆规则排列的小磁针，那么这些小磁针要么向上自旋，要么向下自旋。相邻的小磁针之间可以通过相互作用影响对方的自旋状态。所有的小磁针还可能由于受到外部磁场的作用而发生自旋状态的反转。系统经长时间演化后可能达到的稳定状态有以下三种：一是所有的小磁针都向上自旋；二是所有的小磁针都向下自旋；三是向上自旋小磁针数量和向下自旋的小磁针数量达到动态平衡。在自然科学领域 Ising 模型常被用来研究物理系统中的幂律行为和自相似现象。

Ising 模型被推广应用到社会经济领域，最常见的就是两状态选举模型。在这类最简单的选举模型中，每个人的状态只可能是两种状态中的一种：投票给 A 或者投票给 B。每个人的状态会受到周围邻居的影响。如果某个人周围的大多数邻居都投票给 A，那么他就有很大的概率在下一个时刻也投票给 A。如果某个人周围的大多数邻居都投票给 B，那么他就有很大的概率在下一个时刻也会投票给 B。由于邻居之间不同意见的相互影响，随着时间的推移系统中投票给 A 和投票给 B 的人数在不断地发生着变化。系统经长时间演化后可能达到的稳定状态有三种：一是所有的人都投票给 A；二是所有的人都投票给 B；三是投票给 A 和投票给 B 的人数达到动态平衡。将上述选举模型的演化规则稍作调整，可观察到系统最终会演化到不同的稳态结果。例如，假设每个人的观点在每一个周期内都会发生一个概率非常小的随机变化，或者存在一个对每个人都会有影响的外部作用力，或者人们的相互作用受到一定的范围限制等，这些变化都可能导致系统最后演化到完全不同的结果。

如果将选举模型中的投票给 A 还是投票给 B 看成是两种对立的意见，那么上述模型也可以被称作对立意见模型。而在现实社会中，个体的意见表达可能会有更多的状态。如果将这些状态进行连续化处理，就得到了连续意见模型。在连续意见模型中，个人的观点可以取［0，1］或者［-1，1］之间的任意一个实数。个人观点的变化受到其周围邻居的影响。在每一个时刻，可以在周围的邻居中随机选择一位邻居。如果两人的观点比较接近，那么下一个时刻两人就会选择同一个观点。如果两人的观点差异比较大，那么下一个时刻双方仍旧持有原来的观点。在这样一种演化机制下，最后可能达到的稳定状态有两种：一是所有人的意见达成一致；二是剩下有限的几种意见，这几种不同的意见之间不再有相互影响。

无论是在选举模型还是在连续意见模型中，影响观点一致性达成的因素都可以从以下四方面去考量：一是信息源或传递者的特征。信息源或传递者的客观性和无私性会直接影响到信息的可信度，从而影响到信息传播。二是情境因素。任何一个说服过程都是在一定的情境下发生的，周围的环境特征会直接影响到说服的有效性。三是传播渠道。信息传播渠道实际上反映的是一种人与人之间的关系结构。信息既可以通过公共渠道进行传播，也可以通过私人渠道进行传播。人与人之间的关系结构直接影响到信息传播的速度。四是接受者特征。接受者的自信程度、人格特征直接影响到接受新观点的难易程度。

第四节　风险传播模型

风险传播模型或传染病传播模型是一种基于接触性传播的风险或病毒扩散模型。这类模型常被用于分析导致风险的扩散或危机的全局性爆发的条件。

风险传播模型或传染病传播模型中风险或病毒的扩散涉及以下三方面的因素：一是传染源特征。风险或病毒是否具有很强的传染性影响到接触后风险或病毒的扩散速度和扩散范围。二是传染渠道。接触性传染与路径特征有着密切联系，当所有的接触性渠道被切断时，风险或病毒就无法有效扩散，就不会形成全局性危机。三是被感染者特征。被感染者自身的抵抗力强弱会直接影响到个体状态的变化，并进一步影响到风险或病毒的扩散。下面以 SIS 模型和 SIR 模型为例，比较这两类模型在演化规则和应用领域的异同。

最初的 SIS 模型和 SIR 模型有两个前提假设：一是不考虑个体的出生、死亡、流动等与种群动力学相关的因素。这一假设保证了研究对象数量上的稳定。二是已被感染的个体与尚未被感染的个体接触时，一定会以某一概率将风险或病毒传染给未被感染者。这一假设使在单位时间内，某个已被感染的个体所能传染的其他个体数量与未被感染的个体数量有关。

在 SIS 模型中，个体可能的状态有两种：一是易感染者状态，用 S 表示；二是已感染者状态，用 I 表示。易感染者代表未被感染但缺乏免疫能力的个体，他们在与已感染者接触以后很容易受到感染，从而变成已感染者。已感染者代表已经染上传染病的个体，他们可以将传染病传染给易感染者。SIS 模型中系统经长时间演化后最终可能达到的稳定状态有三种：一是所有的个体都恢复健康；二是所有的个体都被感染；三是已被感染的个体数量和未被感染的个体数量达到动态平衡。

在 SIR 模型中，个体可能的状态有三种：一是易感染者状态，用 S 表示；二是已感染者状态，用 I 表示；三是已恢复者状态，用 R 表示。与上述的 SIS 模型比较，SIR 模型中多了一类人，这类人具有这样一种特征：他们所得的传染病刚刚治愈，对该病具有一定的免疫力，但这种免疫力并不是永久性存在的，在过了一段时间后这种免疫力会消失。当已恢复者的免疫力消失时，他们就又可能受到传染病的感染了。此时已恢复者变成了易感染者。SIR 模型中系统在长时间演化后可能达到的稳定状态有三种：一是所有的个体都已恢复健康；二是所有的个体都已被感染；三是已被感染的个体数量和未被感染的个体数量达到动态平衡。

第五节　公共品博弈模型

博弈论一般被认为属于运筹学的范畴，可分为合作博弈和非合作博弈两大类。在合作博弈中，博弈的结果可以使双方的利益都增加，或者一方的利益增加而另一方的利益未受损。因此，合作博弈将使社会整体利益有所提高。在非合作博弈中，一方的获得往往意味着另一方的失去，博弈双方的收益和损失之和为零。因此，非合作博弈又往往被称为零和博弈。

在计算实验经济学中，可以通过构建合作博弈模型来模拟分析某种社会经济情景下合作行为的产生和演化规律。在合作博弈模型中，系统的演化所涉及的主要因素有三个：局中人、博弈策略和收益函数。如果博弈在两个局中人之间发生，这类博弈被称为"两人博弈"。如果博弈在两个以上的局中人之间发生，这类博弈被称为"多人博弈"或"N 人博弈"。在合作博弈模型中，博弈策略可以是分立的，也可以是连续的。分立的博弈策略可以分为合作和不合作两种。连续的博弈策略可以在［0，1］连续变化。一局博弈结束，每个局中人都会有一个收益或损失。该收益或损失与所选择的收益函数有关。局中人的策略组合决定了该收益函数的值。下面以铲雪堆模型和公共品博弈模型为例，比较这两类模型在演化机制和应用领域的异同。

铲雪堆模型描述了这样一种场景：两辆货车相向开来，被一个大雪堆所阻隔，无法继续前行。只有铲除雪堆两位司机才能顺利回家。铲除雪堆所需要的消耗是 c，铲除雪堆后使司机能顺利回家，每位司机的收益是 b。如果两位司机同时下车铲雪，那么每位司机的消耗是 c/2，净收益为 $R=b-c/2$。如果一位司机下车去铲除雪堆而另一位司机待在车中不去铲雪，那么下车铲雪的司机消耗是 c，净收益为 $S=b-c$；不下车的司机消耗是 0，净收益为 $T=b$。如果两位司机都待在车中不去铲雪，那么他们两个都回不了家，每个人净收益为 $P=0$。以上四种净收益的大小关系为 $T>R>S>P$。

公共品博弈模型描述了这样一种场景：存在 N 个参与人，每个参与人都有一个单位的钱。存在一个属于这 N 个参与人的公共账户，该账户的投资收益由这 N 个参与人平分。在博弈过程中，往公共账户中投钱的人称为合作者，不往公共账户中投钱的人称为不合作者。合作者的收益为 $P_C = \frac{rN_C}{N} - 1$，不合作者的收益为 $P_C = \frac{rN_C}{N}$。其中，r 为投资效益中的产出投入比倍数，N_C 为小组中的合作者人数。从以上收益函数表达式中可以看出，对于同一小组的人来说，合作者的收益要小于不合作者的收益。而不同小组中的个体之间进行收益比较时结果会有不同。

无论是铲雪堆模型还是公共品博弈模型，最后需要观察的是影响系统整体合作水平的因素。铲雪堆模型和公共品博弈模型中系统经长时间演化后可能达到的稳定状态有三种：一是所有的个体都变成合作者；二是所有的个体都变成不合作者；三是合作者数量和不合作者数量达到动态平衡。

实 证 篇

第三章　利率波动关联网络模型及其集聚效应分析

以全球140多个国家和地区的实际利率数据为研究对象，结合复杂网络分析方法，构建了全球利率波动关联网络。研究发现，相比于经济稳定时期，金融危机时期全球利率市场的波动关联程度进一步加强。利率波动关联存在洲际差异。在经济发展水平相当的国家之间，利率波动更容易产生相互影响。而在地理空间邻近的相关国家之间，地理邻近效应并没有在两国间利率波动的联动性强度上反映出来。不同国家之间的利率波动关联与其经济发展水平差异之间存在着显著的关联效应。

第一节　利率波动关联网络拓扑结构及其时间演化特征分析

3.1.1　研究背景

在开放经济下，金融市场的各类波动不仅反映了一国内部实体经济和虚拟经济的发展状况，同时，也反映了参与全球市场竞争的各个国家和地区经济发展之间的相互影响和制约作用。表现在利率市场上，一国利率出现大的波动既可能是由于自身经济发展不稳定等因素引起，也可能是由于其他国家经济发展不稳定等因素引起。研究利率波动的时空关联效应对于准确预测和判断金融风险，防止金融危机的发生、发展和扩散具有十分重要的意义。

利率作为一国货币政策的主要中介指标和宏观经济运行的重要经济杠杆，其波动在国际间的传导往往是通过资本流动和国际贸易等途径实现。不同国家和地区的货币利率波动之间，利率波动和股市、汇市波动之间，利率波动和实体经济波动之间都存在一定的关联效应。

在不同国家利率波动之间的关联效应方面，Giddy 等研究了美国美元与欧洲美元之间的利率联动性特征，发现这两类美元利率之间存在明显的联动效应，联动程度的变化与欧洲市场规模变化有关。Lo 等通过对日本市场上的日元利率数据和英国伦敦同业拆借市场上的日元利率数据进行相关性分析后发现，日本市场和英国伦敦市场间日元利率存在长期稳定的均衡关系。Karfakis 等研究了欧洲货币组织各成员国之间的利率联动效应，发现这些国家之间利率变化的同步性，并将这一同步性的出现归结为欧洲货币组织各成员国之间金融市场的高度开放性。Awsd 等研究了 G10 国家名义利率联动性程度，发现这些国家间的利率市场联动性程度较高，其中美国在利率的联动性变化中起着主导作用。胡海龙等对人民币 Shibor 利率与美元 Libor 利率之间的联动性进行了分析，发现人民币利率与美元利率之间的关联性正逐步增强。Anoruo 等研究了亚洲一些国家和地区利率的跨市场联动，发现不同市场间短期利率的联动具有较为长期稳定的特征。在一些特殊时期，这种联动性会增强。Ji 等研究了一些太平洋地区国家利率的关联性，发现亚洲金融危机后资本市场联结程度提高，同时还发现，在危机前后，该区域市场的主导力量发生了变化。赵东喜等研究了多国利率联动的时间演化特征，发现国际利率的联动性具有增强的趋势，在经济异动时期这种趋势更为明显。李成等研究了美国次贷危机前后中美利率关联性，发现利率波动存在显著的溢出效应，次贷危机后中美利率联动增强。刘亚等借助 Granger 因果检验和 GARCH 模型研究了境内外人民币利率的联动关系，发现两者间存在双向报酬溢出和波动溢出效应。

在利率波动和股市、汇市波动之间的关联效应方面，Sensoy 等研究了汇率、利率和股票市场的动态关系，发现大波动会引起三者间相关性关系的较大变化，但这种变化所持续时间较短。Andrieç 等研究了利率、股票价格、汇率之间的互动关系，发现三者间存在显著的联动关系。股票价格运动落后于汇率和利率的波动，利率变化对股价变化具有明显的信号作用。赵天荣等借助 VAR - GARCH 模型研究了人民币利率和汇率之间的关系，发现汇率政策调整对汇率与利率间关系的变化具有显著影响，汇率弹性变化会影响到利率的波动幅度。郭树华等借助协整检验、格兰杰因果检验和方差分解检验等方法对中美利率、汇率之间的相关性进行了分析，发现两国间短期内联动较弱而长期来看存在着协整关系。郝中中借

助 SVAR 模型分析了人民币汇率、中美利差和资本流动净额三者间关系，发现中美利差变化与资本流动净额变化有关。

在利率波动和实体经济波动之间的关联效应方面，李敬辉等研究了利率变化与大宗商品价格变化之间的关联性，发现利率变化通过影响存货需求，从而引起商品价格波动，甚至出现“超调”现象。Wang 等利用 MF－DFA 和 MF－DXA 方法研究了利率波动和农产品价格波动之间的关联性，发现其中存在着的自关联和交叉关联特征。Arora 等研究了利率波动和石油价格波动之间的关联性，发现短期利率和长期利率的变化都会影响到石油价格的变化。

从国内外研究现状可以看出，已有的有关利率波动关联效应方面的研究大多着眼于某些特殊类型的市场之间，或者少数几个国家和地区之间的波动关联，对于全球范围内利率波动空间关联的整体性特征缺乏考察。另外，已有研究较为关注利率波动关联在不同经济发展时期的差异，对于利率波动关联的地理性因素和经济发展因素，包括国家间的地理距离和经济发展水平之间的关联性方面的研究缺乏考察。利率波动在国际间的传导是一个多经济主体、多因素之间相互作用的复杂过程，从整体到局部的考察将有助于我们深入理解金融危机传染和扩散这一宏观现象背后的微观机制。近年来，复杂网络理论的提出和发展为我们研究经济活动中各类复杂相互作用问题提供了方法论支持。可以结合网络模型构建、社团结构搜索、二次指派程序分析等方法，对金融市场波动的空间关联整体效应及其与地理距离和经济发展水平之间的联动效应做些有益的探索。

3.1.2 基于静态阈值的波动关联网络模型构建

参考相关文献中关于波动关联网络的构建方法。设 i 国货币在 t 时刻的利率为 $r_i(t)$。取利率变化的时间窗口为 Δt。在 $[t-\Delta t, t]$ 时间内，利率的变化为 $R_i(t)=r_i(t)-r_i(t-\Delta t)$。将 $R_i(t)$ 归一化处理后可得 $\hat{R}_i(t)=(R_i-\langle R_i\rangle)/\sigma_i$，其中 $\sigma_i=\sqrt{\langle R_i^2\rangle-\langle R_i\rangle^2}$，$\langle\cdots\rangle$ 表示时间平均。设 i 国货币和 j 国货币利率变化的乘积为 $G_{ij}(t)=\hat{R}_i(t)\times\hat{R}_j(t)$。考察 N 个国家的货币利率在 T 时间段内的波动关联性。

在时刻 t，利率波动的两两相关性大小可以用 $G_{ij}(t)$ 来表示。对所有国家间关系和时间 T 求平均，可以得到 $G_{ij}(t)$ 的平均值：

$$\zeta=\frac{2}{N(N-1)T}\sum_{i=1}^{N}\sum_{j=i+1}^{N}\sum_{t=1}^{T}G_{ij}(t) \tag{3-1}$$

基于该平均值，可以构造出不同阈值下的利率波动关联网络。设存在某个阈

值 $A=a\zeta(a>0)$，若 $G_{ij}(t)>A$，则 i 国货币和 j 国货币的利率波动关联，即两者间有连边。若 $G_{ij}(t)\leqslant A$，则 i 国货币和 j 国货币的利率波动是不关联的，即两者间没有连边。给定不同的 a 值，可以构造出具有不同阈值的利率波动关联网络。

平均度、度分布、集聚系数、平均最短路径等网络拓扑量反映了网络结构的整体特征。在一个网络中，与某个节点直接连接的其他节点的数量称为该节点的度。网络中所有节点的度的平均值称为网络的平均度。两个具有相同平均度的网络，其结构也可能存在差异，这种差异往往表现在度分布的差异上。如平均度同样为 4 的两个网络，一个度分布是 δ 函数，表示每个节点的度都为 4。另一个度分布是泊松函数，表示节点的度在以 4 为中心的一个范围内呈泊松分布。在网络中任取三个节点，这三个节点间都存在着连边的概率，即构成一个三角形的概率反映了网络节点间相互连接的紧密程度。以网络中这类三角形的实际数量除以总的可能数量得到的值称为集聚系数。设 C_i 为节点 i 的集聚系数，AC 为网络的平均集聚系数，k_i 为节点 i 的度，E_i 为 k_i 个节点间的实际连边数，N 为网络中总的节点数，集聚系数的计算式为：

$$AC=\sum_{i=1}^{N}C_i/N \tag{3-2}$$

其中，$C_i=2E_i/k_i(k_i-1)$。如果网络中连接任意两个节点之间的路径有多条，其中从节点 i 到节点 j 所经过的中间节点数最少的那条路径称为最短路径，可以用该路径上所经过的边数 l_{ij} 表示最短路径长度。网络中各个节点间最短路径长度的平均值被称为网络的平均最短路径 AL，其计算式为：

$$AL=2\sum_{i>j}l_{ij}/N(N-1) \tag{3-3}$$

本书收集了 2003～2012 年全球 143 个国家的实际利率数据（年数据）。数据来源于 Wind、同花顺 iFind 和世界银行数据库。借助上述公式的计算，可以得到本书所考察的 143 个国家利率波动关联值 $G_{ij}(t)$ 从 2004 年到 2012 年 9 年间的平均值为 $\zeta=0.1087$。以该平均值为参考，设定了不同的阈值 $A=a\zeta$。依据这些阈值，可构建出各个年份利率波动的关联网络。通过对平均度、集聚系数、平均最短路径等网络拓扑量的分析，可以了解到全球利率波动关联网络的时间演化特征。

3.1.3 网络平均度及度分布时间演化特征

分别以 $A=0.5\zeta$，ζ，2ζ，3ζ 为阈值，构建了各年份的利率波动关联网络。在图 3－1 中，给出了这些网络平均度随时间的演化情况。从图 3－1 中可以发

现，当阈值较小时，如 A = 0.5ζ，从 2004 年到 2006 年，网络的平均度在 52 ~ 62。2007 年网络平均度开始小幅提升，到 2009 年该值已接近 90。即在 2009 年，某个国家的利率波动与其他近 90 个国家的利率波动都呈现出关联性特征。从 2010 年起，网络的平均度开始大幅回落，到 2011 年跌落到 46 左右。2012 年网络的平均度又有小幅回升。增大阈值 A 除了导致各年份平均度普遍有所减小外，网络平均度的时间演化趋势与阈值为 A = 0.5ζ 时的情形基本一致。

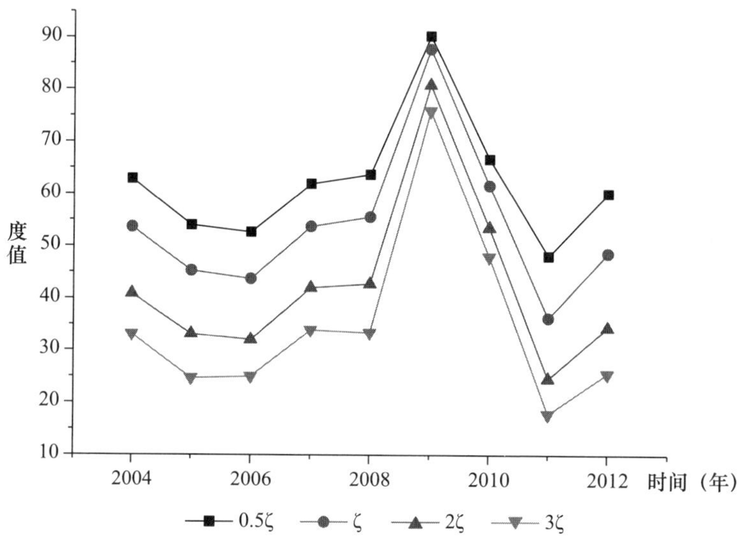

图 3-1 不同阈值下的利率波动关联网络平均度时间演化

为了解不同年份平均度差异的主要来源，在图 3-2 中，分别给出了平均度最高的 2009 年和平均度最低的 2011 年在阈值 A = ζ 的条件下网络度分布图。通过比较可以发现，在 2009 年，60% 以上节点的度值超过 110，其余节点在较小的度值区间和较大的度值区间均有分布。在 2011 年，15% 以上的节点度值为 0，其余节点较为均匀地分布在 1 ~ 86 的度值区间内。以上的度分布特征表明，2009 年全球大多数国家的利率呈现出较大变动。而这一时期正是美国次贷危机的影响向全球扩散的主要时期。

3.1.4 网络集聚系数和平均最短路径时间演化特征

利率波动关联网络的时间依赖性特征不仅反映在网络平均度的时间演化上，

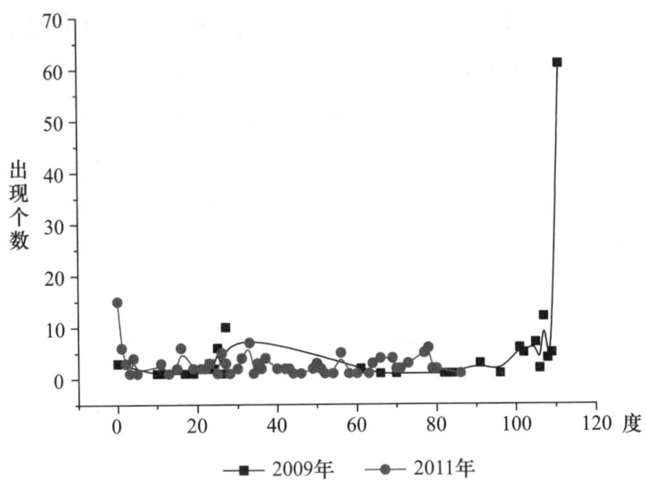

图 3－2　2009 年和 2011 年在阈值 A＝ζ 条件下利率波动关联网络度分布

它还同时反映在网络集聚系数和平均最短路径等其他网络拓扑量的时间演化上。在图 3－3 和图 3－4 中，分别给出了阈值 A＝ζ 的利率波动关联网络集聚系数和平均最短路径的时间演化图。

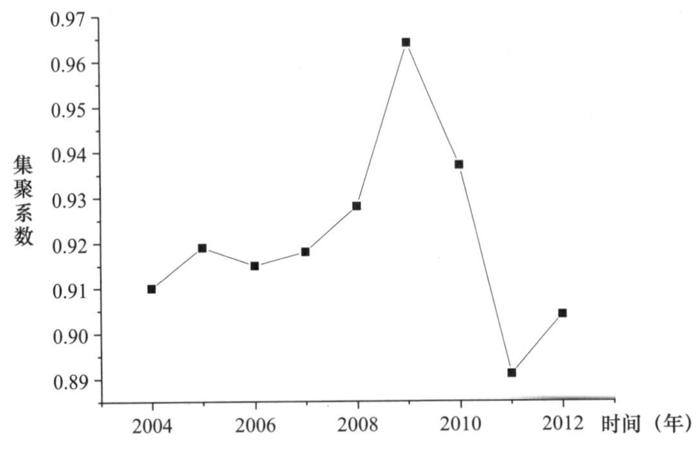

图 3－3　阈值 A＝ζ 的利率波动关联网络集聚系数时间演化

从图 3－3 中可以看出，从 2004 年到 2006 年，网络集聚系数变化不大，基本在 AC～0.915 附近呈现出随机波动状态。从 2007 年开始，网络集聚系数逐年

上升，到2009年集聚系数的值已经接近0.965。从2010年开始，网络集聚系数连续两年呈现大幅回落，最低值降到了AC～0.89附近。2012年该值又稍有回调。

图3－4显示，从2004年到2006年，阈值A＝ζ的利率波动关联网络的平均最短路径稳定在AL～1.25附近。从2007年开始，网络平均最短路径逐年下降，2009年网络平均最短路径降到了AL～1.04。从2010年开始，网络平均最短路径连续两年呈现大幅上升，最大值达到了1.43左右。2012年该值又有一定程度的回调。从图3－3和图3－4的比较中可以发现，利率波动关联网络平均最短路径的时间演化和集聚系数的时间演化呈负相关关系。

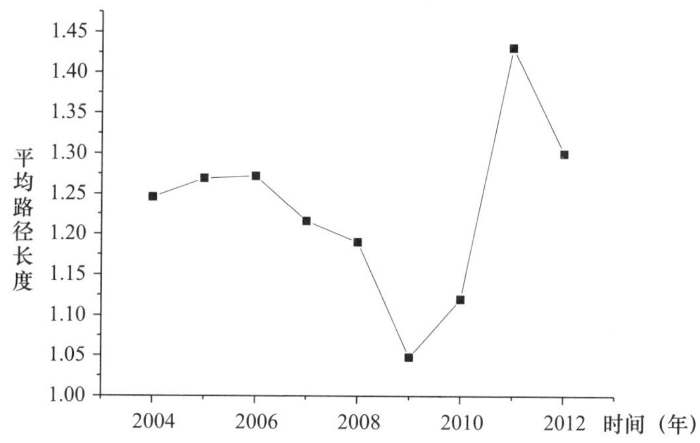

图3－4　阈值A＝ζ的利率波动关联网络平均最短路径时间演化

比较利率波动关联网络的平均度、集聚系数、平均最短路径的时间演化特征可以发现，2009年各国利率波动呈现出关联性增强这一整体性特征。

3.1.5　结论与启示

以全球140多个国家和地区的实际利率数据为研究对象，结合复杂网络分析方法，构建了全球利率波动关联网络。通过网络拓扑结构的时间演化特征发现，相比于经济稳定时期，金融危机时期全球利率市场的波动关联程度进一步加强。

本书研究所带来的启示是：利率波动关联与外部经济环境存在密切的关系。通过对利率波动关联网络的时间演化特征的监测，将有助于对未来市场的预测和判断，提高对金融风险的预防和控制能力。

第二节 利率波动关联网络的空间集聚效应分析

3.2.1 网络社团搜索方法

在考察一个复杂网络的结构图时，可以发现网络中的有些节点彼此之间连接很紧密，而它们与另外一群节点之间的连接很稀疏。一群彼此间紧密连接的节点所形成的网络结构被称为社团结构。可以按网络派系判别标准，即连通性标准来判断网络中所存在社团结构。1—派系是指由三个或三个以上节点组成的最大完备子图，即派系中所有节点之间都是两两直接连接的，且该派系不能被其他派系所包含。2—派系是指最多只通过一个中介节点就能够实现连通的子图。n—派系是指最多只通过 n－1 个中介节点就能够实现连通的子图。

在网络社团搜索算法中，可以按照从大到小、迭代回归的方法来找到所有的派系。具体可以分为以下四个步骤进行：

步骤一：根据网络节点度的大小进行判断，找到网络中最大的派系值 S_{max}。

步骤二：从某一个节点出发，找出所有包含该节点且大小为 S_{max} 的派系，删除该节点及与之相连的各条边。

步骤三：重复第二个步骤，直到网络中所有的 S_{max} 派系都被找出来。

步骤四：将 S_{max} 减 1，重复前面三个步骤，直至找到从最大派系值 S_{max} 到最小派系值 3 的所有派系。

借助社团搜索，可以区分出网络中的各个社团。通过对社团中各个成员的特征考察，可以发现网络中相关节点之间形成社团的原因。

3.2.2 利率波动关联网络的空间集聚效应分析

为了解利率波动关联的地理特征，选取了利率波动关联程度最强的 2009 年数据作为考察对象，通过对阈值为 $A=\zeta$ 的利率波动关联网络中的 1—派系结构的搜索，以及对所发现的 1—派系结构中的各个节点所对应的国家或地区的地理特征分析，找出利率波动关联的洲际差异。

表 3－1 中所列的 17 个派系是通过派系过滤算法所得到的 2009 年利率波动关联网络中的所有 1—派系。通过对派系内部节点（国家或地区）按照其所属大

洲进行地域归类，可以观察到1—派系中的节点的地理分布特征。

表3-1 各个1—派系中的节点的地理分布

派系组别/国家或地区数	亚洲	欧洲	南美洲	北美洲	大洋洲	非洲	派系内国家和地区总数
1	28	24	8	14	7	21	102
2	27	23	8	13	6	20	97
3	26	22	7	14	6	17	92
4	26	22	7	13	6	18	92
5	26	22	8	13	6	17	92
6	26	21	7	12	6	13	85
7	25	21	6	13	6	12	83
8	23	20	6	10	4	8	71
9	22	20	5	9	3	8	69
10	22	19	4	9	2	6	62
11	22	18	5	9	2	6	62
12	6	6	2	3	2	4	23
13	6	6	3	3	2	3	23
14	5	5	2	2	2	4	20
15	5	6	1	1	2	3	18
16	2	4	1	2	1	2	12
17	2	3	1	2	1	2	11

从表3-1中可以看出，在较大的1—派系中，按从高到低的顺序，亚洲、欧洲、非洲、北美洲的国家及地区占了多数。在中等大小的1—派系中，按从高到低的顺序，亚洲、欧洲、北美洲、非洲的国家或地区占了多数。

在以上的17个1—派系中，不同的派系间存在着公共节点。从网络的整体性来进行考察，这些公共节点起到了连通整个网络的重要作用。定义大洲中国家或地区在1—派系中出现的次数多少为该国或地区利率波动的影响强度。可以以大洲为单位，将各个国家或地区划分到其所属大洲的高、中、低三个影响力组别中去。本书所设定的高、中、低组别中的节点其在1—派系中出现的频次区间分别为［10，+∞）、［5，9］、［0，4］。

图3-5为各大洲在不同影响力区间的国家或地区的数量分布。通过对图3-5

和表 3－1 结果的比较可以发现，在亚洲、欧洲、北美洲这三个区域，1—派系中国家或地区数量多，就意味着在这些大洲中高影响力的国家或地区多，两者间呈正相关关系。其中，亚洲国家利率波动的影响力普遍较强，处于高影响力区间的国家或地区数占所考察的亚洲国家或地区总数的 60% 以上。欧洲和北美洲各国利率波动的影响力次之，处于高影响力区间的国家或地区数分别占所属大洲国家或地区数的 50% 以上和 40% 以上。非洲是较特殊的一个洲。与其他洲相比，该洲在 1—派系中的国家或地区数量较多，但在高影响力区间的国家或地区数量比例最低。

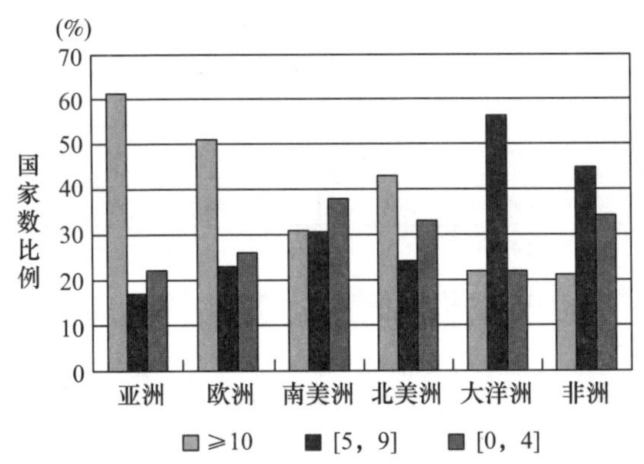

图 3－5　各洲在影响强度为高、中、低组别中国家或地区的数量分布

亚洲、欧洲和北美洲在高影响力区间中出现了较多的国家或地区，表明这几个大洲中的国家或地区对国际利率市场影响力较大。非洲国家或地区在高影响力区间中出现的国家或地区数量比例最少，表明非洲国家对国际利率市场影响力相对较小。综合比较高影响力区域和低影响力区域国家或地区数量比例排位，可以发现北美洲在高影响力区域和低影响力区域的国家或地区数量比例相对都比较大，而在中等影响力区域的国家或地区数量比例相对比较少。这表明南美洲的国家对国际利率市场影响力呈现出两极分化的特征。

3.2.3　结论与启示

利率波动关联存在着洲际差异，这一差异与各大洲内部的经济发展不平衡程度有关。这反映出世界经济的发展已经超越了地理空间的限制，全球经济一体化使洲际之间、国家之间的经济发展的相互影响力表现出新的特征。

本书的研究所带来的启示是：跨区域经济发展在现代社会中有着越来越重要的作用，在关注国际间合作带来的经济发展动力的同时，更需要关注经济波动可能带来的不利影响。如何在享受与不同经济发展水平国家合作红利的同时规避可能的风险冲击，是值得各个国家和地区深入思考的问题。

第三节　利率波动关联与地理空间及经济空间的相关性

3.3.1　二次指派程序分析方法

传统的计量经济学方法中，进行参数估计或统计检验时要求各变量间相互独立。对于非独立变量，是无法通过标准的统计程序来进行相关参数估计或者统计检验的。不然，就会出现“多重共线性”问题，从而使对变量的显著性检验失去意义，借助模型来进行相关预测的功能也就会失效。例如，在近似共线性下，使用普通最小二乘法所得到的各参数估计量是无效的。而在完全共线性下，将无法得到相关参数的估计量。而在本书所构建的利率波动关系、空间距离关系、经济发展水平关系等各类关系矩阵中，体现的都是数据间的关联性。要对这些关系间的关系进行检验，需要用到一些新的方法。研究中经常采用的是随机化检验（randomization test）方法。QAP 分析方法即为此类方法。

二次指派程序分析方法，又称为 QAP 分析方法，主要被用于两个矩阵之间的相关性分析。具体的相关性分析可分为以下四步：

步骤一：将每个矩阵中的所有取值都看成是一个长向量。在这个长向量中，包含着 n（n－1）个数（不考虑对角线上的数）。

步骤二：计算两个长向量之间的相关系数。

步骤三：通过对两个矩阵中的其中一个矩阵的行和相应的列同时随机置换，计算置换后的矩阵与另一矩阵的相关系数。多次进行这样的置换过程就可求得相应的多个相关系数值。将这些经矩阵置换后得到的相关系数与原来的两个矩阵的相关系数值进行比较，可求得其中大于等于原矩阵相关系数值的那些相关系数的数值比。

步骤四：通过对置换所得的相关系数分布特征的分析，可以判断出两个矩阵之间是否存在统计意义上的强关系。

3.3.2 利率波动关联与地理空间关联的 QAP 检验

可以借助 QAP 分析方法来考察利率波动关联和地理空间关联的相关性。

首先，定义两个国家之间的空间关联。如果两个国家属于同一大洲，那么这两个国家地理空间关联；如果两个国家不属于同一大洲，那么这两个国家地理空间不关联。按照利率波动关联矩阵的构造方法，可以构造地理空间关联矩阵 E′。

$$E' = \begin{cases} e'_{ij} = 1 & i \neq j \text{ 且 } i,\ j \text{ 属于同一大洲} \\ e'_{ij} = 0 & i = j \text{ 或 } i,\ j \text{ 属于不同大洲} \end{cases} \quad (3-4)$$

在利率波动关联与地理空间关联的相互关系上，假设两国之间地理空间关联性程度越高，两国利率波动的联动程度越强。借助 QAP 分析方法可对经过二值化处理的利率波动关联矩阵和地理空间关联矩阵进行相关性检验，以下是所得到的检验结果。

在进行利率波动关联和地理空间关联的相关性检验中，选取了利率波动关联程度最强的 2009 年度的数据进行检验。同时，还选取了四种不同大小的阈值 ζ，2ζ，3ζ，4ζ 分别进行检验，考察阈值的不同对相关性检验结果的影响。表 3-2 给出了利率波动关联和地理空间关联的相关性检验结果。

表 3-2 利率波动关联和地理空间关联的相关性检验结果

年份	相关系数	显著性水平	均值	标准差	阈值
2009	-0.004	0.433	0	0.016	ζ
2009	-0.002	0.471	0	0.016	2ζ
2009	-0.012	0.230	0	0.015	3ζ
2009	-0.015	0.163	0	0.015	4ζ

从表 3-2 的检验结果中可以发现，从总体上看，利率波动关联和地理空间关联之间的相关性并不显著。即在本书所设定的各个阈值下，并没有反映出两国之间若属于同一大洲，那么两国之间的利率联动程度就会越强。可以这样来理解这一相关性检验结果。全球利率波动关联更多地体现为金融市场的关联，而金融市场的关联更多地与一国的经济开放程度有关，与地理位置的邻近关系并不十分密切。某些国家虽然处于同一大洲，但是它们在经济的开放性程度上存在很大的

差异，相互间的经济往来也比较少，因此一国的经济波动对另一国经济波动的影响就会比较小。这一现象表现在利率波动关联与地理空间关联上，就是两个国家利率波动联动性的强弱与这两个国家是否处于同一大洲，或者是否地理邻近没有直接的关系。

3.3.3　利率波动关联与经济空间关联的 QAP 检验

可以借助 QAP 分析方法来考察利率波动关联和经济空间关联的相关性。

在分析利率波动关联与经济空间关联的相关性之前，首先需要引入经济空间距离变量 λ_{ij}。定义 λ_{ij} 为经济空间中的距离。不同于地理空间中表示位置关系的距离，经济空间中的距离表示的是两国间的经济差距，可以用两国间人均 GDP 的差的绝对值来表示，即 $\lambda_{ij}=|\lambda_i-\lambda_j|$。其中，$\lambda_i$ 为 i 国人均 GDP，λ_j 为 j 国人均 GDP。λ_{ij} 的数值越大，表示两国间经济发展水平差距越大；λ_{ij} 的数值越小，表示两国间经济发展水平的差距越小。本书中采用的是人均 GDP 来计算经济空间距离，而不是采用一国 GDP 总量来计算经济空间距离，其目的是避免因不同国家地域面积、人口数量等方面的差异性较大而对统计结果可靠性造成影响。

按照构造利率波动关联网络的方法，即阈值法来构造经济空间关联网络，得到经济空间中的关联矩阵。具体可以分为以下两步：

步骤一：计算两个国家间 GDP 的差的绝对值的平均值。

步骤二：依据该平均值作为阈值。将 λ_{ij} 与所确定的阈值进行比较。如果 λ_{ij} 小于等于阈值，则国家 i 和国家 j 之间的经济空间关联值设为 1，否则设为 0。最后，构建经二值化处理的经济空间关联矩阵。表 3-3 中给出了利率波动关联和经济空间关联的相关性检验结果。

表 3-3　利率波动关联和经济空间关联的相关性检验结果

年份	相关系数	显著性水平	均值	标准差	阈值
2009	0.179	0.001	0	0.05	ζ
2009	0.14	0.006	-0.001	0.05	2ζ
2009	0.117	0.015	0.001	0.051	3ζ
2009	0.098	0.031	-0.001	0.051	4ζ

从表 3-3 中的检验结果中可以发现，在取不同的阈值 ζ，2ζ，3ζ，4ζ 时，利率波动关联和经济空间关联都呈显著的正相关关系。这说明在与利率波动关联

相关的因素中，两国之间的经济发展水平差距起到很大的影响。两国的经济发展水平越接近，两国利率波动的联动性越强。这种关联性可以从以下两方面来理解：一方面，对于经济发展水平相当的国家，两国的开放程度和发展模式可能十分相近。利率波动的关联性高低反映了两国在开放程度和发展模式上的差异性大小。另一方面，对于经济发展水平相当的国家，两国的金融市场间的联系可能更为紧密。利率波动的关联性高低反映了两国之间经济联系的强度大小。

3.3.4 结论与启示

在地理空间邻近的相关国家之间，地理邻近效应并没有在两国间利率波动的联动性强度上反映出来。而在经济发展水平相当的国家之间，一国的利率波动更容易对另一国的利率波动产生影响。不同国家之间的利率波动关联与其经济发展水平差异之间存在显著的关联效应。

本书的研究所带来的启示是：目前世界各国的经济合作可能更多地发生在经济发展水平相当的国家之间。在各国的经济发展中，地理位置相邻或地理距离相近的国家之间的相互影响正在减弱。如何将地理空间邻近的优势发挥出来，可能是一些经济发展较为薄弱的国家值得思考的问题。

第四章　汇率波动关联网络模型及其节点重要性分析

以全球相关国家和地区的汇率、GDP 增长率和贸易指数等数据为研究对象，结合复杂网络分析方法、节点重要性识别方法和相关性分析方法，对全球汇率市场的波动性特征及其时空关联效应进行了分析。研究发现，汇率波动关联网络拓扑结构的时间演化与金融危机的发生存在密切联系。在金融危机时期，网络的平均度和集聚系数增大，网络的平均最短路径减小。在汇率波动关联网络中，各节点的信号作用和信号传递作用存在差异，节点重要性排名靠前的货币其信号作用相对更强。汇率波动关联网络的演化与全球经济增长率及全球贸易指数的演化存在时间关联。当汇率波动关联性显著增强时，全球经济增长率及全球贸易指数都显著减小。

第一节　汇率波动关联网络拓扑结构及其时间演化特征分析

4.1.1　研究背景

汇率是一种货币转换成另一种货币的价格。汇率波动是指一种货币相对于另一种货币价格的变化。影响汇率波动的主要因素包括国际收支、利率高低、财政政策、货币政策、汇率预期、通货膨胀等。汇率的波动反过来也会对一国的进出口贸易、国内物价水平、国际资本流动、国内就业等产生影响，并进一步影响全球经济的发展。正因为汇率是影响国际经济交往和国内经济发展的重要因素，各国政府对于汇率管理有多种相应的政策，国内外学者对于汇率波动的机制及其影响也有广泛和深入的研究。

在汇率和利率的关系方面，经济学家凯恩斯提出了利率平价理论。该理论探讨了远期汇率变动与利率差异之间的关系，发现利差是汇率变动的主要原因。Mckinnon 构建了反映汇率波动与利率波动之间关系的理论模型，发现浮动汇率制度和固定汇率制度对一国经济影响的差异。浮动汇率制度下通货膨胀持续时间往往比固定汇率制度下通货膨胀持续时间更长，其原因在于长期利率与短期利率之间变动幅度的差异。国内学者对于利率与汇率之间关系的研究存在一定的分歧。姜波克等研究发现利率与汇率之间存在某种程度的正相关关系，而许少强等人的研究发现两者之间的联动关系并不密切。

在货币政策有效性和汇率制度的关系方面，20 世纪 60 年代 Mundell 和 Flemins 提出了著名的 M－F 模型。该模型反映了开放经济条件下货币政策有效性与汇率制度之间的关系。Kruguman 在 M－F 模型的基础上提出三元悖论，该理论指出资本自由流动、固定汇率制度和货币政策独立性三者不可能同时实现。

在外汇市场和货币市场、股票市场之间的关系方面，Devereux 通过实证研究发现，货币政策冲击对汇率波动的影响与理论模型是一致的。Bergin 使用 DSGE 模型研究了货币冲击对汇率波动的影响，发现存在着“汇率超调”现象，这一结论和 Dornbucsh 等得出的结论相一致。Sekmen 等利用自回归移动平均模型的残差平方和来研究汇率波动和股市波动的关系，发现汇率波动对于美国股市有一定的影响。

在汇率波动与国际贸易发展及国际收支平衡等的关系方面，马歇尔—勒纳条件在西方汇率波动理论中占据重要地位，其主要思想是一国的贸易逆差会引起该国货币的贬值，而反过来本币贬值是否能改善该国的贸易逆差则主要取决于该国外贸交易商品的进出口弹性之和的大小。Kruguman 研究了美元汇率波动对美国国际贸易收支的影响，发现美元贬值可以改善美国的国际贸易收支，但是这种改善需要一段时间之后才能体现出来。周杰琦运用非对称协整方法研究了人民币实际汇率与中国进出口贸易之间的关系，发现马歇尔—勒纳条件在中国也是成立的。戴世宏通过研究中日之间的汇率变动和贸易流量之间的关系，发现人民币对日元升值会使中国对日本的出口增加和进口减少。这一发现显然与马歇尔—勒纳条件不相符合。国内学者卢向前和戴国强研究了人民币实际汇率与中国外贸交易流量之间的关系，发现两者之间存在显著的互为影响关系。

从国内外已有的研究工作中可以发现，现有的有关汇率波动问题的研究较为

关注汇率变化与一国经济发展及进出口贸易之间的关系。而关于一国的汇率波动与他国汇率波动之间有怎样的整体性联系，一国汇率波动与全球地理因素、经济发展因素之间有怎样的联系，这些方面尚缺乏深入研究。在开放经济下，汇率波动既会影响到一国的经济发展，同时也会影响到世界经济格局和政治格局的变化。利用复杂网络方法研究汇率波动的时空关联效应，一方面有助于提高对金融市场风险传播机制的理解，另一方面对于预防和控制全球性经济危机的发生、发展和扩散具有重要意义。

4.1.2 静态和动态阈值下汇率波动关联网络模型构建

选取同花顺 iFind 宏观经济数据库中以美元为标价的 47 种货币汇率数据为研究对象，构建汇率波动关联网络。所选取的时间长度为 2005 年 3 月到 2015 年 3 月，共 2826 天的数据。在汇率月数据值的确定中，选择每个月最后一天的汇率数据作为该货币汇率的月数据值。在汇率季度数据值的确定中，选择该季度所有月数据的平均值作为该货币汇率的季度数据值。

在汇率波动关联网络中，不同的节点代表不同的货币，节点与节点之间的连边代表不同货币汇率波动之间的关联。在构建汇率波动关联网络模型的过程中，不考虑汇率波动关联的方向性和权重。因此，本书所构建的汇率波动关联网络是一个无向等权网络。汇率波动关联网络模型具体的构建过程如下：

定义在 Δt 时间间隔内货币 i 的价格变化为：

$$R_i(t,\ \Delta t) = \ln P_i(t+\Delta t) - \ln P_i(t) \tag{4-1}$$

其中，$P_i(t)$ 是货币 i 在 t 时刻的价格，时间间隔设定为 $\Delta t = 1$ 天。由于不同汇率数据平均值差异比较大，为了比较不同货币汇率波动的关联性，可将价格变化数据 R_i 进行归一化处理，即：

$$r_i(t) = \frac{R_i - \langle R_i \rangle}{\sigma_i} \tag{4-2}$$

其中，σ_i 为 R_i 的标准偏差值，即 $\sigma_i = \sqrt{\langle R_i^2 \rangle - \langle R_i \rangle^2}$，$\langle \cdots \rangle$ 为所考察时间区间内的平均值。定义两种货币的汇率波动之间的相关性大小 G_{ij} 为：

$$G_{ij}(t) = |r_i(t) r_j(t)| \tag{4-3}$$

在考察两种货币的汇率波动之间是否存在连边时，需要设定某个阈值 ζ。当 $G_{ij}(t) > \zeta$ 时，货币 i 与货币 j 之间存在连边；否则，货币 i 与货币 j 之间不存在连边。由于 $G_{ij}(t)$ 的值会随时间动态演化，因此，本书中所构建的汇率波动关联网络应该属于动态网络。

首先，构建静态阈值下的汇率波动关联网络。定义静态阈值为：

$$Q_s = \frac{2}{N(N-1)T}\sum_{i=1}^{N}\sum_{j=i+1}^{N}\sum_{t=1}^{T}G_{ij}(t) \tag{4-4}$$

其中，T 是汇率波动考察期内总的天数，N 是所考察的货币的总数。静态阈值 Q_s 代表在所考察的时间区间内，所有汇率的波动关联值 $G_{ij}(t)$ 的时间平均。因此，静态阈值 Q_s 随着时间的推移并不发生变化。由于波动关联值 $G_{ij}(t)$ 随着时间的推移会发生变化，因此汇率波动关联网络的拓扑结构随着时间的推移也会发生变化。通过观察汇率波动关联网络拓扑结构的时间演化特征，就可以了解到不同时刻相关国家和地区的汇率市场的联动性特征。设定阈值 $\zeta = Q_s$，可以得到静态阈值下的汇率波动关联网络。

其次，构建动态阈值下的汇率波动关联网络。定义动态阈值为：

$$Q_d(t) = \frac{2}{N(N-1)}\sum_{i=1}^{N}\sum_{j=i+1}^{N}G_{ij}(t) \tag{4-5}$$

与静态阈值 Q_s 不同，动态阈值 $Q_d(t)$ 并未对时间求平均。因此，$Q_d(t)$ 随着时间的推移会发生变化。这种变化在某种程度上反映了汇率波动关联网络整体的一种演化趋势。设定阈值 $\zeta = Q_d$，可以得到动态阈值下的汇率波动关联网络。

4.1.3 汇率波动关联网络拓扑结构分析

汇率波动关联网络的拓扑结构特征主要反映在以下三个量上：一是网络的平均度及度分布特征；二是网络的集聚系数特征；三是网络的平均最短路径特征。

首先，观察汇率波动关联网络的平均度及度分布特征。图 4 - 1 给出了静态阈值下的汇率波动关联网络的平均度随时间的演化情况。图 4 - 1 中横坐标表示的是从 2005 年 3 月开始到 2015 年 3 月结束总共 10 年 40 个季度，纵坐标表示的是与各个季度相对应的汇率波动关联网络平均度的大小。从图 4 - 1 中可以看出，从 2005 年初到 2006 年末以及从 2013 年初到 2015 年末，这两个阶段网络的平均度随时间的演化相对比较平稳，基本维持在 10 左右的水平。而在 2007 年初到 2012 年末这一段时间内，网络的平均度保持在一个相对较高的水平，最高点甚至达到了 35 左右。与之相应的是，网络的平均度在衰减过程中出现了三次较大的反复，最后才逐步稳定下来。

对应于网络平均度达到最大值的时间点 2007 年第二季度正是美国次贷危机的发生、发展时期。随后的网络平均度开始衰减并出现多次反复的时间点正是次贷危机开始向全球扩散，而美联储及各国央行开始采取措施防止危机向各国扩散

时期。而网络平均度的值比较小、波动也比较平稳的这些阶段是美国次贷危机尚未发生或危机已经过去较长时间的这些时期。

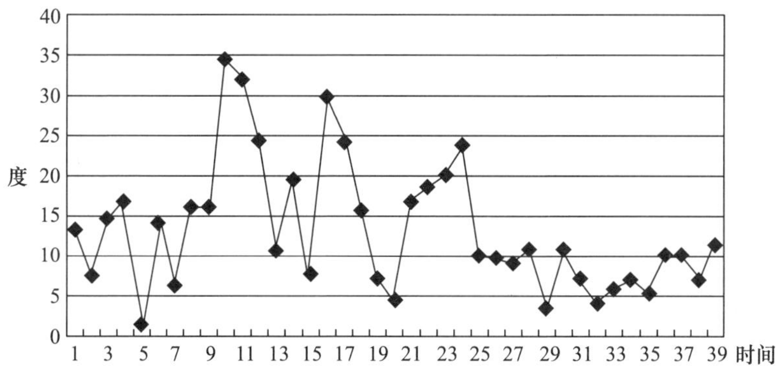

图4-1　静态阈值下的汇率波动关联网络平均度时间演化

汇率波动关联网络的平均度反映的是不同汇率之间的联动关系。平均度的值比较大，反映出大多数国家和地区的汇率波动表现出同向运动的特征。平均度的值比较小，反映出大多数国家和地区的汇率波动处于随机运动的状态。次贷危机之前和之后较长的一段时间内，世界各国的汇率波动关联基本上处于一种随机运动的状态。而随着次贷危机的来临，全球金融市场震荡，大多数货币汇率表现出同向运动的特征。而这种市场波动的关联又很容易受到一系列重大的政策调整或外部消息面的影响，表现在汇率波动关联网络的时间演化特征上，就是网络平均度出现多次向上冲高和向下回调的反复。

图4-2给出了动态阈值下汇率波动关联网络的平均度随时间的演化情况。与图4-1相对应，横坐标表示的也是从2005年3月开始到2015年3月结束总共十年40个季度，纵坐标表示的是对应于这四十个季度的汇率波动关联网络平均度。比较图4-1和图4-2的结果可以发现，相对于图4-1中静态阈值下的汇率波动关联网络平均度随时间的剧烈波动，图4-2中动态阈值下的汇率波动关联网络平均度随时间的变化要平稳得多。造成这一差异的主要原因是动态阈值下的汇率波动关联网络的阈值本身会随时间演化，次贷危机对汇率市场波动关联的影响没有表现在平均度的变化特征上，而是体现在了构建网络边的阈值的时间演化特征上了。也就是说，动态阈值下的汇率波动关联网络平均度已经去除了市场整体运动这一趋势性特征。因此，动态阈值下的汇率波动关联网络平均度的时间

演化更接近于一种随机运动。

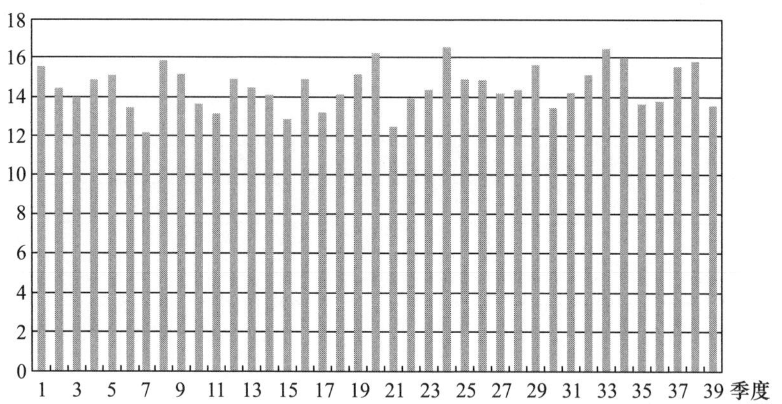

图 4 –2　动态阈值下的汇率波动关联网络平均度随时间的演化

汇率波动关联网络的平均度只能反映出相关国家和地区之间的汇率波动之间的平均关联程度，却不能反映出不同货币之间的汇率波动关联程度的差异性特征。为了考察不同货币汇率之间的关联是否完全一致，图 4 –3 中给出了静态阈值下汇率波动关联网络的度分布。其中，每个节点的度值取所考察时间内该节点的平均度值。经过平均化处理后，可看到汇率波动关联网络的节点度分布接近于一个泊松分布。大多数节点所对应的度值在 13 左右。度值小于 10 和度值大于 18 的节点数非常少。因此，从长期来看，各国之间汇率波动的联动性并不是十分强，大多处于一个适中的状态。

其次，观察静态阈值下的汇率波动关联网络的集聚系数特征。网络集聚系数是指与网络中任一节点相连的其他节点相互之间也有连接的概率情况，反映网络各节点之间相互连接的紧密程度。图 4 –4 给出了 2005 年 3 月到 2015 年 3 月总共十年 40 个季度静态阈值下的汇率波动关联网络的集聚系数值。从图 4 –4 中可以看出，在本书所选取的时间段内，汇率波动关联网络的集聚系数围绕 0. 44 这个值上下波动。其中，从 2007 年到 2012 年这一段时间内，网络的集聚系数值相对较大一些，其波动幅度也相对较大一些。比较图 4 –1 和图 4 –4 的结果可知，美国次贷危机时期汇率波动关联网络的平均度和集聚系数较其他时期都变大了，两者的波动幅度也相应变大了。

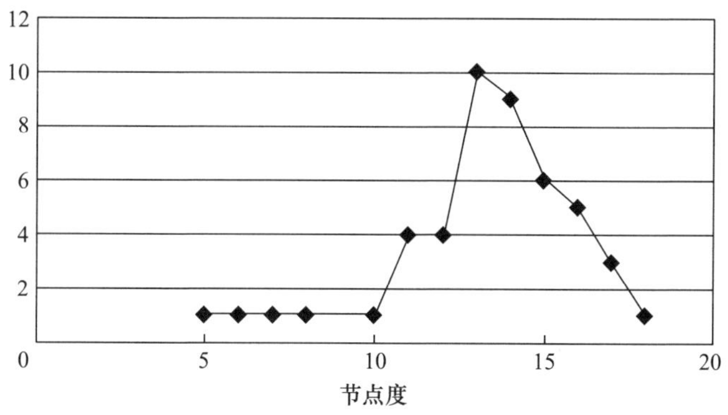

图 4－3 静态阈值下的汇率波动关联网络节点度分布

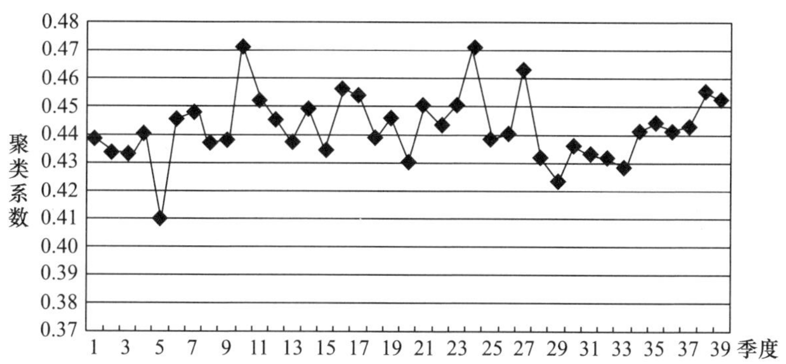

图 4－4 静态阈值下的汇率波动关联网络的集聚系数时间演化

最后，观察静态阈值下的汇率波动关联网络平均最短路径时间演化情况。网络的平均最短路径是指网络中的节点与网络中其他节点最短距离的平均值。图 4－5给出了汇率波动关联网络的平均最短路径随时间的演化情况。从图 4－5 中可以看出，汇率波动关联网络的平均最短路径基本上都维持在 1.3～1.4 的水平。其中从 2007 年到 2012 年这一段时间内，网络的平均最短路径相对较小，波动幅度相对较大。比较图 4－1、图 4－4 和图 4－5 可知，美国次贷危机时期，汇率波动关联网络的平均度和集聚系数相对较大，平均最短路径相对较小。这一时期三个量的波动幅度都相对较大。

4.1.4 汇率波动关联网络演化与汇率波动演化的时间关联

汇率市场整体的波动性可以用各种货币汇率的标准偏差的平均值来进行描

述。标准偏差主要用于度量相关数据离散程度的一个指标。标准偏差值越小，说明数据偏离总体平均值的幅度就越小。标准偏差值越大，说明数据偏离总体平均值的幅度就越大。某一货币汇率的标准偏差表示的是该货币汇率在所考察的时间区间内汇率偏离平均值的情况。标准偏差值越大说明该种货币的汇率随时间变化的频率或变化的幅度越大。图 4 - 6 给出了 2005 年 3 月到 2015 年 3 月汇率市场各货币汇率波动的标准偏差平均值随时间的演化情况。图 4 - 6 中给出的是各种货币汇率标准偏差平均值每个月的数据。

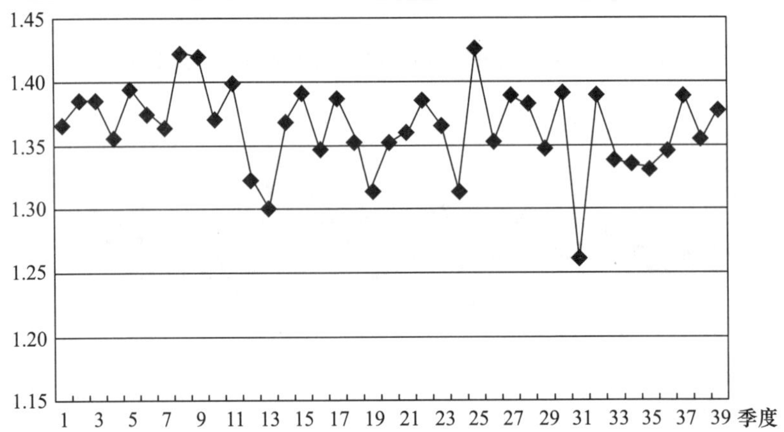

图 4 - 5　静态阈值下的汇率波动关联网络平均最短路径时间演化

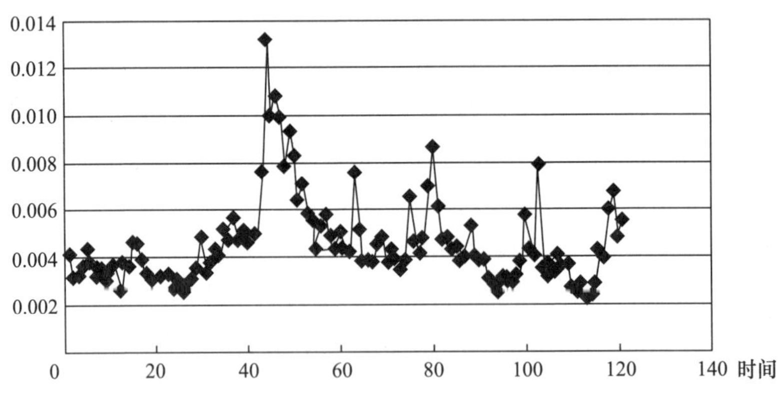

图 4 - 6　各种货币汇率标准偏差平均值随时间演化

从图4－6中可以看出，汇率市场整体的标准偏差值最大的时点在43（2008年9月）附近。而图4－1中汇率波动关联网络平均度最大的时点为2007年第二季度。这说明汇率市场整体大波动的出现相对于汇率波动关联网络平均度的大波动来说具有一定的滞后性。即汇率波动关联性增大出现在前，经过一段时间的反应后，汇率市场的整体波动才变得剧烈起来。

以上的时间滞后效应可以这样来理解：汇率市场中有些货币对于金融危机反应灵敏，在金融危机初始阶段就表现出大的波动性。但是，市场中大多数货币在政府管制或者其他因素的影响下对金融危机并不敏感。所以，此时虽然汇率市场波动关联性高，但是汇率市场整体波动水平却并不高。随着少数货币汇率的大波动通过汇率波动关联网络的扩散，汇率市场整体的波动性开始增强。经过一段时间的演化后，汇率市场整体波动达到其阶段性最高水平。

4.1.5 结论与启示

通过构建汇率波动关联网络模型，考察了汇率波动的时间关联和空间关联。研究发现，汇率波动的关联网络结构受宏观经济因素的影响比较大，尤其是金融危机的影响更为明显。在金融危机时期，相关国家和地区之间的汇率波动联系程度显著增强。反映在网络拓扑结构上，金融危机时期汇率波动关联网络的平均度值和平均集聚系数值增大，网络的平均最短路径值减小。

从汇率波动关联网络结构的时间演化特征中可以观察到相关国家和地区的汇率波动关联存在时间效应。依据这一时间效应特征，可以对金融市场危机的发生、发展做出预判，从而制定出更有针对性的危机预防和控制措施。

第二节 汇率波动关联网络重要性节点识别及其信号效应分析

4.2.1 节点重要性评价指标

在汇率波动关联网络中，各货币所处的节点位置存在着差异。这实际上反映出不同货币在汇率波动关联网络中重要性上的差异。从经济学的角度讲，这种重要性差异的最直接体现就是反映出不同节点在反映经济运行信息方面其敏感性或信号作用存在差异。

判定网络中节点重要性的主要指标是网络中心性。本书结合点度中心性、中介中心性、紧密中心性这三个网络中心性指标构建了节点重要性评价的综合指标。

设网络中的节点总数为 N，以 $P_N(D)$、$P_N(B)$、$P_N(C)$ 分别表示网络中各节点的点度中心值、中介中心值和紧密中心值。节点重要性综合评价指标矩阵为：

$$X=\begin{pmatrix} P_1(D) & P_1(B) & P_1(C) \\ \vdots & \vdots & \vdots \\ P_N(D) & P_N(B) & P_N(C) \end{pmatrix} \tag{4-6}$$

其中，点度中心值和中介中心值为效益性指标，指标值越大代表节点越重要。而紧密中心值则相反，指标值越小代表节点越重要。由于这三个节点重要性度量指标的数值大小差异较大，所以需要进行归一化处理。

$$r_{iD}=\frac{P_i(D)-P_i(D)_{min}}{P_i(D)_{max}-P_i(D)_{min}} \tag{4-7}$$

其中，$P_i(D)_{min}$ 为所有节点的点度中心值中的最小值，$P_i(D)_{max}$ 为所有节点的点度中心值中的最大值。同理可以得到中介中心性指标和紧密中心性指标的归一化指标 r_{iB} 和 r_{iC}。各量经归一化后可得到节点重要性评价新的综合评价指标矩阵 R，即：

$$R=\begin{pmatrix} r_1(D) & r_1(B) & r_1(C) \\ \vdots & \vdots & \vdots \\ r_N(D) & r_N(B) & r_N(C) \end{pmatrix} \tag{4-8}$$

并进一步计算出节点重要性评估值 K_i，即：

$$K_i=\frac{D_i^-}{D_i^-+D_i^+} \tag{4-9}$$

其中，D_i^- 和 D_i^+ 可以通过式(4-10)和式(4-11)计算得到，即：

$$D_i^-=\|r_{ij}-r_j^{max}\|_2 \tag{4-10}$$

$$D_i^+=\|r_{ij}-r_j^{min}\|_2 \tag{4-11}$$

其中，r_j^{max} 和 r_j^{min} 分别表示矩阵 R 每一列中的最大值和最小值。K_i 的值越大，表明该节点在网络中重要性越强。

4.2.2 节点重要性实证分析

在分析节点重要性时，需要对同一时间点上各种货币的重要性差异进行比

较。文中选取月数据作为研究对象，构建了动态阈值下的汇率波动关联网络，并对各节点的重要性进行了排序。表 4－1 显示的是借助社会网络分析工具 Ucinet 得到的 2005 年第三季度汇率波动关联网络的节点中心性指标值，包括点度中心值、中介中心值和紧密中心值。并依据这些指标计算出了节点重要性的综合性评价指标 K。

表 4－1　节点中心性指标及综合性评价指标值

ID	Degree	Betweenness	Closeness	K
韩元	26	3. 511	0. 0022936	0. 424517
伊拉克第纳尔	9	0	0. 0022075	0. 255963
波兰兹罗提	0	0	0. 0004433	0
以色列谢克尔	2	0	0. 0021739	0. 213381
捷克克朗	26	3. 511	0. 0022936	0. 424292
尼日利亚奈拉	3	0	0. 0021786	0. 222158
阿根廷比索	26	3. 511	0. 0022936	0. 42554
斯里兰卡卢比	3	0	0. 0021786	0. 051587
新台币	28	8. 011	0. 0023041	0. 401064
越南盾	3	0	0. 0021786	0. 215067
立陶宛立特	2	0	0. 0021739	0. 21839
伊朗里亚尔	2	0	0. 0021739	0. 034595
澳门元	15	0	0. 0022371	0. 313767
乌拉圭比索	29	11. 844	0. 0023095	0. 460047
白俄罗斯卢布	15	0	0. 0022371	0. 314164
荷兰盾	0	0	0. 0004433	0
埃及镑	6	0	0. 002193	0. 101275
巴基斯坦卢比	18	0	0. 0022523	0. 343554
俄罗斯卢布	15	0	0. 0022371	0. 23739
科威特第纳尔	0	0	0. 0004433	0
阿曼里亚尔	0	0	0. 0004433	0
丹麦克朗	0	0	0. 0004433	0. 21223
卡塔尔里亚尔	1	0	0. 0021692	0. 017397
挪威克朗	20	0. 111	0. 0022624	0. 303561
巴西雷亚尔	39	210. 344	0. 0023641	0. 998518

续表

ID	Degree	Betweenness	Closeness	K
印度尼西亚卢比	15	0	0. 0022371	0. 314563
匈牙利福林	26	3. 511	0. 0022936	0. 425196
瑞典克朗	8	0	0. 0022026	0. 252198
墨西哥比索	20	0. 111	0. 0022624	0. 365377
南非兰特	29	11. 844	0. 0023095	0. 461792
港币	15	0	0. 0022371	0. 313767
新加坡元	26	3. 511	0. 0022936	0. 375896
菲律宾比索	29	11. 844	0. 0023095	0. 461595
沙特里亚尔	0	0	0. 0004433	0
土耳其里拉	27	5. 511	0. 0022989	0. 388325
日元	36	99. 344	0. 0023474	0. 674669
新西兰元	33	49. 844	0. 002331	0. 502999
泰铢	20	0. 111	0. 0022624	0. 36522
马来西亚林吉特	0	0	0. 0004433	0
人民币	26	3. 511	0. 0022936	0. 425425
瑞士法郎	1	0	0. 0021692	0. 215397
阿联酋迪拉姆	0	0	0. 0004433	0
加元	19	0	0. 0022573	0. 353993
澳元	19	0	0. 0022573	0. 35367
印度卢比	15	0	0. 0022371	0. 315771
英镑	28	8. 011	0. 0023041	0. 447344
欧元	1	0	0. 0021692	0. 214762

首先，观察代表节点重要性的综合指标 K 值的情况。从表 4－1 中可以看出，K 值最大的 6 种货币分别是巴西雷亚尔、土耳其里拉、日元、乌拉圭比索、南非兰特和菲律宾比索。其中，巴西雷亚尔的 K 值最大，菲律宾比索的 K 值最小。六种货币依据 K 值所判断出来的重要性是依次降低的。

下面可分别看组成 K 值的各个指标量的情况。在点度中心性指标中，排在前六位的货币是巴西雷亚尔、土耳其里拉、日元、乌拉圭比索、南非兰特和菲律宾比索。在中介中心性指标中，排在前六位的货币为巴西雷亚尔、日元、新西兰元、乌拉圭比索、南非兰特和菲律宾比索。在紧密中心性指标中，排在前六位的货币为巴西雷亚尔、日元、新西兰元、乌拉圭比索、南非兰特和菲律宾比索。

通过比较综合性评价指标 K 的排序和各原始中心性指标的排序，可以看到 K 值的排序与点度中心性指标的排序完全一致，而与其他两个指标量大部分排序相同，少部分排序不一致。下面通过对各项指标的经济学含义的分析来理解这一排序的意义。

点度中心性指标反映的是某节点在网络中所连接的其他节点的数量。点度中心性指标值越大，说明与该节点相连的其他节点数越多。某种货币的点度中心性指标值大的经济学含义是：该种货币的汇率波动与市场内多数货币的汇率波动相关性强。这既可以理解为该货币波动的影响力大，也可以理解为该货币较容易受到其他货币波动的影响。巴西雷亚尔、土耳其里拉、日元、乌拉圭比索、南非兰特和菲律宾比索这六种货币的点度中心值大，说明这些货币的汇率波动更易受其他货币波动的影响。

中介中心性指标反映的是某节点在网络中的桥梁性作用。中介中心性指标值越大，说明该节点在网络中占据越重要的信息资源位置。某种货币的中介中心性指标值大的经济学含义是：市场内多数货币的汇率波动需要通过该种货币才能与其他货币的汇率波动联系在一起。例如，货币 A 的汇率波动影响到货币 C 的汇率波动，并进而影响到货币 B 的汇率波动。如果货币 A 的汇率波动没有影响到货币 C 的汇率波动，那么货币 B 的汇率波动一般也不会受到影响。在汇率市场中，大多数货币的汇率之间的关联性很低，并不直接相互影响。如果货币 C 能成为更多其他货币的汇率波动间相互联系的中间纽带，那么货币 C 在汇率市场中就越重要。巴西雷亚尔、日元、新西兰元、乌拉圭比索、南非兰特和菲律宾比索的中介中心性指标值大，说明这些货币的波动具有很强的信号源作用。在点度中心性指标值排序中处于第二位的土耳其里拉并未出现在中介中心性指标值排序的前六位中，说明虽然土耳其里拉在汇率市场中与其他多种货币的汇率波动相联系，但其在汇率波动的传递过程中并未有很重要的作用。与之相反，新西兰元在点度中心性指标值排序的前六位中并未出现，但是在中介中心性指标值的排序中排在了第三位。说明新西兰元的汇率波动与其他大多数货币的汇率波动并没有很强的联动性，但其却具有很强的信号传递作用。

紧密中心性指标反映的是从给定节点传播信息到网络中其他节点所需时间的长短。紧密中心性指标值越小，说明这一传播所需的时间越短。为了使指标值的大小与节点重要性高低相一致，可将原有的紧密中心性指标值取倒数作为本书中的紧密中心性指标值。这样就使表4-1中的紧密中心性指标值越大，说明从该节点传播信息到网络中其他节点所需的时间越短。某种货币的紧密中心性指标值大的经济学含义是：该货币的汇率波动很快能传递到市场中的其他货币。即该货币的汇率波动能很快影响到市场中其他所有货币，使这些货币的汇率也产生相应的波动。巴西雷亚尔、日元、新西兰元、乌拉圭比索、南非兰特和菲律宾比索的紧密中心性值大，说明这些货币的汇率波动能以最快的速度影响到市场中其他货币的汇率波动。紧密中心性指标是从网络整体的角度来反映汇率市场中节点的重要性的。

最后，与其他指标排序比较起来，K值的排序有什么特点。K值的排序表面看是与点度中心性指标的排序完全一致，但后者的重要性排序中南非兰特、乌拉圭比索、菲律宾比索的指标值相等，即表明以点度中心性指标衡量的这些节点的重要性是相同的。但是，从综合评价指标中所给出的这些节点的重要性是有明确的前后排名的。综合评价指标K值的大小不仅包含了某种货币的汇率波动与其他货币的汇率波动的联动信息，而且还包含了该货币的汇率波动的影响力。因此，利用综合评价指标所得到的重要性排序其反映的节点重要性特征相对更为全面。

表4-1中的数据只反映了某一个时间点上的节点重要性情况。要全面了解各种货币的汇率波动所体现出的价值差异，需要对汇率的波动进行较长时间的考察。为了定量考察汇率波动关联网络中各个节点的重要性差异，可在所考察的时间区间内将各个季度的汇率波动关联网络中节点重要性综合评价指标值得分最高的六种货币取出来。给排名第一的货币赋予6分，然后依次递减，到排名第六名的货币则赋予1分。最后统计出所有这些网络中相关节点的总得分情况，并据此来判断节点的重要性。表4-2给出了各货币的统计得分。

从表4-2中可以看出，在所有的39个按季度数据得到的汇率波动关联网络中，节点重要性指标值得分最高的是英镑。这反映出英镑对于汇率波动关联网络的拓扑特性影响最大。英镑的汇率波动与其他货币的汇率波动联系性强，同时在汇率市场上的信息传递作用也十分明显。这可以理解为汇率波动或以英镑为始传递到别的货币的，或者一种货币的汇率波动通过英镑的汇率波动传递到另外一种货币的。从长期来看，需要特别关注英镑在汇率市场上的波动情况。

表4-2　节点重要性统计得分情况

货币	得分	货币	得分	货币	得分
英镑	78	瑞士法郎	30	泰铢	12
南非兰特	60	加元	30	新台币	11
巴西雷亚尔	57	丹麦克朗	29	新西兰元	11
澳元	45	立陶宛立特	27	澳门元	9
土耳其里拉	41	印度卢比	26	埃及镑	7
尼日利亚奈拉	39	伊拉克第纳尔	24	卡塔尔里亚尔	6
菲律宾比索	38	科威特第纳尔	22	波兰兹罗提	4
日元	36	墨西哥比索	20	捷克克朗	3
瑞典克朗	36	人民币	18	乌拉圭比索	3
欧元	34	匈牙利福林	15	新加坡元	1
韩元	33	港币	14		

4.2.3　汇率波动关联网络重要性节点信号效应分析

为了考察汇率波动关联网络中的重要节点与汇率波动关联网络演化的相关性，以英镑为例，检验了英镑汇率与汇率波动关联网络平均度相关性。表4-3给出了英镑汇率与汇率波动关联网络的平均度相关性。

表4-3　英镑汇率与汇率波动关联网络平均度相关性

货币			平均度	英镑汇率
英镑汇率	平均度	Pearson 相关性	1	-0.367*
		显著性（双侧）		0.022
		N	39	39

双侧显著性检验结果为0.022，小于0.05，拒绝原假设，即两者之间存在某种相关关系。Pearson 相关性检验结果为-0.367，说明两者间负相关。即在直接标价法下，英镑汇率与汇率波动关联网络的平均度呈负相关。在直接标价法下，英镑的汇率升高代表英镑贬值，英镑的汇率降低代表英镑升值。检验结果表明，英镑升值会导致汇率市场波动关联性增强。

与英镑相似，巴西雷亚尔的汇率与汇率波动关联网络的平均度之间的相关性检验结果为0.008，属于在0.01水平（双侧）上显著相关。两者间的Pearson相关性检验结果为-0.420，表现出比英镑更强的负相关性。土耳其里拉、南非兰特、尼日利亚奈拉与英镑的情况也相似。即当某货币升值的情况下，其与市场中其他货币的汇率波动关联性的增强。但这一效应并不是适用于所有排名靠前的货币。如日元和澳元等节点重要性排序靠前的货币的汇率与汇率波动关联网络的平均度之间并没有表现出显著的相关性。这说明并非所有节点重要性排序靠前的货币的汇率波动都会影响到汇率市场整体的波动关联性。

在对节点重要性特征的考察中还发现，那些节点重要性排序靠后的货币的汇率也有一个共性特征，即这些货币的汇率与汇率波动关联网络平均度之间的相关性都没有通过显著性检验。

作为对比，表4-4给出了节点重要性统计得分靠前的四种货币英镑、巴西雷亚尔、土耳其里拉、南非兰特汇率波动相关性。

表4-4 几种货币汇率波动相关性

		英镑	雷亚尔	里拉	兰特
英镑	Pearson相关性	1	0.187	0.595**	0.472**
	显著性（双侧）		0.254	0.000	0.002
	N	39	39	39	39
雷亚尔	Pearson相关性	0.187	1	0.611**	0.662**
	显著性（双侧）	0.254		0.000	0.000
	N	39	39	39	39
里拉	Pearson相关性	0.595**	0.611**	1	0.859**
	显著性（双侧）	0.000	0.000		0.000
	N	39	39	39	39
兰特	Pearson相关性	0.472**	0.662**	0.859**	1
	显著性（双侧）	0.002	0.000	0.000	
	N	39	39	39	39

注：**表示在0.01水平（双侧）上显著相关。

在对汇率波动关联网络节点重要性进行统计分析中，可以发现绝大多数重要性排名靠前的节点的汇率与汇率波动关联网络平均度之间能通过显著性检验。同时，从不同货币汇率波动相关性检验中也可以发现，这些货币汇率对于市场信息反应大多较为敏感，且汇率变动具有同向运动特征。

4.2.4　结论与启示

对汇率网络节点重要性进行分析，统计出2005年第三季度到2015年第一季度所有季度网络中的重要节点。英镑、南非兰特等货币表现出较高的节点重要性。通过对英镑汇率相关的一些经济变量进行相关性分析，发现直接标价法下的英镑汇率与汇率波动关联网络平均度之间存在显著的负相关关系。即英镑升值与汇率市场波动关联性增强相联系。大多数重要节点都有与英镑相似的特性。不重要的节点或者处于中间水平的节点大多数并没有这种与英镑相似的特性。

通过本书的研究得到的启示是：在汇率波动的监测中，可以重点关注节点重要性强的货币的汇率波动。通过对这些货币汇率波动的持续观察，可以对汇率市场未来的运动有一个较为准确的预测。

第三节　汇率波动关联网络演化与全球经济及贸易指数关联分析

4.3.1　汇率波动关联网络演化与全球经济相关性

对于一国货币来说，高经济增长率在短期内不利于汇率升值，但从长期来看，却是很好的支撑。既然一国经济增长率对于本国货币汇率有影响，那么从整体来看，汇率市场波动关联性与全球经济增长率是不是也存在某种关系呢？本书选取了汇率波动关联网络平均度的年数据与全球经济增长率年数据进行比较。文中全球GDP增长率数据来自Wind数据库。汇率年数据通过求月数据的平均值得到。利用静态阈值法构建了汇率波动关联网络。

图4－7给出了汇率波动关联网络平均度的时间演化图。从图4－7中可以看到，从2007年到2010年这一段时间内，汇率波动关联网络的平均度值比较大，其中在2009年达到最大值。

图4－8给出了全球GDP增长率的时间演化图。从图4－8中可以看到，从2005年到2007年，全球GDP增长率稳步提高。2008年和2009年全球GDP增长率急剧下跌，到2009年跌到最低值。2010年全球GDP增长率快速提升，2010年以后全球GDP增长率又逐步回落并最后达到较为稳定的水平。

比较图 4 -7 和图 4 -8 可以发现，从总体上看，当汇率波动关联网络的平均度达到最大值时，全球 GDP 增长率达到了最小值。从汇率市场波动关联对金融危机的反应来看，金融危机时期，汇率市场波动关联性会增强。汇率市场不稳定与全球经济增长率低迷同步出现。金融危机过后，两者都逐步趋于平稳。

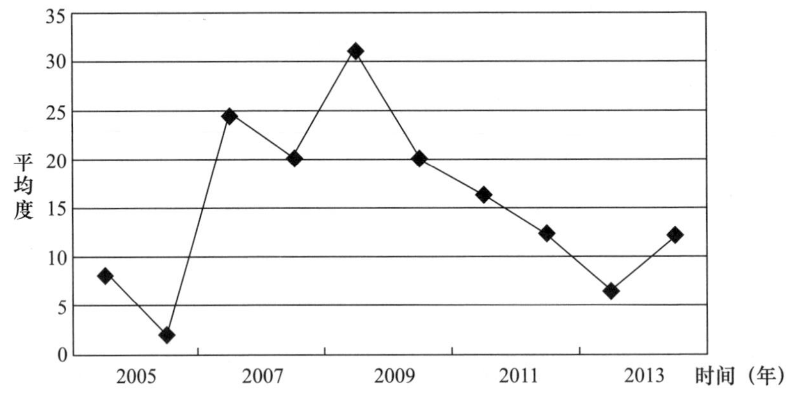

图 4 -7　汇率波动关联网络平均度时间演化

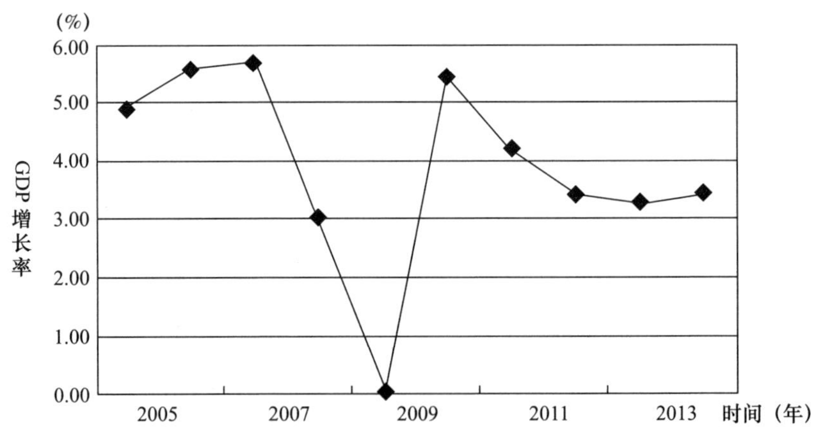

图 4 -8　全球 GDP 增长率时间演化

4. 3. 2　汇率波动关联网络演化与全球贸易指数相关性

在开放经济下，外汇市场与外贸市场之间存在着紧密的联系。当一国进出口

业务中经常项目收支处于顺差时，本国会减少对于外汇的需求，从而使本国货币升值；反之，当一国出现国际收支逆差时，在外汇市场上表现为外币的供给小于需求，从而使得本国货币贬值。图 4 －9 中给出了全球贸易指数年数据的时间演化图。

从图 4 －9 中可以看出，从 2005 年到 2008 年全球贸易指数稳步上升。在 2009 年，全球贸易指数下降幅度较大，有 10 个百分点左右。2010 年之后全球贸易指数开始回升，并逐步趋于稳定。

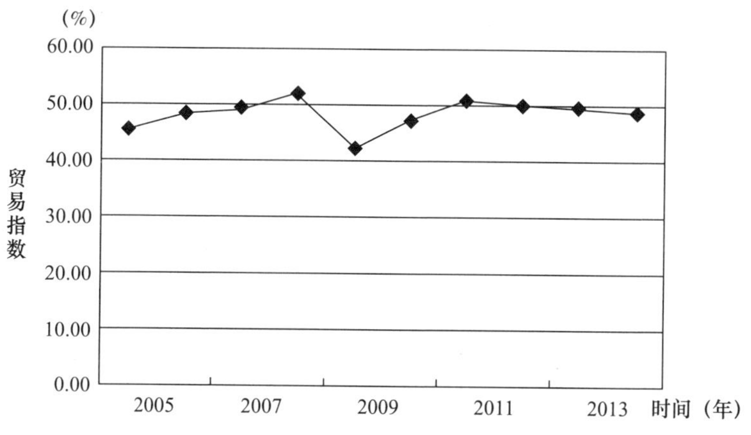

图 4 －9　全球贸易指数时间演化

比较图 4 －7、图 4 －8 和图 4 －9 的时间演化趋势可以看出，全球贸易指数和全球 GDP 增长率呈同向变化，即全球贸易指数和全球 GDP 增长率同时达到最低值。汇率波动关联网络平均度和全球贸易指数呈反向变化，即汇率波动关联网络平均度达到最大值时全球贸易指数达最小值。总之，在汇率市场波动关联性增强时，全球贸易指数和全球 GDP 增长率是下降的。

4.3.3　结论与启示

根据经典汇率决定理论，与汇率波动相关的经济变量有国际收支状况、通货膨胀率、利率和经济增长率等。既然这些因素会影响到汇率的变动，那么它们与汇率市场波动关联性是不是也有关系呢？本书选取了经济增长率以及全球贸易指数来与汇率波动关联网络的拓扑特性做了时间演化特征比较分析。

通过分析汇率波动关联网络度分布、全球经济增长率、全球贸易指数时间演化特征，可以发现汇率市场波动关联与全球经济发展和对外贸易的发展都存在着紧密的联系。在金融危机时期，汇率市场波动关联性增大，全球经济增长率以及全球贸易指数降低。而在其他时期，汇率市场、贸易市场都相对比较平稳。

汇率市场的波动和社会经济发展的各项指标都有着紧密的联系。通过对汇率市场波动关联性特征的分析，不仅可以了解汇率市场自身的发展特点，同时也可以将之作为宏观经济发展的一个重要指标，提高对经济发展的全面准确判断和宏观管理能力。

第五章 股票市场波动关联及其网络结构分析

以国内外股票市场为研究对象，结合关联函数和复杂网络分析方法，研究了股市波动的时空关联。研究发现，股市交易量和收益之间存在着杠杆效应和反杠杆效应。成熟市场和新兴市场的波动关联存在差异。股市波动率跳跃关联网络结构符合随机网络的结构特征。网络中存在不同社团，从社团组成中可以发现，不同行业股票相关性存在差异。

第一节 中美股票市场价格变化和交易量波动交叉关联比较分析

5.1.1 研究背景

近年来，金融市场动力学吸引了包括社会学、经济学、自然科学等多个领域研究人员的广泛兴趣。其中一个重要的关注焦点是现有的金融市场中所发现的一些普适性行为其内在的动力学机制。例如，有研究表明，各国金融市场价格、交易量等的波动存在某些标度行为。自相似性、长程相关性等问题成为金融市场动力学研究中的热点问题。

随着研究工作的逐步深入，相关领域的研究人员除了关注金融市场中的普适性行为，开始越来越多地关注金融市场中的一些非普适性行为。对于这些非普适性行为，成熟市场和新兴市场之间往往存在较大的差异。一个典型的例子就是被称为杠杆效应的金融市场波动特征。所谓杠杆效应，是指金融市场的价格变化和未来波动之间存在负相关性。在全球多个成熟市场和新兴市场都被发现存在杠杆效应。然而，在中国金融市场上，有研究发现存在一种被称作反杠杆效应的特征，即价格变化和未来波动之间存在正相关性。这一差异在某种程度上反映了中国金融市场和其他成熟金融市场之间投资者交易行为的驱动因素不同。

在观察金融市场的运动特征方面，一种有效的方法是定量测量相关量之间的交叉关联性，这有助于揭示一个因素是如何对另一个因素的变化做出反应的。结合交叉关联函数和复杂网络方法，人们研究了不同经济板块之间价格波动的关联性，发现了价格波动关联的分层特征和异质性网络结构特征。还有其他一些方法也常被用来定量测量交叉关联的动力学问题，如去趋势交叉关联方法就是其中之一。

作为理解金融市场中投资者交易行为动力学机制的一个重要方面，揭示不同市场中交易量是如何对价格变化做出反应的有其特殊的价值。在相关的经济学文献中，价格变化或价格波动一直被看作是测量市场风险的基本指标。而交易量是定量反映市场流动性的。对于公司经营来说，资金的流动性对公司发展十分重要，有时甚至能决定一家公司的存活。因此，研究金融市场价格变化和交易量波动之间的相关性对理解金融市场动力学问题和改善金融市场的资源配置功能具有十分重要的意义。

5.1.2 股市价格变化和交易量波动交叉关联分析

本书在数据分析阶段所用到的数据库包括：①美国市场的标准普尔 500 指数，道琼斯工业平均指数。时间段从 1960 年 1 月到 2011 年 12 月。包括标准普尔 500 的 13087 个数据，道琼斯工业平均指数的 13082 个数据。②中国市场的上证综指和深证成分指数。时间段从 1992 年 1 月到 2011 年 12 月。包括上证综指的 4891 个数据和深证成分指数的 4876 个数据。

首先，考察时间同步的价格变化和交易量变化之间的相关性。将价格变化 $r(t')$ 定义为每日收盘价的对数变化，间隔时间为 1 天，即：

$$r(t') = \ln \frac{p(t')}{p(t'-1)} \tag{5-1}$$

价格变化 r 和交易量 q 之间的同步相关性 C 定义为：

$$C(r, q) = \frac{\langle (r_{t'} - \langle r \rangle_{t'})(q_{t'} - \langle q \rangle_{t'}) \rangle_{t'}}{\sigma_r \sigma_q} \tag{5-2}$$

其中，$t' = 1, 2, \cdots, T$。T 是所考察的时间段，$\sigma_r = \sqrt{\frac{1}{W}\sum_{t'=1}^{W}(r_{t'} - < r >_{t'})^2}$，

$\sigma_q = \sqrt{\frac{1}{W}\sum_{t'=1}^{W}(q_{t'} - \langle q \rangle_{t'})^2}$，$\langle \cdots \rangle$为所对应的时间段内的平均值。

为了考察美国市场上价格变化和交易量之间的交叉关联性，本书计算了价格变化 r 和交易量 q 之间的同步相关性每隔两年的 c 值。从图 5－1（a）中可以看出，对于美国市场中的标准普尔 500 和道琼斯工业平均指数，从 1960 年到 1992 年这一早期阶段，除了 1987 年的金融危机时期，其余时期价格变化和交易量之间都是呈正相关性的。这一结果与图 5－1（b）中所显示的中国上海市场和深圳市场的情况相类似。该结论与一些经济学文献中所发现的结论相一致，也与人们对于价格变化和交易量之间相关性特征的直觉感知相一致。即当价格上升时，交易的活跃性升高，人们更愿意进入市场以获得更高的收益。当价格下跌时，交易的活跃性会降低，人们维持观望态势从而使交易量下降。

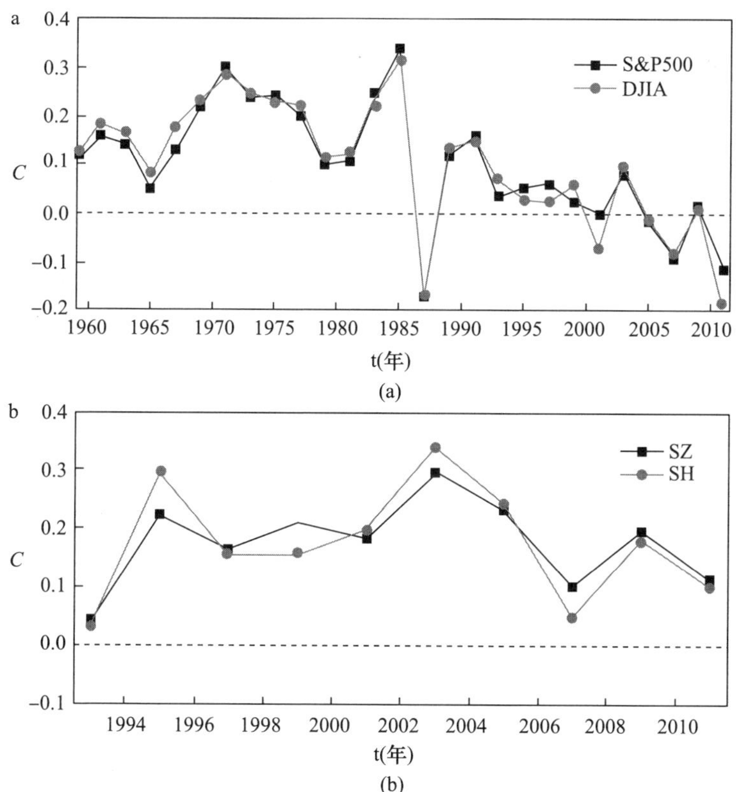

图 5－1　美国市场和中国市场相关股指的价格变化数据和交易量数据之间的同步相关性特征随时间演化情况

注：（a）为标准普尔 500 指数（S&P500）和道琼斯工业平均指数（DJIA 指数）；（b）为深证成分指数（SZ）和上证综指（SH）。

然而，从图 5 -1（a）中还可以发现，在 20 世纪 90 年代，美国市场价格变化和交易量之间的同步相关性变弱，C 的值几乎接近于 0。也就是说，在这一阶段，投资者的交易行为和价格波动之间几乎是相互独立的。2000 年以后，美国市场价格变化和交易量之间的同步相关性系数 C 变为负数。这反映出此时价格变化和交易量之间是反向运动的。而且图 5 -1（a）中还反映出美国市场上价格变化和交易量之间的这种负相关关系是不稳定的。

为更好地理解价格变化和交易量之间的同步相关性，可以将相关数据打乱，然后以打乱后的数据为研究对象，重新考察价格变化和交易量之间的相关性。图 5 -2 中的实心方块是平均了 100 组打乱后的数据得到的结果。从图 5 -2 中可以发现，在两个市场各自所考察的时间范围内，经打乱后的价格变化数据和交易量

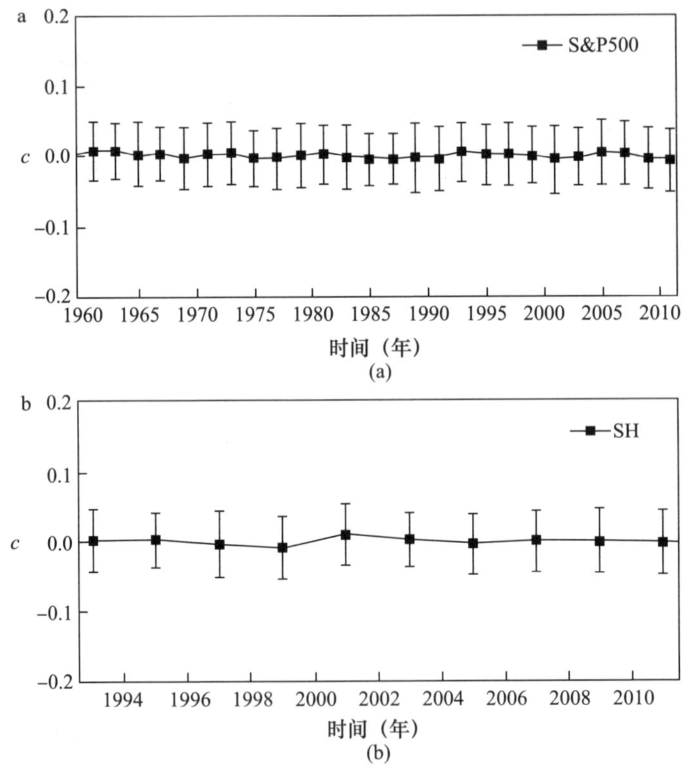

图 5 -2　标准普尔 500 指数（S&P500）和上证综指（SH）的价格变化数据和交易量数据经打乱后的同步相关性特征随时间演化情况及其误差线

注：(a）为标准普尔 500 指数（S&P500)；(b）为上证综指（SH)。

数据之间的相关系数都大致为0。即在中国市场和美国市场上所发现的正相关关系以及在美国市场上所发现的从正相关关系转变为负相关关系的特征在打乱后的数据中都没有发现。数据打乱前后的时间同步相关性结果存在显著差异。这一结论在时间延迟的相关性效应的考察中也同样成立。

为理解价格变化对未来交易量的驱动机制，本书引入时间延迟的价格变化和交易量之间的相关性指标L。其定义式为：

$$L(\tau)=\left\langle \frac{\langle (r_{t'}-\langle r\rangle_{t'})(q_{t'+\tau}-\langle q\rangle_{t'+\tau})\rangle_{t'}}{\sigma_r\sigma_q} \right\rangle_{t''} \tag{5-3}$$

其中，$t''=1, 2, \cdots, T-W$；$t'=t'', t''+1, \cdots, t''+W-1$；T是所考察整个时间区间；W是66天的时间移动窗口，等同于大概三个月的工作时间；τ是时间延迟量；$\sigma_r=\sqrt{\frac{1}{W}\sum_{t'=1}^{W}(r_{t'}-\langle r\rangle_{t'})^2}$，$\sigma_q=\sqrt{\frac{1}{W}\sum_{t'=1}^{W}(q_{t'+\tau}-\langle q\rangle_{t'+\tau})^2}$，$<\cdots>$为相对应的时间长度内的平均值。为了考察美国市场上价格变化和交易量之间时间延迟相关性L是否存在与同步相关性C类似的转换效应，即从杠杆效应到反杠杆效应的转换，可通过计算2000年前后的时间延迟相关性来进行验证。

在美国市场上，2000年之前价格变化和交易量之间存在正的相关性。即价格的上升会引起交易量的上升，价格的下跌会引起交易量的下降。然而，在2000年之后，价格变化和交易量之间存在负的相关性。即价格下跌会引起交易量的上升，价格上升会引起交易量的下降。这一现象与价格变化和交易量之间的杠杆效应相一致，如图5－3所示。

与价格变化和交易量之间的负相关关系被称为杠杆效应相对应，本书将价格变化和交易量之间的正相关关系称为反杠杆效应。从时间延迟的相关性分析和时间同步的相关性分析的比较中可以发现，美国市场上价格变化和交易量之间的相关性特征在不同时期所发生的变化具有普遍意义。其相关性时间长度大概是20天。在中国市场上，无论是上海市场还是深圳市场都存在反杠杆效应，即价格变化和交易量之间存在正的时间延迟相关性。这与美国早期市场中所发现的相关性特征相一致，其相关性时间长度也大概是20天。

作为比较，在图5－4中给出了数据打乱以后价格变化和交易量之间的时间延迟相关性。实心的正方形表示数据打乱100次计算所得到的时间延迟相关性结果的平均值。与混排数据的实时相关性特征相类似，在中国和美国市场上，数据打乱后的时间延迟相关性在不同阶段都大致为0。这表明与时间同步相关性中的发现相一致，数据打乱前后的时间延迟相关性结果存在着显著差异。

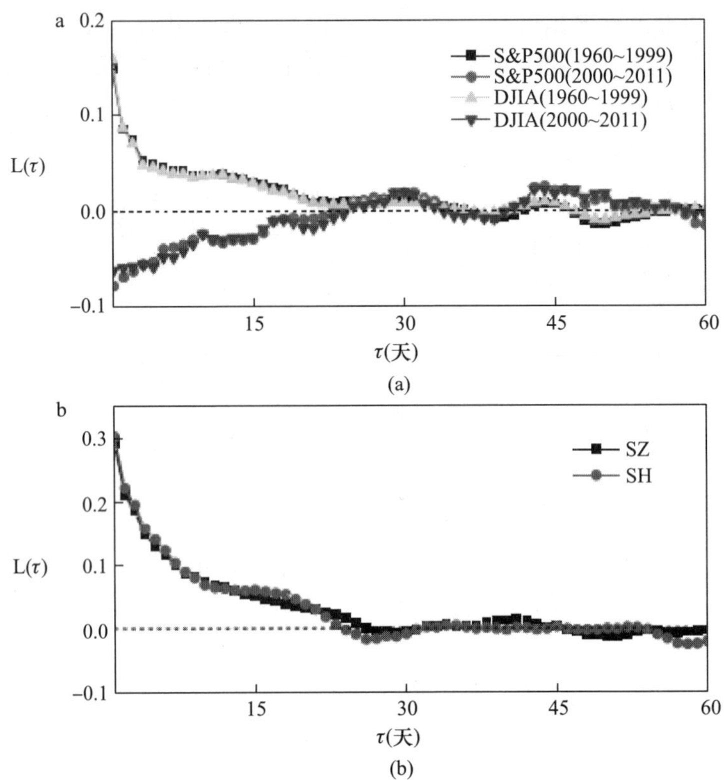

图 5－3　美国市场和中国市场相关股指的价格变化数据和交易量数据之间的时间延迟相关性特征随时间演化情况

注：（a）为标准普尔 500 指数（S&P500）和道琼斯工业平均指数（DJIA 指数）；（b）为深证成分指数（SZ）和上证综指（SH）。

为了更好地理解价格变化和交易量之间的相关性特征，本书进一步计算了每隔两年的时间延迟相关系数。其中引入了一个新的衡量相关性特征的量，即时间延迟相关系数平均值来考察价格变化后未来十天内价格变化和交易量之间的时间延迟相关效应。时间延迟相关系数平均值的计算式为：

$$\bar{L} = \frac{1}{M}\sum_{\tau=1}^{M} L(\tau) \tag{5-4}$$

其中，M＝10 天，如图 5－5 所示，在美国市场上，时间延迟相关系数平均值的变化特征与时间同步中所观察到的相关性特征相一致。在时间延迟的相关性变化中，标普 500 指数（S&P500）和道琼斯工业平均指数（DJIA）从 1992 年之前的正相关经由 20 世纪 90 年代的弱相关最后变化到 2000 年之后的负相关。只

有在 1987 年金融危机时期的结果有所不同。在中国市场上，上海市场和深圳市场的时间延迟相关系数$\overline{L}$保持稳定的正值，与美国早期市场的情况相类似。

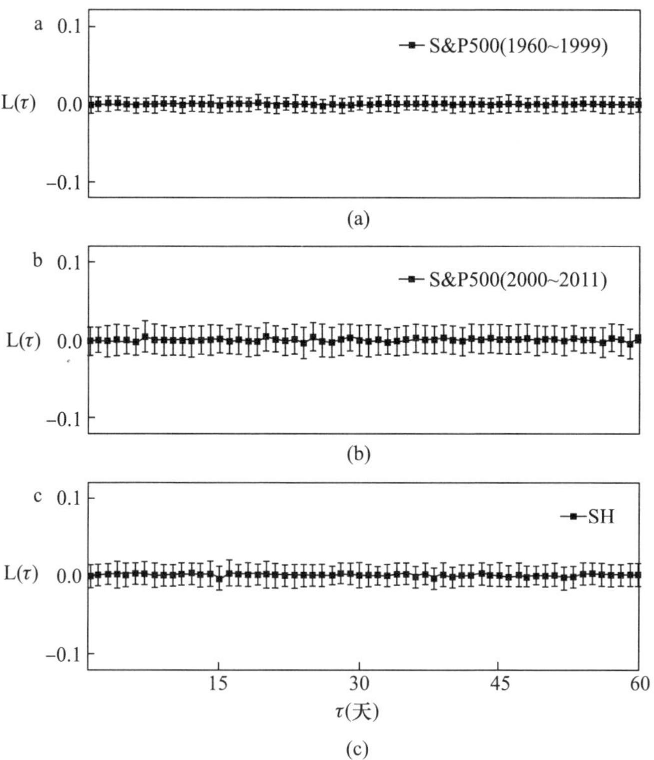

图 5－4 标准普尔 500 指数（S&P500）和上证综指（SH）的价格变化数据和交易量数据经打乱后的时间延迟相关性特征随时间演化情况及其误差线

注：（a）为 1960 年到 1999 年的标准普尔 500 指数（S&P500）；（b）为 2000 年到 2011 年的标准普尔 500 指数（S&P500）；（c）为上证综指（SH）。

5.1.3 价格变化和交易量持续相关性特征分析

当金融市场的价格上升或下降以后，交易量的上升或下降究竟是如何维持的呢？为了理解这一问题，本书引入了一个被称为保持概率的新的变量 NL(τ)，用以验证价格变化和交易量之间的相关性动力学特征。

当价格变化 $r(t')>0$，可定义 p_{r_+,q_-} 或 p_{r_+,q_+} 作为概率，分别表示交易量在时间τ内一直低于或者高于 $q(t')$。例如在整个 $0<s<\tau$ 时间范围内，$q(t'+s)<q$

(t')或$q(t'+s)>q(t')$。类似地，对于价格变化$r(t')<0$，可定义p_{r_-,q_-}或p_{r_-,q_+}作为概率，表示交易量在时间τ内一直低于或高于$q(t')$。概率p_{r_-,q_-}(p_{r_+,q_-})和p_{r_+,q_+}(p_{r_-,q_+})可反映出价格变化和交易量之间正向(负向)相关性。由此可见，保持概率可定义为：

$$NL(\tau)=\frac{P_+(\tau)-P_-(\tau)}{Z} \tag{5-5}$$

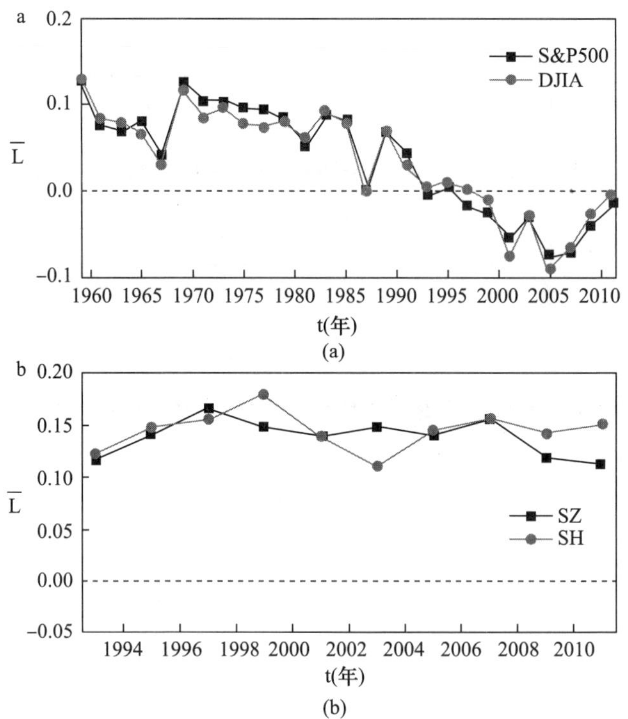

图5-5 美国市场和中国市场相关股指的价格变化数据和交易量数据之间的时间延迟相关系数平均值随时间演化情况

注：(a) 为标准普尔500指数 (S&P500) 和道琼斯工业平均指数 (DJIA指数)；(b) 为深证成分指数 (SZ) 和上证综指 (SH)。

其中，$P_+(\tau)$和$P_-(\tau)$分别为正的和负的非局域价格变化和交易量之间的相关性指标，$P_+(\tau)=p_{r_-q_-}(\tau)+p_{r_+q_+}(\tau)$，$P_-(\tau)=p_{r_-q_+}(\tau)+p_{r_+q_-}(\tau)$；Z是归一化因子，$Z=[p_{r_-q_-}(1)+p_{r_+q_+}(1)]+[p_{r_-q_+}(1)+p_{r_+q_-}(1)]$。保持概率NL($\tau$)描述了价格变化和交易量之间演化趋势相同和演化趋势相反两者间的差异，用以反

映价格变化和交易量之间的持续相关性特征。如果 NL(τ) 是正的，表明两者间相似的演化趋势占主导。如果 NL(τ) 是负的，表明两者间相反的演化趋势占主导。

从图 5－6 中可以看出，在美国市场上，价格变化和交易量之间存在着负的持续相关性。尤其是从 1960 年到 1999 年这段时间内，－NL(τ) 随τ的变化呈现出无标度变化特征。

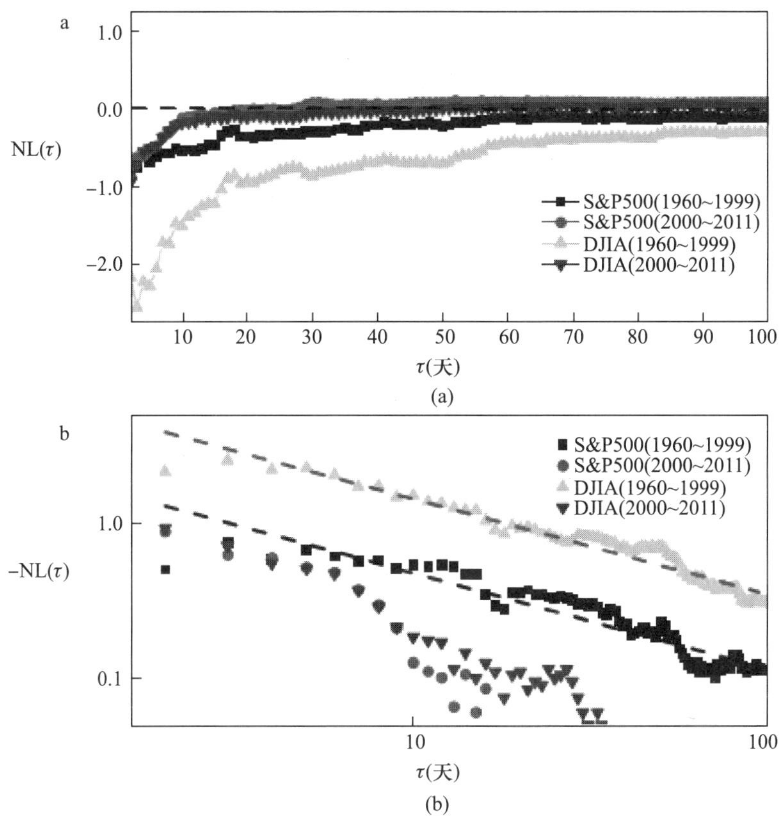

图 5－6　美国市场相关股指的价格变化数据和交易量数据持续相关性特征随时间演化情况

注：(a) 为 NL(τ) 随τ的变化；(b) 为取双对数情况下－NL(τ) 随τ的变化。

从图 5－7 可以看出，对于中国证券市场来说，上海市场和深圳市场都呈现出正的持续相关性。其中上海市场 NL(τ) 随τ的变化呈现出无标度特征，其衰减

指数为 β =0.83。

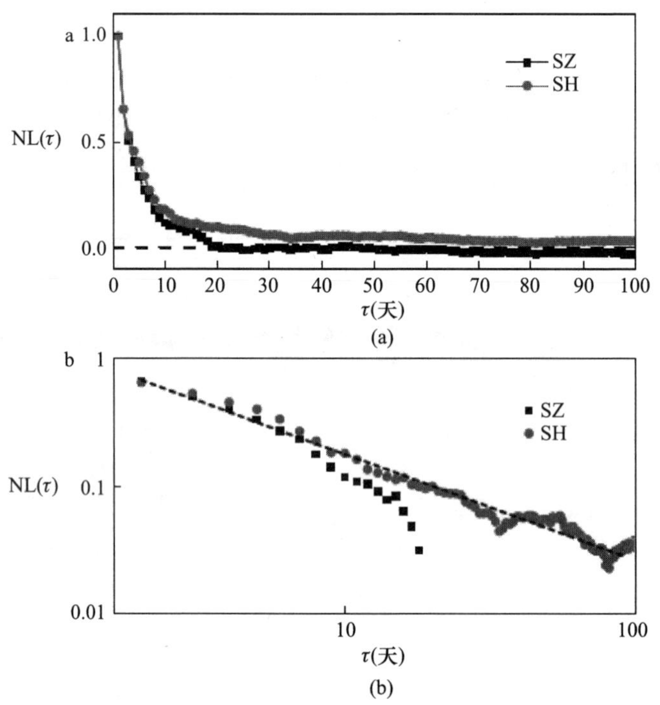

图 5 -7　中国市场相关股指的价格变化数据和交易量数据持续相关性特征随时间演化情况

注：(a) 为 NL (τ) 随τ的变化；(b) 为取双对数情况下 NL(τ) 随τ的变化。

5.1.4　金融市场价格和交易量协同演化模拟分析

为了理解金融市场价格变化和交易量之间的杠杆效应和反杠杆效应产生的内在机理，本书提出一个时间延迟的“羊群效应”模型。与原有的“羊群效应”模型相比较，本书的模型中增加了一个时间条件，即投资者根据价格变化所采取的交易行为中存在着时间延迟效应。通过数值模拟希望能发现金融市场中杠杆效应和反杠杆效应的出现与投资者行为之间的联系。

假设市场中存在 N 个投资者。初始时刻，每个投资者都处于某个特定的群体中。在每一个时间步 t 中，投资者人群按以下规则进行演化。

(1)随机选择一个群体 i。

(2) 在群体 i 中的投资者以概率 p 参与交易，交易量为 $V=\frac{b}{1+a\widetilde{S}^{\lambda}}$，其中 a、b 是常数；$\widetilde{S}(t)=\sum_{t'=t-T}^{t-1}S(t')$，S(t) 是群体的大小，T 是所延迟的时间长度；λ 是一个可调节变量，λ 是正还是负代表着投资者对过去的价格变化所呈现出的两种相反的反应。

(3) 群体 i 中的投资者以 1 - p 的概率不参与交易。随机选择另一个群体 j，如果群体 i 和群体 j 不属于同一个群体，将两个群体合并成为一个更大的群体。

(4) 重复以上过程，使系统随时间不断演化并达到稳定状态。

如图 5-8 所示，本书所构建的“羊群效应”模型可以很好地重现出真实市

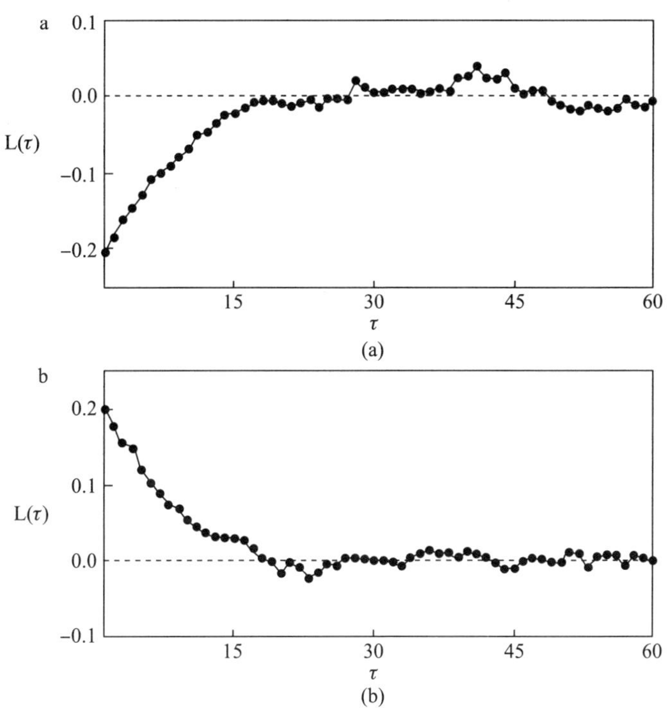

图 5-8　基于“羊群效应”模型的价格变化数据和交易量数据之间的杠杆效应和反杠杆效应

注：(a) 为基于羊群模型的价格变化和交易量之间的杠杆效应，其中，N = 10000，p = 0.015，b = 10000，a = 30，T = 120，λ = -0.01；(b) 为基于羊群模型的价格变化和交易量之间的反杠杆效应，其中，N = 10000，p = 0.015，b = 10000，a = 30，T = 120，λ = 0.01。

场中所观察到的杠杆效应和反杠杆效应特征。这说明中美市场中所出现的价格变化和交易量之间的相关性特征差异确实来源于两国投资者对于市场信号反应的差异。

5.1.5 结论与启示

基于美国证券市场和中国证券市场的日数据，借助时间同步的和时间延迟的相关性分析方法，对中美市场交易量是如何对价格变化做出反应进行了比较分析。研究发现，在中国市场上，价格变化和交易量之间存在正相关关系。而在美国市场上，价格变化和交易量之间存在着从正相关关系向负相关关系转变的过程。在过去10年的美国市场和中国市场上，分别发现了价格变化和交易量之间的杠杆效应和反杠杆效应。通过金融市场建模，可以发现中美市场中存在的价格变化和交易量之间的相关性特征差异来源于两国投资者行为的差异。

直观上来看，价格上升可以驱动更多人进入市场进行交易以获取高额收益。这在一些经济学文献中也多有证实。那么，为什么在美国市场上会出现价格变化和交易量之间弱的，甚至是负的相关性关系呢？这可以从经济发展存在阶段性特征来加以理解。在市场发展的早期阶段，证券市场的运动可能更受投资者主观认知的影响。许多人投资证券类产品的主要目的是获得高投资回报。在价格下降阶段，人们因害怕损失而不愿买入或抛售，耐心地等待着价格的回升。这样就会导致市场交易量的下降。在价格上升阶段，人们因高投资回报的诱惑而纷纷入场，这样就会导致市场交易量的上升。但是，当市场发展到成熟阶段，例如20世纪90年代的美国市场，人们对于自己财富的变化变得不敏感。此时人们的投资受主观认知的影响就会变低。在成熟市场上，人们除了日常生活消费，相对有更多的闲散资金。股票市场正常水平波动对于投资者信心来说并不会产生什么大的影响，交易的发生更偏向于一个随机的过程，即交易量和价格之间不存在显著的相关性关系。美国市场最近10年的股票交易量和价格收益之间的负相关关系也可以从当时的经济环境的角度来理解。与1987年的金融危机时期相类似，在2001年和2008年也发现了这类负相关关系。当时在美国市场上出现了两次金融危机，即2001年前后的互联网泡沫危机和2008年前后的次级抵押市场危机。由于金融危机的出现，股票市场的价格出现大幅度下跌，这会导致人们的频繁交易。这样就出现了交易量和价格收益之间的负相关关系。

第二节　股市波动率跳跃关联网络模型及其拓扑结构分析

5.2.1　研究背景

金融市场波动是一种常态。早期对金融市场波动问题的经验研究基本上都是基于低频数据。虽然通过低频数据对资产价格等波动信息进行分析可以得到一些基本的信息，如波动聚集、波动自相似等特征，但是对于更短时间内的市场变化特征往往难以捕捉。

随着计算机技术的发展，高频数据的存储和处理变得十分便利。越来越多的研究开始借助高频数据的分析来开展。20 世纪 90 年代，Andersen 等以外汇市场 5 分钟数据为样本，用二次变差理论研究了波动率问题，并提出了已实现波动率的概念。随后几十年中，有多种非参数估计方法被提出来，使已实现波动率估计方法得到了不断改进。

近年来，金融市场风险的时空关联性问题得到了广泛的关注。包括不同股票市场波动的时空关联问题，股票市场和外汇市场的波动关联问题，金融市场和房地产市场的波动关联问题等。关联函数、关联网络等方法在金融市场风险的时空关联性问题中得到了应用。但对于波动率跳跃的时空关联性问题的研究尚较为缺乏。如何结合波动率跳跃识别方法和复杂网络分析方法对波动率跳跃时空关联性问题进行深入研究，以发现金融市场风险的传播特征，将有助于对金融市场运动有一个更为全面和深入的了解，提高风险的管理能力。

5.2.2　股市波动率跳跃特征实证分析

以沪深 300 指数作为研究对象。在沪深 300 指数中，囊括了制造业、金融业、房地产建筑业、农牧业、服务零售业等多个行业股票，这其中制造业和金融业的股票占到总数的 50%。本书使用的是沪深 300 指数 5 分钟高频数据。数据来源于 Wind 数据库，样本区间为 2015 年 1 月 5 日至 2017 年 7 月 28 日。在所选择的这段时间内，既包含了中国股市在 2015 年的“股灾”期间的样本数据，同时也包含了 2017 年以后中国股市进入平缓期的样本数据。通过不同时间段数据的对比能够较为全面地观察到中国股票市场在危机时期和正常时期股市波动率跳跃的性质差异。在剔除了中国股市实施“熔断”期间的数据和交易日不完整的股票样本，最终得到274只样本股票。对于股市停牌期间的数据，具体的处理方法是停牌期间的股价波动率设置为0，相应的波动率跳跃也设置为0。

首先，对样本数据的时间序列特征进行定性观察。以平安银行（000001.SZ）为例，图5-9给出了5分钟高频数据的收益率走势。

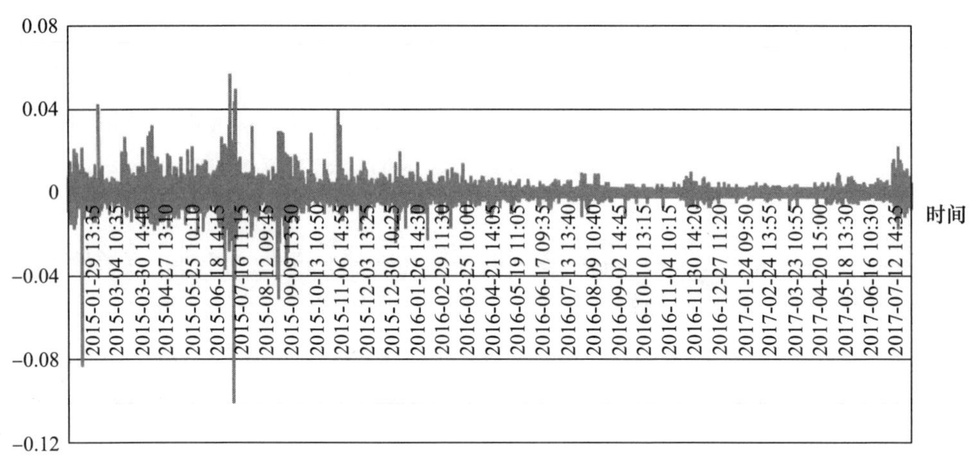

图5-9　2015年1月至2017年7月平安银行股票的收益率走势

从图5-9可以看出，平安银行在2015年“股灾”期间的收益率波动与其他时期表现出明显的差异。不仅波动更为频繁，而且出现了较多的大波动。从2016年4月开始，平安银行的收益率波动逐渐趋缓，只在少部分区域出现一些较明显的波动。

为了进一步了解样本数据的统计特征，选取了沪深300指数中排名最前面三只股票和排名最后面三只股票。对这六只股票的收益率时间序列特征做了描述性统计分析，具体结果如表5-1所示。

从表5-1的ADF检验可以看出，在1%的显著性水平下，样本数据为平稳的时间序列数据，可以直接进行建模分析。

其次，利用沪深300指数的5分钟高频数据，计算出收益率数据的已实现波动率以及基于MinRV方法下的已实现波动率跳跃。仍以平安银行为例，图5-10给出了平安银行股票收益率数据的已实现波动率和已实现波动率跳跃的时间演化特征。

表 5－1　样本股票收益率时间序列数据的描述性统计特征及其平稳性检验

股票名称	均值	最大值	最小值	标准差	偏度	峰度	ADF(P 值)
平安银行	1.86E－8	0.0565	－0.1004	0.0031	1.1622	87.6144	0.0001
万科 A	1.86E－5	0.0764	－0.1054	0.0039	－0.9045	83.7781	0.0001
神州高铁	1.18E－5	0.0957	－0.1055	0.0052	0.6329	66.2036	0.0001
…	…	…	…	…	…	…	…
金隅股份	4.99E－6	0.0961	－0.1048	0.0055	0.9689	60.7781	0.0001
中信银行	－4.22E－6	0.0685	－0.0833	0.0040	0.1850	35.7287	0.0001
洛阳钼业	2.96E－5	0.0961	－0.1050	0.0059	1.1772	42.1293	0.0001

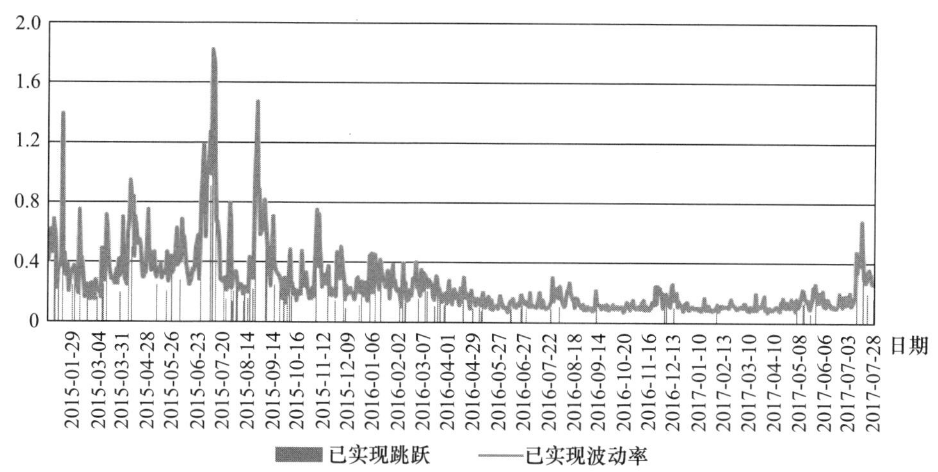

图 5－10　2015 年 1 月至 2017 年 7 月平安银行股票收益率数据的已实现波动率和已实现波动率跳跃的时间演化特征

从图 5－10 可以看出，在 2015 年中国“股灾”期间，平安银行股票的波动率值非常大，达到了 180% 左右的年化波动率。由于该阶段整个股市出现动荡，所以股票价格中的跳跃成分对波动率的贡献十分明显。当波动率出现变动时经常有大的跳跃出现。而在 2016 年 4 月之后，由于整个股票市场趋于平稳，平安银行股票的波动率值也降低至 25% 左右。除了偶尔出现一些小的跳跃，未出现如股灾时期那些经常性的大的跳跃。

为了进一步了解已实现波动率和已实现波动率跳跃的统计特征，表 5－2 和

表5－3 分别给出了已实现波动率和已实现波动率跳跃的描述性统计分析结果。

从表 5－2 可以看出，已实现波动率的时间序列分布存在着不对称性，具有一定的右偏和尖峰厚尾特征。JB 统计检验发现已实现波动率的时间序列并不服从正态分布特征。

表 5－2　样本股票数据的已实现波动率的统计分析结果

股票名称	均值	最大值	最小值	标准差	偏度	峰度	ADF（P 值）
平安银行	0.2632	1.8195	0.0761	0.2131	2.9292	12.5369	0.0000
万科 A	0.3242	1.8156	0.0000	0.2825	1.2934	2.9122	0.0000
神州高铁	0.4081	2.8910	0.0000	0.3936	1.8574	5.1103	0.0000
…	…	…	…	…	…	…	…
金隅股份	0.4538	1.9310	0.0000	0.3162	1.5307	3.2292	0.0000
中信银行	0.5377	2.3124	0.0000	0.3476	1.5788	3.3188	0.0000
洛阳钼业	0.3215	2.0790	0.1586	0.1923	3.7644	20.5277	0.0000

比较表 5－2 和表 5－3 中已实现波动率和已实现波动率跳跃的偏度和峰度可以看出，已实现波动率跳跃的偏度和峰度均大于已实现波动率的偏度和峰度值。这说明已实现波动率跳跃的分布较已实现波动率的分布存在更严重的右偏和尖峰厚尾特征。JB 统计检验发现已实现波动率跳跃的时间序列并不服从正态分布特征。

表 5－3　样本股票数据的已实现波动率跳跃的统计分析结果

股票名称	均值	最大值	最小值	标准差	偏度	峰度	ADF（P 值）
平安银行	0.0398	1.6268	0.0000	0.1315	5.9438	50.4805	0.0000
万科 A	0.0756	1.6746	0.0000	0.1839	3.3948	15.5357	0.0000
神州高铁	0.0899	1.8010	0.0000	0.2339	3.6220	15.7940	0.0000
…	…	…	…	…	…	…	…
金隅股份	0.1024	1.6487	0.0000	0.2268	2.9268	10.4437	0.0000
中信银行	0.1229	1.6432	0.0000	0.2720	2.7368	8.0758	0.0000
洛阳钼业	0.0258	1.0452	0.0000	0.1122	5.1908	29.8758	0.0000

5.2.3　股市波动率跳跃关联网络模型

基于 MinRV 的跳跃分离方法识别出了股票市场个股的波动率跳跃特征，那么不同个股之间的波动率跳跃存在怎样的关联性呢？

在股票市场中，不同股票之间的价格波动关联常常可以用复杂网络模型来表示，被称为价格波动关联网络。网络中的节点代表股票，网络中的连边反映股票价格波动的关联性。将该模型推广应用到股票收益率的已实现波动率跳跃关联性问题的分析中，可以构建一个波动率跳跃关联网络模型。

在波动率跳跃关联网络模型中，网络中的节点代表个股，节点之间的连边代表两只不同的股票波动率跳跃之间的相关性。为了区别出不同股票间的相关性大小差异，将相关性大小值作为每一条连边的权重。因此，本书所构建的股票波动率跳跃关联网络是一个无向加权网络，具体可以用邻接矩阵的形式来表示网络中各个节点之间的连接关系。

股票收益率的波动率跳跃关联网络构建可分为以下六个步骤：

步骤一：计算所有股票的收益率序列。

步骤二：根据各股票收益率序列计算其已实现波动率。

步骤三：根据各股票的已实现波动率计算其波动率跳跃值。

步骤四：根据各股票收益率的波动率跳跃值计算两两股票之间的波动率跳跃相关系数，构建包含所有股票的相关系数矩阵。其中任意两只股票 i 和 j 在观测区间内波动率跳跃的相关系数计算公式为：

$$\rho_{ij}(\Delta t)=\frac{E[r_ir_j]-E[r_i]E[r_j]}{\sqrt{E[r_i^2]-E[r_i]^2}\sqrt{E[r_j^2]-E[r_j]^2}} \tag{5-6}$$

然后根据公式所求得的波动率跳跃相关系数 $\rho_{ij}(\Delta t)$ 来构建 N×N 阶的相关系数矩阵 B。B 是一个对称矩阵，可表示为：

$$B=\begin{cases}C_{ij}=\rho_{ij}(\Delta t),\ i\neq j\\ C_{ij}=1,\ i\neq j\end{cases} \tag{5-7}$$

步骤五：根据步骤四的相关系数矩阵，利用距离公式将其转化为距离矩阵。

步骤六：根据步骤五求得的波动率跳跃距离矩阵构建股票波动率跳跃关联网络。

表 5-4 给出了股市收益率的已实现波动率跳跃相关系数的计算结果。

将波动率跳跃相关系数矩阵 $\rho_{ij}(\Delta t)$ 转化为相应的距离 d(i, j)，即：

$$d(i,j)=\sqrt{2[1-\rho_{ij}(\Delta t)]} \tag{5-8}$$

表 5-4 不同股票之间已实现波动率跳跃相关系数计算结果

	平安银行	万科 A	神州高铁	…	金隅股份	中信银行	洛阳钼业
平安银行	1.0000	0.6941	-0.0113	…	0.4668	0.3131	0.3760
万科 A	0.6941	1.0000	-0.0012	…	0.3832	0.1159	0.3286
神州高铁	-0.0113	-0.0012	1.0000	…	0.2541	0.1213	0.1838
…	…	…	…	…	…	…	…
金隅股份	0.4668	0.3832	0.2541	…	1.0000	0.3246	0.3914
中信银行	0.3131	0.1159	0.1213	…	0.3246	1.0000	0.1584
洛阳钼业	0.3760	0.3286	0.1838	…	0.3914	0.1584	1.0000

可以将表 5-4 中不同股票间的波动率跳跃相关系数转化为距离，从而将相关系数矩阵 B 转化为距离矩阵 D。表 5-5 给出了股市收益率的已实现波动率跳跃的距离计算结果。

表 5-5 股票收益率的已实现波动率跳跃距离计算结果

	平安银行	万科 A	神州高铁	…	金隅股份	中信银行	洛阳钼业
平安银行	0.0000	0.7822	1.4222	…	1.0327	1.1721	1.1171
万科 A	0.7822	0.0000	1.4150	…	1.1107	1.3297	1.1588
神州高铁	1.4222	1.4150	0.0000	…	1.2214	1.3257	1.2777
…	…	…	…	…	…	…	…
金隅股份	1.0327	1.1107	1.2214	…	0.0000	1.1622	1.1032
中信银行	1.1721	1.3297	1.3257	…	1.1622	0.0000	1.2974
洛阳钼业	1.1171	1.1588	1.2777	…	1.1032	1.2974	0.0000

根据股市收益率的已实现波动率跳跃距离矩阵，结合最小生成树法（MST），可构建出股票收益率的波动率跳跃关联网络。网络中的每个节点代表一只股票，股票间的距离代表节点间连边的权重。因此，本书中总共 274 只股票就代表着网络中总共有 274 个节点。图 5-11 给出了利用最小生成树法构建的股票收益率的波动率跳跃关联网络。

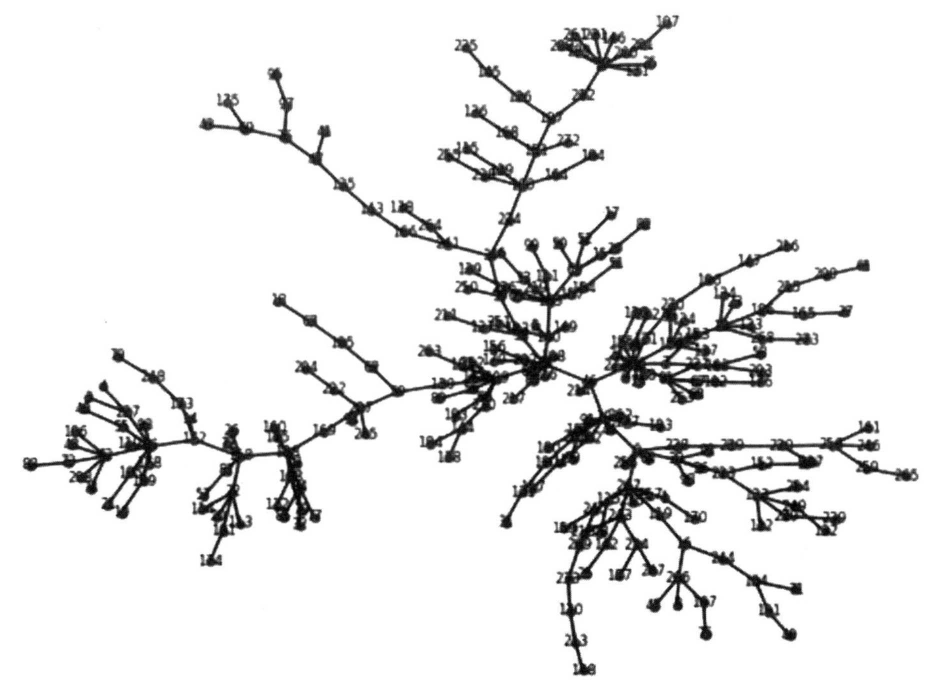

图 5－11　用最小生成树法构建的股票收益率的波动率跳跃关联网络

从图 5－11 可以看出，股票市场中不同股票之间的已实现波动率跳跃关联性存在着差异。某些股票之间的联动性强，而这些股票和其他一些股票之间的联动性较弱。

5.2.4　股市收益率的波动率跳跃关联网络拓扑特性

波动率跳跃关联网络的特性可以用以下两个量来衡量：一是网络的接近中心度；二是网络的介数中心性。

在复杂网络的拓扑特性中，某个节点的度值是指网络中与该节点直接相连的其他节点的数量。度中心性是衡量一个节点是否处于多数节点的中心的一个重要指标，可以通过计算与一个节点连接的边的数量获得。节点度值较大的节点往往具有较高的度中心性。接近中心度是表示节点传播信息时不依靠其他节点的程度。例如，现实生活中一个人离另外一个人越近，则在传播信息的时候越是不需要依靠其他人。一个非核心节点必须通过其他节点才能传播信息，容易受制于其他节点。如果在网络中，一个节点和其他节点的距离都很短，则该节点拥有较高的节点中心度。节点介数中心性是指在网络的所有最短路径中，经过该节点的路径数目占所有最短路径数目的比例。介数中心性反映了相应节点在整个网络中的作用和影响力，是衡量节点属性的重要指标，具有很强的现实意义。例如，如果一家企业同时与许多上游和下游企业存在密切的业务关系，那么就说明这家企业在上下游企业关系网络中处于重要地位。因此，介数中心性测量的是一家企业对资源信息控制程度的重要指标。在网络中，如果一个节点处在其他节点必经的路径上，那么该节点的介数中心性就越高。

表5－6给出了波动率跳跃关联网络中度值排名靠前的15只股票。从表5－6可知，在波动率跳跃关联网络中，拥有最高度值的股票是能源行业的国电电力股票。另外，在度值最高的前15只股票中，制造业股票占了一半以上。在我国国民经济中，能源业和制造业有着举足轻重的作用。表现在行业的影响力上，一旦这些行业中的股票出现大的波动，其他许多行业的股票也会跟着出现大的波动。因此，能源业和制造业是股市中最具影响力的行业。

表5－6　波动率跳跃关联网络中节点度值排名前十五的股票

排名	股票名称	行业	度值
1	国电电力	能源业	12
2	中航飞机	制造业	10
3	云南白药	制造业	9
4	洋河股份	制造业	9
5	康得新	制造业	9
6	华夏幸福	房地产、建筑业	9
7	汇川技术	制造业	8
8	建设银行	金融业	8
9	用友网络	媒体、电子通信业	7
10	平安银行	金融业	6
11	潍柴动力	制造业	6
12	启迪桑德	制造业	6
13	大北农	农业、畜牧业	6
14	上海建工	房地产、建筑业	6
15	广汇能源	能源业	6

表5－7给出了波动率跳跃关联网络中接近中心度值排名前十五的股票。从表5－7可知，网络中的接近中心度值最高的4只股票分别是洋河股份、双汇发展、汇川技术和云南白药。这4只股票均属于制造业。另外，接近中心度值排名前十五的股票中制造业股票占了绝大多数。说明制造业股票与其他很多行业股票之间存在密切联系。

表5－7　波动率跳跃关联网络中接近中心度值排名前十五的股票

排名	股票名称	行业	接近中心度值
1	洋河股份	制造业	0.1701
2	双汇发展	制造业	0.1668
3	汇川技术	制造业	0.1573
4	云南白药	制造业	0.1550
5	广发证券	金融业	0.1533
6	国电电力	能源业	0.1498
7	特变电工	制造业	0.1489
8	东软集团	服务、零售业	0.1458
9	海康威视	制造业	0.1456
10	顺丰控股	制造业	0.1454
11	青岛海尔	制造业	0.1454
12	中国化学	制造业	0.1454
13	歌华有线	媒体、电子通信业	0.1444
14	伊利股份	制造业	0.1430
15	平安银行	金融业	0.1424

表5－8中给出了股票收益率的波动率跳跃关联网络介数中心性值排名前十五的股票。从表5－8可知，介数中心性最高的4只股票洋河股份、双汇发展、云南白药和汇川技术均属于制造业。这更有力地证明了制造业在国民经济中的重要影响力。除制造业外，股票介数中心性值较大的还有金融业、媒体行业和高新技术行业。这与当前国民经济发展中行业发展的重点方向相吻合。

表 5－8　股票收益率的波动率跳跃关联网络介数中心性 TOP15 排名

排名	股票名称	行业	介数中心性值
1	洋河股份	制造业	0. 6970
2	双汇发展	制造业	0. 5866
3	云南白药	制造业	0. 4229
4	汇川技术	制造业	0. 4069
5	平安银行	金融业	0. 3627
6	紫光国芯	制造业	0. 3373
7	歌华有线	媒体、电子通信业	0. 3359
8	鹏博士	媒体、电子通信业	0. 3148
9	广发证券	金融业	0. 2946
10	用友网络	媒体、电子通信业	0. 2919
11	首开股份	房地产、建筑业	0. 2861
12	国电电力	能源业	0. 2859
13	长江证券	金融业	0. 2725
14	国元证券	金融业	0. 2719
15	航天信息	媒体、电子通信业	0. 2319

5. 2. 5　结论与启示

借助多幂次变差方法对股票市场波动率跳跃特征进行了分析，发现股票市场波动率跳跃的右偏和尖峰厚尾特性。利用最小生成树算法构建了股票收益率的波动率跳跃关联网络模型，并分析了网络的介数中心性和接近中心度等拓扑性质。研究发现制造业、金融业和高新技术行业等股票在整个网络中处于中心位置。

从股票市场波动率跳跃关联网络拓扑特性可以发现，不同行业股票在市场中的地位存在着显著的差异。通过对关键节点的识别，将提高对金融市场整体运动的预测能力。

第三节　股市波动率跳跃关联网络社团结构及其信号特征分析

5.3.1　研究背景

“物以类聚，人以群分。”复杂网络的结构存在许多区分的方法。近年来，在研究现实社会经济关系网络时，人们发现网络内部的连接关系中存在某种结团特征，称为社团结构。从直观上观察，存在社团结构的区域，同一社团内的节点连接紧密，不同社团之间的连接稀疏。

对于复杂网络中的社团，可从两个角度来定义。

一是从连接频数的角度来定义。复杂网络是由社团连接而成。社团内的连接比较紧密，而社团间的连接比较稀疏。可以将社团区分为强社团和弱社团两大类。强社团是指对于社团中的任意一个节点，其与社团内其他节点的连接数必须大于其与社团外的节点的连接数。弱社团是指社团中所有节点之间相互连接数之和必须大于社团中所有节点与社团外节点相互连接数之和。

二是从连通性的角度来定义。网络可以分解成不同的派系。所谓派系是指由三个及以上的节点组成的全连通社团。即属于同一派系的任意两个节点之间都存在直接连接的边。根据派系定义的社团概念允许不同社团之间的节点具有重叠性。即允许某个节点同时属于多个不同的社团。

复杂网络社团结构在现实问题的分析中有着十分重要的意义。近年来，人们研究了互联网、科学家合作网、人际关系网、民间借贷网等复杂网络中的社团结构，发现有的社团是基于人的职业、年龄等因素形成，有的社团是由相同主题的主页形成，有的社团则反映了生态系统中的子系统。而在金融系统中，有研究发现股票关联网络中的社团结构反映了行业内和行业外的不同特征。

虽然复杂网络社团结构分析方法在实际问题的分析中已经有了一定的应用，但其在社会系统、经济系统、管理系统、生物系统等领域的应用还有待进一步拓展，以发掘出更深层次的关联性信息。

5.3.2 网络社团区分方法

为有效区分复杂网络中的社团以及划分结果的优劣，Girvan 和 Newman 引入了模块性 Q 函数这一概念。假设通过某种社团划分方法可将一个复杂网络划分成若干个社团，那么这些社团内部所有节点之间相互连接的边的数量与网络中所有边的数量之比可以用以下公式表示：

$$\frac{\sum_{ij} a_{ij}\delta(\sigma_i,\sigma_j)}{\sum_{ij} a_{ij}} = \frac{\sum_{ij} a_{ij}\delta(\sigma_i,\sigma_j)}{2M} \tag{5-9}$$

其中，σ_i，σ_j 分别代表节点 v_i 和 v_j 所在社团编号。任取邻接矩阵中的一个元素 a_{ij}，如果节点 v_i 和 v_j 相连接，则 $a_{ij}=1$；如果节点 v_i 和 v_j 无相连，则 $a_{ij}=0$；如果节点 v_i 和 v_j 属于同一个社团，那么 $\delta(\sigma_i, \sigma_j)=1$；如果节点 v_i 和 v_j 不属于同一个社团，则 $\delta(\sigma_i, \sigma_j)=0$。如果社团结构是固定的，那么在一个边随机连接的网络中，$\frac{k_i k_j}{2M}$表示节点 v_i 和 v_j 连接的可能性，其中，k_i、k_j 分别是节点 v_i 和 v_j 的度。模块性 Q 函数的表达式为：

$$Q = \frac{1}{2M}\sum_{ij}\left[a_{ij} - \frac{k_i k_j}{2M}\delta(\sigma_i,\sigma_j)\right] \tag{5-10}$$

在划分复杂网络的社团结构时，首先要计算出每种划分结果对应的模块性 Q 值。当 Q 值最大时，对应的社团划分方式最好。如果社团内部节点之间连线比较少，那么 Q 函数的值就小于 0。当 Q 函数的值越接近于 1 时，则表示划分社团的结果越好。一般情况下，Q 值介于 0.3～0.7 的范围内。

本书基于 Fast unfolding 算法对社团进行划分。该算法的基本思路是以模块性 Q 函数作为度量社团划分优劣的重要标准，通过不断地迭代，不断地划分社团，使得划分后的整个网络的 Q 值不断增大，最后得到模块性 Q 函数最大的最优化社团。

具体来说，可以将 Fast unfolding 算法分为社团合并阶段和新网络图构建阶段两个阶段。在社团合并阶段，主要分为以下三个步骤。

步骤一：初始化。将每个节点设置为一个社区，使每个节点处于不同的社区中。

步骤二：对社区进行合并。逐个选择每个节点，考虑与该节点相邻的节点，计算将它划分到邻近节点所属社团中得到的模块性增量 ΔQ。若计算出的模块性

增量 ΔQ 是正数，则接受这个社团变动，将它划分到对应的邻接社团；否则，保持原节点所属社团不变。

步骤三：重复上一步骤，直到每个节点所属社团不再发生变化为止。

在新网络图构建阶段，根据第一阶段生成的社团结构重新构造新的网络图。新网络图中的每个节点代表上一阶段所形成的不同社团，边的权重为两个社团中所有节点之间连边的权重之和。

在所构建的新网络图的基础上，重复社团合并阶段各步骤，直到计算得到最大的模块性 Q 值。

5.3.3　股市波动率跳跃关联网络社团结构特征

运用 Fast unfolding 算法对股市收益率的波动率跳跃关联网络中的社团结构进行了划分，表 5 -9 给出了通过三次迭代所划分出的社团数和相应的模块性 Q 值。

从表 5 -9 中可以看出，经过三次迭代后社团划分的模块 Q 值达到了最大值 0.8877，非常接近于 1，说明此时的社团划分十分理想。此时整个的网络可划分为 18 个社团。图 5 -12 给出了股票收益率的波动率跳跃关联网络的社团划分。其中不同颜色代表不同的社团。

表 5 -9　股市收益率的波动率跳跃关联网络社团划分的模块性 Q 值统计

社团数	模块性 Q 值
89	0.6981
29	0.8748
18	0.8877

为了定量考察同一社团内股票的波动率跳跃联系的紧密程度，可运用相关系数法求出社团内各股票波动率跳跃的平均相关系数。表 5 -10 给出了各社团内股票的名称和平均相关系数。作为比较，通过计算可得到整个股票波动率跳跃网络的平均相关系数为 0.4029。

由表 5 -10 可见，社团 2 内股票的波动率跳跃平均相关系数值最大，达到了 0.5494。从股票的组成来看，社团 2 内的大部分股票为金融业股票。这说明在股票市场收益率发生波动率跳跃时，金融业中大多数上市公司的股票收益率都发生了跳跃。金融类股票价格大波动联动性强。

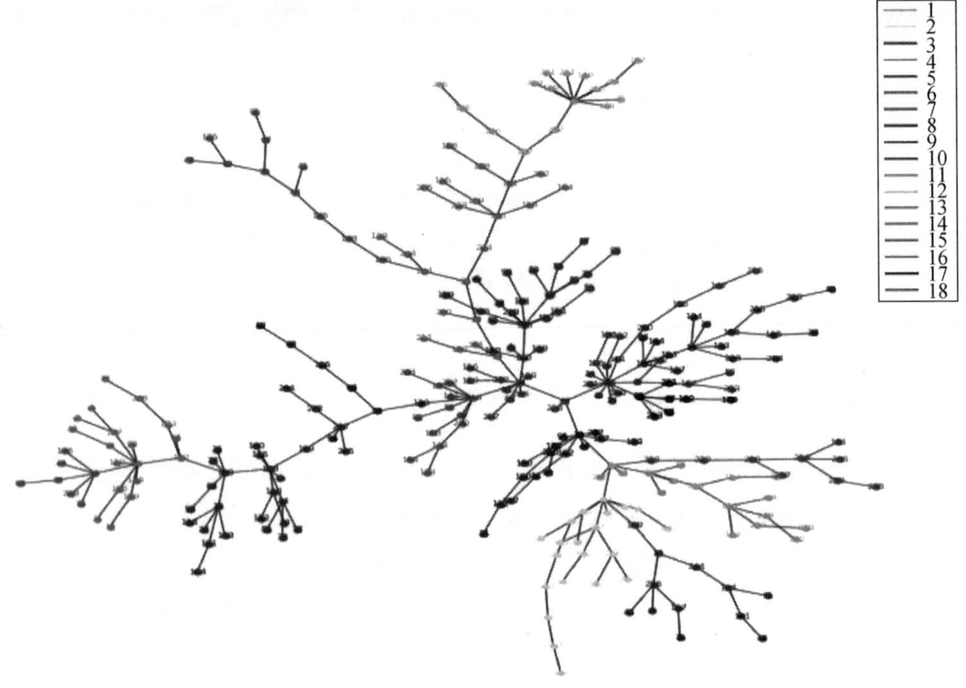

图 5－12　股票收益率的波动率跳跃关联网络的社团划分

表 5－10　各社团内股票名称及其波动率跳跃平均相关系数

社团	股票名称	平均相关系数
1	平安银行、宁波银行、西部证券、中国交建、国海证券、保利地产、中国联通、中国铁建、中国中铁、招商蛇口、中国中车、兖州煤业、中国建筑、宝钢股份、山西证券、东北证券、中国神华	0.4432
2	万科 A、光大银行、农业银行、金地集团、中国平安、交通银行、建设银行、上汽集团、中国银行、工商银行、中国太保、建发股份、国投电力、中国人寿、民生银行、长安汽车、招商证券、海螺水泥、格力电器、中国石化、恒瑞医药	0.5494
3	神州高铁、中天金融、万向钱潮、天茂集团、航天信息、苏宁环球、广汇汽车、金证股份、恒生电子、分众传媒、用友网络、二三四五、科大讯飞、圣农发展、贵州百灵、胜利精密、欧菲光、网宿科技、乐视网、万达信息、掌趣科技	0.3331

续表

社团	股票名称	平均相关系数
4	中国宝安、中金岭南、海南橡胶、三安光电、盐湖股份、东方财富、申万宏源、小商品城、片仔癀、东旭光电、东方园林、华策影视、烽火通信、神舟信息、康得新、华兰生物、长城汽车、老板电器	0.3149
5	中兴通讯、华侨城A、同仁堂、特变电工、渤海金控、徐工机械、永泰能源、新湖中宝、广汇能源、阳光城、京东方A、华夏幸福、中南建设、华东医药、浪潮信息、东华软件、荣盛发展、必康股份、金正大、大秦铁路、华谊兄弟、宋城演艺、广深铁路	0.3600
6	三一重工、白云山、中船防务、TCL集团、陕西煤业、中联重科、国电南端、中粮糖业、金融街、国电电力、中国重工、金隅股份、中国铝业、中国船舶、首创股份、西山煤电、吉林敖东、美年健康、海航控股、张江高科	0.5215
7	川投能源、金风科技、华数传媒、中航电子、永辉超市、奥飞娱乐、新希望、东阿阿胶、首钢股份、上海医药、华夏银行、城投控股	0.4024
8	福耀玻璃、牧原股份、中国国旅、美的集团、五粮液、华域汽车、中金黄金、云南白药、贵州茅台、上海机场、天士力、山东黄金、上港集团、立讯精密、东方明珠、河钢股份	0.4435
9	比亚迪、航发动力、江西铜业、海信电器、铜陵有色、葛洲坝、物产中大、潍柴动力、金钼股份、洛阳钼业、上海建工、复星医药、泸州老窖、海油工程、上海电力、浙能电力、国轩高科	0.4143
10	歌华有线、南京新百、首开股份、辽宁成大、鹏博士、海虹控股、中信重工、金螳螂、紫光国芯、春秋航空、三七娱乐、利欧股份	0.3399
11	招商银行、宇通客车、方正证券、保千里、中信银行、雅戈尔、国元证券、浙江龙盛、广发证券、长江证券、中文传媒、海通证券、太平洋、国信证券、同花顺、兴业证券、东吴证券、浦发银行、中国电建、华泰证券、光大证券、中信证券	0.5158
12	中国国航、航法控制、中直股份、中航飞机、中国石化、君正集团、招商轮船、中航资本、正泰电器、三聚环保、东方航空、中国卫星、隧道股份、石化油服、绿地控股、南方航空	0.4681
13	世纪华通、巨人网络、怡亚通、奥飞娱乐、华闻传媒、中信国安、广电传媒、国金证券、西南证券、中国动力、国投安信	0.1281

续表

社团	股票名称	平均相关系数
14	启迪桑德、紫光股份、大华股份、歌尔股份、海格通信、碧水源、安信信托	0.3508
15	中国化学、青岛海尔、东软集团、洋河股份、顺丰控股、海康股份、双汇发展、圆通速递、康美药业、伊利股份、长江电力	0.4106
16	陆家嘴、广电运通、紫金矿业、汇川技术、同方股份、包钢股份、北方稀土、百联股份、中天科技、大族激光、天齐锂业、际华集团、厦门钨业	0.4137
17	石基信息、游族网络、大北农、机器人、信威集团、宁波港、上海电气	0.4237
18	广汇汽车、兴业银行、北京银行、新华保险、南京银行、中国中冶、中国石油、中远海发、中远海控	0.4206

波动率跳跃关联网络中的社团平均相关系数超过 0.5 的还有社团 6 和社团 11。从股票的组成来看，社团 6 内的股票主要由制造业和能源业上市公司股票组成。这说明在股票市场发生波动率跳跃时，制造业和能源业中大多数上市公司的股票收益率都发生了跳跃，制造业和能源业股票价格大波动联动性强。社团 11 内的主要由金融业和制造业上市公司股票组成，这说明在股票市场发生波动率跳跃时，金融业和制造业中大多数上市公司的股票收益率都发生了跳跃，金融业和制造业股票价格大波动联动性强。

在总共 18 个社团中，社团 13 的平均相关系数最低，只有 0.1281。从社团内股票的组成来看，主要由传媒信息业组成。这说明在股票市场发生波动率跳跃时，传媒信息业股票的联动性较其他社团内股票的联动性弱。

5.3.4 结论与启示

运用 Fast unfolding 算法对股票波动率跳跃关联网络中的社团结构进行了划分。从网络中的各个社团组成来看，在股票市场发生波动率跳跃阶段，金融业各上市公司之间的联动性最强。制造业和能源业上市公司之间，以及制造业和金融业上市公司之间也存在较强的联动效应。

金融业、制造业、能源业在一国经济发展中起着举足轻重的作用。由于这些行业之间存在着较强的相互依存性，因此在发展经济过程中就需要关注不同行业间的均衡发展。同时，通过观察不同时期行业间联动效应的变化，了解经济发展所处的阶段，以利于各项经济政策的制定。

第六章　上市公司交叉持股关联网络模型及风险传播分析

以上市公司年报中有关交叉持股信息为研究对象，结合复杂网络方法，构建了上市公司交叉持股关联网络。结合 SIR 传染病模型，模拟研究了交叉持股关联网络上的风险传播过程。研究发现，上市公司交叉持股关联网络拓扑特性呈现出度分布的无标度性、平均路径短、集聚系数低等特征。网络的关键节点特征、初始感染比例、风险传染率、公司抗风险能力等因素直接影响到交叉持股关联网络上的风险传播速度和传播范围。各上市公司建立自身的风险防御策略有助于整体的风险防范。

第一节　上市公司交叉持股动因及交叉持股关系类型

6.1.1　上市公司交叉持股动因

上市公司交叉持股是指两家或两家以上的上市公司基于某种目的而持有对方股权的行为。

交叉持股最早源于日本。1953 年日本修改《反垄断法》以后，三菱集团为了防止各子公司被二级市场收购，开始了下属子公司之间的相互交叉持股。在 20 世纪 50 年代，还有日本企业把交叉持股作为与银行保持密切关系的手段，通过与银行间的交叉持股使公司具有资金安排上的竞争优势。

随着资本市场的发展，上市公司交叉持股的目的也有了一些新的变化。概括来说，可以将上市公司交叉持股的动因分为三大类。

一是规避风险的需要。一方面，当遇到有外部势力希望通过收购公司股份掌握公司控制权时，通过交叉持股联盟企业的协同行动可遏制恶意收购，有效防范失去企业控制权的风险。另一方面，在交叉持股关系下，企业的投资行为往往会受到多方面的限制。这些限制有助于企业在发展过程中保持谨慎行为，避免过度投机的风险。交叉持股对股价的稳定有一定的作用。

二是实现企业价值的需要。一方面，集团企业使用交叉持股手段来提高其对相关企业的合作、控制和约束。为了应对供给和需求市场的变化，可通过建立上下游企业间的交叉持股联盟关系来消除信息不对称所造成的沉没成本。另一方面，通过交叉持股开展企业的跨业经营，在一定程度上扩大了企业规模，实现企业多元化经营的目标。

三是获取利润的需要。一方面，具有竞争关系的两家公司通过交叉持股建立联盟关系来减少竞争，提高市场占有率，从而使企业产品的边际价格上升，获取垄断利润。另一方面，在二级市场上，企业能够利用其对上市公司的控制形成自身资产的增值，同时其交叉持股的上市公司也能形成同样的上升，从而形成叠加式的上升关系，助推和加速牛市。

6.1.2 上市公司交叉持股关系类型

按照交叉持股上市公司之间是否为实际控制关系，可以将上市公司的交叉持股关系分为两类。

一是垂直式交叉持股关系。垂直式交叉持股是指母公司与其绝对控制下的子公司之间的交叉持股关系。

二是水平式交叉持股关系。水平式交叉持股是指持股方和被持股方并不是实际控制型的交叉持股关系。

按照交叉持股上市公司之间整体的关系结构特征，可以将上市公司的交叉持股关系分为四类。

一是直线型交叉持股关系。直线型交叉持股是指两家上市公司之间通过直接持有对方的股份所形成的交叉持股关系形态。在现有的交叉持股关系中，大多数都属于这一类交叉持股关系。

二是环状型交叉持股关系。环状型交叉持股是指两家以上的上市公司通过类似于甲公司持有乙公司股权、乙公司持有丙公司股权、丙公司又持有甲公司股权这样一种环状的交叉持股关系形态。

三是放射状型交叉持股关系。放射状型交叉持股是指一家上市公司分别与其

他多家上市公司交叉持股，但这多家上市公司彼此之间并没有交叉持股关系的交叉持股关系形态。

四是网状型交叉持股关系。网状型交叉持股是指多家上市公司彼此之间都存在交叉持股关系的交叉持股关系形态。也可以将上述三类交叉持股关系看成是网状型交叉持股关系中的特例。

6.1.3　上市公司交叉持股关系研究进展

对于上市公司交叉持股关系的研究，早期的工作主要集中于交叉持股关系的类型、交叉持股关系形成的动因、交叉持股对企业经营和市场完善的作用等方面。最近几年来，随着复杂网络研究的兴起，人们将复杂网络方法应用到交叉持股关系的研究中，探讨了上市公司交叉持股关系特征及其对市场的影响。有研究借助沪深 A 股上市公司交叉持股数据构建了交叉持股复杂网络模型，发现上市公司交叉持股关系网络具有“小世界网络”的特征。另有研究在构建交叉持股关系矩阵和股价相关系数矩阵的基础上，运用 QAP 方法对这两类关系进行了相关性分析。研究发现，我国上市公司的交叉持股关系存在着地域效应和行业效应。

随着对交叉持股关系研究的深入，一些新的问题进一步引起了人们的关注。上市公司交叉持股是否存在着行业内和行业间的差异？上市公司的交叉持股关系类型是否会影响到风险在市场中的传播？最近几年来提出的复杂网络模型和传染病模型为深入研究交叉持股问题提供了有益的工具。通过多种模型的结合研究可使我们从多个侧面来了解交叉持股的意义和作用，从而对金融市场的运行特征有一个更为全面和深入的了解。

第二节　上市公司交叉持股关联网络模型及其拓扑特性

6.2.1　交叉持股关联网络模型构造

将上市公司定义为网络中的节点，存在持股关系定义为节点之间的连边。如果研究的对象总共有 N 家上市公司，那么可以确定网络节点总数为 N。用 E 表示节点之间存在连边总数，交叉持股关联网络中的点和边的集合可表示为：

$$G = [N,\ E] \tag{6-1}$$

以 v 和 e 分别表示集合 N 和集合 E 中的元素，

$$N = [v_1,\ v_2,\ v_3,\ \cdots v_n] \tag{6-2}$$

$$E = [e_{11},\ e_{12},\ \cdots,\ e_{1n},\ \cdots,\ e_{nn}] \tag{6-3}$$

其中，$e_{ij} = \begin{cases} 1 & \text{节点 i，j 间存在持股关系} \\ 0 & \text{节点 i，j 间不存在持股关系} \end{cases}$

上市公司交叉持股数据取自 Wind 数据库中 2016 年半年报数据库，所选用的上市公司均为沪深 A 股上市公司。去除存在重复项和错误值的数据、去除非沪深 A 股上市公司和已经退市的上市公司，最后确立了 1250 家上市公司，以此为基础构建上市公司交叉持股关联矩阵。为了方便关联矩阵的构建，将持股方和被持股方进行了合并和筛选。为了构建持股的邻近矩阵，以便软件进行读取和使用，将持股方和被持股方同时放于一列和一行构建正方形的邻近矩阵。矩阵构建时为了区分开持股和被持股，定义矩阵是有方向的，即只能从行指向列。也就是说，当矩阵中的数字为 1 时，代表着行上的公司持有列上的公司股份。

首先，通过 Pajek 网络分析软件将邻近矩阵的数据读入，可以得到图 6－1 包括所有上市公司的交叉持股关联网络图。

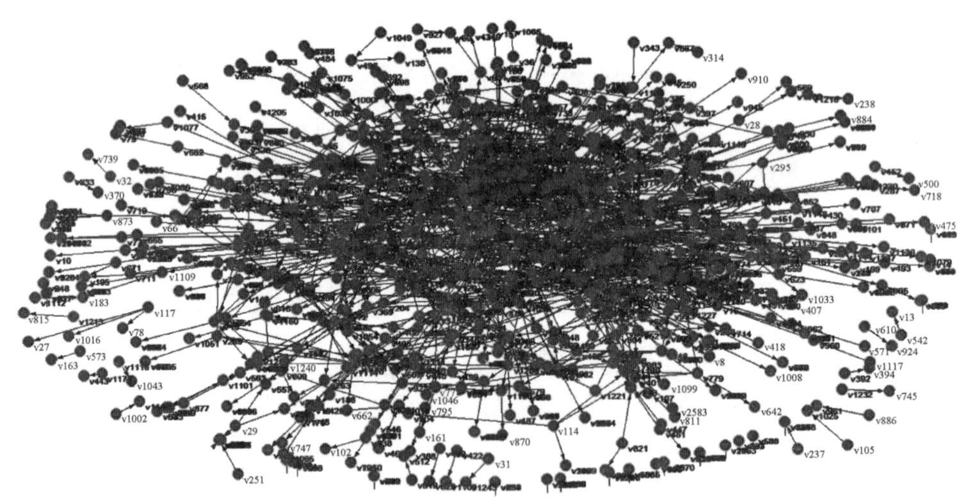

图 6－1　上市公司交叉持股关联网络

图 6－1 中 v_1，v_2，…，代表不同的上市公司，连线的箭头方向代表了持股方向。因此，图 6－1 的交叉持股网络是一个有向网络。在该网络中，可以将网

络的度分为出度和入度。对于连着箭尾的点来说，该有向边是出度。对于连着箭头的点来说，该有向边是入度。从图 6－1 中可以看出，网络中许多节点位于整个网络的外沿，即与网络中其他节点的连接度较低。这些节点较为分散不具有集聚性。另外有一部分节点位于网络的中心位置。这些节点与网络中其他节点的连接度较高，相对来说集聚性较强，并呈现出一定的社团结构。

观察图 6－1 中的网络结构特征还可以发现，A 股上市公司交叉持股关联网络并不是单一连接类型的网络，而是由多种连接类型混合组成的复杂网络。同时，可以发现网络中的部分节点具有重要的 Hub 特征，即该节点与其他节点的连接相对较多，而大部分节点与其他节点的连接相对较少。同时还可以发现，在该网络中，部分区域内节点的集聚比其他区域节点集聚更为密集。这些集聚密集区域主要出现在中心位置，边缘区域相对较少。

其次，将上市公司进行行业分类，构建不同行业之间的交叉持股关联网络。按照证监会行业划分标准，将所选择的 1250 家上市公司归入以下 6 个行业：工业、金融业、房地产业、商业、公用事业、综合行业。表 6－1 中给出了每一行业的上市公司数。

表 6－1　按行业分类上市公司数量

行业	公司（家）
房地产业	95
工业	784
公用事业	195
金融业	54
商业	90
综合行业	32
总计	1250

在构建行业间的交叉持股关联网络时，以行业为节点，处于不同行业内的企业持有对方行业企业股份为连边，构建行业间交叉持股关联网络。由于不同行业内有很多的企业，因此可赋予连边权重，构建有向加权网络，其中的权重为两行业之间交叉持股上市公司的数量。行业间交叉持股企业的数量越多，其权重值越大。图 6－2 为借助 Pajek 软件所构建的行业间交叉持股关联网络。

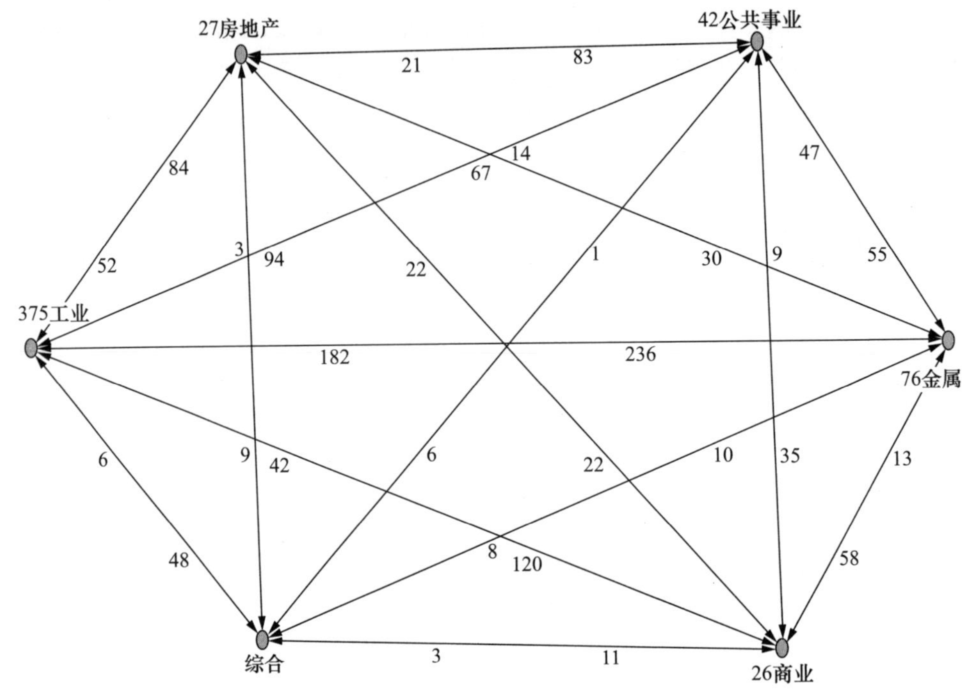

图 6 – 2　行业间交叉持股关联网络

从图 6 – 2 中可以看出，行业间交叉持股关联网络中边的权重存在很大的差异。行业间交叉持股最多的是工业和金融业之间。工业对金融业的持股企业有 236 家。相互持股最少的是综合和公共事业之间。综合业对公共事业的持股企业只有 1 家。从该网络结构中还可以看出，在行业的持股关系中，并不是保持着随机分布的特点，而是存在某些连接权重较高的重要节点。比较上市公司总体分布，可以发现在 2016 年中，工业和金融业更多地与其他行业中的上市公司建立了持股关系。表 6 – 2 为汇总后的各行业出入度所对应的权重。

从表 6 – 2 可以看出，在工业中出度的权重为 502 而入度的权重只有 376。这表明工业企业更倾向于投资于其他行业。这与工业企业更倾向于与供应链上下游企业建立合作关系的日常认知相符合。而在商业中，可以看到出度的权重只有 89，而入度的权重达到了 246。这表明商业作为服务业中的重要行业，对于其他行业来说有着很强的吸引力。

从行业间网络结构的出度和入度还反映出了国内各行业的发展潜力和对外投资的积极性。以工业为例，有较多的工业企业持有其他公司股权，反映出传统的

工业行业正扩大对其他行业的渗透，寻找新的经济增长点。而从金融业来看，金融业持有其他行业的股权情况和其他行业持有金融业股权情况较为均衡，反映出金融业和其他行业之间主要是一种互惠互利的关系，通过建立交叉持股的联盟关系以实现双方的互利共赢。

表 6－2　行业间网络出入度

行业	出度	入度
工业	502	376
房地产	196	197
金融	362	344
公共事业	211	154
商业	89	246
综合	31	74

最后，以金融业为例，构建行业内的交叉持股关联网络。通过筛选得到属于金融行业的上市公司 54 家，运用 Pajek 网络分析软件得到图 6－3 金融行业内上市公司间的交叉持股关联网络。

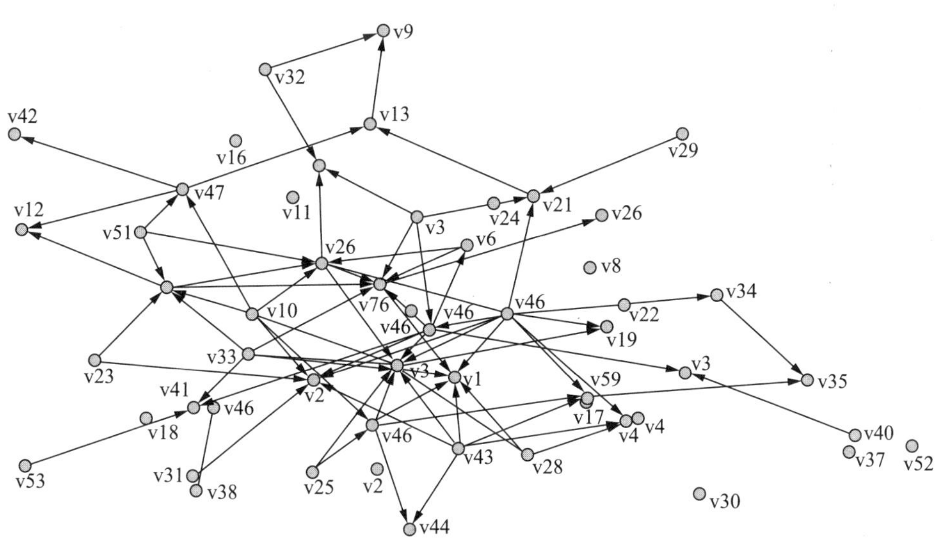

图 6－3　金融行业内的上市公司交叉持股关联网络

从图 6 –3 可以看出，金融行业内大多数上市公司的连边数很少，只有一条到三条连边，甚至还存在某些孤立的节点。另外，从交叉持股企业之间的连接关系来看，存在很多的环状型交叉持股关系。比较图 6 –3 和图 6 –2 的网络结构可以看出，行业内和行业间网络的关系结构存在着较大的差异。

6.2.2 交叉持股关联网络拓扑特性

首先，观察交叉持股关联网络的度分布特征。节点度是指网络中的一个节点连接到其他节点边的数量。在复杂网络分析中，节点度主要被用来衡量该节点与其他节点的联系程度。节点度高说明该节点与其他节点有更多的直接联系，在整个网络中相对更为重要。可以通过观察网络的度分布来了解网络整体的连接结构特征。在网络中随机取一个节点，其度值为 k 的概率记为 P（k），可以统计出整个交叉持股关联网络的度分布的特征。表 6 –3 给出了交叉持股关联网络的度分布 P（k）的统计特征。

表 6 –3 上市公司交叉持股关联网络度分布统计特征

度	1	2	3	4	5	6	7	8	9
频数	210	88	53	36	17	19	10	15	13
度	10	11	12	13	14	15	16	17	18
频数	19	10	2	3	2	2	2	3	2
度	19	20	23	25	35	37			
频数	4	1	2	1	1	1			

为了观察度分布 P(k)，在表 6 –4 中给出了对应于各个度值的概率。

表 6 –4 上市公司交叉持股关联网络各度值对应的概率

度	1	2	3	4	5	6	7	…	37
概率	0.41	0.17	0.10	0.06	0.03	0.04	0.02	…	0.002

依据表 6 –4 中各度值的概率，可在图 6 –4 中画出上市公司交叉持股关联网络的度分布图。

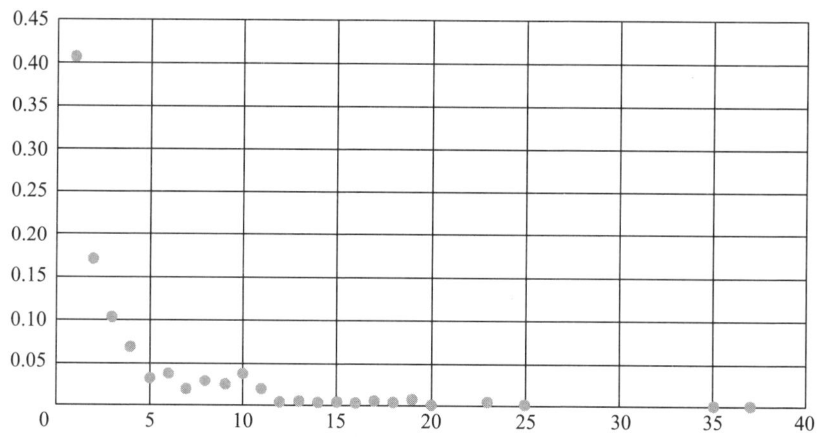

图 6－4　上市公司交叉持股关联网络度分布

从图 6－4 中可以看出，上市公司交叉持股关联网络中大多数节点的度值都比较小，只有少数节点的度值超过 10。整体来看，网络的度分布接近于幂指数分布。A 股上司公司交叉持股关联网络符合无标度网络特征。

其次，观察交叉持股关联网络的平均最短路径特征。网络的平均最短路径是指从网络中的一个节点到达网络中所有其他节点的最短路径长度的平均值。可以用两个节点间相连所需要经过的最少中间节点数或者最少边数来衡量。网络的平均最短路径大小是衡量网络中节点间联系的重要指标，反映出整个网络的分离程度。

通过 Pajek 软件对上市公司交叉持股关联网络的平均最短路径进行计算，得到表 6－5 的结果。

表 6－5　上市公司交叉持股关联网络平均最短路径

节点间距离指标	
网络的平均最短路径	6.25632
相距最远的两个节点	v417 – v1233
最远两节点距离	19

从表 6－5 可以看出，A 股上市公司交叉持股关联网络的平均最短路径为 6.25632。这表明整个网络中的任意一个节点与其他节点相连接平均需要经过的中间节点数是 6 个左右。这与小世界网络的六度分离特征相符合。其中距离最远

的两个节点是节点 417 和节点 1233，最短路径为 19，即节点 417 和节点 1233 最少需要通过中间 19 个节点才能有相互联系。

与 A 股上市公司交叉持股关联网络平均最短路径相比较，金融行业交叉持股关联网络的平均最短路径要小很多。表 6－6 给出了金融行业交叉持股关联网络的平均最短路径。

表 6－6　金融业上市公司交叉持股关联网络平均最短路径

节点间距离指标	
网络的平均最短路径	1.68098
相距最远的两个节点	v23 － v19
最远两节点距离	4

从表 6－6 可以看出，金融行业上市公司交叉持股关联网络的平均最短路径为 1.68098，远小于整个 A 股上市公司交叉持股关联网络平均最短路径 6.25632。网络中相距最远的两个节点是节点 23 和节点 19，最短路径为 4，也远小于整个 A 股上市公司交叉持股关联网络距离最远的两个节点的最短路径 19。

因此，从交叉持股关联网络的拓扑结构特征可以看出，行业内的交叉持股要比行业间的交叉持股更为普遍，即上市公司更倾向于投资于行业内其他企业。

最后，观察交叉持股关联网络的集聚特征。网络的集聚特征主要用集聚系数来衡量。所谓网络集聚系数是指与网络中同一节点相连的其他节点相互之间存在连接的可能性。在网络拓扑图中，网络集聚系数大小表现为图中的实际三角形数量占所有可能的三角形数量的比例。

本书借助 Pajek 软件分别对上市公司交叉持股关联网络的集聚系数和金融业上市公司交叉持股关联网络的集聚系数进行测量。表 6－7 给出所测得的结果。

表 6－7　上市公司交叉持股关联网络集聚系数

所有 A 股上市公司	0.01173982
金融业上市公司	0.06637168

从表 6－7 可以看出，包含所有 A 股上市公司的交叉持股关联网络的集聚系数为 0.01173982，小于金融行业上市公司交叉持股关联网络的集聚系数 0.06637168。这说明了行业内部的交叉持股关联网络的集聚性更强。

从上市公司交叉持股关联网络的拓扑结构特征中可以发现，行业内企业和行业间企业的交叉持股特征存在着较大的差异。上市公司之间的交叉持股对象更侧重于行业内部。

6.2.3　结论与启示

借助复杂网络方法构建了上市公司整体的交叉持股关联网络、行业间交叉持股关联网络和行业内交叉持股关联网络。研究发现，相比于整体网络结构，行业内网络结构具有更大的平均连接度、更短的平均最短路径和更大的网络集聚系数。

上市公司交叉持股是企业提高竞争力和实现多元经营目标的重要手段。通过观察行业内和行业间现有的企业间合作关系特征，可更为全面地了解行业发展现状，从而为制定企业的未来发展战略提供参考。

第三节　上市公司交叉持股关联网络中的风险传播分析

6.3.1　上市公司交叉持股风险

在金融系统中，风险是指未来损失发生的可能性，具有不确定性、相关性和传染性等特征。从风险所影响的范围来区分，可将上市公司风险分为局部性风险和全局性风险两大类。局部性风险代表着个别企业或少数企业遭受损失的可能性，包括个别企业的财务损失、价值下降、企业破产等情形。而全局性风险表示市场整体的风险，包括市场中大量企业破产、股票市场的大涨大跌等情形。本书所研究的问题是少数上市公司的风险是如何通过交叉持股关联网络影响到上市公司整体风险的。这是一个从局域性风险向全局性风险演变的过程。

上市公司的交叉持股既有其有利的一面，也有其不利的一面。从有利的角度来看，交叉持股有以下四方面的作用：

一是可以稳定公司的股权结构。两家上市公司之间相互持有对方的股份之后，实际上就形成了一个特殊的命运共同体。在一方遭遇资本市场上的恶意并购时，通过与另一方的共同行动可成功抵御这一攻击，牢固地掌握公司的控制权。

二是可以分散风险。交叉持股分散风险的功能主要体现在两家公司采用换股的方式可以实现各自的多元化经营目标。

三是实现公司经营层面的相互合作。两家相互持股的企业可以利用各自的技术、资金、销售、智力等方面优势形成优势互补和协同发展。

四是在市场制度、环境等方面尚不健全的情况下，通过交叉持股可以减少企业之间的信息不对称，降低市场交易成本。

从不利的角度来看，交叉持股有以下三方面的风险：

一是从控制权的角度来看，交叉持股可能导致公司控制权的转移。主要表现在一些大的企业集团可以借助交叉持股用较小的现金流获得公司较大的控制权。

二是从交叉持股对企业业绩的影响来看，对外股权投资可能会影响到企业的净利润变化。无论企业对于所持股票选择套现沽出还是继续持有，其对外股权投资都需要按照市场价格来计算盈利或者亏损。将这些盈利或者亏损计入企业的当期净利润，就会影响到其整体的业绩表现。

三是从交叉持股对股市整体影响的角度来看，随着交叉持股上市公司股价持续上涨，会导致股市泡沫的不断膨胀并最终破灭。而股价下跌将导致交叉持股上市公司的净资产和净利润的缩水，进而导致股市的继续下跌。

6.3.2 交叉持股关联网络风险传播模型

上市公司交叉持股的风险具有交互性、复杂性、多样性等特征。而正是由于上市公司交叉持股风险的复杂性，所以在研究上市公司交叉持股风险的传播中需要借助一些模型和方法来简化风险的传播过程，以利于更为清晰地观察到风险的传播特征。

近年来，金融市场风险传播问题的研究中所用到的模型主要有以下两类：一是复杂网络模型，主要用于分析风险传播的路径特征。二是传染病模型，主要用于分析风险源及其传播特征。通过研究银行间关联网络的风险传播过程，人们发现银行间关联网络的集聚性越强，其风险传染的影响面也会更大。集聚性高的网络中大银行倒闭所引发的银行业整体违约风险要大于小银行倒闭所引发的银行业整体风险。通过研究复杂网络中的关联信用风险传染过程，人们发现上市公司之间的各种经济联系是信用违约风险传染的主要途径，经济联系越强的经济体之间信用风险传染也越快。但由于风险分散效应的存在，关联网络规模的扩大能在一定程度上降低信用违约风险。

本书在原有的传染病模型基础上构建交叉持股关联网络风险传播模型。在传

染病的传播过程中，会涉及三个重要的组成部分：一是传染源；二是传播介质；三是易感人群。其中，传染源是初始的病毒携带者，是病毒传染的起点。传播介质是导致病毒可以传播的纽带，是传播的路径。易感人群是病毒的可能接受者，传染的终点或者下一个传染的起点。从局域出现传染源到向外扩散的过程中这三个条件是必不可少的。

类似于传染病的传播过程。在上市公司之间的风险传播过程中，也同样需要涉及传染源、传播介质和易感人群三个组成部分。交叉持股关联网络中的传染源就是最初出现坏账可能导致资不抵债的企业。传播介质就是企业之间的交叉持股关系。易感人群就是那些交叉持股的股东。当然，现实中企业间的关系还要复杂得多，包括和银行的借贷关系，和上下游企业之间的应收应付账款关系等。对于企业间的各种关系模型中都可以将其抽象为节点间相互连接的边。一家企业出现坏账，通过与另一家企业的借贷关系或持股关系会导致关系企业也会出现资金运行困难甚至破产。资金的流动性风险沿着企业之间的这类关系不断地向外扩散，最后导致整个市场出现流动性危机。

交叉持股关联网络风险传播模型由网络结构、节点特征和传播动力学特征三部分内容组成。

交叉持股关联网络结构可以预先设定。主要的网络结构类型有规则网络、随机网络、无标度网络等。本书中采用的是无标度网络，即网络的度分布满足幂律分布特征。

交叉持股关联网络上的节点就代表企业。在交叉持股关联网络上存在着三类企业：

一是被称为易感染者的 S 类企业。这类企业当前尚未出现问题，但因为与其他企业存在交叉持股关系，所以它们容易被其他出现问题的企业所影响。

二是被称为感染者的 I 类企业。这类企业当前已经出现问题，并会通过交叉持股这一渠道导致 S 类企业也变成 I 类企业。

三是被称为已恢复者的 R 类企业。这类企业前期曾经出现过问题，但当前已经恢复健康，并由于有了前期的经验对于再次遭遇 I 类企业时已经有了一定的免疫力。但是 R 类企业所具有的免疫力也不是永久的，在过了一段时间后，I 类企业的免疫力会消失，从而变成 S 类企业。

交叉持股关联网络上的风险传播采用 SIR 传染病模型中接触性传播机制。初始时刻，感染者的比例为 I_0。这些感染者将以概率 λ 将风险传染给网络中与其有连接的易感染者。感染者将以 μ 的概率恢复健康，成为已恢复者。已恢复者不会受感染者的风险传染，但经过时间 t′以后，已恢复者又会变成易感染者。当整个网络中的个体都痊愈，演化就自动停止。否则，系统中的个体状态将持续演化下去。

无标度网络的度分布函数可以表示为：

$$P(k) = \frac{2m(m+1)}{k(k+1)(k+2)} \propto 2m^2k^{-3} \tag{6-4}$$

其中，k 为节点的度值，m 为节点的最小连接数，网络的平均连接度 $\langle k \rangle = \sum kp(k)$，$\frac{kP(k)}{\langle k \rangle}$为任意一边与度 k 的节点连接的概率。

系统中易感染者和感染者随时间的演化方程为：

$$\begin{cases} \frac{dS}{dt} = -\lambda \times SI \\ \frac{dI}{dt} = \lambda \times SI - \mu I \end{cases} \tag{6-5}$$

其中，λ 为感染率，SI 为易感染者和感染者有直接联系的比例，μ 为治愈率。

6.3.3　交叉持股关联网络风险传播仿真模拟

上市公司交叉持股关联网络呈现出无标度网络特性，即网络度分布呈现幂律分布特征。为了解上市公司交叉持股关联网络中的风险传染特征，结合生长型无标度网络构建方法和传染病模型，通过仿真实验模拟上市公司交叉持股关联网络上的风险传染过程。

本书从两个角度对交叉持股关联网络中的风险传播进行了考察：一是考察了不同的网络结构下风险传播的过程；二是考察了相同的网络结构不同的传染参数下风险传播的过程。文中的仿真实验通过 Matlab 实现。

首先，构建一个生长型上市公司交叉持股关联网络模型。该无标度网络中总的节点数为 N = 1250 个，网络的平均度为 $\bar{k} = 3$。图 6－5 给出了该网络的度分布。

从图 6－5 中可以看出，本书所构建的无标度网络度分布满足幂律分布特征，与上市公司交叉持股关联网络结构特征相符。

其次，通过对网络结构参量和风险传染参量的调节，观察结构变化和传染率变化对风险传染的影响。

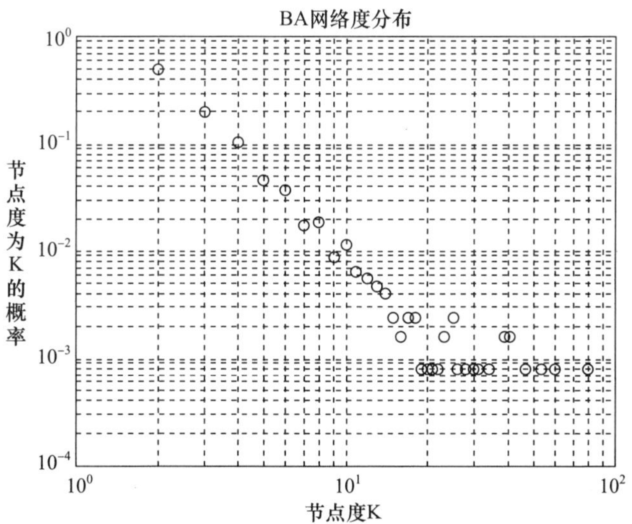

图6－5 节点数N＝1250及平均度 $\bar{k}$＝3的无标度网络度分布

图6－6给出了网络平均度 $\bar{k}$＝3，初始有感染者1人，感染率0.05的条件下感染者比例随时间演化情况。从图6－6中可以看出，随着时间的演化，感染者人数一开始增长得非常缓慢。当t～10以后，感染者比例快速增长。到t～80，网络中几乎所有的人都已受到感染。

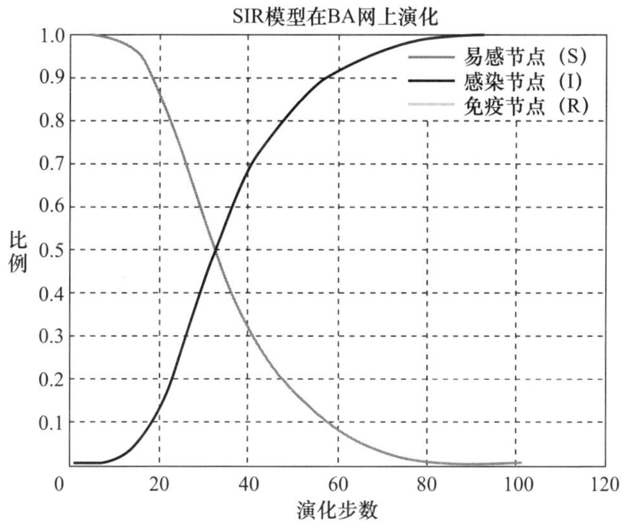

图6－6 感染者比例随时间演化情况（一）

注：其中平均度 $\bar{k}$＝3，初始有感染者1人，感染率0.05。

改变网络的平均度，观察风险传染过程的变化。图 6－7 给出了网络平均度 $\bar{k}=6$，初始有感染者 1 人，感染率 0.05 的条件下感染者比例随时间演化情况。与图 6－6 的情形相比较，网络的平均度增加了 1 倍。即平均来说，个体之间的连接数增加了。比较图 6－6 和图 6－7 可以看出，在最初阶段，网络平均度的增加并未对感染者的增长速度产生大的影响。当 t～10 以后，平均度的增加使得感染者的增长速度变大。到 t～60 时，网络中几乎所有的人都已受到感染。网络平均度增加 1 倍，系统演化到几乎所有人都成为感染者这一稳定状态的时间缩短了 1/4 左右。

网络中节点的平均度越高，表示节点之间连接数也越多，平均路径也较短。因此，从风险传播仿真实验中可以得出结论：网络中节点之间的连边数越多，风险传播越快。

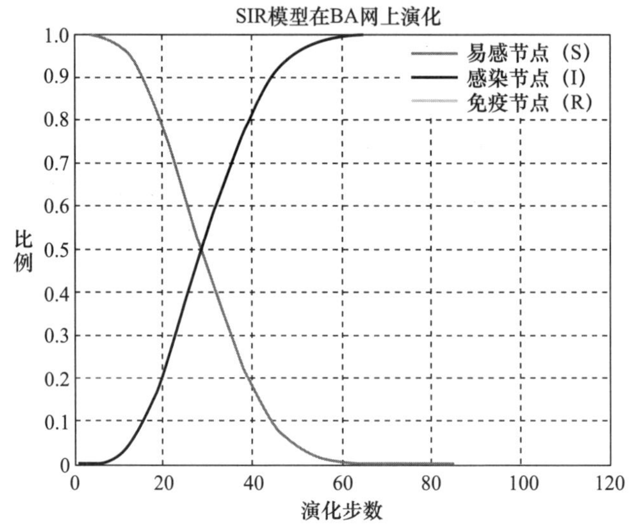

图 6－7　感染者比例随时间演化情况（二）

注：其中平均度 $\bar{k}=6$，初始有感染者 1 人，感染率 0.05。

改变个体间风险的感染率，观察风险传染过程的变化。图 6－8 给出了网络平均度 $\bar{k}=6$，初始有感染者 1 人，感染率 0.1 的条件下感染者比例随时间演化情况。与图 6－7 的情形相比较，个体间风险的感染率增加了 1 倍。比较图 6－7 和图 6－8 可以看出，感染率升高后，风险传染较缓慢的初始阶段从 t～10 减小到了

t~5。到 t~30 时，网络中几乎所有的人都已受到感染。个体间风险的感染率增加 1 倍，无论是风险传播的最初阶段还是后续阶段，风险传播的速度都快速增加。系统演化到几乎所有人都成为感染者这一稳定状态的时间缩短了 1/2 左右。相比于网络平均度增加对风险传播的影响，风险传染概率增加对整个网络中的风险传播的影响更大。

因此，从风险传播仿真实验中可以得出结论：网络中个体之间风险的感染率越高，风险传播越快。

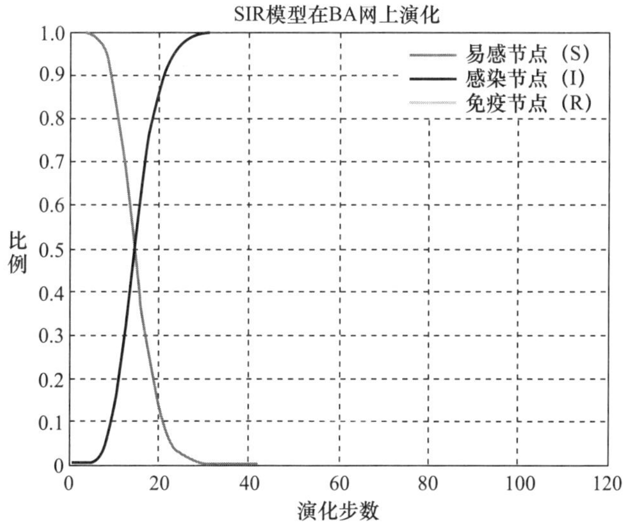

图 6-8 感染者比例随时间演化情况（三）

注：其中平均度 $\overline{k}=6$，初始有感染者 1 人，感染率 0.1。

改变最初的感染者在网络中的位置，观察风险传染过程的变化。图 6-9 给出了网络平均度 $\overline{k}=6$，初始有感染者 1 人，该感染者处于连边数最多的 Hub 位置，感染率 0.05 的条件下感染者比例随时间演化情况。与图 6-7 中的条件相比较，网络平均度和个体间传染率都未变化，只是改变了最初感染者所处的节点位置。比较图 6-7 和图 6-9 可以看出，当初始感染者处于连边数最多的 Hub 位置时，风险传染较缓慢的初始阶段从 t~10 减小到了 t~1，速度加快了近 10 倍。到 t~40 时，网络中几乎所有的人都已受到感染。系统演化到几乎所有人都成为感染者这一稳定状态的时间从 t~60 减少到 t~40，缩短了 1/3 左右。

在无标度网络中，风险源所处的位置十分关键。如果风险源为连边数最多的关键节点（Hub）时，风险传播速度将大大增加。因此，从风险传播仿真实验中可以得出结论：网络中的风险源处于Hub位置时，风险传播速度加快。在交叉持股关联网络的风险管理中，保护好关键节点位置的上市公司不受危机影响能提高交叉持股关联网络整体的抗风险能力。

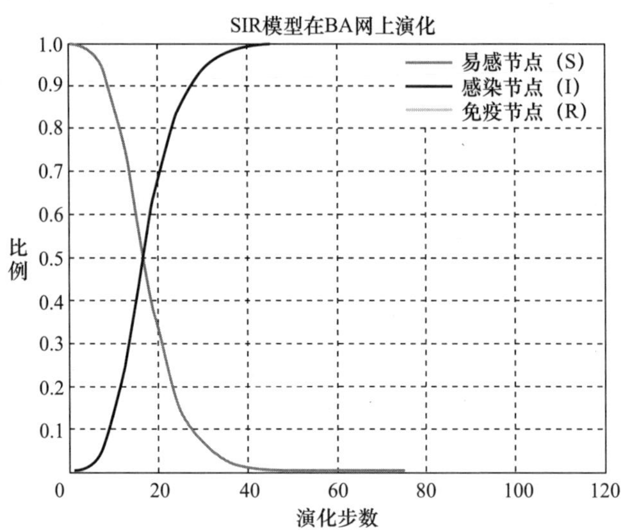

图6-9　感染者比例随时间演化情况（四）

注：其中平均度 $\bar{k}=6$，初始感染者处于连边数最多的Hub位置，感染率0.05。

改变初始感染节点数，观察风险传染过程的变化。图6-10给出了网络平均度 $\bar{k}=6$，初始有感染者5人，感染率0.05的条件下感染者比例随时间演化情况。与图6-7中的条件相比较，网络平均度和个体间传染率都未变化，只是改变了初始感染人数。比较图6-7和图6-10可以看出，当初始感染人数增加5倍时，风险传染较缓慢的初始阶段从t~10减小到了t~1，速度加快了近10倍。到t~40时，网络中几乎所有的人都已受到感染。系统演化到几乎所有人都成为感染者这一稳定状态的时间从t~60减少到t~40，缩短了1/3左右。

因此，从风险传播仿真实验中可以得出结论：网络中初始感染人数越多，风险传播越快。在交叉持股关联网络的风险管理中，需要注重全面风险管理，防止多个感染源的同时集中爆发，以提高交叉持股关联网络整体的抗风险能力。

以上的仿真实验中感染者的健康恢复率都被设定 0，所以系统最终都是演化到所有人都成为感染者的稳定状态。如果感染者有自我修复的能力，那么对风险传播又会有怎样的影响呢？

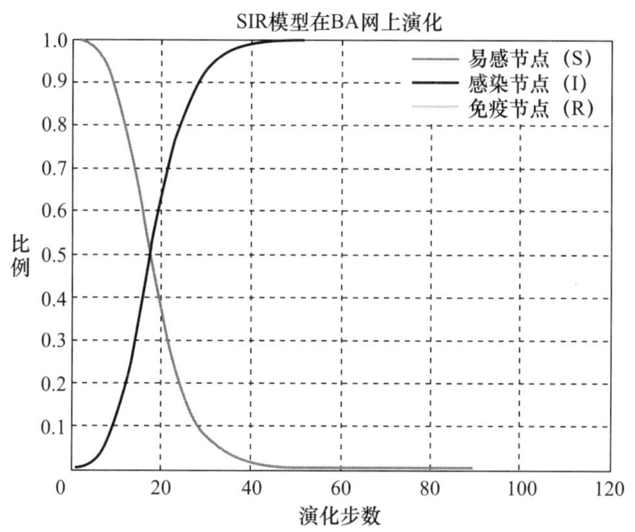

图 6－10　感染者比例随时间演化情况（五）

注：其中平均度 $\overline{k}$＝6，初始有感染者 5 人，感染率 0.05。

改变感染者的健康恢复率，观察风险传染过程的变化。图 6－11 给出了网络平均度 $\overline{k}$＝6，初始有感染者 1 人，感染率 0.05，恢复率 0.05 的条件下感染者比例随时间演化情况。从图 6－11 中可以看出，在 $t<25$ 的时间段内，感染者人数随时间的推移以较快的速度增加。在 $t\sim25$ 时感染者比例达到最大值，接近总人数的 47%。随后，感染者人数随着时间的推移开始缓慢减少。

因此，从风险传播仿真实验中可以得出结论：网络中感染者的健康恢复率越高，系统越有可能演化到最终的全体健康状态。这一研究结论表明，上市公司建立自身的风险防控机制将有助于整个交叉持股关联网络摆脱风险。

6.3.4　结论与启示

以沪深 A 股上市公司交叉持股数据为研究对象，借助复杂网络构建方法，构建了我国上市公司交叉持股关联网络，并对网络的结构特征进行了分析。在此基础上，结合传染病模型模拟研究了交叉持股关联网络上的风险传播过程，发现关联网络结构、风险源、风险管理手段等因素对风险传播的影响。

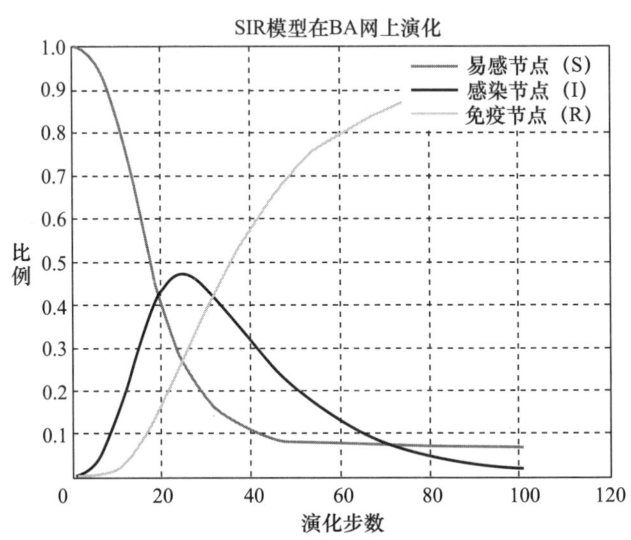

图 6－11　感染者比例随时间演化情况（六）

注：其中平均度 $\overline{k}=6$，初始有感染者 1 人，感染率 0.05，恢复率 0.05。

从风险传播仿真实验中可以得出结论：网络中节点之间的连边数越多，风险传播越快。网络中个体之间风险的感染率越高，风险传播越快。网络中的风险源处于 Hub 位置时，风险传播速度加快。网络中初始感染人数越多，风险传播越快。在交叉持股关联网络的风险管理中，需要注重全面风险管理，防止多个感染源的同时集中爆发，以提高交叉持股关联网络整体的抗风险能力。网络中感染者的健康恢复率越高，系统越有可能演化到最终的全体健康状态。这一研究结论表明，上市公司建立自身的风险防控机制将有助于整个交叉持股关联网络摆脱风险。

本书的研究表明，在交叉持股关联网络的风险管理中，保护好关键节点位置的上市公司不受危机影响能提高交叉持股关联网络整体的抗风险能力。在交叉持股关联网络的风险管理中，需要注重全面风险管理，防止多个感染源的同时集中爆发，以提高交叉持股关联网络整体的抗风险能力。上市公司建立自身的风险防控机制将有助于整个交叉持股关联网络摆脱风险。

第七章　银行间资产负债表关联网络模型及其稳定性分析

以银行间同业拆借数据为基础，结合复杂网络方法，构建了银行间关联网络和影子银行间关联网络。结合网络抗攻击性分析方法，对银行间关联网络和包含影子银行的多层次关联网络的抗攻击性进行了仿真模拟，发现网络的抗攻击性随网络度分布幂率指数的增大而增强，同业拆借规模占总资产比例较小或者所有者权益占总资产比例较大时网络的抗攻击性较强，影子银行网络的稳定性会直接影响到银行网络的稳定性。

第一节　银行间资产负债表关联网络模型及其拓扑特性分析

7.1.1　银行间资产负债表关联及其风险传递分析

由于银行长期资产的变现成本很高，当银行遇到危机时，常利用其短期流动性资产来缓解流动性需求。因此，可将银行资产按流行性资产和长期投资进行区分，简化处理银行资产负债表。表 7 - 1 为简化后的银行资产负债表。

简化后的总资产分为三部分：长期投资 I、流动资产 LA 和银行间拆出资金 IL，即 TA = I + LA + IL。简化后的总负债分为两部分：银行间拆入 IB 和储蓄存款 D，即 L = IB + D。其中 IL 包括了拆放同业和存放同业两部分，IB 包括了拆入同业和同业存放两部分。LA 主要包括了一级准备金和二级准备金。一级准备金包括银行的现金以及存放在中央银行的超额存款准备金。这是银行出现流动性危机的第一道防线。二级准备金包括银行的交易性金融资产、衍生金融资产和应收款项。为了防止一级准备金的不足，二级准备金为银行提供了第二道防线。总资产中除了 IL 和 LA 之外的就是长期投资 I，总负债中除了 IB 之外的就是储蓄存款 D。根据会计恒等式，总资产 = 总负债 + 所有者权益，即 TA = LE。

由于银行间主要是通过相互拆借建立联系的，因此，可以从银行资产负债表关联的角度来考察银行间的风险传染过程。

表 7-1 简化后的银行资产负债表

资产（Asset）TA	负债（Liability）+所有者权益（Equity）LE
长期投资（Investment）I	银行间拆入（Interbank Borrow）IB
流动性资产（Liquid Asset）LA	储蓄存款（Deposits）D
银行间拆出（Interbank Lend）IL	所有者权益（Equity）E

首先，确定银行间风险传染的临界条件。导致银行资产损失的情况主要有三种：长期投资失败、流动资产损失、拆出资金无法收回。银行资产损失带来的后果是银行资产负债表中所有者权益的减少。具体可分为两种情况：一是当银行受到的损失小于银行的所有者权益时，银行虽受到冲击但该冲击造成的损失最后被有效吸收了。二是当银行受到的损失大于银行的所有者权益时，银行将由于不能有效吸收冲击所造成的损失而破产。本书将银行间风险传染的临界条件设置为银行受到冲击后所造成的损失大于所有者权益。

其次，考察银行间风险传染的路径。图 7-1 中给出了银行 1 受冲击后与之直接关联的银行 2 和间接关联的银行 3 的受冲击情况。

由图 7-1 可知，银行 2 是银行 1 的债权银行，银行 3 是银行 2 的债权银行。当银行 1 受到突发冲击 I 时，它的所有者权益 E_1 会先吸收一部分冲击。如果 $E_1 \geq I$，则所有冲击都被银行 1 吸收，传染到此结束。如果 $E_1 < I$，银行 1 破产，剩余冲击（$I - E_1$）会由银行 1 的银行间拆入 IB_1 来吸收。由于银行 1 是银行 2 的债务银行，破产倒闭后的债务无法偿还。因此，银行 2 的资产项银行间拆出 IL_2 也会遭受损失。银行 1 的剩余冲击沿着箭头方向传递给银行 2。首先吸收冲击的是银行 2 的所有者权益。当 $E_2 \geq I - E_1$ 时，则银行 1 传递过来的冲击被银行 2 全部吸收，传染不会再进行下去。当银行 2 的所有者权益 $E_2 < I - E_1$ 时，银行 2 破产。剩余冲击 $I - E_1 - E_2$ 会由银行 2 的银行间拆入 IB_2 来吸收。由于银行 2 是银行 3 的债务银行，破产倒闭后的债务无法偿还，因此银行 3 的资产项银行间拆出

IL_3 也会遭受损失。银行 2 的剩余冲击沿着箭头方向传递到银行 3。首先吸收冲击的是银行 3 的所有者权益。当 $E_3 \geqslant I - E_1 - E_2$ 时，银行 2 传递过来的冲击被银行 3 全部吸收。当 $E_3 < I - E_1 - E_2$ 时，银行 3 破产。剩余冲击 $I - E_1 - E_2 - E_3$ 会由银行 3 的银行间拆入 IB_3 来吸收，传染会持续下去。

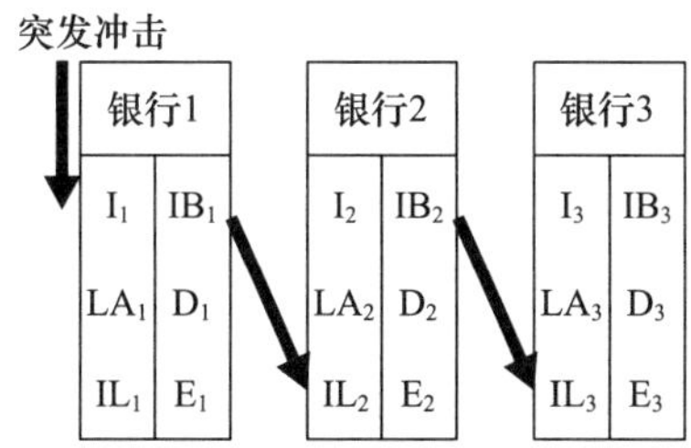

图 7－1　银行资产负债表风险传染路径

最后，考察不同类型的银行间资产负债表关联结构对外部风险的抵抗能力。一般可按银行间拆借资金的分布特征来区分银行间关系结构。常见的银行间拆借资金分布有泊松分布、幂指数分布等。可通过仿真实验随机选择外部冲击，观察银行间资产负债表关联结构对一次性风险冲击或者系统性风险冲击的抵抗能力。

7.1.2　银行间或影子银行间关联网络构造方法

常见的银行间或影子银行间关联网络有以下三种类型：第一类是随机网络；第二类是小世界网络；第三类是无标度网络。有研究表明，银行间关联网络更接近于无标度网络，影子银行间关联网络更接近于小世界网络。

无标度网络模型构建步骤如下：在初始时刻，假设网络中有 N 家银行（节点），网络中不同银行之间的连线总数为 M。给 N 个节点进行赋权，将节点的权数进行标准化。初始状态下假设银行节点之间是没有连边的。在区间［0，1］之间随机选择两个权数，并将其代入节点权数的标准化公式，取整后得到网络中的两个节点 i_1 和 i_2。如果两节点间没有连边，则在它们之间添加一条连边；如果两节点间已有连边，则不需要再添加。重复上述过程，一直到 M 条连边添加完毕。通过对网络参数的设定，可构造出不同的无标度网络结构。银行间无标度网络的度分布幂律指数一般在 2～3。

简单模拟一下银行间的网络矩阵。假设一共有 6 家银行。图 7－2 矩阵中元素的值为 0 时代表两家银行没有连接，值为 1 时代表两家银行有连接。

$$\begin{array}{c|cccccc} & B1 & B2 & B3 & B4 & B5 & B6 \\ \hline B1 & 0 & 1 & 1 & 1 & 1 & 1 \\ B2 & 1 & 0 & 1 & 1 & 1 & 1 \\ B3 & 1 & 1 & 0 & 1 & 1 & 1 \\ B4 & 1 & 1 & 1 & 0 & 1 & 1 \\ B5 & 1 & 1 & 1 & 1 & 0 & 1 \\ B6 & 1 & 1 & 1 & 1 & 1 & 0 \end{array}$$

图 7－2 银行间的连接矩阵

图 7－2 中的 B1、B2、B3、B4、B5、B6 分别代表 6 家银行，行代表资金拆入，列代表资金拆出。具体来看，第一行（0，1，1，1，1，1）中的 0 代表 B1 和 B1 自身之间不存在拆入拆出关系，1 代表 B1 分别对 B2、B3、B4、B5 有拆入（B1 的负债项）。第一列（0，1，1，1，1，1）中的 0 代表 B1 和 B1 自身之间不存在拆入拆出关系，1 代表 B1 分别对 B2、B3、B4、B5 有拆出（B1 的资产项）。

一维小世界网络构建步骤如下。在初始时刻，假定网络中有 N 个节点，这些节点相互之间连接成一个环状，其中每一个节点都和它邻近的 k 个节点相连。以概率 p′随机地切断和重连接网络中的边。当 p′的值为不等于 0 的很小值时，网络为小世界网络；当 p′的值为 0 时，网络为规则网络；当 p′的值为 1 时，网络为完全随机网络。

7.1.3 银行间同业拆借关联网络模型构建

构建银行间同业拆借关联网络的前提是需要有银行间拆借资金数据。由于拆借资金数据属于银行内部信息，一般不对外公开。所以可通过数值模拟方式来得到银行间拆借资金数据，并进一步构建银行间同业拆借关联网络。

本书用 R 语言模拟得到银行间同业拆借数据，并构建了由 6 家银行组成的同业拆借矩阵图 7－3。由于各银行与自身之间没有拆借，所以矩阵中的对角线为 0。

$$LB=\begin{pmatrix} 0 & 252.6006 & 149.3865 & 107.258 & 112.3455 & 164.1681 \\ 143.9459 & 0 & 378.6042 & 133.6725 & 137.5808 & 196.1063 \\ 155.1687 & 633.9287 & 0 & 139.4366 & 110.7541 & 308.1726 \\ 1398.9067 & 103.2508 & 151.1249 & 0 & 109.7608 & 186.0935 \\ 129.9451 & 124.0697 & 249.5758 & 154.9018 & 0 & 129.3474 \\ 119.4227 & 362.7035 & 126.2252 & 125.485 & 160.6571 & 0 \end{pmatrix}$$

图 7－3 银行间同业拆借矩阵

表7－2给出了每家银行总的拆入量和拆出量。从表7－2中可以看出，不同银行间的拆入、拆出资金量存在着较大的差异。其中银行1和银行2拆出量要远大于其他几家银行。

表7－2 每家银行同业拆借数据

	银行1	银行2	银行3	银行4	银行5	银行6
IL	1947.3891	1476.553	1054.917	660.7539	631.0983	983.8879
IB	785.7587	785.7587	533.1581	383.7716	276.5136	164.1681

为了使模拟数据与真实数据更为吻合，本书以上市银行数据为研究对象，利用银行间同业资产的规模，同业资产规模占银行业总资产的比例p，各银行流动资产占总资产的比例m，各银行所有者权益占银行总资产的比例q四项数据，得出了各银行的资产负债表数据。图7－4为利用Wind数据库中2007年至2016年6月之间所有上市银行的数据得到的m、p和q三项参数值。

由图7－4可知，银行业的同业拆借规模占整个银行业总资产的比例p的值在14%左右，各家银行的流动资产占其总资产的比例m在15%左右，各家银行的所有者权益占其总资产的比例q在6%左右。根据这3个参数，可以得出表7－3中的6家银行所对应的资产负债表数据。

表7－3 模拟所得的银行资产负债表数据

	银行1	银行2	银行3	银行4	银行5	银行6
I	4547.6143	5222.6008	6001.7886	6997.6272	5865.9861	5619.8502
LA	1146.177	1182.2037	1245.3009	1351.479	1146.5443	1165.3655
IL	1947.389	1476.5534	1054.9167	660.754	631.0982	983.8879
IB	785.7587	989.9096	1347.4607	1949.1367	787.8398	894.4935
D	6396.9507	6418.5667	6456.4251	6520.1319	6397.1711	6408.4638
E	458.4708	472.8815	498.1204	540.5916	458.6177	466.1462

根据表7－3银行资产负债表数据，可以建立银行间的资产负债表关联网络。在此基础上，可结合银行间风险传染分析方法，考察银行间同业拆借关联网络的稳定性。

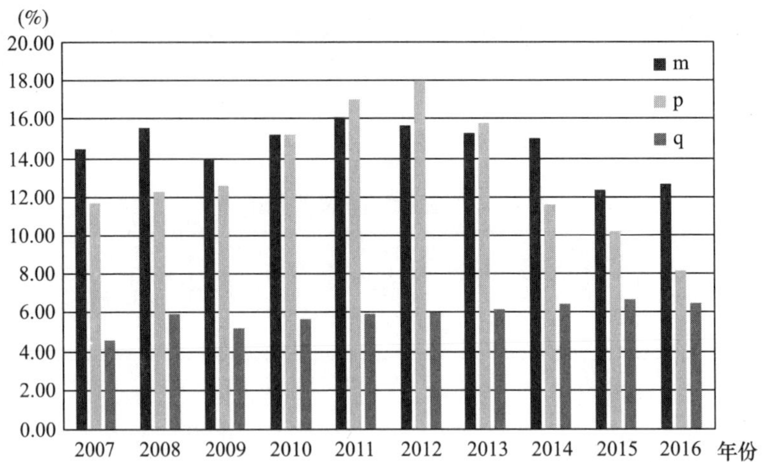

图 7-4 2007 年至 2016 年 6 月 m、p、q 的取值范围

第二节 银行间同业拆借关联网络稳定性

7.2.1 单一性冲击对银行间关联网络稳定性影响

在构建银行间关联网络的基础上，考察银行间资产负债表关联结构在受到外部冲击时的稳定性。单一性冲击是指银行关联网络中的一家银行受到冲击后对整个网络结构的影响。在模拟银行资产负债表参数变动对风险传播的影响时，设无标度网络的幂律指数 $\gamma = 2$。

首先，考察银行业同业拆借规模占银行业总资产的比例 p 的变动对风险传播的影响。

图 7-5（a）给出了银行系统受到一次性冲击后银行破产数量的分布情况。当银行业的同业拆借规模占整个银行业总资产比例 p = 0.08 时，受到一次性冲击后银行破产的数量呈现出幂指数的分布。接近 90% 的概率只有一家银行破产。当银行业的同业拆借规模占整个银行业总资产比例 p 增大时，受到风险冲击的银行数量仍呈现出幂指数分布，但只有一家银行破产的概率值逐渐减小。

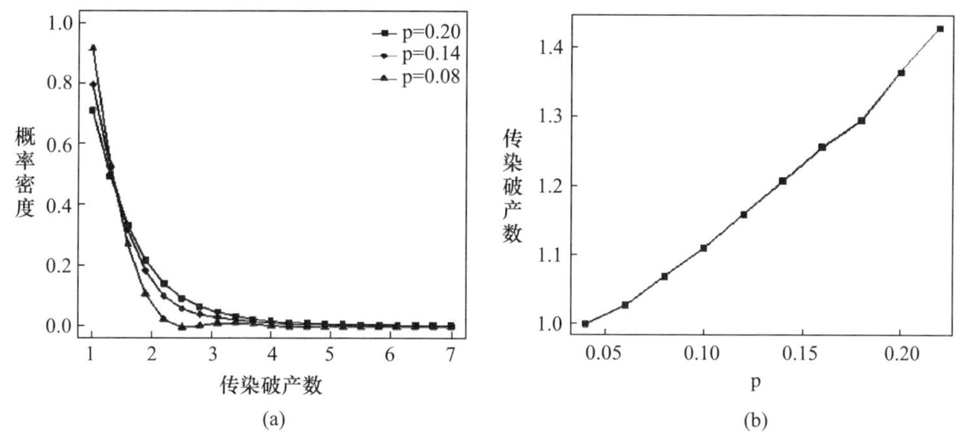

图 7-5 银行系统受到一次性冲击后破产银行数量随银行业的同业拆借规模占整个银行业总资产规模比例 p 的变化情况

注：(a) 银行系统受冲击后银行破产数量的分布情况；(b) 银行破产平均数量随银行业的同业拆借规模占整个银行业总资产比例 p 的变化情况。

图 7-5 (b) 给出了银行系统受到一次性冲击后银行破产的平均数量随银行业的同业拆借规模占整个银行业总资产比例 p 的变化情况。在所考察的区间范围内，随着 p 的增大银行破产的平均数量逐渐增加。两者间接近于线性关系。

图 7-6 (a) 给出了受到一次性风险冲击后网络受到的传染冲击数的分布情况。当银行业的同业拆借规模占整个银行业总资产比例 p = 0.08 时，受到一次性风险冲击后网络受到的传染冲击数呈现出对数正态分布。受到一次性风险冲击后网络受到的传染冲击数主要集中在 5。当银行业的同业拆借规模占整个银行业总资产比例 p 增大时，网络受到的传染冲击数仍呈现出对数正态分布，受到一次性风险冲击影响的银行数量主要仍集中在 5。

图 7-6 (b) 给出了受到一次性风险冲击后网络受到的传染冲击平均数随银行业的同业拆借规模占整个银行业总资产比例 p 的变化情况。在所考察的区间范围内，随着 p 的增大受到一次性风险冲击后网络受到的传染冲击数逐渐增加。两者间接近于线性关系。

比较图 7-5 和图 7-6 可知，当 p = 0.2 时，银行间网络中破产的银行数量较多，并且网络中受到的传染冲击数也较多。当 p = 0.08 时，银行间网络中破产的银行数量较少，网络中受到的传染冲击数也较少。这说明随着 p 的增加，也就是银行业的同业拆借规模占整个银行业总资产的比重越大，银行间的风险越大。

这可以理解为在银行间同业拆借规模很大时，一家银行遇到冲击而破产对其他银行的冲击也会更大，其他银行倒闭的概率就会增加。

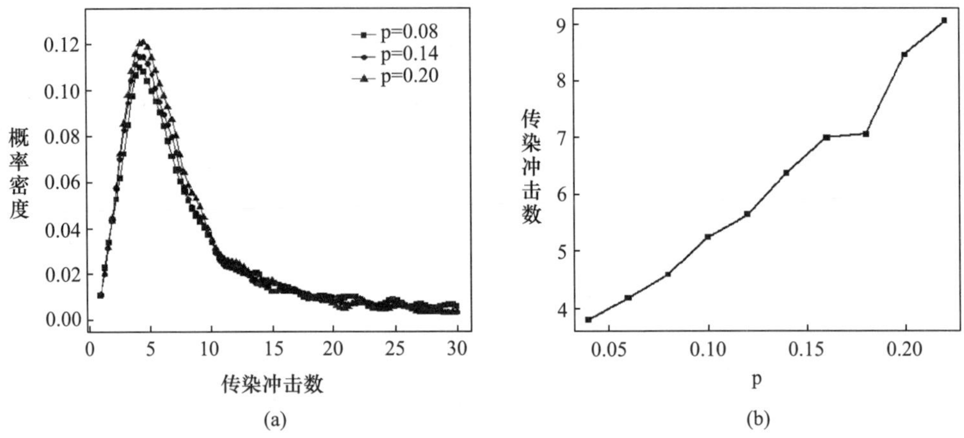

图 7－6　银行系统受到一次性风险冲击后传染冲击数随银行业的同业拆借规模占整个银行业总资产规模比例 p 的变化情况

注：(a) 受到一次性风险冲击后网络受到的传染冲击数分布情况；(b) 网络受到的传染冲击数平均数量随银行业的同业拆借规模占整个银行业总资产比例 p 的变化情况。

图 7－7（a）给出了银行系统受到一次性冲击后银行系统风险传染轮数的分布情况。当银行业的同业拆借规模占整个银行业总资产比例 p＝0.08 时，受到一次性冲击后银行系统风险传染轮数呈现出幂指数的分布。接近 90% 的概率银行系统风险传染轮数只有一轮。当银行业的同业拆借规模占整个银行业总资产比例 p 增大时，受到风险冲击的银行数量仍呈现出幂指数分布，但银行系统风险传染轮数只有一轮的概率值逐渐减小。

图 7－7（b）给出了银行系统受到一次性风险冲击后银行系统风险平均传染轮数随银行业的同业拆借规模占整个银行业总资产比例 p 的变化情况。在所考察的区间范围内，随着 p 的增大受到一次性风险冲击后银行系统风险平均传染轮数逐渐增加。两者间接近于线性关系。

图 7－8（a）给出了受到一次性风险冲击后银行系统平均总资产损失的分布情况。当银行业的同业拆借规模占整个银行业总资产比例 p＝0.08 时，受到风险冲击后银行资产所受损失呈现出对数正态分布。多数损失量在 2.8 左右。当银行业的同业拆借规模占整个银行业总资产比例 p 增大时，受到风险冲击后银行资产

所受损失仍呈现出对数正态分布，但占多数的损失量减小。

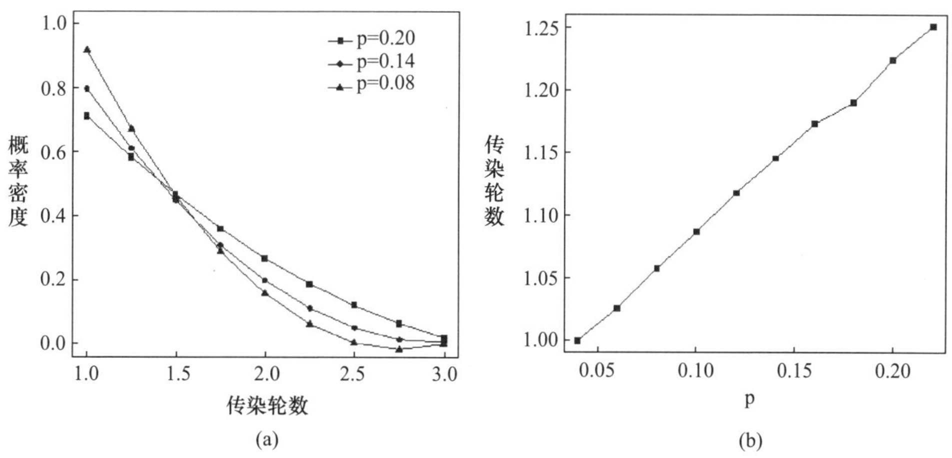

图 7-7　银行系统受到一次性风险冲击后风险传染轮数随银行业的同业拆借规模占整个银行业总资产规模比例 p 的变化情况

注：(a) 受到一次性风险冲击后银行系统风险传染轮数的分布情况；(b) 受到一次性风险冲击后银行系统风险平均传染轮数随银行业的同业拆借规模占整个银行业总资产比例 p 的变化情况。

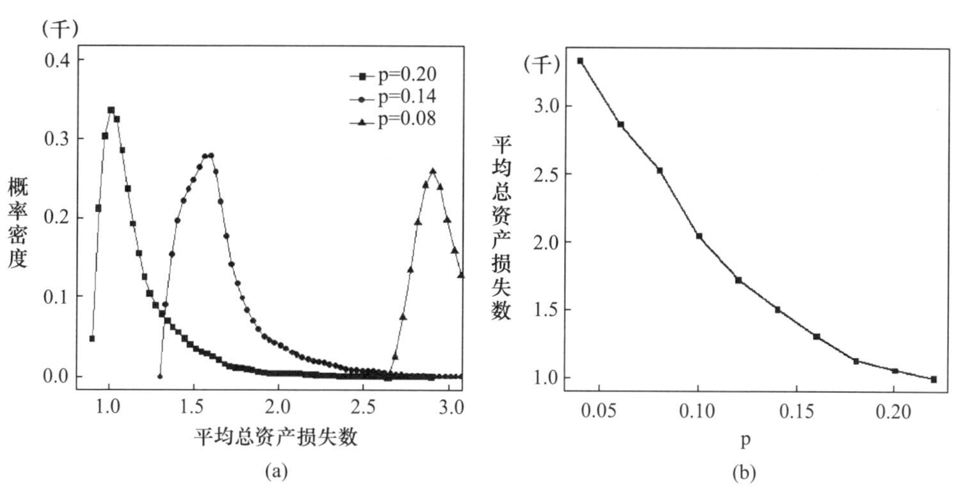

图 7-8　银行系统受到一次性风险冲击后平均总资产损失随银行业的同业拆借规模占整个银行业总资产规模比例 p 的变化情况

注：(a) 受到一次性风险冲击后银行系统平均总资产损失的分布情况；(b) 受到一次性风险冲击后银行系统所受的平均总资产损失随银行业的同业拆借规模占整个银行业总资产比例 p 的变化情况。

图7－8（b）给出了受到一次性风险冲击后银行系统所受的平均总资产损失随银行业的同业拆借规模占整个银行业总资产比例p的变化情况。在所考察的区间范围内，随着p的增大受到一次性风险冲击后银行系统所受的平均总资产损失一开始下降较快，后续下降逐渐变缓。

比较图7－7和图7－8可以看出，随着p的增加，整个银行间网络的风险传染轮数是增加的。随着银行业同业拆借规模的增加，银行倒闭后给其他银行传染的损失增加，在这种情况下风险传染的轮数也会增加。值得注意的是，随着p的增加，银行间网络的平均总资产损失（破产银行传染损失/破产银行数）是减少的。随着p的增加，网络中的银行破产数是增加的。而网络中银行的平均总资产损失减小只能说明，随着传染轮数的增加，小银行的倒闭数量越来越多。由于小银行的资产规模较小，所以p的增加会加大它们破产的概率。在整个风险传染过程中，小银行倒闭的数量也会大于大银行倒闭的数量。

其次，考察单个银行的流动资产规模占总资产规模的比例m的变动对风险传播的影响。

从图7－9可知，单个银行的流动资产规模占总资产规模的比例m的变动对银行间风险传染没有影响。无论m是增大还是减小，网络中的风险传染冲击数的对数正态分布和风险传染破产数的幂指数分布都没有发生变化。

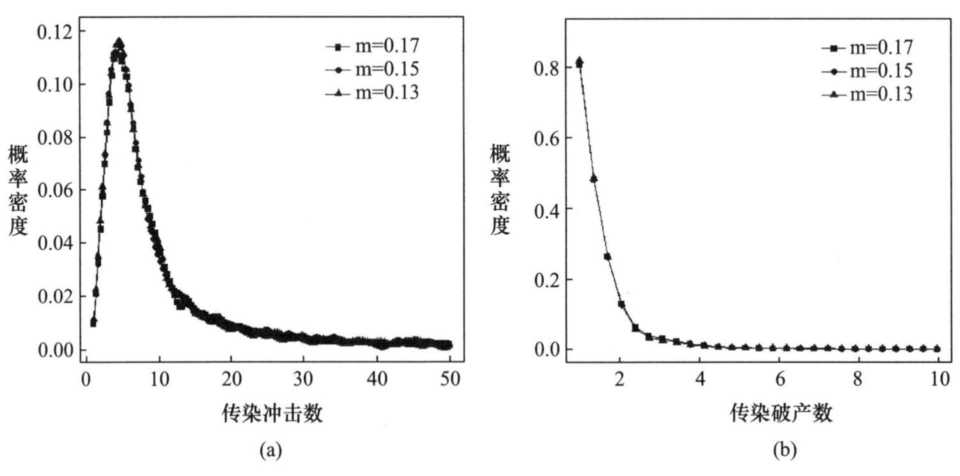

图7－9　银行系统受到一次性风险冲击后传染冲击数分布和破产银行数分布随单个银行的流动资产占其总资产比例m的变化情况

注：（a）受到一次性风险冲击后网络受到的传染冲击数的分布情况；（b）受到一次性风险冲击后银行系统破产银行数量的分布情况。

最后，考察各家银行的所有者权益占其总资产比例 q 的变动对风险传播的影响。

图 7-10（a）给出了受到一次性冲击后网络受到的传染冲击数的分布情况。从图 7-10 中可以看出，当 q=0.04 时，受到一次性冲击后网络受到的传染冲击数呈对数正态分布，大多数冲击数在 5 左右。随着银行的所有者权益占总资产比例 q 增大时，受到一次性冲击后网络受到的传染冲击数的对数正态分布稍有变化，但大多数冲击数仍在 5 左右。

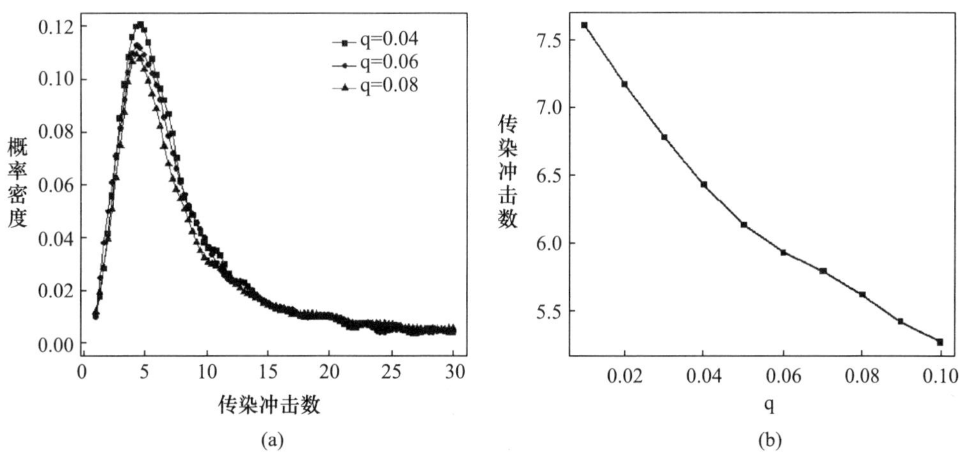

图 7-10 银行系统受到一次性冲击后传染冲击数随单个银行的所有者权益占其总资产比例 q 的变化情况

注：（a）受到一次性冲击后网络受到的传染冲击数的分布情况；（b）受到一次性冲击后网络受到的传染冲击数随银行的所有者权益占总资产比例 q 的变化情况。

图 7-10（b）给出了受到一次性冲击后网络受到的传染冲击数随银行的所有者权益占总资产比例 q 的变化情况。在所考察的区间范围内，随着 p 的增大受到一次性风险冲击后网络受到的传染冲击平均数逐渐减少，两者间接近于线性关系。

图 7-11（a）给出了银行系统受到一次性冲击后银行破产数量的分布情况。当银行的所有者权益占总资产比例 q=0.04 时，受到一次性冲击后银行破产的数量呈现出幂指数的分布。接近 70% 的概率只有一家银行破产。当银行的所有者权益占总资产比例 q 增大时，受到风险冲击的银行数量仍呈现出幂指数分布，但只有一家银行破产的概率值逐渐增大。

图7-11（b）给出了银行系统受到一次性冲击后银行破产的平均数量随银行的所有者权益占总资产比例q的变化情况。在所考察的区间范围内，随着q的增大银行破产的平均数量一开始减少很快，后续减少速度逐渐放缓。

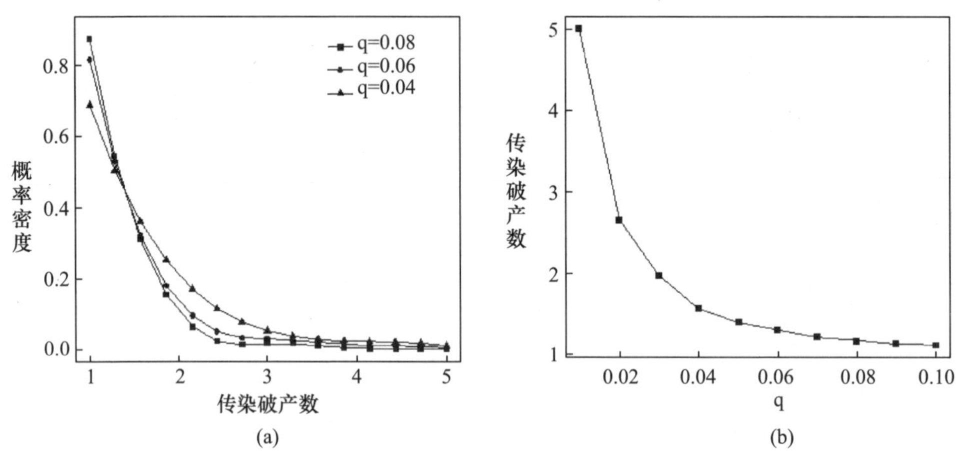

图7-11　银行系统受到一次性冲击后银行破产数量随单个银行的所有者权益占其总资产比例q的变化情况

注：（a）银行系统受冲击后银行破产数量的分布情况；（b）银行破产平均数量随银行的所有者权益占总资产比例q的变化情况。

从单一性冲击对银行网络结构的影响中可以看出，在银行无标度网络受到单一性风险冲击下，银行业同业拆借规模占整个银行业总资产的比例p越高，银行抗风险能力越弱，银行间网络风险传播损失越大，银行破产数越多。单个银行的流动资产占总资产的比例m对银行间网络的风险传播没有影响。原因是本书银行出现倒闭的假设条件是所有者权益小于受到的损失，跟流动资产的比例没有关系。另外，单个银行的所有者权益占总资产的比例q越高，银行抗风险能力越强，银行间网络遭受的损失也就越小，银行破产数越少。不过从总体来看，银行间网络受到单一性风险冲击后，平均倒闭的银行数量还是很少的，如果能够控制好大银行，也就是网络中心节点的风险，那么整个网络的风险传播就能得到很好的控制。

7.2.2　系统性冲击对银行间关联网络稳定性影响

系统性冲击是指银行关联网络中的所有银行同时受到冲击后对整个网络结构

的影响。在模拟银行资产负债表参数变动对风险传播的影响时，设无标度网络的幂律指数 $\gamma=2$。

首先，考察同业拆借规模占总资产的比例 p 的变动对系统性风险冲击所起作用的影响。

图 7 – 12（a）给出了受系统性风险冲击后网络中的传染冲击数的分布情况。当银行业的同业拆借规模占整个银行业总资产规模比例 p = 0.2 时，银行间网络在遭受系统性冲击后网络中的传染冲击数的分布呈泊松分布，大多数冲击集中在 1050 左右。当 p 减小时，受风险冲击银行数的分布也有所变化。占多数比例的传染冲击数值减小。

图 7 – 12（b）给出了受到系统性风险冲击后网络中的传染冲击数随银行业的同业拆借规模占整个银行业总资产比例 p 的变化情况。在所考察的区间范围内，随着 p 的增大受到系统性风险冲击影响后网络中的传染冲击数先是逐渐增加，到达最高点后开始逐渐减小。造成这一结果的可能原因是当 p 值大于某个临界值时，网络的风险传染速度会加快，银行破产的速度加快，从而使整个网络受到的传染冲击数会减小。

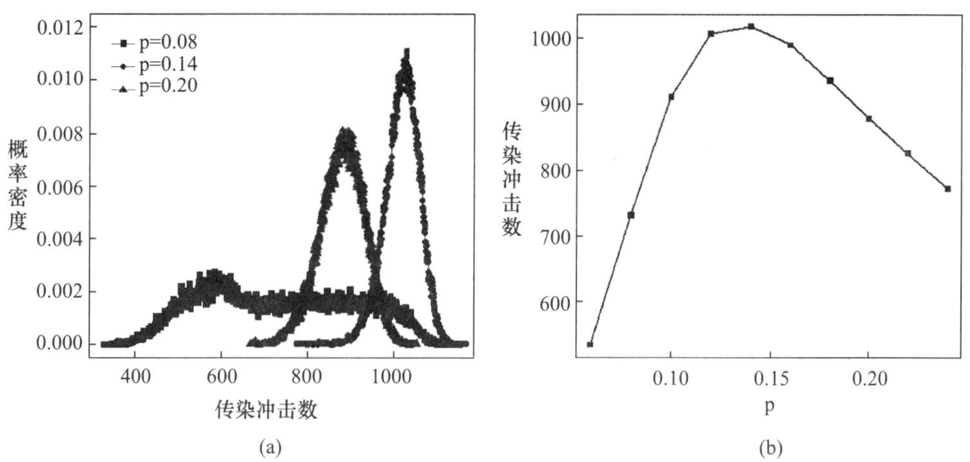

图 7 – 12　银行系统受到系统性风险冲击后传染冲击数随银行业的同业拆借规模占整个银行业总资产规模比例 p 的变化情况

注：（a）受系统性风险冲击后网络中的传染冲击数的分布情况；（b）网络中的传染冲击数平均数随银行业的同业拆借规模占整个银行业总资产规模比例 p 的变化情况。

图 7－13（a）给出了银行系统受到系统性冲击后银行破产数量的分布情况。当银行业的同业拆借规模占整个银行业总资产比例 p＝0.08 时，受到系统性冲击后银行破产的数量呈现出泊松分布。破产数集中在 60 左右。当银行业的同业拆借规模占整个银行业总资产比例 p 增大时，破产银行数量仍呈正态分布，但破产数集中的区域逐渐向破产数大的方向平移。

图 7－13（b）给出了银行系统受到系统性冲击后破产银行的平均数量随银行业的同业拆借规模占整个银行业总资产比例 p 的变化情况。在所考察的区间范围内，随着 p 的增大破产银行的平均数量逐渐增加。两者间接近于线性关系。

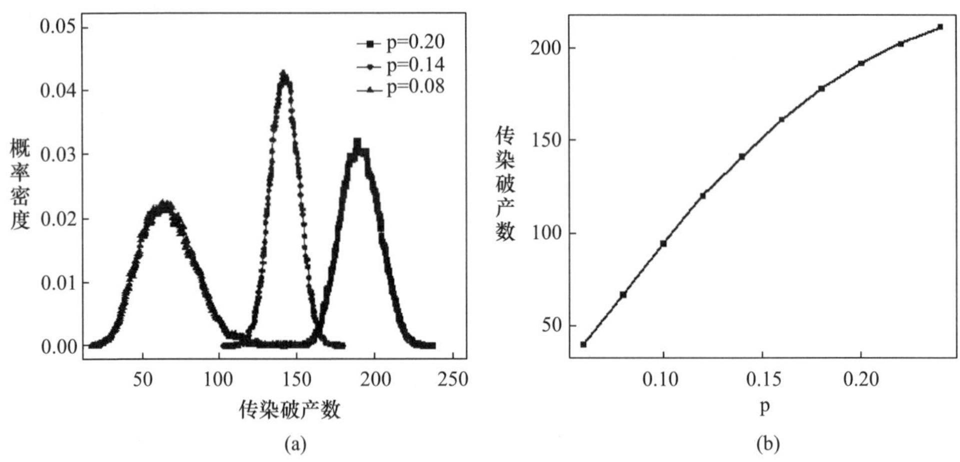

图 7－13　银行系统受到系统性风险冲击后破产银行数量随银行业的同业拆借规模占整个银行业总资产规模比例 p 的变化情况

注：（a）受系统性风险冲击后破产银行数量的分布情况；（b）破产银行平均数量随银行业的同业拆借规模占整个银行业总资产比例 p 的变化情况。

由图 7－12 和图 7－13 可知，当银行业的拆借规模占整个银行业总资产的比例 p 较大时，银行抵御风险的能力较弱，最终破产数较大。当 p 值比较小时，银行间网络在遇到系统性冲击时，银行抵御风险的能力更强，最终的破产数也更少。

其次，考察流动资产占总资产的比例 m 的变动对系统性风险冲击所起作用的影响。

图 7－14（a）和（b）分别给出了受到系统性风险冲击后网络受到的传染冲击数的分布情况和破产银行数量的分布情况。在银行间网络受到系统性风险的冲

击下，银行的流动资产占总资产的比例 m 无论取何值时，网络的传染冲击数和破产银行数的泊松分布都没有发生变化。

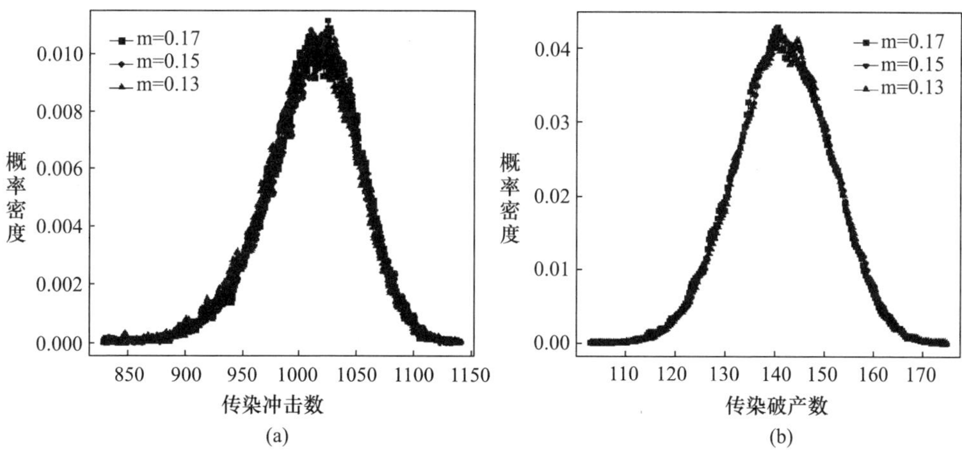

图 7－14 银行系统受到系统性风险冲击后传染冲击数分布和破产银行数分布随单个银行的流动资产占其总资产的比例 m 的变化情况

注：（a）受到系统性风险冲击后网络受到的传染冲击数的分布情况；（b）受到系统性风险冲击后银行系统破产银行数量的分布情况。

最后，考察单个银行所有者权益占总资产的比例 q 的变动对系统性风险冲击所起作用的影响。

图 7－15（a）给出了银行系统受到系统性风险冲击后银行破产数量的分布情况。当银行的所有者权益占总资产比例 q＝0.04 时，受到一次性冲击后银行破产的数量呈泊松分布。破产数主要集中在 200 左右。当银行的所有者权益占总资产比例 q 增大时，受到风险冲击的银行数量仍呈泊松分布，破产数集中区域向破产数少的区域平移。

图 7－15（b）给出了银行系统受到系统性冲击后破产银行的平均数量随银行的所有者权益占总资产比例 q 的变化情况。在所考察的区间范围内，随着 q 的增大银行破产的平均数量逐渐减少，接近于线性关系。

图 7－16（a）给出了受到系统性冲击后网络受到的传染冲击数的分布情况。从图中可以看出，当 q＝0.04 时，受到系统性冲击后网络受到的传染冲击数呈泊松分布，大多数冲击数在 800 左右。随着银行的所有者权益占总资产比例 q 增大时，受到系统性冲击后网络受到的传染冲击数的分布有较大变化。

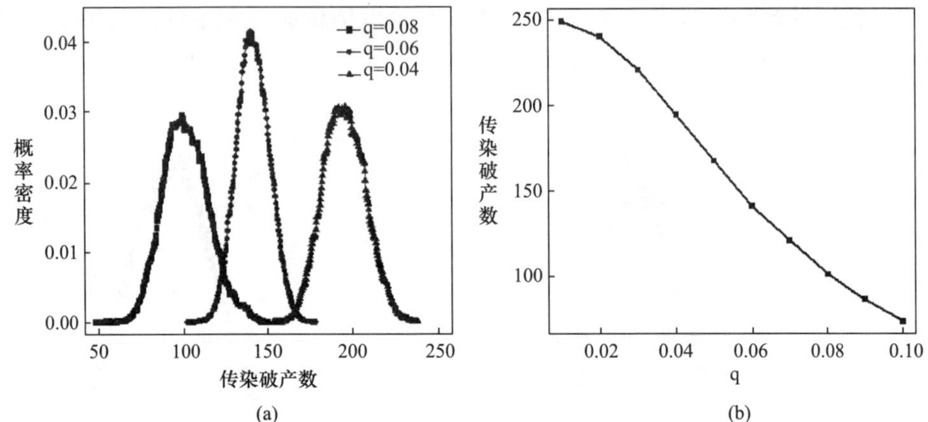

图 7-15　银行系统受到系统性风险冲击后破产银行数量随单个银行的所有者权益占其总资产比例 q 的变化情况

注：(a) 受系统性风险冲击后破产银行数量的分布情况；(b) 破产银行平均数量随各家银行的所有者权益占其总资产的比例 q 的变化情况。

图 7-16 (b) 给出了受到系统性冲击后网络受到的传染冲击数随银行的所有者权益占总资产比例 q 的变化情况。在所考察的区间范围内，随着 q 的增大受到系统性风险冲击后网络受到的传染冲击平均数先是逐渐增大，到达最高点后开始逐渐减小。

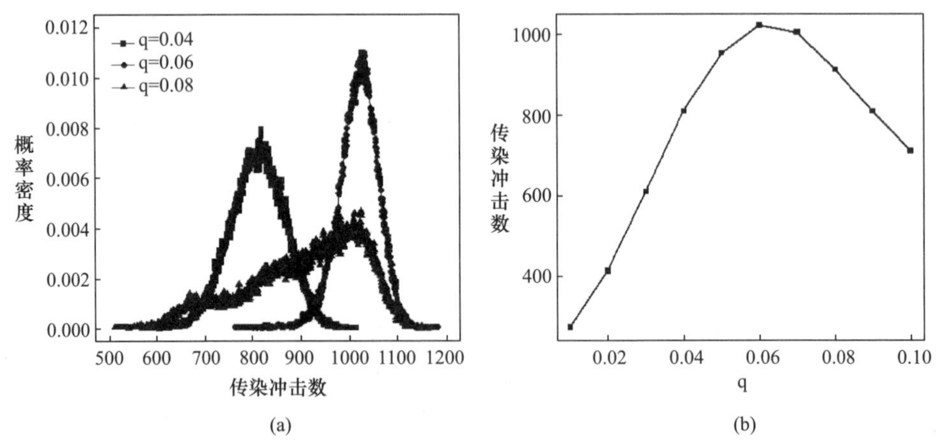

图 7-16　银行系统受到系统性风险冲击后风险冲击数随单个银行的所有者权益占其总资产比例 q 的变化情况

注：(a) 银行系统受风险冲击数的分布情况；(b) 受冲击银行平均数随各家银行的所有者权益占其总资产的比例 q 的变化情况。

由图 7 – 15 和图 7 – 16 可知，当银行的所有者权益占银行资产的比例比较大，在银行遇到系统性风险时，银行的抗风险能力更强，所以最终网络中破产的银行数也会更少。相反，当银行的所有者权益占银行资产的比例较小时，银行抵御系统性风险的能力就比较弱，最终网络中倒闭的银行数量也会更多。同样值得注意的是，随着 q 的增加，网络中的风险传染冲击数先增大后减小。造成这种结果的可能原因是在 q 值特别小的时候，银行抵御风险的能力较弱，传染冲击数较大；当 q 值超过某个临界值时，银行抵御风险的能力较强，传染冲击数变小。

7.2.3　结论与启示

对于银行间无标度网络，无论是单一性冲击还是系统性冲击，银行业同业拆借规模占整个银行业总资产的比例 p 越大，银行抵御风险的能力越弱，越容易受到冲击而破产。单个银行的流动资产占总资产的比例对银行间网络的风险传播没有影响。单个银行的所有者权益占总资产的比例越高，银行抵御风险的能力越强，最终破产的银行数量也越少。

在银行的风险管理中，可以通过适时调整资产负债表的结构来提高整个银行系统的抗风险能力。

第三节　影子银行间同业拆借关联网络稳定性

7.3.1　单一性冲击对影子银行间关联网络稳定性影响

首先，考察影子银行业同业拆借规模占影子银行业总资产的比例 p 的变动对风险传播的影响。

图 7 – 17（a）给出了受到一次性风险冲击后网络受到的传染冲击数的分布情况。当影子银行业的同业拆借规模占整个影子银行业总资产比例 p = 0.08 时，受到一次性风险冲击后网络受到的传染冲击数呈现出泊松分布。受到一次性风险冲击后网络受到的传染冲击数主要集中在 6。当影子银行业的同业拆借规模占整个影子银行业总资产比例 p 增大时，网络受到的传染冲击数没有变化。

图 7 – 17（b）给出了受到一次性风险冲击后网络受到的传染冲击平均数随影子银行业的同业拆借规模占整个影子银行业总资产比例 p 的变化情况。在所考

察的区间范围内，随着 p 的增大受到一次性风险冲击后网络受到的传染冲击平均数没有变化。

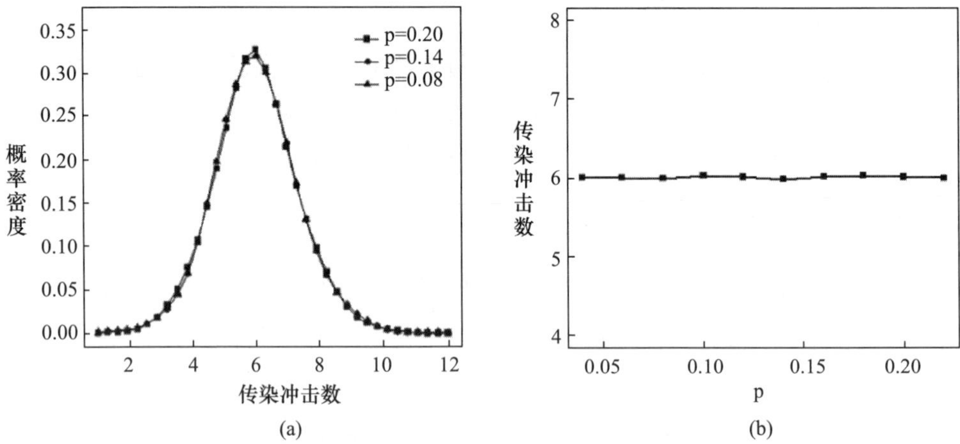

图 7－17　影子银行系统受到一次性冲击后传染冲击数随影子银行业的同业拆借规模占整个影子银行业总资产规模比例 p 的变化情况

注：(a) 影子银行系统受冲击后网络受到的传染冲击数的分布情况；(b) 网络受到的传染冲击平均数随影子银行业的同业拆借规模占整个影子银行业总资产比例 p 的变化情况。

图 7－17 的结果表明，由于小世界网络中影子银行的规模都差不多大，其中一家影子银行倒闭的影响分散到其他影子银行中造成的损失相对于其他影子银行的所有者权益来说都比较小，其他影子银行很难倒闭，所以传染冲击数不变。

图 7－18 (a) 给出了受到一次性风险冲击后影子银行系统平均总资产损失的分布情况。当影子银行业的同业拆借规模占整个影子银行业总资产比例 p = 0.08 时，受到风险冲击后影子银行资产所受损失呈现出泊松分布。多数损失量在 25 左右。当影子银行业的同业拆借规模占整个影子银行业总资产比例 p 增大时，受到风险冲击后影子银行资产所受损失仍呈现出泊松分布。

图 7－18 (b) 给出了受到一次性风险冲击后影子银行系统所受的平均总资产损失随影子银行业的同业拆借规模占整个影子银行业总资产比例 p 的变化情况。在所考察的区间范围内，随着 p 的增大受到一次性风险冲击后影子银行系统所受的平均总资产损失一开始下降较快，后续下降逐渐变缓。

由此可见，在单一性风险冲击下，p 值的变动对于小世界网络和无标度网络风险传播的影响是不同的。

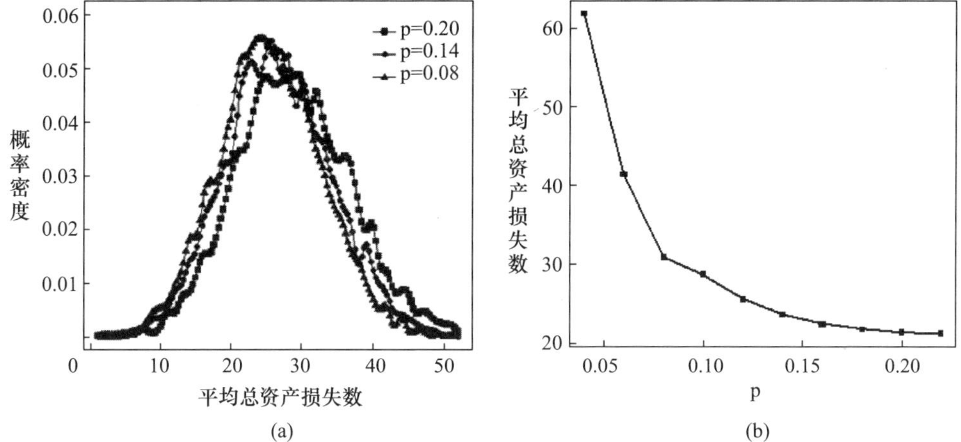

图 7-18 影子银行系统受到一次性风险冲击后平均总资产损失随影子银行业的同业拆借规模占整个影子银行业总资产规模比例 p 的变化情况

注：（a）受到一次性风险冲击后影子银行系统平均总资产损失的分布情况；（b）受到一次性风险冲击后影子银行系统所受的平均总资产损失随影子银行业的同业拆借规模占整个影子银行业总资产比例 p 的变化情况。

其次，考察单个影子银行的流动资产规模占总资产规模的比例 m 的变动对风险传播的影响。

图 7-19（a）和（b）分别给出了受到一次性风险冲击后网络受到的传染冲击数的分布情况和平均总资产损失的分布情况。在单一性风险的冲击下，无论 m 的值如何变动，网络的传染冲击数和平均总资产损失都没有发生变化，这一点与银行间网络风险传播时所得出的结论是一致的。

最后，考察单个影子银行所有者权益占影子银行总资产的比例 q 的变动对风险传播的影响。

图 7-20（a）给出了受到一次性冲击后网络受到的传染冲击数的分布情况。从图中可以看出，当 q=0.04 时，受到一次性冲击后网络受到的传染冲击数呈泊松分布，大多数冲击数在 11 左右。随着影子银行的所有者权益占总资产比例 q 增大，受到一次性冲击后网络受到的传染冲击数的泊松分布没有变化。

图 7-20（b）给出了受到一次性冲击后网络受到的传染冲击数随银行的所有者权益占总资产比例 q 的变化情况。在所考察的区间范围内，随着 q 的增大受到一次性风险冲击后网络受到的传染冲击平均数一开始快速减少，当 q>0.04 时，影子银行间网络的传染冲击数随 q 的增大基本保持不变。

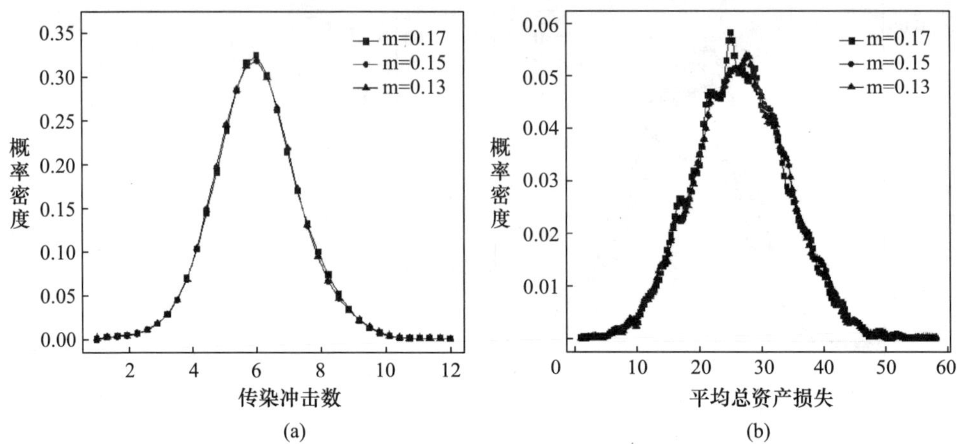

图7-19　影子银行系统受到一次性风险冲击后传染冲击数分布和平均总资产损失分布随单个影子银行的流动资产规模占其总资产规模比例m的变化情况

注：(a) 受到一次性风险冲击后网络受到的传染冲击数的分布情况；(b) 影子银行系统受到一次性冲击后平均总资产损失的分布情况。

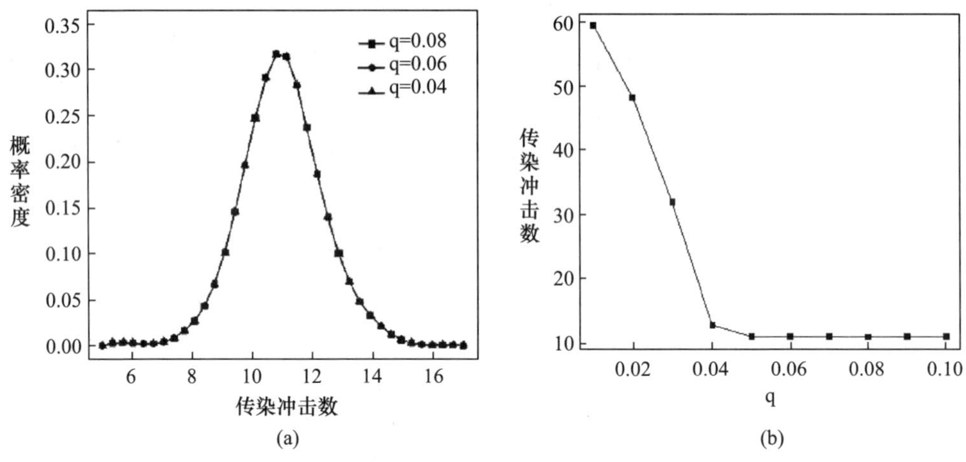

图7-20　影子银行系统受到一次性风险冲击后传染冲击数随单个影子银行的所有者权益占其总资产比例q的变化情况

注：(a) 受到一次性冲击后网络受到的传染冲击数的分布情况；(b) 受到一次性冲击后网络受到的传染冲击数随影子银行的所有者权益占总资产比例q的变化情况。

当q值小于0.04时，随着q的减小网络中的传染冲击数增加，这说明当影子银行的所有者权益非常小时，影子银行的小世界网络易受到冲击。

图 7－21（a）给出了受到一次性风险冲击后影子银行系统平均总资产损失的分布情况。当 q＝0.04 时，影子银行系统平均总资产损失呈泊松分布，主要损失集中在 25 左右。随着 q 的增加，影子银行系统平均总资产损失仍呈泊松分布，但影子银行系统平均总资产损失主要集中的位置向损失小的方向平移。

图 7－21（b）给出了受到一次性风险冲击后影子银行系统所受的平均总资产损失随单个影子银行的所有者权益占其总资产的比例 q 的变化情况。当 q < 0.04 时，受到一次性风险冲击后影子银行系统所受的平均总资产损失随单个影子银行的所有者权益占其总资产的比例 q 的增加而增大，当 q > 0.04 时，受到一次性风险冲击后影子银行系统所受的平均总资产损失随单个影子银行的所有者权益占其总资产的比例 q 的增加而减小。

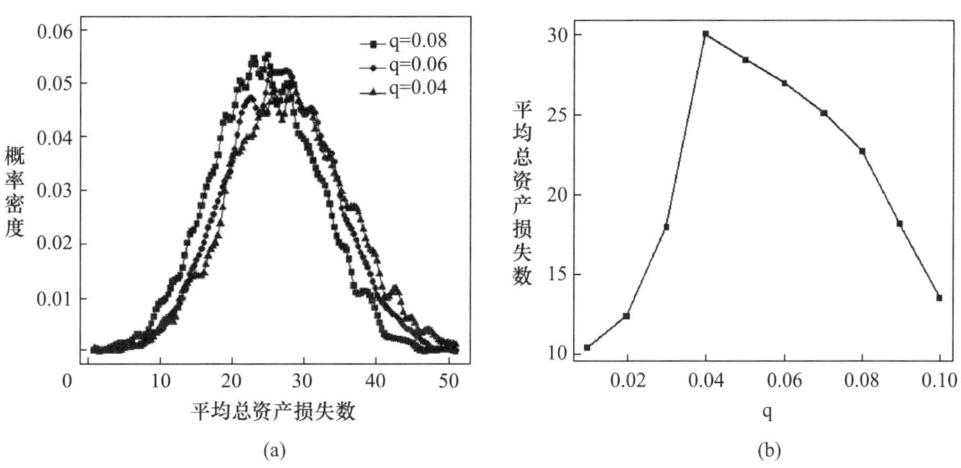

图 7－21　影子银行系统受到一次性风险冲击后平均总资产损失随单个影子银行的所有者权益占其总资产比例 q 的变化情况

注：（a）受到一次性风险冲击后影子银行系统平均总资产损失的分布情况；（b）受到一次性风险冲击后影子银行系统所受的平均总资产损失随单个影子银行的所有者权益占其总资产的比例 q 的变化情况。

从银行和影子银行在一次性风险的冲击下各项指标值的变化中可以得出以下结论：

结论一：在影子银行的小世界网络中，当 p 和 q 的取值范围和银行资产负债表中一样时，网络中的传染冲击数都是不变的。这一结论和银行间无标度网络风险传染的结论不同。其原因是当无标度网络的幂律指数较低时，网络中有个别节点度很大。如果度很大的中心节点倒闭，则风险传染冲击数会很高。影子银行的小世界网络在遇到单一性冲击时，只有在极端条件下，影子银行才会受到冲击而倒闭。例如 $q<0.04$、p 值很大、平均度 k 很小的情况下，在遇到单一性冲击时，一家影子银行的倒闭也可能会引起其他影子银行倒闭，并最终导致大多数影子银行的倒闭。

结论二：在影子银行的小世界网络中，在不考虑极端的情况下，随着 p 的增加或者 q 的减少，影子银行抗风险能力较弱，受到的总损失会增加，平均资产损失也会增加。相反，随着 p 的减少或者 q 的增加，影子银行抗风险能力较强，受到的总损失会减少，平均资产损失也会减少。

结论三：影子银行网络和银行间网络一样，m 值的变动对影子银行间网络的风险传染没有影响。

7.3.2 系统性冲击对影子银行间关联网络稳定性影响

首先，考察同业拆借规模占总资产的比例 p 的变动对系统性风险冲击所起作用的影响。

图 7－22（a）给出了影子银行系统受到系统性冲击后影子银行破产数量的分布情况。当影子银行业的同业拆借规模占整个影子银行业总资产比例 $p=0.08$ 时，受到系统性冲击后影子银行破产的数量呈现出泊松分布。破产数集中在 40 左右。当影子银行业的同业拆借规模占整个影子银行业总资产比例 p 增大时，破产影子银行数量仍呈正态分布，但破产数集中的区域逐渐向破产数大的方向平移。

图 7－22（b）给出了影子银行系统受到系统性冲击后破产影子银行的平均数量随影子银行业的同业拆借规模占整个影子银行业总资产比例 p 的变化情况。在所考察的区间范围内，随着 p 的增大破产影子银行的平均数量逐渐增加。两者间接近于线性关系。

图 7－22 显示的结果和银行间网络的结论相似。无论是在小世界网络中还是在无标度网络中，当同业拆借规模占总资产的比例较大时，银行或影子银行抵御风险的能力都会变弱，更容易破产。

图 7－23（a）给出了受到系统性风险冲击后影子银行系统平均总资产损失的分布情况。当影子银行业的同业拆借规模占整个影子银行业总资产比例 $p=0.08$ 时，受到风险冲击后影子银行资产所受损失呈现出泊松分布。多数损失量在 12 左右。当影子银行业的同业拆借规模占整个影子银行业总资产比例 p 增大

时，受到风险冲击后影子银行资产所受损失仍呈现出泊松分布，但占多数的损失量减小。

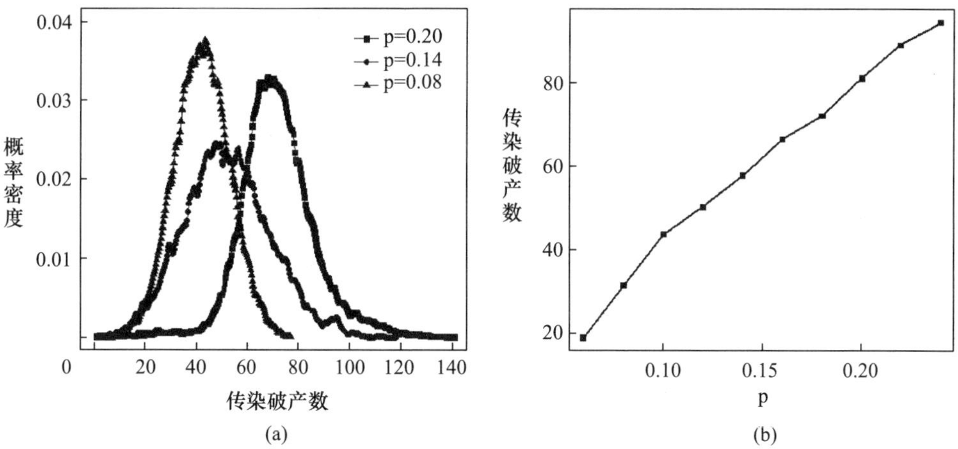

图 7－22 影子银行系统受到系统性风险冲击后影子银行破产数量随影子银行业的同业拆借规模占整个影子银行业总资产规模比例 p 的变化情况

注：（a）受系统性风险冲击后影子银行破产数量的分布情况；（b）影子银行破产平均数量随影子银行业的同业拆借规模占整个影子银行业总资产比例 p 的变化情况。

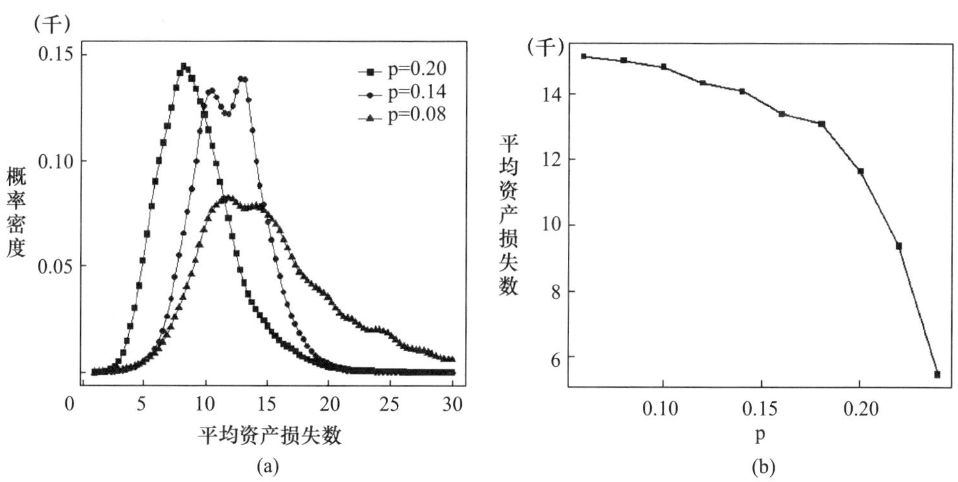

图 7－23 影子银行系统受到系统性风险冲击后平均总资产损失随影子银行业的同业拆借规模占整个影子银行业总资产规模比例 p 的变化情况

注：（a）受到系统性风险冲击后影子银行系统平均总资产损失的分布情况；（b）受到系统性风险冲击后影子银行系统所受的平均总资产损失随影子银行业的同业拆借规模占整个影子银行业总资产比例 p 的变化情况。

图 7－23（b）给出了受到系统性风险冲击后影子银行系统所受的平均总资产损失随影子银行业的同业拆借规模占整个影子银行业总资产比例 p 的变化情况。在所考察的区间范围内，随着 p 的增大受到系统性风险冲击后影子银行系统所受的平均总资产损失一开始下降较慢，后续下降逐渐变快。

其次，考察流动资产占总资产的比例 m 的变动对系统性风险冲击所起作用的影响。

图 7－24（a）和（b）分别给出了受到系统性风险冲击后影子银行网络受到的传染冲击数的分布情况和破产影子银行数量的分布情况。在影子银行间网络受到系统性风险的冲击下，影子银行的流动资产占总资产的比例 m 无论取何值时，网络的传染冲击数和破产影子银行数的泊松分布都没有发生变化。

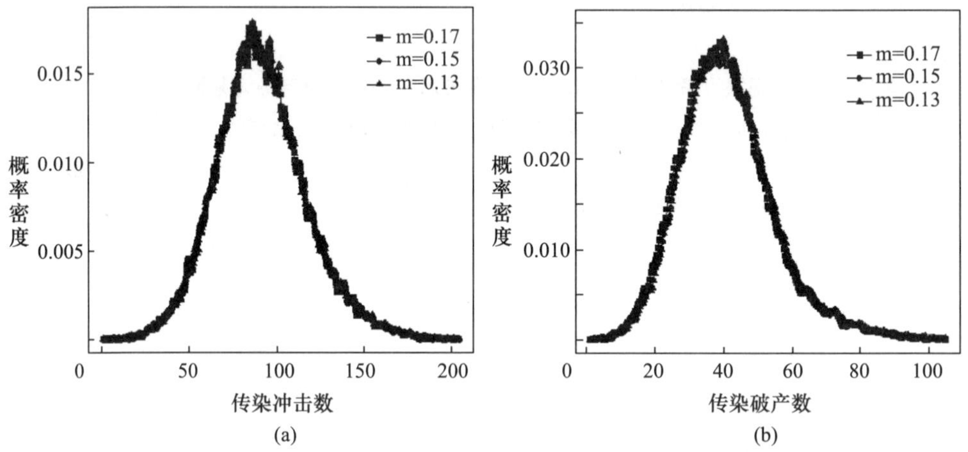

图 7－24　影子银行系统受到系统性风险冲击后传染冲击数分布和破产影子银行数分布随单个影子银行流动资产占其总资产比例 m 的变化情况

注：（a）受到系统性风险冲击后影子银行网络受到的传染冲击数的分布情况；（b）受到系统性风险冲击后影子银行系统破产银行数量的分布情况。

最后，考察单个影子银行所有者权益占总资产的比例 q 的变动对系统性风险冲击所起作用的影响。

图 7－25（a）给出了影子银行系统受到系统性风险冲击后影子银行破产数量的分布情况。当影子银行的所有者权益占总资产比例 q＝0.04 时，受到一次性冲击后影子银行破产的数量呈泊松分布。破产数主要集中在 60 左右。当影子银行的所有者权益占总资产比例 q 增大时，受到风险冲击的影子银行数量仍呈泊松

分布，破产数集中区域向破产数少的方向平移。

图 7－25（b）给出了影子银行系统受到系统性风险冲击后影子银行破产的平均数量随单个影子银行的所有者权益占其总资产比例 q 的变化情况。在所考察的区间范围内，随着 q 的增大影子银行破产的平均数量一开始缓慢较少，后续减少速度开始变大，后续又逐渐放缓。

图 7－25 所显示的结论和银行间网络的结论相同，即无论是在无标度网络还是在小世界网络，所有者权益占总资产的比例越高，银行或影子银行抗风险能力越强，破产的可能性越低。

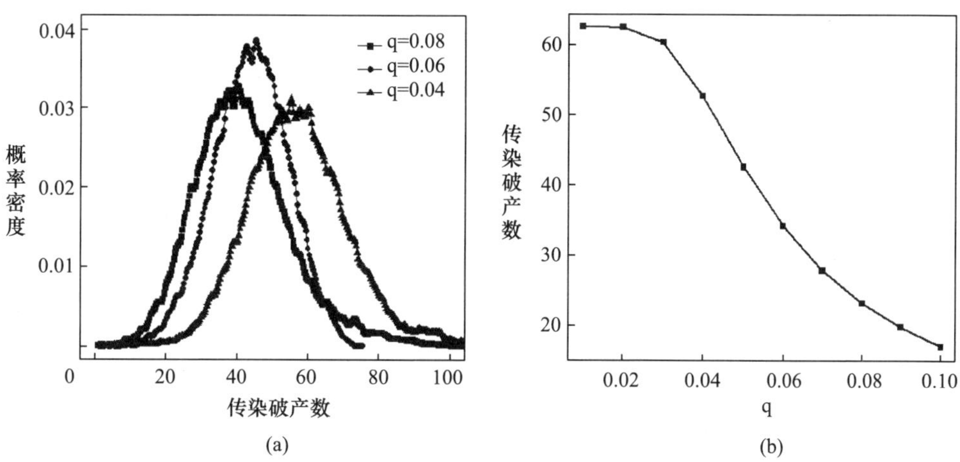

图 7－25 影子银行系统受到系统性风险冲击后影子银行破产数量随单个影子银行的所有者权益占其总资产的比例 q 的变化情况

注：（a）受系统性风险冲击后影子银行破产数量的分布情况；（b）影子银行破产平均数量随单个影子银行的所有者权益占其总资产的比例 q 的变化情况。

图 7－26（a）给出了受到系统性风险冲击后影子银行系统平均总资产损失的分布情况。当各家影子银行的所有者权益占其总资产的比例 q＝0.04，受到系统性风险冲击后影子银行系统平均总资产损失的分布呈泊松分布。影子银行系统平均总资产损失主要集中在 9 左右。随着 q 的增加，影子银行系统平均总资产损失的分布有所变化，平均总资产损失集中区域向损失大的方向平移。

图 7－26（b）给出了受到系统性风险冲击后影子银行系统的平均总资产损失随各家影子银行的所有者权益占其总资产的比例 q 的变化情况。随着 q 的增

加，影子银行系统的平均总资产损失逐渐升高。

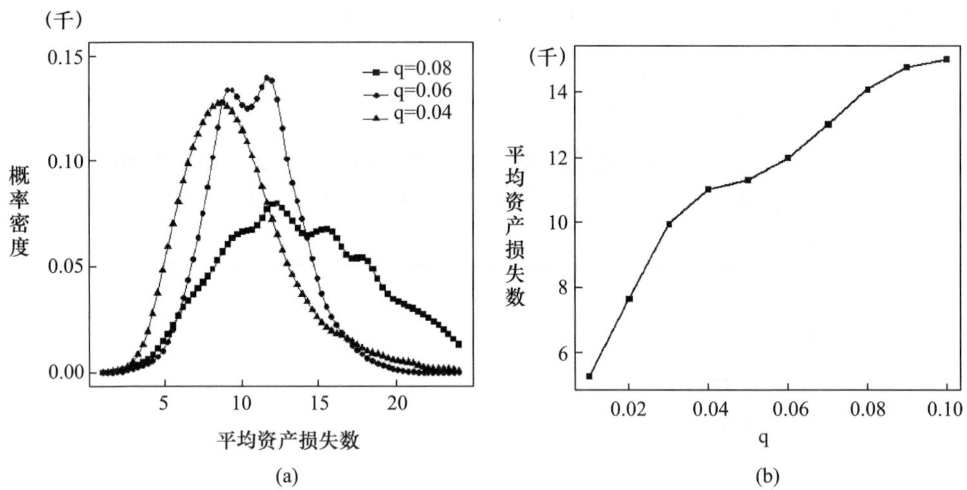

图 7-26　影子银行系统受到系统性风险冲击后平均总资产损失随单个影子银行的所有者权益占其总资产的比例 q 的变化情况

注：(a) 受到系统性风险冲击后影子银行系统平均总资产损失的分布情况；(b) 受到系统性风险冲击后影子银行系统的平均总资产损失随单个影子银行的所有者权益占其总资产的比例 q 的变化情况。

7.3.3　结论与启示

对于影子银行间小世界网络模型，在单一性的冲击下，无论 p 值如何变动，网络的传染冲击数都不变。当 q 的值大于 0.04 时，q 的变动对影子银行间网络的传染冲击数是没有影响的，这个结论和 p 值变动时的结论是一样的。但是，值得注意的是，当 q 值小于 0.04 时，随着 q 的减小，网络中的传染冲击数是增加的，这说明当影子银行的所有者权益非常小时，影子银行的小世界网络极易受到冲击。

对于影子银行间小世界网络模型，在系统性的冲击下，当同业拆借规模占总资产的比例 p 较大或者所有者权益占比 q 较小时，影子银行抵御风险的能力都会变弱，更容易破产。当 p 值较小，q 值较大时，影子银行抵御风险的能力更强，更不容易破产。

影子银行系统和银行系统在抗风险能力方面有些方面相同，而有些方面不同。在对银行和影子银行进行综合管理时，需要注意两类系统不同网络结构关系所形成的抗风险能力差异，从而有针对性地进行管理，提高管理效果。

第四节　银行和影子银行耦合系统的稳定性

7.4.1　银行网络与影子银行网络间连接数对系统稳定性影响

当银行网络的节点和影子银行网络的节点相互独立没有连接关系时，银行系统和影子银行系统中的风险是无法相互传染的。为了考察影子银行的存在对银行系统的影响，可以在银行网络的节点和影子银子网络的节点之间增加连边。通过仿真实验来考察这些连边数量的变化对风险的传播会有什么影响。

首先，考察银行网络与影子银行网络间连接数的变化对影子银行出现问题时银行系统受到风险冲击的影响。

图 7－27（a）给出了影子银行出现问题时银行网络受到的传染冲击数的分布情况。银行网络与影子银行网络间连接数 n＝100 时，影子银行出现问题时银行网络受到的传染冲击数的分布呈泊松分布，传染冲击数集中在 280 左右。当 n 增大时，传染冲击数的分布特征变化不大，传染冲击数集中的区域向传染冲击数小的方向偏移。

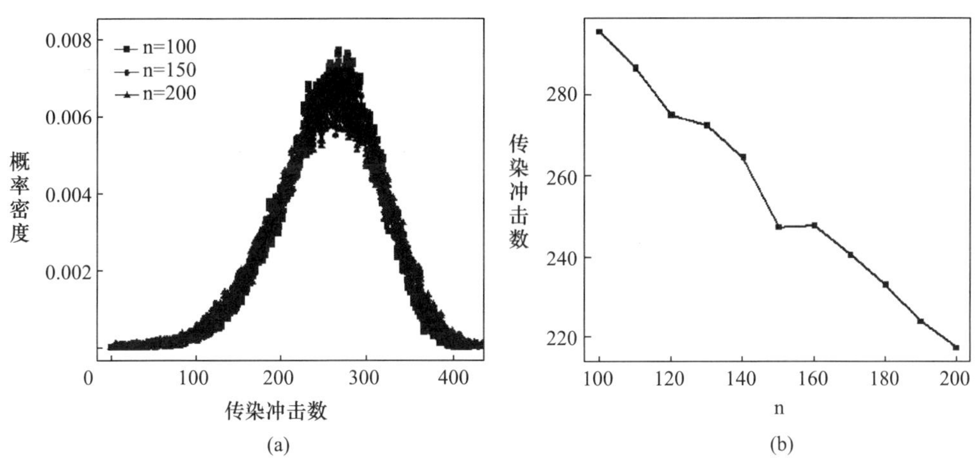

图 7－27　影子银行出现问题时银行系统受到的传染冲击数随银行网络与影子银行网络间连接数 n 的变化情况

注：（a）影子银行出现问题时银行网络受到的传染冲击数的分布情况；（b）影子银行出现问题时银行网络受到的传染冲击平均数量随银行网络与影子银行网络间连接数 n 的变化情况。

图 7－27（b）给出了影子银行出现问题时银行网络受到的传染冲击平均数量随银行网络与影子银行网络间连接数的变化情况。随着银行网络与影子银行网络间连接数 n 的增大，影子银行出现问题时银行网络受到的传染冲击平均数逐渐减小，两者间接近线性关系。

图 7－28（a）给出了影子银行出现问题时银行系统受冲击后破产银行数量的分布情况。银行网络与影子银行网络间连接数 n = 100 时，影子银行出现问题时破产银行数量的分布呈泊松分布，破产银行数量集中在 40 左右。当 n 增大时，传染冲击数的分布特征变化不大。

图 7－28（b）给出了影子银行出现问题时破产银行平均数量随银行网络与影子银行网络间连接数 n 的变化情况。随着银行网络与影子银行网络间连接数 n 的增大，影子银行出现问题时银行网络受到的传染破产平均数逐渐增大，两者间接近线性关系。

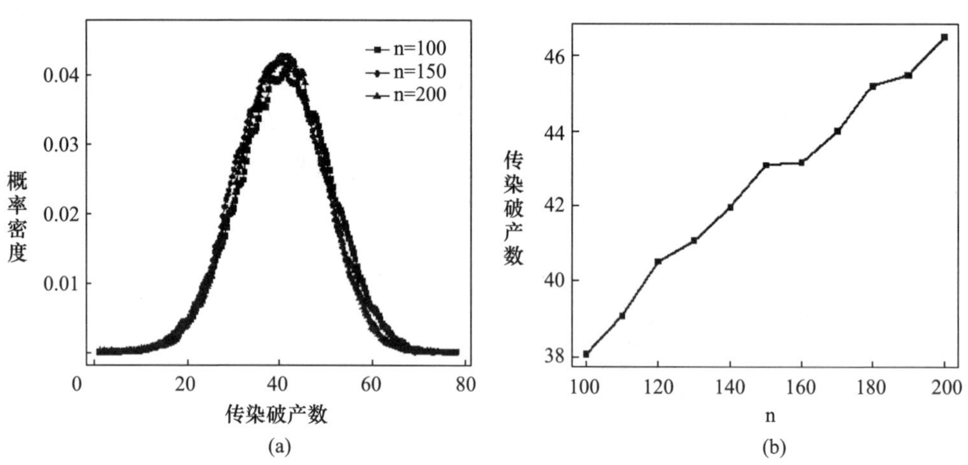

图 7－28　影子银行出现问题时银行系统受冲击后破产银行数量随银行网络与影子银行网络间连接数 n 的变化情况

注：（a）影子银行出现问题时银行系统受冲击后破产银行数量的分布情况；（b）影子银行出现问题时破产银行平均数量随银行网络与影子银行网络间连接数 n 的变化情况。

从图 7－27 和图 7－28 的比较中可以发现，银行网络在受到影子银行网络的风险传染时，随着 n 的增加，银行网络中的传染冲击数逐渐减小，而银行网络中的传染破产数却逐渐增加。造成这一结果的可能原因是随着 n 的增大时，影子银行和银行之间的联系较多，银行网络遭受到风险冲击而使银行倒闭的速度就越快，从而使得银行网络破产数升高和受到的传染冲击数减少。

图7－29（a）给出了影子银行出现问题时银行系统受冲击后所受损失的分布情况。当银行网络与影子银行网络间连接数n＝100时，影子银行出现问题时银行系统受冲击后所受损失的分布呈泊松分布，损失集中在50左右。当n增大时，损失的分布特征变化不大。

图7－29（b）给出了影子银行出现问题时银行系统受冲击后银行系统所受传染平均损失随银行网络与影子银行网络间连接数n的变化情况。影子银行出现问题时银行系统受冲击后所受传染平均损失逐渐增大，两者间接近线性关系。

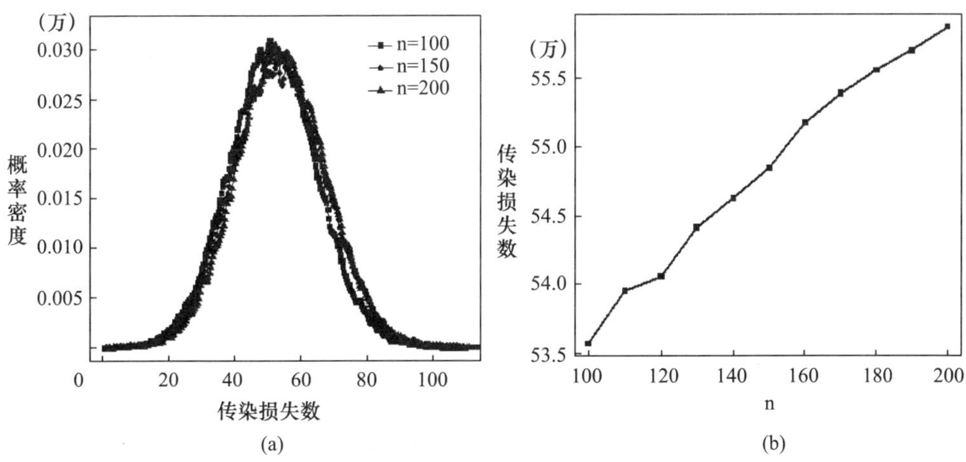

图7－29　影子银行出现问题时银行系统受冲击后所受传染损失随银行网络与影子银行网络间连接数n的变化情况

注：（a）影子银行出现问题时银行系统受冲击后所受传染损失的分布情况；（b）影子银行出现问题时银行系统受冲击后银行系统所受平均传染损失随银行网络与影子银行网络间连接数n的变化情况。

图7－30（a）给出了影子银行出现问题时银行系统所受平均资产损失的分布情况。当银行网络与影子银行网络间连接数n＝100时，影子银行出现问题时银行系统受冲击后所受平均资产损失的分布呈泊松分布，损失集中在70左右。当n增大时，损失的分布仍呈泊松分布，损失集中区域向损失大的方向平移。

图7－30（b）给出了影子银行出现问题时银行系统受冲击后银行系统所受平均资产损失平均值随银行网络与影子银行网络间连接数n的变化情况。影子银行出现问题时银行系统受冲击后所受平均资产损失平均值逐渐增大，两者间接近

线性关系。

从图 7－29 和图 7－30 的比较中可以看出，随着 n 的增加，网络中的传染损失数和平均资产损失数都是增加的。也就是说，n 越大，两层网络的联系越紧密，影子银行的风险传染给银行的总量越大，银行网络遭受到的总损失也越大。由于 n 越大网络的传染冲击数越小，所以网络的平均资产损失数就越大。

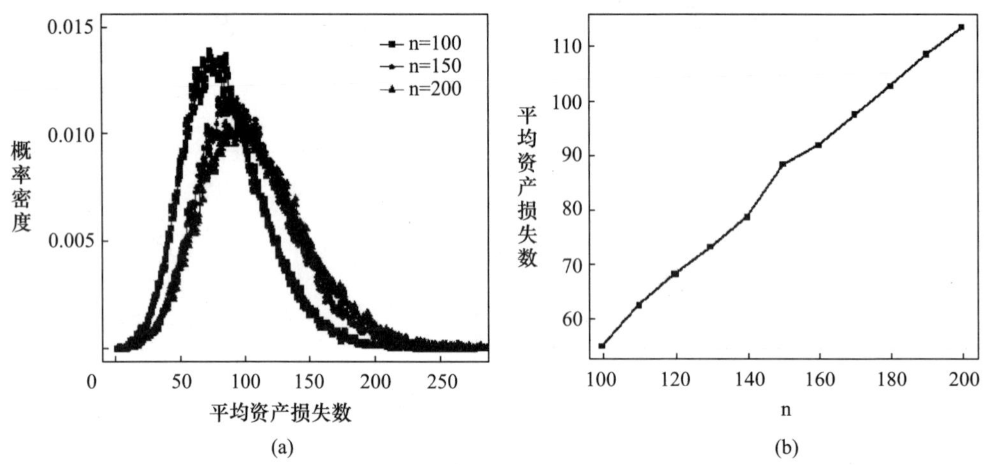

图 7－30　影子银行出现问题时银行系统所受平均资产损失随银行网络与影子银行网络间连接数 n 的变化情况

注：（a）影子银行出现问题时银行系统所受平均资产损失的分布情况；（b）影子银行出现问题时银行系统所受平均资产损失数随银行网络与影子银行网络间连接数 n 的变化情况。

7.4.2　影子银行总资产占银行业总资产比例对系统稳定性影响

在银行网络和影子银行网络之间的连接数给定的情况下，影子银行的资产规模变化是否会影响到银行系统的稳定性呢？通过仿真实验来考察影子银行总资产占银行业总资产比例的变化对风险传播的影响。

图 7－31（a）给出了影子银行出现问题时银行系统所受传染冲击数的分布情况。当影子银行总资产占银行业总资产比例 Ratio 1＝0.1 时，影子银行出现问题时银行系统受冲击后所受传染冲击数的分布呈泊松分布，传染冲击数集中在 300 左右。当 Ratio 1 增大时，传染冲击数的分布仍呈泊松分布，传染冲击数集中区域向传染冲击数小的方向平移。

图 7 – 31（b）给出了影子银行出现问题时银行系统所受传染冲击平均数随影子银行总资产占银行业总资产比例 Ratio 1 的变化情况。影子银行出现问题时银行系统受冲击后所受传染冲击平均数先是快速减少，然后缓慢减少。

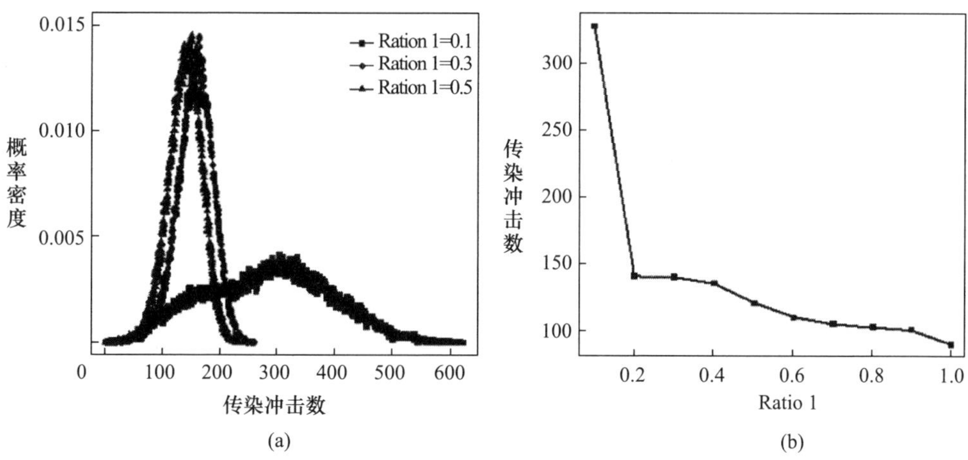

图 7 – 31 影子银行出现问题时银行系统所受传染冲击数随影子银行总资产占银行业总资产比例 Ratio 1 的变化情况

注：（a）影子银行出现问题时银行系统所受传染冲击数的分布情况；（b）影子银行出现问题时银行系统所受传染冲击平均数随影子银行总资产占银行业总资产比例 Ratio 1 的变化情况。

图 7 – 32（a）给出了影子银行出现问题时银行系统破产银行数量的分布情况。当影子银行总资产占银行业总资产比例 Ratio 1 = 0.1 时，影子银行出现问题时银行系统受冲击后破产银行数量的分布呈泊松分布，破产银行数量集中在 20 左右。当 Ratio 1 增大时，破产银行数量的分布仍呈泊松分布，破产银行数量集中区域向数量大的方向平移。

图 7 – 32（b）给出了影子银行出现问题时银行系统破产银行平均数量随影子银行总资产占银行业总资产比例 Ratio 1 的变化情况。影子银行出现问题时银行系统受冲击后破产银行平均数量先是快速增加，然后缓慢增加。

从图 7 – 31 和图 7 – 32 的比较中可以发现，影子银行业的总资产规模占银行业总资产的规模比例越大，影子银行遇到系统性冲击后银行业的破产越多。相反，如果影子银行的整体规模比较小的话，那么影子银行在受到系统性风险冲击后对银行业的破产影响比较小。但是，同时也可以发现，影子银行业的总资产规模占银行业总资产的规模比例变大，银行业受到的传染冲击数是减少的。其原因可以理解为：影子银行业的总资产规模占银行业总资产的规模比例越大，影子银行的风险对银行业的冲击就越大，银行网络中的银行破产的速度就会更快，传染冲击数相应就减少了。

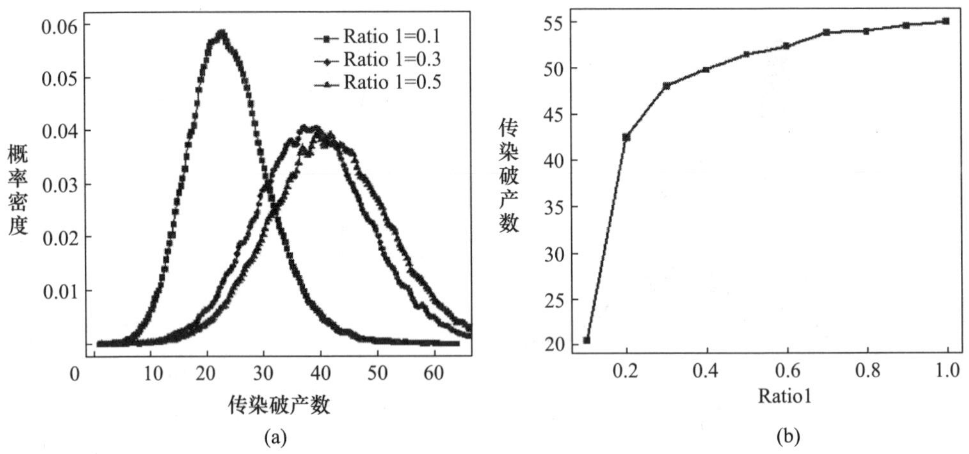

图 7 –32　影子银行出现问题时银行系统受冲击后破产银行数量随影子银行总资产占银行业总资产比例 Ratio 1 的变化情况

注：（a）影子银行出现问题时银行系统受冲击后破产银行数量的分布情况；（b）影子银行出现问题时银行系统破产银行平均数量随影子银行总资产占银行业总资产比例 Ratio 1 的变化情况。

图 7 –33（a）给出了影子银行出现问题时银行系统受冲击后所受传染损失的分布情况。当影子银行总资产占银行业总资产比例 Ratio 1 = 0. 1 时，影子银行出现问题时银行系统受冲击后所受传染损失的分布呈泊松分布，所受传染损失集中在 45 左右。当 ratio1 增大时，传染损失的分布仍呈泊松分布，所受传染损失集中区域向损失大的方向平移。

图 7 –33（b）给出了影子银行出现问题时银行系统受冲击后所受平均传染损失随影子银行总资产占银行业总资产比例 Ratio 1 的变化情况。影子银行出现问题时银行系统受冲击后银行系统所受平均传染损失先是快速增加，然后缓慢增加。

图 7 –34（a）给出了影子银行出现问题时银行系统受冲击后所受平均资产损失的分布情况。当影子银行总资产占银行业总资产比例 Ratio 1 = 0. 1 时，影子银行出现问题时银行系统受冲击后所受平均资产损失的分布呈泊松分布，所受损失集中在 50 左右。当 Ratio 1 增大时，损失的分布仍呈泊松分布，所受损失集中

区域向损失大的方向平移。

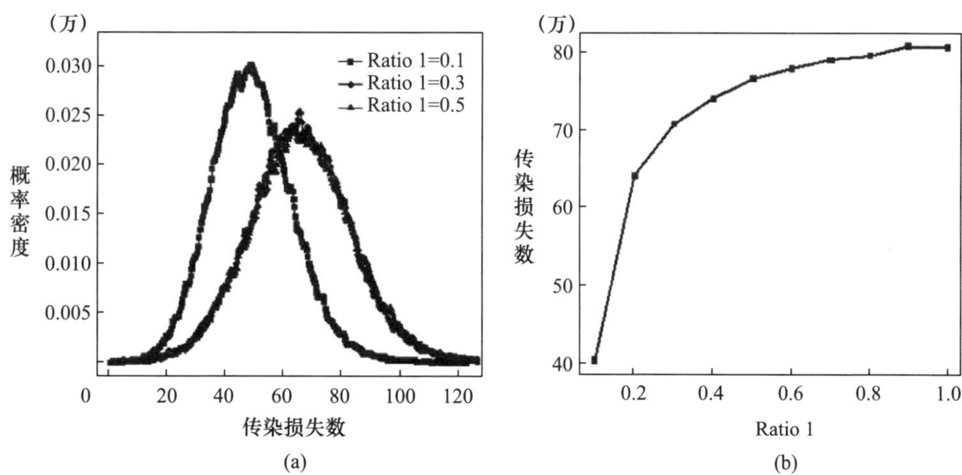

图 7 – 33 影子银行出现问题时银行系统受冲击后所受损失随影子银行总资产占银行业总资产比例的变化情况

注：(a) 影子银行出现问题时银行系统受冲击后所受损失的分布情况；(b) 影子银行出现问题时银行系统所受的平均损失随影子银行总资产占银行业总资产比例的变化情况。

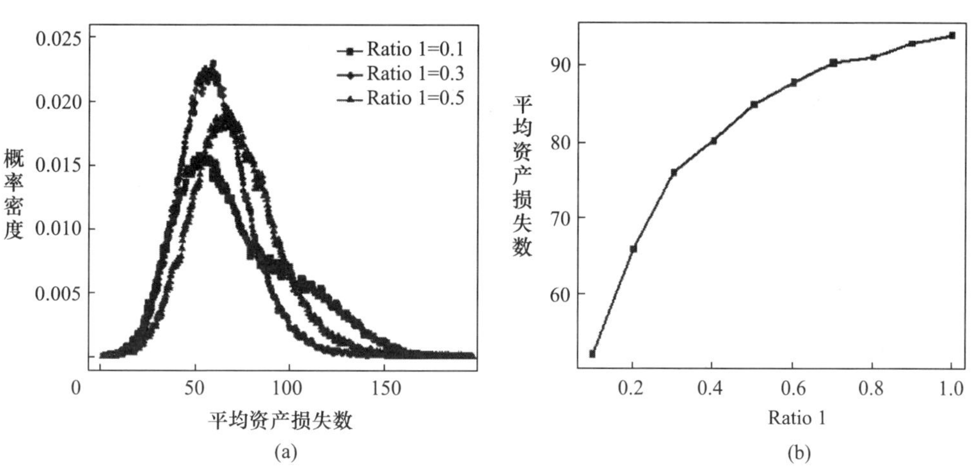

图 7 – 34 影子银行出现问题时银行系统受冲击后平均资产损失随影子银行总资产占银行业总资产比例 Ratio 1 的变化情况

注：(a) 影子银行出现问题时银行系统受冲击后平均资产损失数的分布情况；(b) 影子银行出现问题时银行系统所受的平均资产损失数平均值随影子银行总资产占银行业总资产比例 Ratio 1 的变化情况。

图 7－34（b）给出了影子银行出现问题时银行系统受冲击后所受平均损失随影子银行总资产占银行业总资产比例 Ratio 1 的变化情况。影子银行出现问题时银行系统受冲击后银行系统所受平均损失先是快速增加，然后缓慢增加。

比较图 7－33 和图 7－34 可知，随着影子银行总资产占银行业总资产比例 Ratio 1 的增加，银行网络的传染损失和平均资产损失都是增加的。

7.4.3 影子银行资产的来源变化对系统稳定性影响

影子银行的资产有来源于银行的，也有来源于其他渠道的。那么影子银行资产来源渠道的变化是否也会影响到系统的稳定性呢？通过仿真实验可以考察来源于银行的资产占影子银行总资产的比例对风险传播的影响。

图 7－35（a）给出了影子银行出现问题时银行系统所受传染冲击数的分布情况。当来源于银行的资产占影子银行总资产的比例 Ratio 2 =0.2 时，银行系统所受传染冲击数呈现出泊松分布。其期望值在 300 左右。当来源于银行的资产占影子银行总资产的比例增大时，银行系统所受传染冲击数仍呈现出泊松分布，但其期望值逐渐减小。

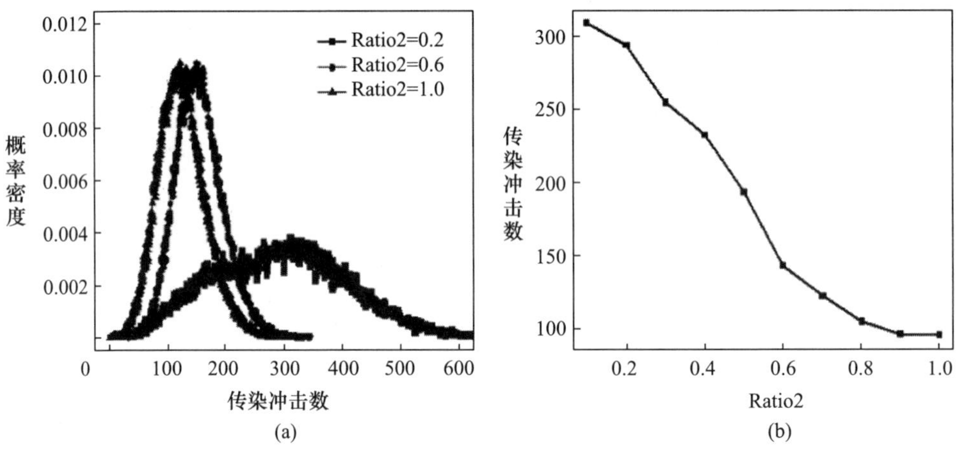

图 7－35 影子银行出现问题时银行系统所受传染冲击数随来源于银行的资产占影子银行业总资产比例 Ratio 2 的变化情况

注：（a）影子银行出现问题时银行系统所受传染冲击数的分布情况；（b）影子银行出现问题时银行系统所受传染冲击平均数随来源于银行的资产占影子银行总资产比例 Ratio 2 的变化情况。其中银行网络和影子银行网络之间的连接数为 n＝200。

图 7－35（b）给出了银行系统所受传染冲击平均数随来源于银行的资产占影子银行总资产的比例 Ratio 2 的变化情况。在 Ratio 2 <0.6 的范围内，随着 Ratio 2 的增大银行系统所受传染冲击平均数下降较快。在 Ratio 2 >0.6 的范围内，随着 Ratio 2 的增大银行系统所受传染冲击平均数下降速度变缓并最后稳定在 50 左右。

图 7－36（a）给出了受到影子银行风险冲击后银行破产数量的分布情况。当来源于银行的资产占影子银行总资产的比例 Ratio 2 =0.2 时，受到风险冲击后银行破产的数量呈现出泊松分布。其期望值在 10 左右。当来源于银行的资产占影子银行总资产的比例增大时，受到风险冲击的银行数量仍呈现出泊松分布，但其期望值逐渐增大。

图 7－36（b）给出了受到影子银行风险冲击后银行破产的平均数量随来源于银行的资产占影子银行总资产的比例 Ratio 2 的变化情况。在所考察的区间范围内，随着 Ratio 2 的增大受到影子银行风险冲击银行破产的平均数量逐渐增加。

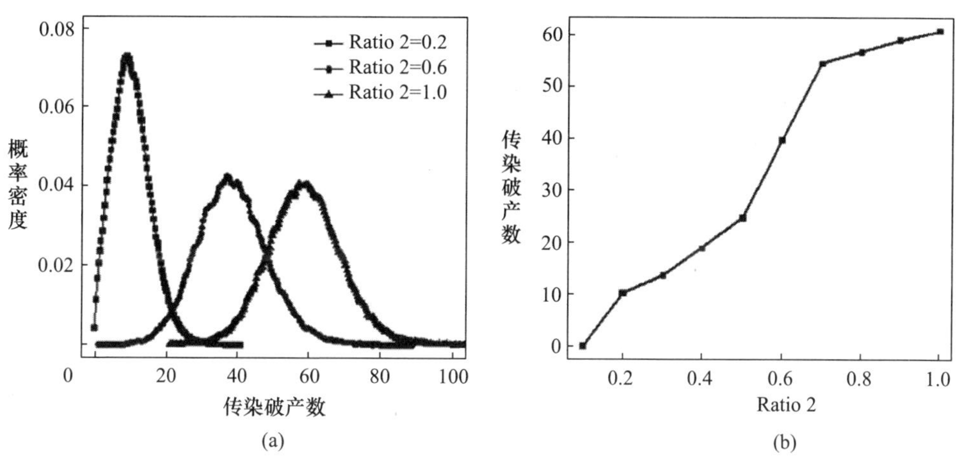

图 7－36　影子银行出现问题时破产银行数量随来源于银行的资产占影子银行总资产比例 Ratio 2 的变化情况

注：（a）受到影子银行风险冲击后银行破产数量的分布情况；（b）受到影子银行风险冲击后银行破产的平均数量随来源于银行的资产占影子银行总资产比例的变化情况。其中银行网络和影子银行网络之间的连接数为 n =200。

图 7－35 和图 7－36 的结果表明，如果影子银行的大部分钱或者所有钱都是来源于银行的，那么当影子银行受到系统性冲击后，大量来自银行的钱都还不

上，由此对银行造成的损失是巨大的，因此破产数是增加的。而从受到影子银行风险冲击影响的银行数量来看，Ratio 2 的增加则会导致受到影子银行风险冲击影响的银行数量的减少。

图 7－37（a）给出了受到影子银行风险冲击后银行资产所受传染损失的分布情况。当来源于银行的资产占影子银行总资产的比例 Ratio 2 =0.2 时，受到风险冲击后银行资产所受传染损失呈现出泊松分布。其期望值在 40 左右。当来源于银行的资产占影子银行总资产的比例增大时，受到风险冲击的银行资产所受传染损失仍呈现出泊松分布，但其期望值逐渐增大。

图 7－37（b）给出了受到影子银行风险冲击后银行所受的平均传染损失随来源于银行的资产占影子银行总资产比例 Ratio 2 的变化情况。在所考察的区间范围内，随着 Ratio 2 的增大受到影子银行风险冲击后银行所受的平均传染损失逐渐增加，两者间接近于线性关系。

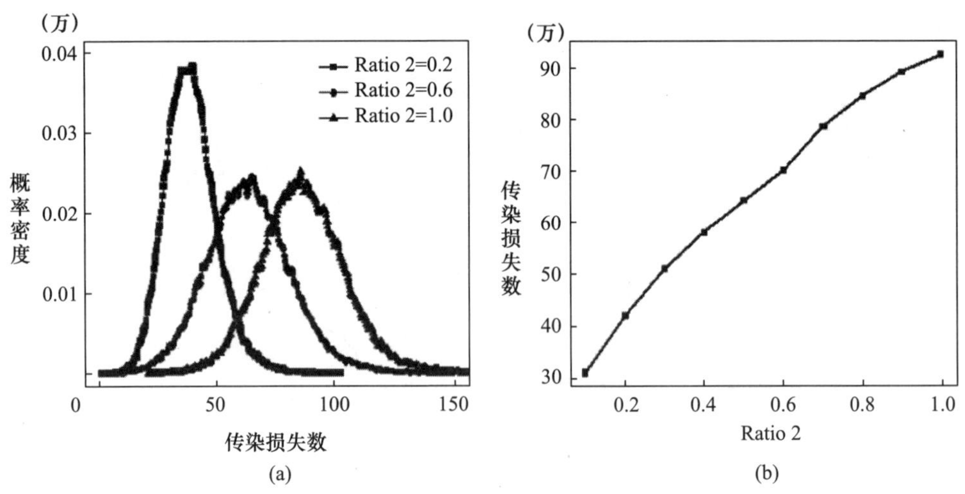

图 7－37　影子银行出现问题时银行资产所受传染损失随来源于银行的资产占影子银行总资产比例 Ratio 2 的变化情况

注：（a）受到影子银行风险冲击后银行资产所受传染损失的分布情况；（b）受到影子银行风险冲击后银行所受的平均传染损失随来源于银行的资产占影子银行总资产比例的变化情况。其中银行网络和影子银行网络之间的连接数为 n＝200。

图 7－38（a）给出了受到影子银行风险冲击后银行平均资产损失数的分布情况。当来源于银行的资产占影子银行总资产的比例 Ratio 2 =0.2 时，受到风险

冲击后银行平均资产损失数呈现出泊松分布。其期望值在 40 左右。当来源于银行的资产占影子银行总资产的比例增大时，受到风险冲击的银行平均资产损失数仍呈现出泊松分布，但其期望值逐渐增大。

图 7－38（b）给出了受到影子银行风险冲击后银行平均资产损失平均数随来源于银行的资产占影子银行总资产比例 Ratio 2 的变化情况。在所考察的区间范围内，随着 Ratio 2 的增大受到影子银行风险冲击后银行平均资产损失数逐渐增加，两者间接近于线性关系。

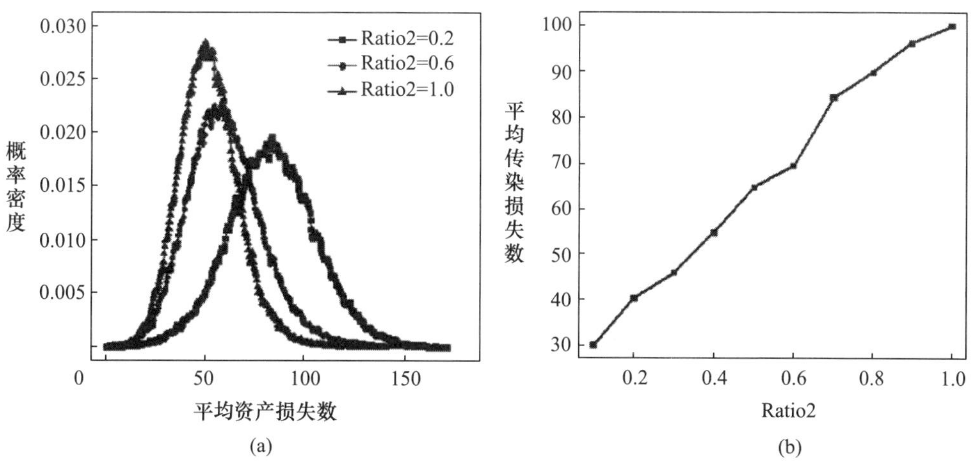

图 7－38　影子银行出现问题时银行平均资产损失随来源于银行的资产占影子银行总资产比例 Ratio 2 的变化情况

注：（a）受到影子银行风险冲击后银行平均资产损失数的分布情况；（b）受到影子银行风险冲击后银行平均资产损失平均数随来源于银行的资产占影子银行总资产比例的变化情况。其中银行网络和影子银行网络之间的连接数为 n＝200。

7.4.4　结论与启示

在由银行和影子银行共同组成的复杂金融系统中，影子银行的存在会影响到整个金融系统的稳定性。具体主要表现在以下三方面：

影子银行和银行之间的连接关系越多，影子银行风险对银行系统稳定性的影响越大。

影子银行总资产占银行业总资产的比例越大，影子银行风险对银行系统稳定性的影响越大。

来源于银行的资产占影子银行总资产的比例越大，影子银行风险对银行系统稳定性的影响越大。

影子银行风险对银行业的影响存在着某些临界点。在这些临界点两边，风险的影响力存在着较大的差异。提高对风险点的识别能力将有助于更好地对金融系统的风险进行管理，提高危机的预防和控制能力。

第八章　P2P 网络借贷平台信息披露特征及其风险分析

本章借助文本分析和链接因子分析方法，从投资者主观感知的角度对 P2P 网络借贷平台风险进行了分析。研究发现，平台披露信息数量增加会导致投资人数的减少，而人均投资金额与披露信息数量呈正相关。平台成交量与成交量增长率、投资人数与投资人数增长率、借款标数与借款标数增长率、平台访问量与平台访问量增长率、热搜高频词与热搜高频词增长率等指标与平台风险呈负相关性。当日待还金额与待还金额增长率、借款人数与借款人数增长率、借款平均期限与借款平均期限增长率等指标与平台风险呈正相关性。

第一节　P2P 网络借贷平台发展及其风险特征

8.1.1　P2P 网络借贷平台的发展

随着社会经济的发展，金融服务呈现出多样化特征。依托于互联网技术给客户提供金融服务的互联网金融也应运而生。互联网金融的主要模式有 P2P 网络借贷平台、第三方支付、互联网众筹、互联网金融超市等。

P2P 网络借贷是指个体与个体之间通过互联网这一介质而实现的直接借贷。从 P2P 网络借贷平台的中介性质来讲，平台不作为资金的债权方或债务方，而是作为中间服务商，为借贷双方提供供求信息，进行信息匹配并撮合交易。

全球第一家 P2P 网络借贷平台 Zopa 于 2005 年在英国开始运营，对传统金融业造成了一定的冲击。我国的 P2P 网络借贷平台起步相对较晚，但在 2013 年后平台数量开始大幅度增加，先后涌现了人人贷、宜人贷、红岭创投、陆金所等一系列规模较大的网络借贷平台。然而，随着行业规模的迅速扩张，P2P 网络借贷平台背后所隐藏的风险也日渐凸显。如何衡量、管理和规避 P2P 网络借贷平台风险成为包括监管层在内的各方所最为关心的问题，因此也成为国内学者研究 P2P 网络借贷问题的一个热点方向。

概括起来，我国 P2P 网络借贷平台发展主要体现出以下三方面的特点：

一是整体发展快，交易量增长迅速。根据网贷之家所提供的数据。截至2016年8月，我国 P2P 网络借贷平台数量已达4213家。而在2011年底，我国 P2P 网络借贷平台数量尚不超过50家。在短短的5年时间内，P2P 网络借贷平台数量增长了80多倍。其中2015年1年内新增的网络借贷平台数量就超过1000家，2016年仅前8个月新增网络借贷平台数量就超过1600家。这也意味着，2016年平均每个月就有将近200家新的 P2P 网络借贷平台上线。在金额方面，截至2015年底，我国 P2P 网络借贷行业的贷款余额总计超过4395亿元，是2014年的4.24倍，相比2011年的12亿元，可谓是跨越式发展。

二是行业整体风险大。在 P2P 网络借贷平台快速发展的情况下，其行业风险也随之接踵而来。由于 P2P 网络借贷行业的进入门槛低，没有最低的注册资本的限制，对平台负责人的资质也没有相应的监管措施与法律限制。低资质甚至无资质的小平台数量快速增加是造成 P2P 网络借贷平台倒闭事件频发的重要原因。有些不法分子利用行业监管漏洞，成立诈骗平台，通过后续包装将其伪造成资金实力雄厚、经营业绩良好的 P2P 网络借贷平台。这些平台名义上是金融中介，实际上是属于非法集资，将出借人的资金全部纳入了自己的口袋，一旦“东窗事发”就携款潜逃。行业内激烈的竞争迫使有些平台不得不铤而走险。尤其是一些中小平台，为了寻求能在激烈的竞争中立足，盲目追求平台人气及业绩的提升，以平台自身提供担保为借款人兜底，或在网络借贷平台间进行同行业之间的“拆借”，舍弃了平台对于风险控制的措施。更有甚者甚至根本就不对借款人做详细且完善的身份审查和资质验证，将很多高风险、不具备还款能力甚至是故意诈骗的项目仓促上线，在贷款余额及成交量得到飙升的同时大大增加了平台的兑付风险。

三是平台发展分化严重。激烈的行业竞争在淘汰了很多经营不善的网络借贷平台的同时，也使优势平台逐渐脱颖而出，从而导致了平台间的距离逐渐拉大。投资人随着投资经验的积累不再一味追求高收益率，而更多地将焦点聚集在平台整体的综合实力上。追求审慎投资，尽可能规避风险，实现收益最大化。根据网

贷之家所提供的数据，2015 年行业借款业务成交量排名前三的为陆金所、翼龙贷、人人贷。这些平台无论是在成交量、投资人数等量化指标上领先优势较为突出，在风控管理、平台发展规划等方面也大幅度领先于其他中小型平台，已俨然成为了 P2P 网络借贷行业的领军平台。

8.1.2 P2P 网络借贷平台交易流程

P2P 网络借贷平台的交易流程大同小异。以自然人用户为例，P2P 网络借贷平台的交易流程分为以下五步：

（1）注册账户。无论是借款人还是出借人，在借助平台进行正式交易前，都需要预先在 P2P 网络借贷平台上进行实名认证，注册并绑定银行卡才能投资或借款。注册需要提供的资料信息主要包括借款人或出借人自己的姓名、性别、手机号、身份证号等。

（2）申请借款。如果注册用户想要借款，可以进入平台的相关页面，提交申请借款所需要的必要信息。主要包括借款人的职业、学历、房屋、车辆等有助于提升借款人信用水平的信息。平台对这些信息进行审核评估后，会给出借款人的信用等级以及借款额度上限。有些平台专门作抵押和质押信贷，这些平台会要求借款人提供房屋、车辆等作为抵押质押物。

（3）发布借款项目。平台审核通过的借款人可在平台上发布借款需求信息，主要包括借款金额、借款期限、借款用途等。借款利率一般是由平台根据借款人的信用等级和所提供的资料信息确定。平台对借款实际用途的核实较为困难。

（4）出借人投资。出借人在平台上浏览借款列表，根据个人风险承受能力及投资偏好构建投资组合。出借人签署了相关借贷合同（电子版）后即代表参与了该项投资，资金将从出借人账户转入支付平台。除借款人提供的借款项目信息外，出借人还可以看到其他出借人对该项目的投资记录、项目剩余可投金额。当所有出借人的投资总额达到借款金额时，投资流程停止，不再接受新的投资。在这之后，资金将从支付平台转入借款人账户。若在设定的筹资期限内出借金额未达到借款金额，则此次借款失败，资金按原路径返回出借人账户。为提高平台抗风险能力，有些平台会要求借款人从所借款项中拿出部分资金设立风险准备金，当借款人未按时还款时，这些平台将利用风险准备金垫付出借本金及相应利息。

（5）还款。借款人按照合同约定的还本付息方式进行还款，并向平台支付一定的中介费。

8.1.3 P2P 网络借贷平台风险特征

P2P 网络借贷行业自发展以来就面临着诸多风险。既有与传统金融机构相类似的各类金融风险，同时又有着 P2P 网络借贷平台特有的一些金融风险。概括起来说，可以将 P2P 网络借贷平台风险分为来自平台外部的风险和来自平台内部的风险两大类。

P2P 网络借贷平台外部风险主要是对行业整体发展的环境而言的。主要分为法律与政策风险和市场风险两种。

P2P 网络借贷平台涉及的法律风险是指其行为是否符合法律规章制度或是否违反了国家政策的要求。平台面临的政策风险是指民间借贷、金融体制改革、互联网金融发展规范化等政策制度给 P2P 网络借贷行业带来的不确定影响。目前，我国涉及 P2P 网络借贷平台相关监管政策和法律规范相对较少。这种监管机制的相对缺失造成了 P2P 网络借贷平台潜在风险的相对提高。

P2P 网络借贷平台提供的是金融中介服务，借贷双方进行的是货币资金交易，必然会面临着金融市场的风险。P2P 网络借贷平台所涉及的市场风险是指未来资产价格的变动、利率的变动、汇率的变动以及其他相关指标变动对 P2P 网络借贷平台所造成的不确定性影响。这里最主要的市场风险来自利率变动所带来的风险以及平台间竞争加剧所带来的风险。随着市场的理性回归，对于规模小、缺乏资金支持和担保、风险控制能力较弱的平台，将面临被市场淘汰出局的风险。

P2P 网络借贷平台内部风险主要是指平台自身运营及借款人方面而言的。主要可分为操作风险、信用风险和流动性风险。

P2P 网络借贷平台的操作风险是指由于平台内部控制原因，对投资者利益或损失产生的不确定性影响。一方面，由于 P2P 网络借贷行业在我国属于新兴行业，社会认知度较低，从业人员的专业素养、执业能力良莠不齐，容易引发因内部员工的不当操作或不良道德所形成的操作风险。另一方面，由于 P2P 网络借贷平台对于互联网技术依赖程度要远远高于传统金融模式，安全漏洞和重大技术问题等网络信息技术原因可能会使整个借贷业务流程瘫痪，引发因技术因素而造成的操作风险。除此之外，由于大多数平台不再是纯中介性质的平台，都具有一定担保性质，当出现大规模的借款人违约时，平台将会为其垫付大额的资金。一些平台会设立风险准备金，这些具有保险性质的风险准备金可能会面临着被挪用的风险，从而引发因资金垫付或资金挪用所造成的操作风险。

P2P 网络借贷平台的信用风险是指借款人未履行约定中的还款义务而造成投

资人利益受损的可能性。由于我国的征信体系尚不完善，平台对借款人的信用状况只能基于已有的和可得的数据来进行评价，容易遗漏一些重要信息。一旦出现大规模信用违约，会引起投资者对平台信任度下降，导致平台的信用危机。

P2P 网络借贷平台的流动性风险是指平台无法应对投资者提取资金需求的风险。由于我国网贷平台自身不吸收存款，缺少资本充足率方面的保障，同时又无法从风险规避的投资者处获得稳定的资金，导致平台经常存在期限错配。一旦发生流动性风险时就会出现挤兑现象，将会对平台产生致命打击。所以流动性风险是平台需要重点关注的风险之一。

第二节 P2P 网络借贷平台信息披露特征及其对投资者行为影响

8.2.1 P2P 网络借贷平台信息披露动机及披露特征

在金融市场中，信息不对称现象普遍存在。P2P 网络借贷平台交易双方的信息不对称容易引发逆向选择和道德风险，进而导致平台陷入经营困境。Kreps（1990）认为，最优化合约可以促使交易双方有完整披露私人信息的动机。

关于自愿性信息披露，Healy 和 Palepu（2001）归纳了六大动机：

（1）资本市场交易论。当公司准备发债、发新股、并购或收购时，如果公司能将所掌握的比投资者更多的信息主动公开，就能以较低的成本获得融资。

（2）公司控制权争夺论。当公司管理层因公司股票价格低迷而被解职时，为避免股票价值被低估，公司倾向于披露更多的信息。

（3）股权激励论。当公司管理层想交易自持股票时，往往会通过披露信息来规避内幕交易的限制，同时在一定程度上也能起到抬升股价的作用。

（4）法律成本论。不完整或不及时的信息披露可能会使公司面临相应的法律后果。

（5）管理者才能信号论。有才能的管理者对公司业绩的预测相对较为准确。管理者越早给出预测，投资者越早认识到管理者对公司未来的掌控能力，股票价格就会涨得越多。

（6）竞争劣势论。如果某些信息对提升公司产品竞争力有不利影响，公司就会倾向于不披露这些信息，即使这样做可能会导致公司的融资成本上升。

另外，对于某些非公开性信息，也可以通过法律规定要求企业进行完整披露。除此之外，财务顾问、审计机构、评级机构等第三方信息中介的介入，也有助于企业的信息披露。

对于 P2P 网络借贷平台上的信息披露，目前并没有强制性要求。信息披露上的自主性导致不同平台在所披露信息的数量和质量上存在较大差异。P2P 网络借贷平台所公开的信息主要有平台基础信息、借款项目信息、平台运营情况和日常新闻等。上述任何信息的公布都意味着信息数量的增加，信息的真实性、准确性与完整性越强意味着信息质量越高。概括起来，可以将 P2P 网络借贷平台的信息披露特征分为表 8-1 中所归纳的四类。

表 8-1　P2P 网络借贷平台信息披露特征

		信息质量	
		高	低
信息数量	多	(1)	(2)
	少	(3)	(4)

信息披露特征除了可以分为信息数量多信息质量高、信息数量多信息质量低、信息数量少信息质量高、信息数量少信息质量低四类外，根据信息的类别还可以再细分为某类信息数量多或少、某类信息质量高或低。

P2P 网络借贷平台信息披露数量和披露质量的统计，可以分为客观指标量和主观指标量分别进行收集和整理。数据的主要来源可以是各 P2P 网络借贷平台的网页、问卷调查、人员访谈等。本书所统计的数据主要来源于网贷之家。

8.2.2　P2P 网络借贷平台投资者行为与信息披露关联性实证分析

P2P 网络借贷平台投资者行为指标包括平台选择、投资金额确定、投资时点选择、投资决策时间、不同借款项目间资产配置等。P2P 网络借贷平台信息披露特征衡量指标包括信息种类、信息真实性、信息准确性等。

根据数据的可得性，本书选择投资人数、人均投资金额等作为投资者行为指标，平台透明度积分、成交金额、成交积分、营收积分、技术积分、流动性积分、品牌积分、平均利率、平均借款期限、资金托管、担保或风险准备金等作为平台信息披露特征指标，考察了投资者行为和信息披露之间的关联性。为了保证

数据的连贯性，筛选了2015年12月至2016年7月这8个月一直在网贷之家公布名单内的平台，并剔除了网贷之家的统计数据中有明显异常或错误的平台，最终得到29个平台8个月的相关数据。表8-2为相关指标数据的描述性统计结果。

表8-2 P2P网络借贷平台投资者行为指标和信息披露指标描述性统计结果

变量名	变量代码	单位	最小值	最大值	平均值	标准差
投资人数	LenderAmount	人	247	183464	19423.97	30370.79
人均投资金额	AveInv	万元	0.41	57.08	6.39	7.71
透明度积分	Sc_ Transparancy	—	23.28	72.01	39.12	9.94
成交金额	Volume	万元	3220.2	286813.6	50473.21	55446.82
成交积分	Sc_ Vol	—	12.78	93.56	54.50	17.97
营收积分	Sc_ Income	—	15.97	83.23	46.94	13.88
技术积分	Sc_ Tech	—	41.45	82.17	65.13	9.63
流动性积分	Sc_ Liqu	—	32.4	100	70.03	15.95
品牌积分	Sc_ Brand	—	15.57	77.79	40.33	12.35
平均利率	Interest	%	6.19	17.24	10.44	2.27
平均借款期限	Term	月	0.88	37.08	8.00	9.11
资金托管	Custody	—	0	1	0.48	0.50
担保或风险准备金	Guarantee	—	0	1	0.97	0.18

从描述性统计结果可以发现，平台的投资人数、成交金额两项指标的波动幅度特别大。说明P2P网络借贷平台的发展存在分化现象，不同规模大小的平台在市场上同时存在，同时也反映出投资者对平台的选择存在一定的“羊群效应”，偏向于选择在规模大、投资人数多的平台上进行投资。而从人均投资金额来看，投资者在P2P网络借贷平台上的投资金额相对较小。符合投资者通过分散投资降低风险的特征。

从反映平台信息披露特征的主要指标量透明度积分来看，各平台对信息的披露还存在着一定的差异。但相对于平台的投资人数和成交金额的差异，该差异相对较小。说明信息披露对投资者平台选择可能会有一定的影响，但应该不是最主要的决定因素。进一步观察其他几个指标量。波动幅度较小的有技术积分、平均利率、担保或风险准备金三项。说明各平台在投资者较为关注的收益指标和风险管理指标上有趋同的倾向。但另一项涉及资金安全的指标量，第三方资金托管变量的平均值只有0.48。说明样本中有一半以上的平台未实行资金托管。这一方面说明平台倾向于把资金放在自己的账户上以带来相关的资金沉淀收益，另一方面也说明投资者只关注了所投资标的风险，而对平台跑路或倒闭所可能带来的风险重视不够。

表8-3　消除异方差和自相关后的回归结果（剔除不显著变量）

	被解释变量：lnLenderAmount		
	系数	Driscoll - Kraay 标准差	t 值
Sc_ Transparancy	-0.009***	0.0029	-3.04
lnVolume	0.350***	0.0699	5.01
Sc_ Liqu	0.014***	0.0044	3.13
Sc_ Brand	-0.016***	0.0039	-4.23
_ cons	5.372***	0.7213	7.45
观测个数	232		

注：***表示在0.01水平上显著。

首先，看透明度积分对投资者人数的影响。从表8-3的回归结果可以看出，透明度积分系数为负。说明简单地增加信息披露数量并不会对投资者产生吸引力，而可能适得其反。可以从以下五方面理解透明度积分和投资者人数相关性为负的原因。

一是从信息经济学的角度看，所披露信息的增加可以减少借款人与潜在出借人之间的信息不对称。但是，所披露信息越多，可能也会造成个人投资者选择项目的难度，从而造成选择成本的上升。

二是从投资者行为的角度来看，P2P网贷平台的投资者中有相当一部分是跟风投资者，非理性因素在选择投资平台的过程中起着较大的作用。当这些非理性投资者在获得更多的信息后，有可能被相关项目的高风险给“吓跑”，从而造成这些平台的投资人数的减少。

三是从借款人的角度来看，为保护个人隐私，在不影响借款成功率的情况下往往希望所披露的个人信息越少越好，从而倾向于去那些对信息披露要求较低的平台去借款。要求借款人披露的信息比较多的平台借款人少了，相应的平台上的投资者人数也会减少。

四是看成交金额、流动性积分、品牌积分等控制变量对投资者人数的影响。从表 8－3 的回归结果可以看出，成交金额、流动性积分与投资者人数呈正相关，品牌积分与投资者人数呈负相关。投资人数越多，相应的总的成交金额也多。这说明平台的投资者基本上都属于散户投资者，避免在同一平台的大资金量集中投资。这也符合风险管理中分散投资的需要。平台的资金流动性越强，投资人数越多。这说明 P2P 网贷平台的投资者主要是利用日常闲散资金进行投资，因此对资金的流动性要求较高，以便在需要使用资金时能较快地获得流动性。流动性受借款期限、提现时效、债权转让等因素影响。多数平台设置了债权转让机制，允许出借人将未到期的债权在平台上公开转让，从而吸引了更多的投资者到平台上投资。与日常认知不同的是，P2P 网贷平台的品牌积分与投资者人数呈负相关。这一现象可以从两方面来理解。一方面，P2P 网贷平台的投资者主要目的是获得一个较高的投资收益，其主要关注点在平台所提供项目的利率高低，而对平台自身的品牌建设情况并不敏感。另一方面，品牌积分较高的平台往往是经营较为稳定、风险相对较小的平台，平台所提供的项目偏向于低风险、低收益项目。这在一定程度上抑制了具有风险偏好的投资者参与平台项目投资的热情。

五是探讨一下为什么技术积分等变量对投资者人数的影响不显著。在投资者投资过程中，如果将关注的重点放在所投资项目本身的收益和风险上，那么对来自平台自身的风险往往会估计不足。平台的技术积分实际上反映的就是这一类属于来自平台的风险，容易被投资者所忽视。另外，如果各个平台在技术积分方面本身就没有什么大的差异，那么投资者对该指标值的大小也就不会太关注。所以，类似于技术积分这一类平台指标值对投资者人数就不会有什么大的影响。

8.2.3 结论与启示

借助网贷之家数据，对 P2P 网络借贷平台投资者行为与信息披露关联性进行了分析。研究发现，平台的成交金额和流动性积分值越大，投资者人数越多。平台的透明程度越高，投资者人数越少。平台的品牌积分值越大，投资者人数越少。而其他一些因素，如平台的技术积分等对投资者人数的影响不显著。

P2P 网络借贷平台的发展历程还较短，其投资者人群相对来说还不太成熟。在投资过程中，投资者往往容易将关注的焦点放在投资收益的高低上，而忽视了风险和收益之间的关系。另外，从相关数据来看，投资者过于关注所投资项目的风险，而对平台自身的风险关注尚不足。这容易给一些 P2P 网络借贷平台的违规操作留较大的空间，从而造成未来可能的平台跑路或倒闭的风险。如何提高投资者对平台自身风险的评判和管理能力是后续研究需要关注的焦点之一。

第三节　基于链接因子的 P2P 网络借贷平台风险评估

8.3.1　基于链接因子的风险评估模型

传统意义上的链接概念主要有两方面的含义。一是指计算机程序中各模块之间相互传递信号的参数和控制命令，以及由这些参数和命令所组成的一个可执行整体的过程。二是指网页中的超级链接，即从一个网页指向某一个目标的连接关系。该目标既可以是另一个网页，也可以是相同网页上的不同位置，还可以是文件、图片、电子邮件地址、应用程序等。本书中的链接因子概念更接近于以上的第二种含义，是指 P2P 网站中可观察到的各项指标量，如投标项目信息、投标人数等。

针对网站链接因子的特征进行评价是一种常用的定量评价网站价值的方法。通过统计学、拓扑学、情报学的方法对链接类型、链接数量、链接离散与集中规律等进行分析，可了解网站的信息质量和运行效果，从而为网站更新和流程改善提供参考。本书的主要目的是通过链接因子的分析对 P2P 网站的风险进行评估，因此对于链接因子的选取具有其特殊性。主要偏重于选择那些能反映平台综合实力和发展潜力的指标作为链接因子。同时，将相关指标区分为存量指标和流量指标分别进行评价，以提高对 P2P 网站静态和动态两方面特征的了解，以此增强评价的客观性和全面性。

基于链接因子的风险评估模型由风险评价指标和链接因子指标两大类指标构成。

基于链接因子的风险评估模型的风险评价指标为网贷平台发展指数。网贷平台发展指数是一个综合指标，其选取了反映平台综合实力和发展潜力的 9 个维度——成交、营收、人气、技术、杠杆、流动性、分散度、透明度、品牌中的超 100 项指标进行分组评分和线性组合计算，并运用层次分析法赋予每个维度不同的权重。通过将 9 个维度的得分进行加权平均，最后得到相关网贷平台的发展指

数值。因此，发展指数反映了平台的综合实力、影响力以及发展潜力。其中的 9 个维度所占权重分别为：成交积分为 7%、营收积分为 9%、人气积分为 15%、技术积分为 4%、杠杆积分为 14%、流动性为 5%、分散度为 15%、透明度为 13%、品牌为 18%。

基于链接因子的风险评估模型的链接因子指标分为两类：一类是市场指标，另一类是流量指标。其中市场指标有 9 个，分别为成交量增长率、当日待还金额（30 日平均）增长率、平均借款期限增长率、借款标数增长率、投资人数增长率、借款人数增长率、利率、信息透明度、前十大投资人待收金额占比。流量指标有 3 个，分别为网络热搜高频词、网站月访问量增长率（以 IP 地址统计）、BR 值（百度权重）。表 8 –4 中列出了相关的指标量。

表 8 –4　基于链接因子的风险评估模型相关指标

变量	类型	变量符号	名称
解释变量	市场指标	X1	成交量（亿元）
		X2	当日待还（30 日平均）（亿元）
		X3	投资人数（千人）
		X4	借款人数（千人）
		X5	借款标数（千个）
		X6	平均借款期限（月）
	流量指标	X7	热搜高频词（个）
		X8	网站访问量（次）
控制变量	市场指标	X9	利率
		X10	信息透明度
		X11	前十大投资者待收金额占比
	流量指标	X12	网站 BR 值
因变量		Y	发展指数

基于链接因子的风险评估模型相关指标具体含义：

（1）流量指标。网站的流量指标常用来对网站的质量进行评价。常见的网站流量指标有：独立访问者数量、重复访问者数量、网络搜索词、页面浏览数、每个访问者的页面浏览数等。本书所涉及的流量指标为网络热搜高频词、网站访问数量、网站 BR 值三个指标。

1）网络热搜高频词。网络热搜高频词是指网友在搜索某网络借贷平台时会连同搜索的关键词。网络热搜高频词数量多少通常能反映平台是否具有投资者所感兴趣的东西。网络热搜高频词越多，说明有越多的人对该平台产生兴趣。而这些人应属于平台投融资的潜在参与人。这些人的数量越多，未来真正转化为平台参与者的人数也会越多。

2）网站访问数量（以 IP 地址为统计依据）。即平台访问人数，是指某一时刻或者某一时间段内，浏览使用某一特定网站的人的数量。本书所涉及的访问人数是采取了以 IP 地址为统计依据的 30 日平均访问量。访问人数能够代表一个网络借贷平台的人气程度。访问量越多，则说明该平台受人关注程度和受人信赖程度越高，平台的风险性越低，越能被广大投资者认可。

3）网站 BR 值。即百度权重，既是百度对网站进行排名时运用的计算法则中的一部分，也是百度用来衡量一个网站的好坏的一项重要标准。网站 BR 值融合了网站总链接数、内链接数、外链接数、反链接数等多项指标计算而来。等级从 0 到 10 进行划分。数字越大，等级越高。平台的 BR 值越高说明该平台越受大众欢迎。由于链接数是影响 BR 值大小的关键因素，因此，网站里所拥有的高质量导入链接越多，网站 BR 值就可能越高。BR 值越高，则体现了该平台在搜索排名中的地位越高。因此，若 P2P 网贷平台的 BR 值越高，说明其平台的整体质量和受关注度越高，越容易被广大投资者信赖，平台风险相对较低。

（2）市场指标。市场指标是指在一定时期内，用来测量 P2P 网络借贷平台的经营状况的量化指标。本书采用成交量、当日待还金额（30 日平均）、借款标数、借款人数、投资人数、平均借款期限作为市场指标的二级指标。这六个指标是用来测量 P2P 网络借贷平台每个月经营状况以及预测未来发展状况的指数。以上各链接因子的数据均来自第三方平台网贷之家。

1）成交量。成交量是指借贷双方的成交金额。成交量可以在一定程度上反映平台的规模与活跃程度。成交量越大，平台的规模越大、平台越活跃。通常规模越大、越活跃的平台在项目经营和平台风险的控制方面能力越强。

2）当日待还金额（30 日平均）。当日待还金额（30 日平均）是指自平台成立以来累计待还的金额。待还金额越大，意味着平台的压力越大。对于非纯中介性质的平台而言，在成立时间及其他条件相近的条件下，累计待还金额越大，说明平台所隐藏的兑付风险也越大，平台的整体风险越高。

3）借款人数。借款人数可以在一定程度上表明平台资金的分散性。借款人数越多，平台资金的分散性越大，相关方面的风险就越低。同时，借款人数也表明平台的人气。人气越高，公众的参与程度越高，相关方面风险越低。

4）投资人数。投资人数也象征着平台网络借贷平台的人气。投资人数越多，平台的资金来源越充裕，资金链断裂等方面的风险越低。

5）借款标数。借款标数是指平台发布的借款标的个数，反映出不同平台的实力。随着网贷行业的发展，各个网贷平台上的标的种类也朝着多元化方向发展。目前，各个平台的标的种类主要包括信用标、净值标、抵押标、担保标等。从总体来看，发布借款标数多意味着该平台拥有较强的实力，投资人气旺，自身的风险也会比较低。

6）平均借款期限。平均借款期限是指所有借款人借款期限的平均值。可以用来衡量投资者收回资金时间的长短。平均借款期限越短，收回资金越快，越能尽快偿还投资者借出的资金，平台面对的风险相对较小。

7）平均借款利率。本书中平均利率是指不同投资期限、不同出借金额下的利率平均值，用来反映该平台提供的投资收益率。平均利率越高，平均收益率也就越高。根据“风险—收益相匹配原理”可知，收益和风险之间存在一定的正相关性。风险越大，收益越高。因此，网络借贷平台的平均利率越高，平台借贷风险往往也越高。

8）信息透明度。信息透明度是指网络借贷平台关于自身信息的公开程度。若信息公开程度越高，则平台用户所能获取的有效信息量则越多。投资者能够通过公开的信息，对平台的风险以及标的风险有着更深入的了解与认知，从而降低自身投资风险。从另一方面来说，网络借贷平台愿意将信息公开，则说明自身的运营更为规范，风险控制更为可靠，能够接受用户的监管。

9）前十大投资人待收金额占比。前十大投资人待收金额占比是指出借资金总额居于前十位的投资人的待收资金总量占所有待收资金总量的比例。该占比越高，则意味着平台的资金过于依赖少数投资者。当这一部分投资者期满收回资金或提前收回资金时，平台的资金流就可能会受到较大的冲击，从而影响到平台自身的正常经营。因此，前十大投资人待收金额占比越高，平台可能面临的风险越大。

8.3.2 基于静态指标的 P2P 网络借贷平台风险分析

为了解 P2P 网络借贷平台的相关静态和动态指标与平台经营状况的关联性，本书选取了 50 家 P2P 网络借贷平台作为考察对象，对相关指标值和网络借贷平台的发展指数值之间的关联性进行了分析。具体平台如表 8 -5 所示。

表 8-5　P2P 网络借贷样本平台

序号	平台名称	序号	平台名称	序号	平台名称
1	红岭创投	18	团贷网	35	生菜金融
2	粤商贷	19	你我贷	36	温商贷
3	金宝保	20	民贷天下	37	爱投资
4	恒信易贷	21	翼龙贷	38	永利宝
5	温州贷	22	投哪网	39	口贷网
6	珠宝贷	23	铜掌柜	40	金银猫
7	财加	24	365 易贷	41	阿朋贷
8	石投金融	25	宜人贷	42	金融工厂
9	人人贷	26	链家理财	43	友金所
10	拍拍贷	27	麻袋理财	44	诺诺镑客
11	积木盒子	28	有利网	45	银客理财
12	开鑫贷	29	小赢理财	46	信融财富
13	Ppmoney	30	理想宝	47	合拍在线
14	微贷网	31	鑫合汇	48	合力贷
15	陆金所	32	爱钱进	49	汇盈金服
16	向上金服	33	和信贷	50	房金所
17	惠众金融	34	果树财富		

资料来源：网贷之家、Alexa 及各平台网站。

本书选取了从 2015 年 6 月至 2016 年 5 月的有效观察样本共 600 个。样本数据主要通过各样本平台网站、网贷之家、和讯网、网贷天眼、《2015 年中国网贷行业年报》、2016 年中国网络借贷行业各月月度报告获得。对所得数据利用 Stata 软件和 Excel 统计软件进行了归纳和整理。P2P 网络借贷平台所面临的风险有很多种，包括信用风险、操作风险、市场风险、流动性风险、政策风险等。本书采用了第三方数据网站——网贷之家所提供的平台发展指数作为衡量平台风险的综合指标。为便于统计分析，成交量和当日待还金额（30 日平均）采用了亿元作为单位，投资人数和借款人数以千人为单位，借款标的数以千个为单位。同时，对所有的增长率指标值均进行了乘以 100 的处理，网站月访问量（以 IP 地址统计）进行了取对数处理。

通过散点图考察 P2P 网络借贷平台发展指数与成交量、当日待还金额（30 日平均）、投资人数、借款人数、借款标数、平均借款期限、热搜高频词数量、

平台访问量等指标之间的关系。为消除时间因素对平台各项指标值的影响，对观察期内的样本数据进行了平均处理，即所选取的数据均为月平均数据。

图 8－1 给出了 P2P 网络借贷平台发展指数与成交量之间的关系。从图 8－1 中可以看出，大部分 P2P 网络借贷平台的成交量在 10000 万元以内，所对应的平台发展指数集中于 40～55。对于成交量较大的平台，其发展指数也相应较大。但相较于成交量较小的平台来说，此时平台的发展指数出现了较大程度的分化。发展指数值最大的达到了 70 左右，而最小的仍只有 45 左右。从整体的趋势来看，随着平台成交金额的增加，平台的发展指数也相应增加。即平台成交量越大，风险越小。

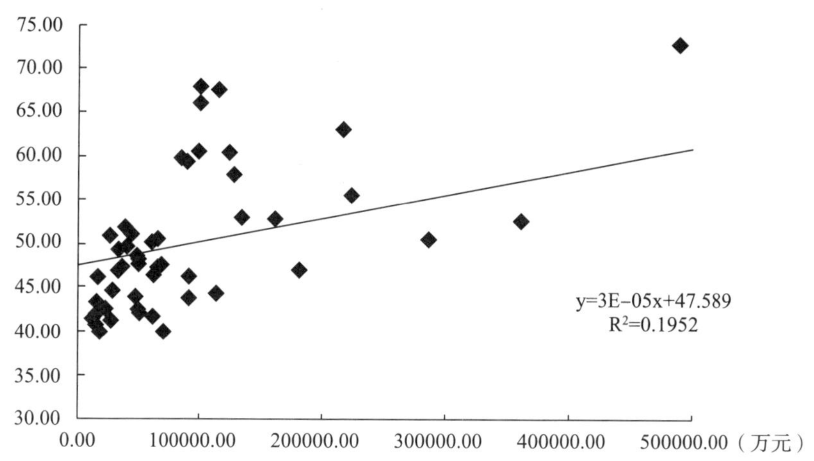

图 8－1 发展指数与成交量之间的关系

图 8－2 给出了 P2P 网络借贷平台发展指数与当日待还金额（30 日平均）之间的关系。从图 8－2 中可以看出，大部分平台的当日待还资金在 20000 万元以内，相应的平台发展指数位于 40～70。反映出处于该范围内的各家平台的风险差异比较大。对于当日待还金额较大的平台，其发展指数相对较小。但随着平台待还金额的增加，平台发展指数下降趋势逐步变缓。当日待还金额较大的平台之间的风险差异相对较小。从整体的趋势来看，随着平台当日待还金额的增加，平台的发展指数相应减小。即平台当日待还金额越大，风险越大。

图 8－3 给出了 P2P 网络借贷平台发展指数与投资人数（人）之间的关系。从图 8－3 中可以看出，大多数平台的投资人数在 35000 人以内。除了极个别平

台的发展指数较大外，这一区间内的平台发展指数主要集中在40～55，差异相对较小。投资人数较多的平台其发展指数平均来说也比较大。但这类平台的发展指数值相对较为分散。说明平台的风险差异较大。从整体的趋势来看，随着平台投资人数的增加，平台发展指数也随之增长。即平台投资人数越多，风险越小。

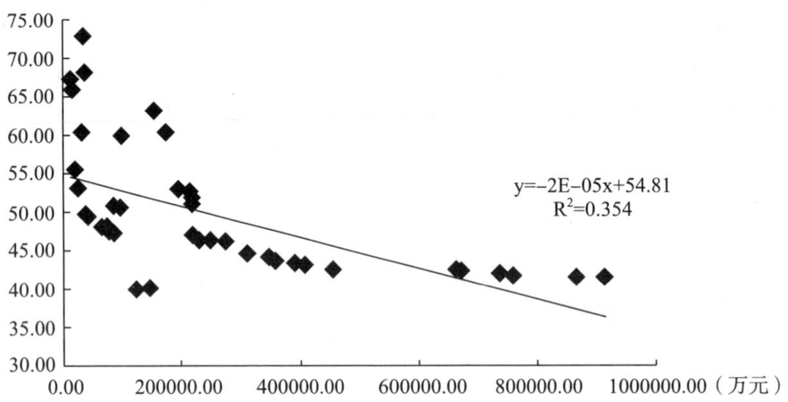

图8－2　发展指数与当日待还金额（30日平均）的关系

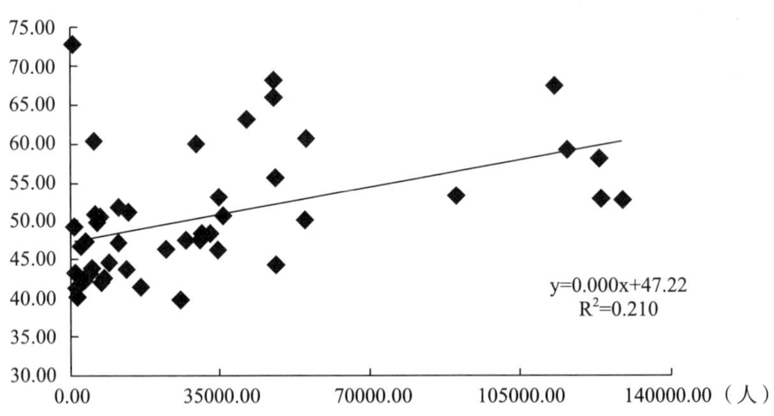

图8－3　发展指数与投资人数之间的关系

图8－4给出了P2P网络借贷平台发展指数与借款人数之间的关系。从图8－4中可以看出，大多数平台的借款人数在2000人以内，所对应的平台发展指数介于40～68，相对较为分散。人数较多的平台发展指数相对较小，但是差异不明显。从整体的趋势来看，随着平台借款人数的增加，平台的发展指数相应减

小。即平台借款人数越多，风险越大。

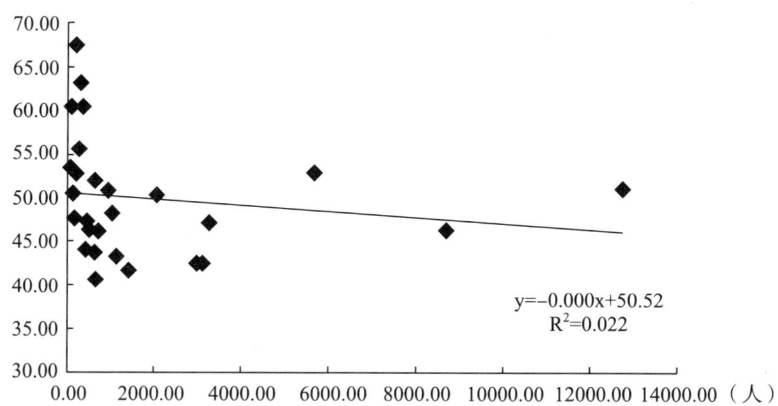

图 8－4　发展指数与借款人数之间的关系

图 8－5 给出了 P2P 网络借贷平台发展指数与借款标数之间的关系。从图 8－5中可以看出，大多数平台的借款标数在 10000 个标的范围内，所对应的发展指数介于 40～68，相对较为分散。平台借款标数越多的平台发展指数相对也较大，但发展指数值的波动范围较大。从整体的趋势来看，随着平台借款标数的增加，平台的发展指数也相应增加。即平台标数越多，风险越小。

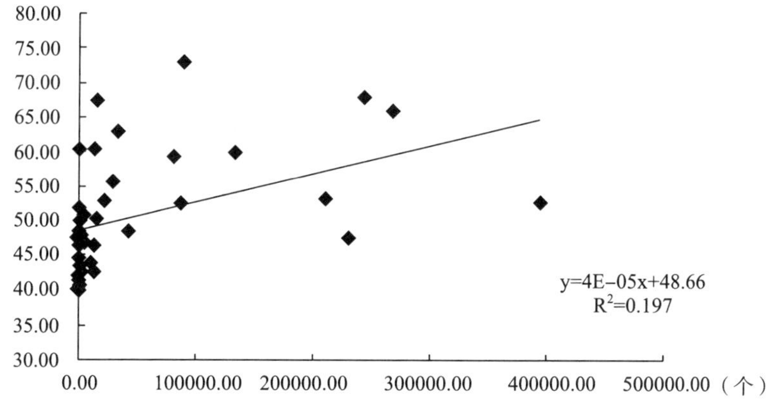

图 8－5　发展指数与借款标数之间的关系

图 8－6 给出了 P2P 网络借贷平台发展指数与平均借款期限之间的关系。从

图 8 -6 中可以看出，大多数平台项目的借款期限在 7 个月之内，所对应的平台发展指数集中于 40 ~ 62，相对较为分散。平均借款期限较长的平台发展指数相对较小，但这类平台的发展指数值的差异并不大。从整体的趋势来看，随着平台平均借款期限的增加，平台的发展指数相应减小。即平台平均借款期限越长，风险越大。

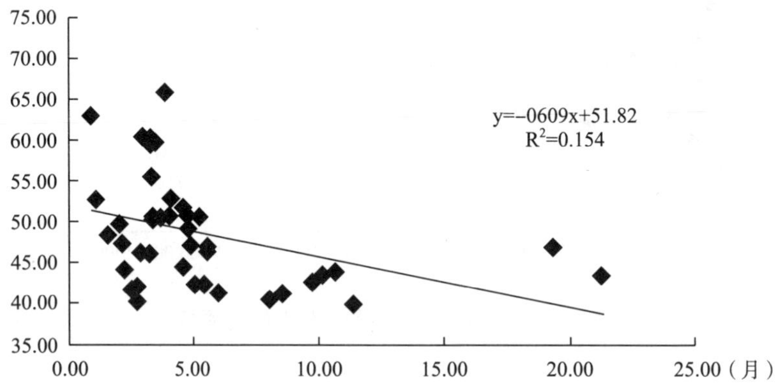

图 8 -6　发展指数与平均借款期限之间的关系

图 8 -7 给出了 P2P 网络借贷平台发展指数与热搜高频词数量之间的关系。从图 8 -7 中可以看出，热搜高频词的分布从 10 ~ 100 个的平台都有。大多数平台的热搜高频词数量介于 40 ~ 100 个。所对应的平台发展指数介于 38 ~ 75，相对

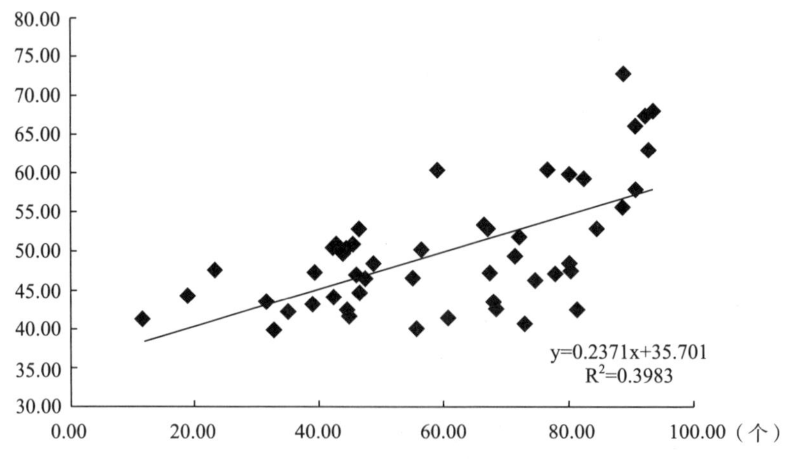

图 8 -7　发展指数与热搜高频词数量之间的关系

较为分散。热搜高频词数量越多的平台发展指数值也越大。从整体的趋势来看，随着平台热搜高频词数量的增加，平台的发展指数也相应增加。即平台热搜高频词数量越多，风险越小。

图 8-8 给出了 P2P 网络借贷平台发展指数与平台访问量之间的关系。从图 8-8 中可以看出，大多数平台的访问量介于 27~60，少于 20 的平台很少。平台的发展指数介于 38~75。平台访问量越大的平台发展指数也相对越大，但这类平台的发展指数值相对较为分散。从整体的趋势来看，随着平台访问量的增加，平台的发展指数也相应增加。即平台访问量越大，风险越小。

由于现实中网贷平台的风险并不是由单个因素所决定的，其风险往往由多个因素共同作用所产生。为了进一步验证上述静态指标与平台风险的相关性，文中引入多元回归模型，对上述结果做进一步验证。表 8-6 为上述 50 家平台在 2015 年 6 月至 2016 年 5 月共 12 个月数据的描述性统计结果。

从表 8-6 的描述性统计结果可知，从 2015 年 6 月至 2016 年 5 月，成交量均值达到了 9.142224 亿元。平台每个月平均成交量达近 10 亿元，可见国内 P2P 网络借贷行业发展势头十分强劲。与此同时，当日待还（30 日平均）高达 34.56468 亿元，约为平均成交量的近 4 倍。这表明平台有着较大的兑付压力。网络借贷行业迅速发展的背后也隐藏着巨大的风险。从投资人数、借款人数、借款标数这三个指标来看，不同平台之间的差异明显。相对来说，各平台在热搜高频词数量、访问量、平均借款期限、利率、信息透明度、平台网站 BR 值等指标上的差异要小些。

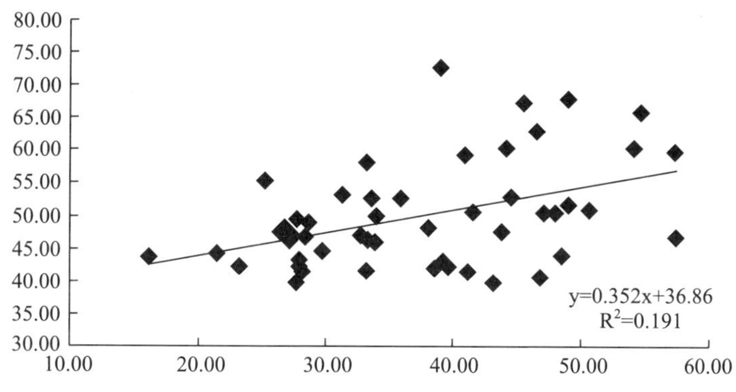

图 8-8 发展指数与平台访问量之间的关系

表 8 -6　P2P 网络借贷平台描述性统计结果

变量	构成	均值	标准差	最小值	最大值
解释变量	成交量	9.142224	14.23345	0.0326	109.6112
	当日待还（30 日平均）	34.56468	56.10231	0.442833	526.6898
	投资人数	29.98171	39.00174	0.001	215.002
	借款人数	22.0246	61.50158	0.004	468.335
	借款标数	68.97033	249.2314	0.023	2366.443
	热搜高频词	60.40112	21.97049	9.29	97.93
	访问量	71.45502	16.06397	20.11	100
	平均借款期限	9.126967	10.18678	0.67	37.95
控制变量	利率	11.8067	3.274582	5.9	22.32
	信息透明度	34.70948	38.79343	1	77.03
	前十大投资者待收占比	12.69348	15.9305	0.54	87.29
	平台网站 BR 值	3.996667	1.664714	1	10
因变量	发展指数	50.0244	8.118751	36.51	74.14

表 8 -7 给出了上述 50 家平台在 2015 年 6 月至 2016 年 5 月共 12 个月数据的多元回归结果。

表 8 -7　P2P 网络借贷平台多元回归结果

解释变量	变量名称	系数	标准差	t 值	P 值
X1	成交量	0.1005767	0.0086506	11.63	0.000
X2	当日待还（30 日平均）	-0.0123071	0.002983	-4.13	0.000
X3	投资人数	0.0190548	0.0036879	5.17	0.000
X4	借款人数	-0.039693	0.0158154	-2.51	0.012
X5	借款标数	0.0017188	0.000456	3.77	0.000
X6	热搜高频词	0.1078036	0.0355551	3.03	0.002
X7	网站平均访问量	0.0040914	0.0018222	2.25	0.025
X8	平均借款期限	-0.451186	0.1202284	-3.75	0.000
X9	利率	0.15708	0.011034	14.24	0.000
X10	信息透明度	0.0404579	0.0426793	1.03	0.304
X11	前十大投资者待收占比	-0.0096426	0.0118968	-2.48	0.013
X12	平台网站 BR 值	0.0039758	0.0017523	2.27	0.024
Cons	截距	37.92139	1.200852	31.58	0.000

从表8－7的回归结果显示，当日待还金额（30日平均）、借款人数、平均借款期限、前十大投资者待收占比这些指标都与平台发展指数呈负相关关系。即当日待还金额（30日平均）越少、借款人数越少、平均借款期限越短、前十大投资者待收占比越小，平台发展指数值越大，相应的平台风险越低。上述变量每变动一个单位，发展指数值将变动－0.0123071、－0.039693、－0.451186、－0.0096426个单位。

从表8－7的回归结果还显示，信息透明度与平台发展指数呈正相关关系。即信息透明度越高，平台发展指数值越大，相应的风险较小。但信息透明度与平台发展指数的相关关系并不显著。成交量、投资人数、借款标数、热搜高频词数量、平台网站月访问量（以IP地址为统计依据）、利率、平台网站BR值这些指标都与平台发展指数呈显著的正相关关系。即这些指标值越大，平台发展指数值越大，相应的风险较小。上述指标值每变动一个单位，平台发展指数将变动0.0404579、0.1005767、0.0190548、0.0017188、0.1078036、0.0040914、0.15708个和0.0039758个单位。

8.3.3 基于动态指标的P2P网络借贷平台风险分析

为了了解平台相关指标的动态变化与平台风险的关系，本书选取了成交量、当日待还金额、投资人数、借款人数、平均借款期限和借款标数等的增长率指标作为考察对象，研究了平台发展指数和平台的这些增长率指标之间的关联性。

本书选择了一家较为典型的P2P网络借贷平台——陆金所作为考察对象。相关数据的时间区间为2015年6月至2016年5月，采用月增长率数据指标。

从图8－9可知，随着陆金所的成交量增长率的升高，平台发展指数也呈现

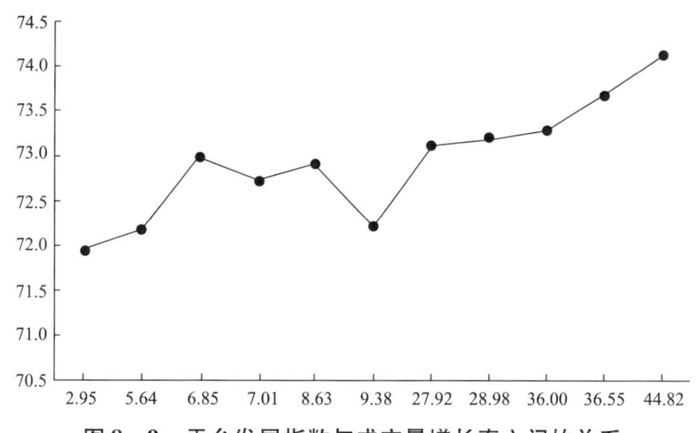

图8－9 平台发展指数与成交量增长率之间的关系

升高的趋势。即 P2P 网络借贷平台成交量的增长速度越快，平台的发展指数值越大，平台所面临的风险越小。

从图 8－10 可知，随着陆金所的当日待还金额（30 日平均）增长率升高，平台发展指数呈现出降低的趋势。即 P2P 网络借贷平台当日待还金额（30 日平均）增长速度越快，平台的发展指数值越小，平台所面临的风险越大。

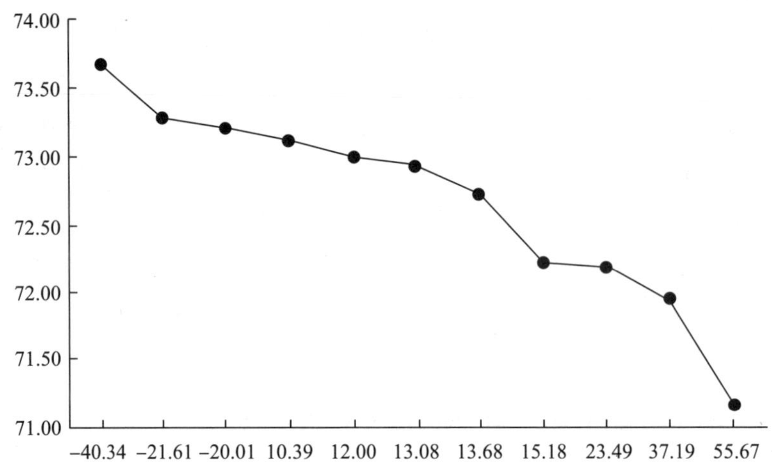

图 8－10　平台发展指数与当日待还金额（30 日平均）增长率之间的关系

从图 8－11 可知，随着陆金所投资人数增长率的升高，平台发展指数呈现出

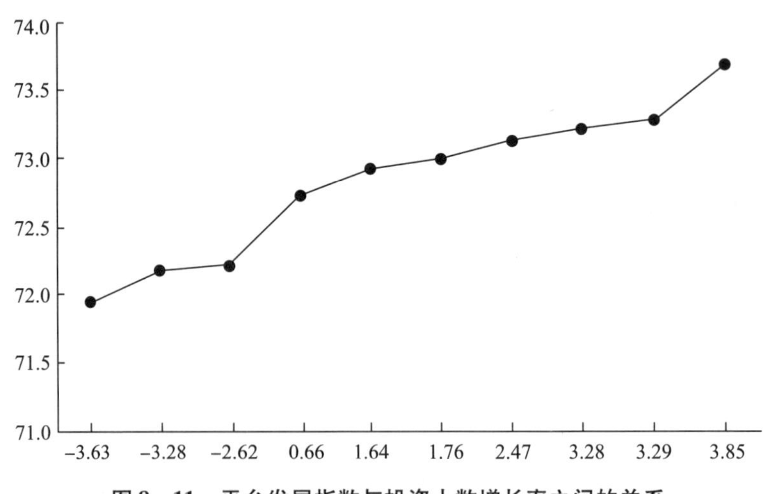

图 8－11　平台发展指数与投资人数增长率之间的关系

升高的趋势。即 P2P 网络借贷投资人数增长的速度越快，平台的发展指数值越大，平台所面临的风险越小。

从图 8－12 可知，随着陆金所的借款人数增长率的升高，平台发展指数呈下降趋势。即 P2P 网络借贷平台借款人数增长速度越快，平台的发展指数值越小，平台所面临的风险越大。

从图 8－13 可知，随着陆金所的借款标数增长率的升高，平台发展指数也呈现升高趋势。即 P2P 网络借贷平台的借款标数增长速度越快，平台的发展指数值越大，平台所面临的风险越小。

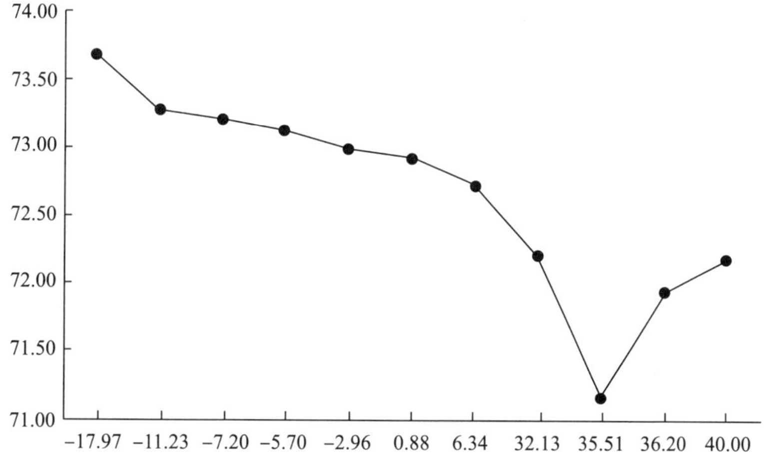

图 8－12　平台发展指数与借款人数增长率之间的关系

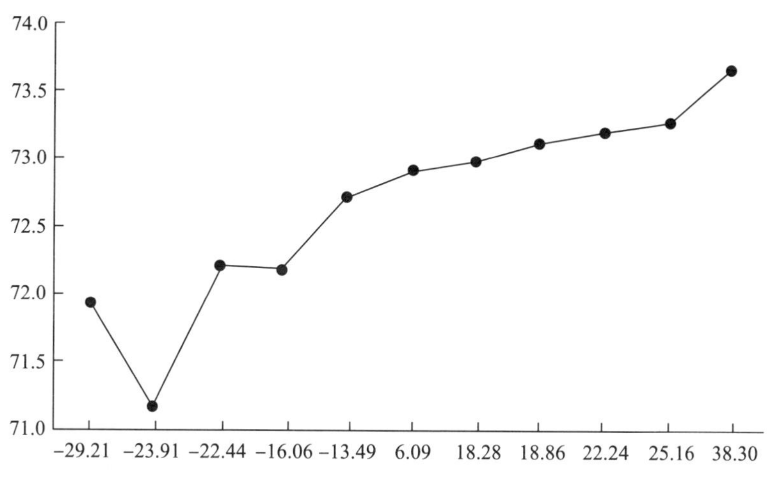

图 8－13　平台发展指数与借款标数增长率之间的关系

从图 8 – 14 可知，随着陆金所的平均借款期限增长率升高，平台发展指数呈下降趋势。即 P2P 网络借贷平台随着借款期限的增长速度加快，平台发展指数值减小，平台所面临的风险增大。

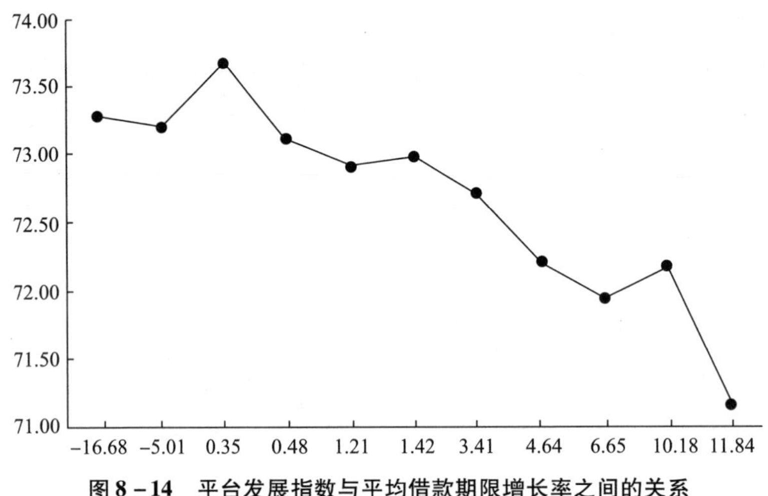

图 8 – 14　平台发展指数与平均借款期限增长率之间的关系

从图 8 – 15 可知，随着陆金所的访问量增长率的升高，平台发展指数也呈现出升高趋势。即 P2P 网络借贷平台的访问数量增加的速度越快，平台发展指数值越大，平台所面临的风险越小。

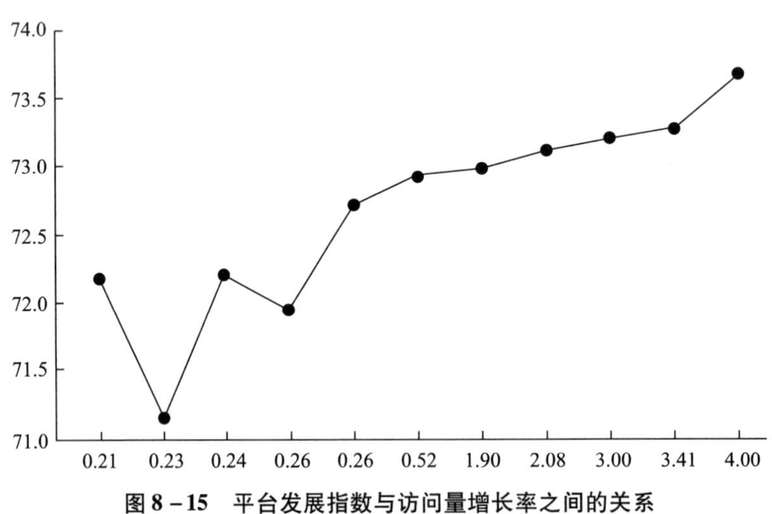

图 8 – 15　平台发展指数与访问量增长率之间的关系

从图 8－16 可知，网贷平台陆金所的热搜高频词增长率与平台发展指数呈现出正相关趋势，即 P2P 网络借贷随着热搜高频词的增长速度加快，平台发展指数越大，其平台风险越小。

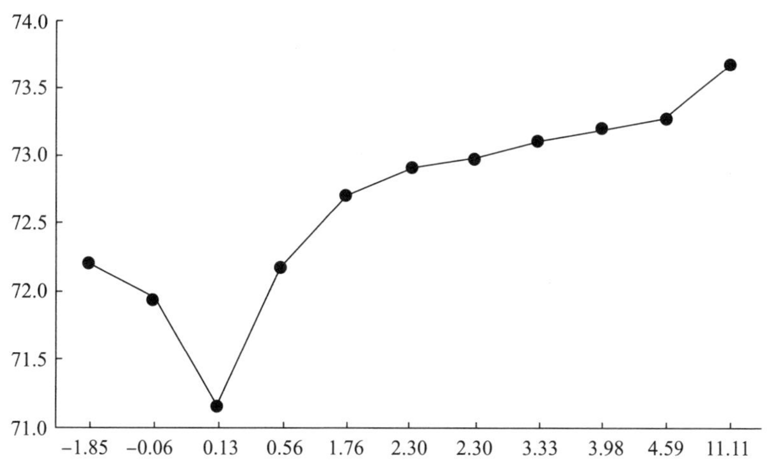

图 8－16　平台发展指数与热搜高频词增长率之间的关系

上述只是针对陆金所一家平台的统计结果。为了进一步验证上述动态指标与平台风险的相关性，本书中引入多元回归模型，对上述结果做进一步的验证。表 8－8 中列出了相关的增长率指标。

表 8－8　P2P 网络借贷平台风险评估增长率指标

变量	类型	变量符号	名称
解释变量	市场指标	Z1	成交量增长率
		Z2	当日待还（30 日平均）增长率
		Z3	投资人数增长率
		Z4	借款人数增长率
		Z5	借款标数增长率
		Z6	平均借款期限增长率
	流量指标	Z7	热搜高频词增长率
		Z8	网站访问量增长率

续表

变量	类型	变量符号	名称
控制变量	市场指标	Z9	利率
		Z10	信息透明度
		Z11	前十大投资者待收占比平台
	流量指标	Z12	网站 BR 值
因变量		Y	发展指数

选取 2015 年 6 月至 2016 年 5 月共 12 个月的 50 家 P2P 网络借贷平台的数据。在计算增长率之后，共有 550 个有效样本。表 8－9 给出了增长率指标的描述性统计结果。表 8－9 中的增长率指标是实际计算结果乘以 100 后所得结果。

表 8－9　P2P 网络借贷平台风险评估增长率指标的描述性统计结果

变量	名称	均值	标准差	最小值	最大值
解释变量	成交量增长率	11.75373	55.88967	－90.45402	944.4265
	当日待还（30 日平均）增长率	11.06725	52.15531	－89.62375	950.5654
	投资人数增长率	12.15224	69.88428	－99.70674	958.1577
	借款人数增长率	18.43719	99.40236	－91.5513	1593.847
	借款标数增长率	22.10923	135.7548	－95.54896	2490.265
	热搜高频词增长率	0.7449698	9.671549	－38.69286	79.76908
	网站访问量增长率	2.742796	20.66258	－49.26829	163.2184
	平均借款期限增长率	2.561534	15.63151	－32.45564	135.3909
控制变量	利率	11.73207	3.272261	5.9	22.32
	信息透明度	34.47293	39.81116	1	778.03
	前十大投资者待收占比	12.67429	15.96982	0.54	84.64
	平台网站 BR 值	4.034545	1.666308	1	10
因变量	发展指数	49.99522	8.152484	37.2	74.14

从表 8－9 的描述性统计结果可知，在所观测的时间段内，各项增长率指标均出现了正向和负向的变动，而且变动幅度较大。借款人数增长率和借款标数增长率这两个指标的变动最为明显。借款人数增长率指标的标准偏差达到了 99.40236，借款标数增长率指标的标准偏差更是高达 135.7548。说明各平台在增

长率指标方面存在着较大的差异。P2P 网络借贷平台的发展非常不平衡。

表 8 - 10 给出了 50 家平台在 2015 年 6 月至 2016 年 5 月共 12 个月数据的多元回归结果。

表 8 - 10 P2P 网络借贷平台风险评估增长率指标回归结果

解释变量	变量名称	系数	标准差	t 值	P 值
Z1	成交量增长率	0.0343601	0.0198806	1.73	0.084
Z2	当日待还（30 日平均）增长率	-0.4177464	0.0586661	-7.12	0.000
Z3	投资人数增长率	0.0000312	3.37e-06	9.25	0.000
Z4	借款人数增长率	-0.0940384	0.0245325	-3.83	0.001
Z5	借款标数增长率	0.0000314	5.88e-06	5.35	0.000
Z6	热搜高频词增长率	0.0353381	0.0050535	6.99	0.000
Z7	网站访问量增长率	0.1247223	0.027329	4.56	0.000
Z8	平均借款期限增长率	-0.0205628	0.0045581	-4.51	0.000
Z9	利率	0.0957145	0.0128367	7.46	0.000
Z10	信息透明度	0.0162764	0.0128563	1.27	0.206
Z11	前十大投资者待收占比	-0.0111975	0.0084087	-1.83	0.068
Z12	平台网站 BR 值	0.2616955	0.0163078	16.05	0.000
Cons	截距	35.79054	1.451042	24.67	0.000

从表 8 - 10 的回归结果可知，当日待还（30 日平均）增长率、借款人数增长率和平均借款期限增长率与平台发展指数呈显著负相关关系。说明随着当日待还（30 日平均）增长率、借款人数增长率和平均借款期限增长率的升高，平台的发展指数值减小。即当日待还（30 日平均）增长率、借款人数增长率和平均借款期限增长率的值越大，平台的风险越大。上述相关指标值每变动一个单位，平台发展指数值将分别变动 -0.4177464、-0.0940384 和 -0.0205628 个单位。

从表 8 - 10 的回归结果还可知，成交量增长率、投资人数增长率、借款标数增长率、热搜高频词增长率、网站访问量增长率、利率、平台网站 BR 值这些指标量与平台发展指数呈显著正相关关系。说明随着成交量增长率、投资人数增长率、借款标数增长率、热搜高频词增长率、网站访问量增长率、利率、平台网站 BR 值的升高，平台的发展指数值增大。即成交量增长率、投资人数增长率、借款标数增长率、热搜高频词增长率、网站访问量增长率、利率、平台网站 BR 值越大，平台的风险越小。上述相关指标值每变动一个单位，发展指数值将分别变动 0.0343601、0.0000312、0.0000314、0.0353381、0.1247223、0.0957145 和 0.2616955 个单位。

8.3.4 结论与启示

选取了自 2015 年 6 月至 2016 年 5 月期间的 50 家平台数据为样本，以平台发展指数作为风险指标，以各样本平台相关的 12 组数据作为风险影响因素，从存量指标和增长率指标两个维度对 P2P 网络借贷平台的风险进行了分析。

成交量和成交量增长率同发展指数呈现出正相关关系。成交量在一定程度上可以反映出该借贷平台的实际经营运作情况。成交量越大，表明该借贷平台发生的交易量越大，所撮合的资金额越多，从而平台从撮合交易中收取的中介费、手续费等相关费用也越多。资金状况的良好对于平台突发状况（如大金额投资者提前赎回资金等）的抵御能力也越强，平台自身的运作能力和自我提升能力也相应提高，从而对平台承受风险的能力都会有所增强。成交量增长率反映了不同月份资金成交的变化情况，成交量增长率的绝对值越大，则说明当月环比变化情况越大。若成交量增长率越大，则说明越多的投资者在网络借贷平台进行交易，平台的受信赖程度越高，相对于投资者来说越安全；若成交量增长率呈现出负数形态，则说明当月的成交金额环比上月有所萎缩。当增长率呈现出数值较大的负数时，则说明当月成交金额发生了大幅度的萎缩，则此时投资者应该注意该借贷平台的投资风险。

当日待还金额（30 日平均）和当日待还金额（30 日平均）增长率与发展指数呈现出负相关关系。当日待还金额（30 日平均）是指自平台成立以来累计待还的金额。金额越大，则意味着平台的还款压力越大。对于非纯中介性质的平台而言，在成立时间及其他条件相近的条件下，累计待还金额越大，平台还款压力大。若出现大额资金同期归还等情形，对平台造成的还款压力则会加剧。此时资金实力不是很强的平台就很有可能出现无法按期偿还的情况，从而造成投资者的损失。

投资人数与投资人数增长率与发展指数呈正相关关系。投资人数在一定程度上可以代表平台的人气指数与安全性。平台的投资人数越多，说明该平台的人气越旺盛，可信任程度越高。随着平台投资人数的增加，降低了平台对部分金额较大的投资者的依赖程度。风险分散降低了可能的资金断裂或者坏账对平台造成的不利影响。同时，投资人数的增加会带动成交金额的增加，平台从中收取的撮合

交易费用也会上升。增加了平台日常运营资金，提高了平台的抵御风险能力。

借款人数和借款人数增长率与发展指数呈负相关。借款人数越多，说明平台的人气越旺。借款人数增长率越大，说明平台处于快速扩张期。一方面，随着借款人数的增加，出现借款人不能按期还款的可能性增加。另一方面，借款人数的快速增长也说明了平台可能采取了以牺牲质量为代价的市场扩张政策，使得平台后续出现问题的可能性增加。

借款标数与借款标数增长率与发展指数呈正相关。借款标数越多，投资者可选择的余地越大，对风险的辨识能力也会相应提高。借款标数增长率越大，平台可收取的手续费也相应增加。这在一定程度上提高了平台的抗风险能力。

热搜高频词与热搜高频词增长率和发展指数呈正相关。网络热搜高频词越多，说明大众对该网贷平台的兴趣越浓厚，潜在投资者越多。潜在投资者转变成为实际投资者时，会为平台创造更多的成交量。热搜高频词增长率越大，说明进一步吸引到了新的潜在用户，从而拓宽了资金来源渠道，降低了自身风险。

网站访问量与访问量增长率与平台的发展指数呈正相关。访问量反映了一段时间内平台的浏览人数。访问量越大，说明网站的受关注程度越高。平台访问数量越大，这一方面能说明平台的运营情况越好，另一方面也说明平台更易受到投资者的监督。网站访问量增长率越大，说明平台有较好的产品能吸引到更多的外部关注。在内外部双重力量的推动下，平台将树立良好的口碑，吸引更多的投资者参与平台交易，形成良性循环。

平均借款期限与平均借款期限增长率与平台发展指数呈负相关。平均借款期限越长，借款人发生违约的可能性越大，出现坏账的可能性越大，减弱了资金流动性。同时，平台还需要承担催款所造成的资金支出，加重了平台运营的负担，从而使其面临较大的风险。

利率与平台发展指数呈正相关。根据风险收益相匹配的原则，收益率越大，说明风险越大。但是，从 P2P 网贷平台的客户群来看，投资者对于收益更为敏感，而对于风险则相对不敏感。属于风险偏好型的客户相对较多。由于借款利率是平台用户直观了解借款标的的重要参数指标，对于偏好风险的投资者来说，有着十分大的吸引力与诱惑力，这反而带动了平台人气，从而使平台能够通过规模经营降低风险。

信息透明度与平台发展指数呈现出不显著的正相关关系。即信息透明度越大，平台发展指数越大，平台风险越小。信息公开程度越大，说明投资者对于平台及其平台产品有着更具体的了解，对于其所在的风险也能有更具体的认知，能根据自我的风险承受能力选择更适合的产品。但由于其不显著，因此不具备很强的解释能力。

BR 值与平台发展指数呈现出显著的正相关关系。即 BR 值越大，平台发展指数越大，平台风险越小。BR 值越大，说明平台网站拥有的高质量的链接数越多。投资者能够通过高质量的链接获取其需要的有效信息，从而提高风险管理能力。

在存量指标的视角下，前十大投资者待收金额占比与发展指数呈现出负相关关系。在增长率指标的视角下，在 90% 的置信区间下，前十大投资者待收占比与发展指数呈现出显著的负相关关系。前十大投资人待收占比是指在一定时间内待收金额前十名投资人的待收金额占所有投资人待收金额的比例。前十大投资人待收所占比例越大，说明平台的分散性越弱，平台过于依赖部分投资人。若当这一部分投资人期满收回资金或者提前赎回资金的状况发生时，平台的流动性会受到一定的影响。但由于其不显著，因此不具备很强的解释能力。

模 型 篇

第九章　金融市场价格波动模型及其演化机制分析

通过将投资者认知偏差、市场的可选择性、动量交易者等引入金融市场价格波动模型，研究了金融市场价格波动和投资者认知偏差之间的相关性。研究发现，投资者对损失和收益的非对称性认知将导致投资者“羊群行为”，从而引起价格的剧烈波动。当存在多个可投资市场时，投资者认知偏差所引致的价格波动将由于投资者的市场转换行为而得到一定的抑制，不同市场的投资收益达到动态平衡。金融市场中动量交易者的存在对价格波动的影响与市场冲击的影响力有关。在市场冲击较小时，金融市场存在自增强反馈效应。理性投资者选择模仿动量交易者的趋势跟随策略，从而导致“羊群效应”的发生。在市场冲击较大时，理性投资者的趋势拒绝策略和动量交易者的趋势跟随策略共存，金融市场由于理性投资者的存在而趋于稳定。

第一节　单一市场下投资者认知偏差对价格波动的影响

9.1.1　研究背景

自从经济学家马歇尔提出均衡价格理论以来，经济学家们一直在努力寻找市场冲击与价格变化之间的函数关系。最近几年来，为了解释由需求和供给理论所分析得到的理论价格与市场中的实际交易价格之间存在差异的原因，人们开始致力于研究市场冲击在股票价格演化中所起到的作用。相关的工作为金融系统中的复杂性问题的研究提供有益的思路和方法。

人们知道市场冲击反映的是市场中的供给和需求的不平衡，它会导致股票价格上升或下降。但是，人们并不是十分清楚为什么市场中常常会出现供给和需求的不平衡。过去10多年来，人们从心理学的角度研究了人类的大脑对于外部信息的反应，发现大脑对于负面信息的感知要远远敏感于对正面信息的感知。反映在投资过程中，就是投资者对同样数量的得到和失去，其失去的痛苦要远远大于得到的快乐。人们研究了股票市场中投资者对价格变化的反应是否也存在认知偏差，发现投资者对不利的市场信号往往会过度反应，而对有利的市场信号往往会反应不足。正是这样一种对投资过程中的得到和失去感知上的差异，导致了股票市场中实际交易价格和理论价格的不一致。

为了进一步理解金融市场中的演化动力学过程，人们引入了多种基于Agent模型来模拟研究金融市场中的投资者行为对价格演化的影响。这其中少数者博弈模型提供给了一种简单但有效的方法来模拟股票市场价格的演化。在少数者博弈模型中，价格的演化机制由两个因素决定：公共信息和个人策略。在每一个时间步中，每个人都是根据历史价格信息和其个人的交易策略决定是买还是卖。当所有的人都已经做了决定以后，股票价格根据买卖人数的差异进行更新。在这个过程中，投资者为了能够获得更高的收益，会根据自己前期投资情况调整自己的投资策略。即放弃前期导致收益不佳的策略，从自己的策略库中随机选择另一个策略。与少数者博弈模型中经常会出现“拥挤效应”的情形相类似，另一个被称为Kolkata Paise Restaurant（KPR）问题的模型中也经常会出现由“羊群行为”所导致的“拥挤效应”。与少数者博弈模型中只存在两类不同的行为相区别，在KPR模型中个人可以有多个不同类型的行为选择。

在最初的少数者博弈模型中，个人的投资策略是一个不连续的量。这给定量地探讨投资者策略与价格变化之间的关系带来了困难。Johnson等提出了一个演化的少数者博弈模型。在该模型中，投资者的策略用［0，1］的一个实数来表示，这样就使投资者策略由原来的不连续量变为可连续变化的量。借助于这样一个连续策略模型，就可以比较容易描述投资者之间的投资策略特征了。如平均投资策略，投资策略的分布和标准偏差等量都可以被用来描述投资者的群体策略特征。

在演化的少数者博弈模型中，个人策略用$g\in[0,1]$表示。投资者会根据历史信息来决定买还是卖。如果根据历史信息下一步价格可能涨，那么投资者就会以g的概率买或者以$1-g$的概率卖。如果根据历史信息下一步价格可能跌，

那么投资者就会以 g 的概率卖或者以 1 - g 的概率买。投资者根据使用策略后的收益情况来给策略打分。如果所使用的策略得分低于某个临界值，投资者就会在原有的策略附近随机选择一个新的策略进行投资决策。在演化的少数者博弈模型中，价格和策略都是一个连续的变量，这有助于更好地分析价格变化和策略变化之间的定量和定性的关系。

尽管在市场冲击对股票价格的影响方面已有过相关的研究，但是有关于市场冲击和认知偏差是如何综合影响到个人策略和股票价格的演化的问题尚未有深入的探讨。为了解不同的市场环境下个人策略和股票价格的共同演化机制，本书将市场冲击和认知偏差引入到演化的少数者博弈模型中，通过仿真模拟和理论分析，可以得到以下三个方面的结论。

（1）市场冲击因子 β 的变化可有效影响投资策略的分布。存在一个临界值 β_c：当 $\beta < \beta_c$ 时，策略的分布呈现出集聚的特征；当 $\beta > \beta_c$ 时，策略的分布呈现出两类相反的策略共存的特征。

（2）个人策略的演化和价格的演化都与投资者对收益和损失的不对称性感知有关系。当市场冲击 β 的值较小时，不对称性感知的存在使人们倾向于使用相同的策略。此时价格的波动也会变大。价格波动的标准偏差和投资者的平均策略之间存在线性关系。当市场冲击 β 较大时，不对称性感知的存在仅仅使策略分布中不再出现占主导的策略，而价格的波动并未受到大的影响。

（3）理论分析显示，价格波动的扩大与多数者赢效应有关，而价格波动的减小与少数者赢效应有关。当市场冲击较小时，市场运动可预测，处于多数者一方的投资者可以获得更高的收益。在这样的系统中，价格更容易出现大的波动。在市场冲击较大时，市场运动不可预测，处于少数者一方的投资者可以获得更高的收益。此时股票价格相对比较稳定，更容易形成一个有效市场。

以下内容主要包括：第一，介绍含有市场冲击和认知偏差的演化的少数者博弈模型。第二，给出了个人策略和股票价格的共同演化模拟结果，并讨论了市场冲击和非对称感知的作用。第三，从理论上分析了主导策略演化的机制。第四，给出了结论和对未来的展望。

9.1.2　模型介绍

考虑在某一产品投资市场中存在 N 个投资人。每个投资人都是根据投资品价格上升或下降的历史信息和自己的投资策略来判断在某一时间点上是否要买进或卖出这个投资品。投资人的策略用概率 g 表示。根据某个历史信息，投资人相信历史是会重复的概率为 g，历史不会重复的概率为 1 - g。例如，面对最近的价格三涨演化特征，如果以往的历史是价格连三涨后接下去就会下跌，那么投资人就会以 g 的概率卖出股票，以 1 - g 的概率买进股票。当所有人都做出了买、卖，或者不买不卖的决定后，统计买卖的人数，然后以公式计算下一时刻的价格。

$$P(t+1)=P(t)+\text{sign}[A(t)]\sqrt{|A(t)|} \tag{9-1}$$

其中，$A(t)=\sum_{i=1}^{N}a_i(t)$，$a_i=1$(买)，$-1$(卖)，0(不买不卖)。从式(9-1)中可以看出，若买的人比卖的人多，那么资产价格就会上升。反之，资产价格就会下降。

为了反映投资者买卖行为自身对价格的影响，本书引入交易价格这一重要的量。

$$P_{tr}(t)=(1-\beta)P(t)+\beta P(t+1) \tag{9-2}$$

其中，β 代表市场冲击，$0\leqslant\beta\leqslant1$。当 $\beta=0$ 时，投资者以即时价格成交；当 $\beta=1$ 时，投资者以下一时刻价格成交。

每个投资者按照其策略的得分 d 的大小来调整自己的策略。投资者的策略得分为该策略开始被使用以后投资者的收益和损失累计之和，即：

$$d^{+}=\sum_{T^{+}=1}^{T_{max}^{+}}[P_{tr}(t_{sell})-P_{tr}(t_{buy})]_{T^{+}} \tag{9-3}$$

$$d^{-}=\sum_{T^{-}=1}^{T_{max}^{-}}[P_{tr}(t_{sell})-P_{tr}(t_{buy})]_{T^{-}} \tag{9-4}$$

$$d=d^{+}+Rd^{-} \tag{9-5}$$

其中，T_{max}^{+} 和 T_{max}^{-} 分别对应于某一策略被采用以后买卖价格满足 $P_{tr}(t_{sell})\geqslant P_{tr}(t_{buy})$ 和 $P_{tr}(t_{sell})<P_{tr}(t_{buy})$ 的次数。R 代表投资者认知偏差的情况。$R=1$ 代表投资者对得到和失去不存在不对称性；$R>1$ 代表投资者对失去的感知要强于对得到的感知。存在一个预先给定的临界值 D。当 $d<D$ 时，投资者会在 $[g-\varepsilon, g+\varepsilon]$ 的范围内随机选择一个新的策略，该策略的初始得分被确定为 $d=0$。在本模型中，选择持有股票，即在某一时刻不买也不卖也已经包含在策略 g 中。例如，当根据公开信息判断下一步卖出是有利的，那么如果投资者手中已经有股票了，他就会以 g 的概率卖出或以 1 - g 的概率继续持有股票。如果投资者手中没有股票，那么他就会以 1 - g 的概率买进股票或以 g 的概率不进行买卖操作。因此，在投资者买入一个股票和卖出这个股票这段时间内，或者在投资者卖出一个股票和买进一个新股票这段时间内，他是不进行任何其他买卖操作的。这一机制在式(9-3)和式(9-4)中已经反映出来了，即买和卖的时间间隔是 $|t_{sell}-t_{buy}|$。

投资者进行一次完整的买卖所获得的收益或遭受的损失与之有关。

在投资者策略的演化过程中，策略的分布特征可以用策略的标准偏差 σ_g 来表示。其计算式为：

$$\sigma_g = \sqrt{\langle g^2 \rangle - \langle g \rangle^2} \tag{9-6}$$

其中，σ_g 的值如果很小，则反映了投资者倾向于采用相同的策略，所有投资者的策略会集中于某个特定的策略。σ_g 的值如果很大，则反映投资者所使用的投资策略很分散。

价格演化的特征可以用价格波动来衡量。具体可以用一段时间内价格变化的标准偏差值 σ_P 表示，即：

$$\sigma_P = \sqrt{\langle \delta P^2 \rangle - \langle \delta P \rangle^2} \tag{9-7}$$

其中，σ_P 的值如果很大，则代表价格不太稳定，会出现比较大的价格波动。在这种情况下，投资者的收益或损失完全取决于他是否能够准确预测市场价格的变化。如果他能准确预测市场运动趋势，那么他就能盈利。否则，他就会亏损。

在股票市场中，能够准确预测价格的上升或下降对投资者获得更高的投资收益十分重要。因此，如何进行预测就是一项十分重要的工作。参照相关文献中所用的方法，本书定义股票价格的可预测性指标为：

$$H = \sum_{\mu=0}^{2^m-1} \rho(\mu) \langle \delta P | \mu \rangle^2 \tag{9-8}$$

其中，μ 是系统的可能状态，$\rho(\mu)$ 是出现状态 μ 的概率，$\langle \delta P | \mu \rangle$ 是价格变化平均值的条件概率。如果 H 的值很小，则意味着价格的变化不可预测，股票市场是一个有效市场；如果 H 的值很大，则意味着价格的变化可以预测，股票市场不是一个有效市场。

另一个用于判定投资者是否能准确预测股票价格的上升或下降的指标被称为成功率，其计算式为：

$$P_W = \frac{\Delta T_W}{\Delta T} \tag{9-9}$$

其中，ΔT 是进行统计的时间窗口，ΔT_W 是在 ΔT 时间窗口中成功预测的次数。在现实社会中，能够准确预测股票价格的涨落将吸引更多的投资者进入市场，从而可能引起股票市场中的泡沫现象的出现。

9.1.3　仿真模拟结果与讨论

图 9－1（a）和（b）给出了系统达稳态后的策略分布。从图 9－1 中可以看

出，策略分布与市场冲击 β 和非对称性感知指标 R 密切相关。对于市场冲击小和风险感知对称的情形，如 β = 0.2 和 R = 1，投资者倾向于使用策略 g ~ 0.5。R 的增大使主导策略有时变大，有时变小。当观察未经平均化处理的策略分布，可发现 g > 0.5 和 g < 0.5 两类策略在 R 的增大过程中是不会同时出现的。根据初始条件的不同，存在一个临界值 $g_c^>$（> 0.5）或 $g_c^<$（< 0.5）。在某一些特定的初始条件下，系统只能运行到 $g > g_c^>$ 的稳定状态；在另一些特定的初始条件下，系统只能运行到 $g < g_c^<$ 的稳定状态。R 的增加会导致 $g_c^>$ 的增加或 $g_c^<$ 的减小。对于市场冲击大和风险感知对称的情形，如 β = 0.8 和 R = 1，投资者策略将最终演化到持两种完全相反的策略的群体共存的情形，策略分布 P（g）呈现为 U 形分布。R 增大会导致采用极端策略 g = 0 和 g = 1 的人数比例减少。当 R 达到很大时，投资者策略分布呈现为 0 到 1 的均匀分布。

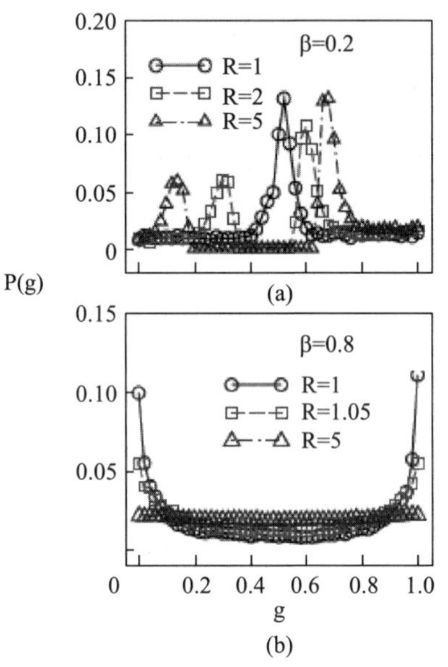

图 9-1 不同的市场冲击因子 β 和风险感知非对称性因子 R 下投资者策略分布情况

注：其中总人数 N = 101，记忆长度 m = 3，策略更新临界值 D = -4，（a）市场冲击因子 β = 0.2，风险感知非对称性因子 R = 1（圆形），2（正方形），5（三角形）；（b）β = 0.8，风险感知非对称性因子 R = 1（圆形），1.05（正方形），5（三角形）。

图 9-2 给出了策略的标准偏差 σ_g 随市场冲击 β 的变化情况。在所有的六种情形下，都存在市场冲击指标的临界值 $\beta_c = 0.5$。当 $\beta < \beta_c$ 和 R = 1 时，σ_g 保持

一个较小的值 $\sigma_g \sim 0.15$。当 $\beta > \beta_c$ 和 $R = 1$ 时，σ_g 保持一个较大的值 $\sigma_g \sim 0.38$。R 的增加导致 σ_g 在 $g < 0.5$ 和 $g > 0.5$ 范围内的普遍减小。

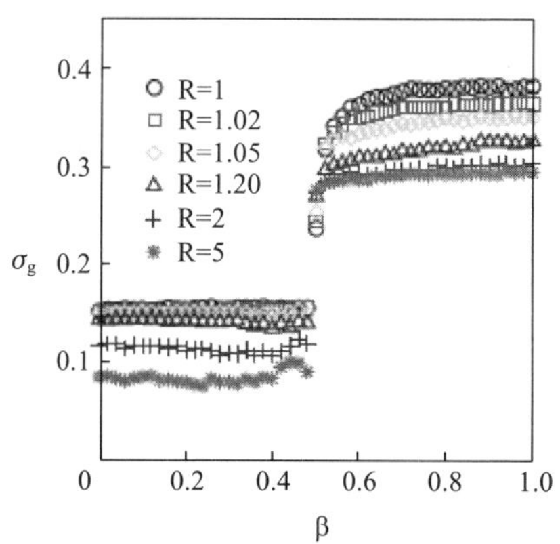

图 9－2　不同的风险感知非对称性因子 R 下投资者策略标准偏差 σ_g 随市场冲击 β 变化情况

注：其中总人数 N = 101，记忆长度 m = 3，策略更新临界值 D = －4，风险感知非对称性因子 R = 1（圆形），1.02（正方形），1.05（菱形），1.2（三角形），2（加号），5（星形）。

图 9－3 给出了股票价格 P（t）随时间 t 的变化情况。当市场冲击比较小时，例如 $\beta = 0.2$，这时对应于图 9－1（a）中策略集中于某个特定的值的情形。当所有的投资者都采用 $g < g_c^<$ 的策略时，即策略的平均值满足 $\bar{g} < 0.5$，价格呈现出很大的波动。当所有的投资者都采用 $g > g_c^<$ 的策略时，即策略的平均值满足 $\bar{g} > 0.5$，价格呈现出锯齿形的振荡。在上述两种情形下，增大 R 都会使价格波动增大。当市场冲击比较大时，例如 $\beta = 0.8$，这时对应于图 9－1（b）中策略从 U 形分布变化到均匀分布。此时价格波动还是存在的。但是，相比于 $\beta = 0.2$ 的情形，振荡幅度变小了。R 的增加对价格的波动没有什么影响。

图 9－4 给出了股票价格的标准偏差 σ_p 随市场冲击因子 β 的变化情况。与图 9－2 中 σ_g 随 β 的变化趋势类似，在 R = 1，2，5 三种情况下，都存在一个临界值 $\beta_c \sim 0.5$。当 R = 1 和 $\beta < 0.5$ 时，σ_p 保持一个较大的值 $\sigma_p \sim 5$。当 R = 1 和 $\beta > 0.5$ 时，σ_p 保持一个较小的值 $\sigma_p \sim 1.8$。R 的增加导致 σ_p 在 $\beta < 0.5$ 范围内明显增大，在 $\beta > 0.5$ 范围内无明显变化。比较图 9－2 和图 9－4 中的结果可以发现，投资者策略和股票价格波动都受到市场冲击和非对称性感知的影响。这一结果反映出在本书的模型中，价格的演化和策略的演化可能存在某种定量的关系。

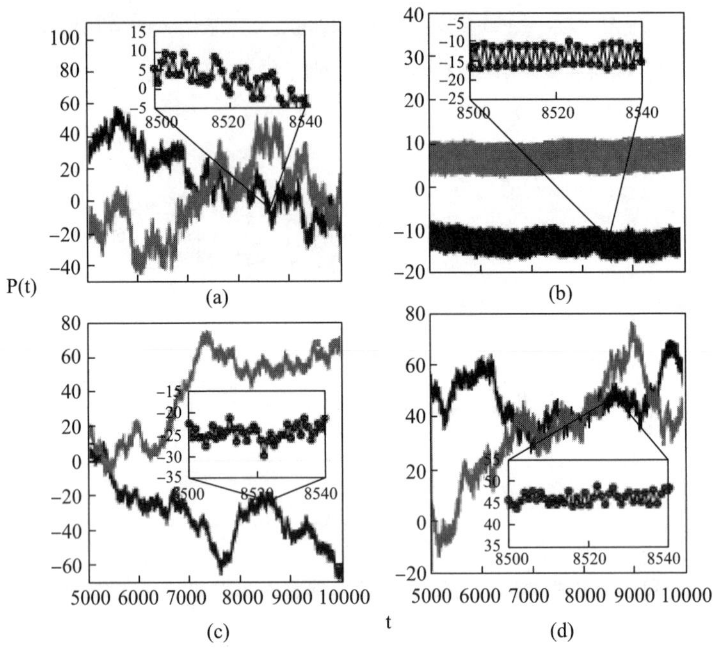

图9-3　不同的市场冲击因子β和风险感知非对称性因子R
下价格P（t）随时间的变化情况

注：其中总人数N=101，记忆长度m=3，策略更新临界值D=-4，（a）市场冲击因子β=0.2，$\bar{g}$<0.5，风险感知非对称性因子R=1，5；（b）β=0.2，$\bar{g}$>0.5，R=1，5；（c）β=0.8，R=1，1.05；（d）β=0.8，R=1.2，5。

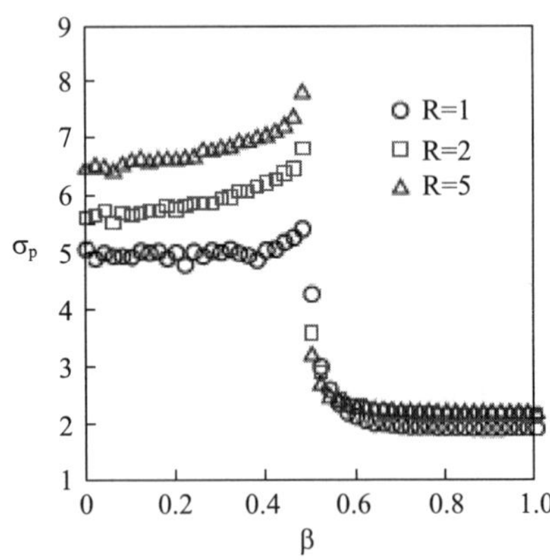

图9-4　不同的风险感知非对称性因子R下价格标准偏差σ_P随市场冲击因子β的变化情况

注：其中总人数N=101，记忆长度m=3，策略更新临界值D=-4，风险感知非对称性因子R=1（圆形），2（正方形），5（三角形）。

为发现价格的变化和个人策略的分布之间是否存在某种函数关系，在图9－5（a）和（b）中画出了 $\beta=0.2$ 时价格的标准偏差 σ_p 随平均策略 $\bar{g}$ 的变化情况。在图9－5（a）中，只选择了 $g<g_c^<$ 的演化结果做了策略平均，在图9－5（b）中，只选择了 $g>g_c^>$ 的演化结果做了策略平均。从图9－5中可以发现，在 $\bar{g}<0.5$ 时，σ_p 随 $\bar{g}$ 的增加线性地减小。在 $\bar{g}>0.5$ 时，σ_p 随 $\bar{g}$ 的增加线性地增加。通过对图9－5（a）和图9－5（b）中的数据分别进行函数拟合，可以得到方程 $\sigma_p=a\bar{g}+b$。其中对应于图9－5（a）的函数关系的系数值为 $a\sim6.9489$，$b\sim-7.8047$；对应于图9－5（b）的函数关系的系数值为 $a\sim-4.2265$，$b\sim15.093$。

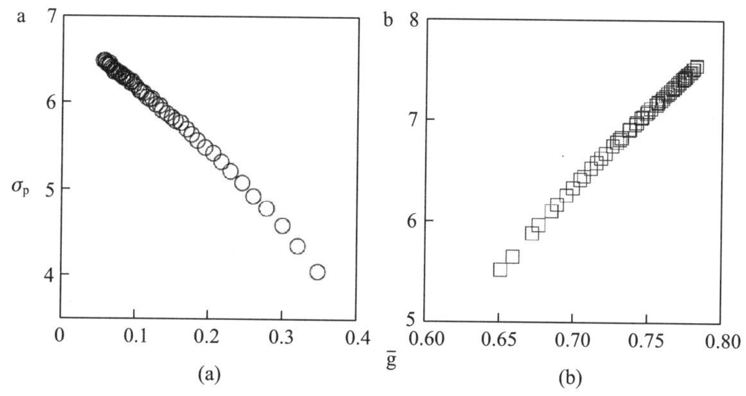

图9－5　价格标准偏差 σ_p 随投资者策略平均值 $\bar{g}$ 变化情况

注：其中总人数 N＝101，记忆长度 m＝3，策略更新临界值 D＝－4，市场冲击 $\beta=0.2$，（a）$\bar{g}<0.5$；（b）$\bar{g}>0.5$。

图9－5的结果表明，当市场冲击较小时，股票价格演化与策略分布密切相关。给出了两变量中的其中一个量的值，就可以计算得到另一个量的值。

图9－6给出了不同的市场冲击 β 下价格的可预测性指标 H 随非对称性感知指标 R 的变化情况。当 R 从0增大到11时，对于 $\beta=0$，H 从18增大到40。对应于 R＝1，β 的增加对 H 没什么影响。对应于 R＝11，H 随着 β 的增加显著增加。图9－6的结果反映出认知偏差的存在能有效影响市场价格的运动。在一个并不十分有效的市场中，对于得到和失去感知的不对称性，将强化趋势跟随策略所造成的“拥挤效应”，从而使股票市场的价格可预测变得更强。

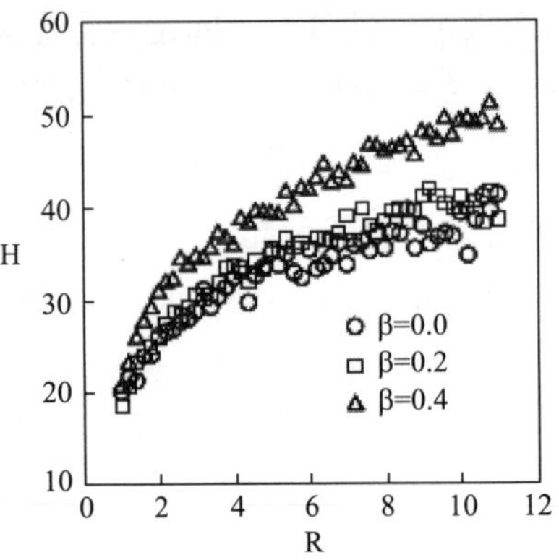

图 9-6　不同的市场冲击因子 β 下价格可预测指标 H 随风险感知非对称性因子 R 的变化情况

注：其中总人数 N = 101，记忆长度 m = 3，策略更新临界值 D = -4，市场冲击 β = 0（圆形），0.2（正方形），0.4（三角形）。

为发现价格的可预测性上升是否意味着投资者可以在市场中获得更好的投资收益，在图 9-7 中给出了不同的市场冲击条件下投资者投资成功的概率 P_W 随非对称性感知因子 R 的变化情况。与图 9-6 中所反映的结果相类似，R 值的增大可有效提高投资者投资成功的概率。给定 β = 0，当 R 从 1 增大到 11 时，P_W 相

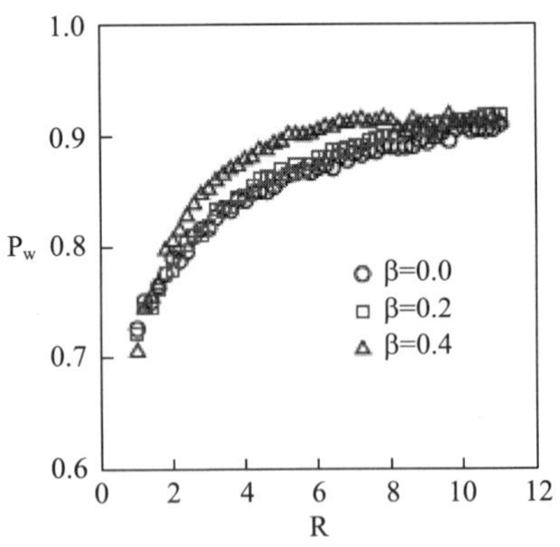

图 9-7　不同的市场冲击因子 β 下投资成功率 P_W 随风险感知非对称性因子 R 的变化情况

注：其中总人数 N = 101，记忆长度 m = 3，策略更新临界值 D = -4，市场冲击 β = 0（圆形），0.2（正方形），0.4（三角形）。

应地从0.73增大到0.91。当R适中时，β的增大会使P_W相应增大。当R较大时，β的增大对P_W的影响不明显。

9.1.4　理论分析

9.1.4.1　市场冲击变量β变化所导致的临界点效应分析

在本书的模型中，系统的演化在临界值$\beta_c=0.5$两边呈现出非常不同的演化机制。$\beta<\beta_c$时，系统将演化到大多数投资者都采用相同的交易策略的情形。此时股票价格是不稳定的。$\beta>\beta_c$时，持有相反策略的投资者共存。此时股票价格相对较为稳定。

为了从理论上来理解本模型中的临界点效应，首先，对少数者博弈模型和多数者博弈模型的演化机制做一比较。

当个体参与到有许多其他人参与的两状态博弈中时，在少数者博弈模型中，处于少数者一方的人赢。但在多数者博弈模型中，处于多数者一方的人赢。借助演化的少数者博弈模型，Lo等从理论上分析了市场有效性和个人策略分布之间的关系，发现策略分布的函数形式为：

$$P(g)\propto\frac{1}{\frac{1}{2}-\tau(g)}\tag{9-10}$$

其中，$\tau(g)\sim\frac{1}{2}-\frac{1}{\sqrt{N}}g(1-g)$代表持有策略g的投资者成功的概率。从式(9-10)中可以发现，策略分布与不同策略的成功概率相关。当g从g=0变化到g=1时，随着g的增大，$\tau(g)$先是减小然后增大。在g=0和g=1时，$\tau(g)$达到它的最大值$\tau(g)=\frac{1}{2}$。因此，在$g\in[0,1]$的范围内，P(g)表现为一种U形分布。对应于演化的少数者博弈模型中所有的投资者都采用相同的策略$g=\frac{1}{2}$的情形，处于多数者一方的人数和处于少数者一方的人数之差满足关系式$A\sim\sqrt{N}$。

与少数者博弈模型不同。在多数者博弈模型中，跟随大多数人行动的人将赢得博弈。系统将最终演化到处于不同状态的投资者人数的最大差异A=N的情形。这对应于在演化的少数者博弈模型中所有人都跟随历史信息预测行动，或所有人都拒绝历史信息预测行动。因此，在多数者博弈模型中，策略分布往往不会演化到呈对称分布或策略集中在$g=\frac{1}{2}$的情形。

其次，比较在 $\beta > \beta_c$ 和 $\beta < \beta_c$ 两种情形下，本书模型的演化过程。在本书的模型中，可以发现 $\beta < \beta_c$ 时系统的演化满足多数者博弈模型的演化机制，$\beta > \beta_c$ 时系统的演化满足少数者博弈的演化机制。

考虑 $\beta = 0$ 的极端情形。将 $\beta = 0$ 代入股票交易价格所满足的方程 $P_{tr}(t) = (1 - \beta)P(t) + \beta P(t+1)$，可以得到 $P_{tr}(t) = P(t)$。这表明对于一个特定的投资者 i，他投资的成功率将由即时价格所决定。因为每个投资者在做出买或卖的决策之前都已经知道了即时价格，所以每个投资者都应该知道下一步买或卖的决定对他是有利的还是不利的。在这种情形下，股票市场就是一个可预测的市场。每个人可以根据公开信息做一个最好的投资决定。因此，在 $\beta = 0$ 时，本书的模型中将出现与多数者博弈模型中相类似的演化结果，即多数者赢。例如，面对公开的涨涨涨↑↑↑信息，根据历史预测将出现↑↑↑↓。如果大多数投资者跟随预测行动而卖出股票，那么股票价格下一步会走低，卖出的人赢得了投资收益。如果大多数人拒绝预测，买入股票，下一步股票的价格将上升。买的人将赢得博弈。因此，不管投资者是决定买还是卖，那些在多数者一方的赢。

9.1.4.2 系统主导策略变化和投资者非对称性感知变化的关系分析

为了从理论上理解惩罚和奖励的比例值 R 是如何影响系统演化过程中的主导策略的变化的，首先，将策略简单分成三种：$g = 0$、$g = \frac{1}{2}$、$g = 1$。当市场冲击影响很大时，如 $\beta = 1$，系统的演化机制与少数者博弈模型的演化机制相一致。关于少数者博弈模型中 R 对系统演化的影响，Hod 等通过理论分析得出了这样一个结论：随着 R 的增加，投资者策略的变化变得频繁。正是由于这种策略的频繁变化，使极端策略不易成为系统中的主导策略。在本模型中 R 取值很大时系统演化到策略均匀分布的状态，这与 Hod 等的理论分析相符。本书中不再展开讨论。有兴趣的读者可参考相关文献。

以下的分析将把关注点放在 β 比较小的情形。考察 R 的变化如何导致极端策略的出现，即大多数投资者都采用 $g = 0$ 或者 $g = 1$ 的策略。

首先，比较系统在演化过程中三种不同的策略，即 $g = 0$、$g = \frac{1}{2}$、$g = 1$ 的得分。给定 $\beta = 0$。如果所有的投资者都采用策略 $g = \frac{1}{2}$，那么投资者是买还是卖是随机的。买卖人数之差应与 $\sqrt{N}$ 成正比。如果所有的投资人都采用策略 $g = 1$，那么所有的投资者都将根据预测进行投资。买卖人数之差应与 N 成正比。如果所有的投资人都采用策略 $g=0$，那么所有的投资人都将反着预测进行投资。买卖人数之差应与 N 成正比。由于策略得分由买卖人数之差决定，因此策略 $g=1$ 和 $g=0$ 的得分高于策略 $g=\frac{1}{2}$ 的得分。在本模型中，策略演化由策略得分和策略更新的临界值所决定。在策略更新的临界值相同的情况下，投资者们更可能采用偏离 $g=\frac{1}{2}$ 的策略。

其次，考察非对称性感知因子 R 和策略变化临界条件 D 的变化对临界值 $g_c^{<0.5}$ 和 $g_c^{>0.5}$ 的影响。当系统演化到所有的投资者的策略都满足 $g>0.5$ 时，策略为 g_i 的投资者投资成功的概率是 g_i，投资失败的概率是 $1-g_i$。因此，策略的平均得分应该与 $g_i-(1-g_i)R$ 成正比。给定人口 N 和策略变化的临界值 D，策略 g_i 得分的最小值满足：

$$g_i-(1-g_i)R\sim a(N)D \tag{9-11}$$

其中，a(N)由人口大小和价格演化方程所决定。可得 $g_i^{>0.5}$ 的值为：

$$g_i^{>0.5}\sim\frac{a(N)D+R}{1+R} \tag{9-12}$$

当系统演化到所有投资者的策略都满足 $g<0.5$ 时，策略为 g_i 的投资者投资成功的概率是 $1-g_i$，投资失败的概率是 g_i。策略 g_i 得分的最小值满足：

$$(1-g_i)-g_iR\sim a(N)D \tag{9-13}$$

可得 $g_i^{<0.5}$ 的值为：

$$g_i^{<0.5}\sim\frac{1-a(N)D}{1+R} \tag{9-14}$$

从方程(9－12)和方程(9－14)可知，$|g_i-0.5|$的最小值与认知偏差 R 和策略变化的临界值 D 有关。R 和 D 的增加会导致 $g_i^{>0.5}$ 的增加和 $g_i^{<0.5}$ 的减小。$|g_i-0.5|$的值越大，策略 g_i 的得分越高。因此，在特定的 R 和 D 值下，系统将演化到所有的投资者都采用 $g=0$ 的策略或者所有的投资者都采用 $g=1$ 的策略。这与数值模拟的结果相一致。

9.1.5　结论与启示

股票价格的演化与多种因素的复杂相关性有关。这些因素包括市场的运动和个体的感知。当市场处于稳定状态时，投资者很容易得出股票的内在价值。投资者的趋势跟随将使市场远远偏离平衡态。一个极端的例子是，现实中可以经常看到很多人涌入市场抢购。这种被称为“羊群效应”的投资者行为往往会导致市场泡沫的出现。

为了能够更好地理解真实的金融市场中的价格演化动力学，少数者博弈模型及其改进模型常常被用来分析趋势跟随和趋势拒绝等投资者集体行为对市场演化的影响。通过模型研究发现了许多与真实市场相类似的价格演化机制。然而，关于投资者策略的演化特征，最初的少数者博弈模型并没有给出可见的策略分布图。作为一种修正，本书提出了一种演化的少数者博弈模型。在该模型中，存在一个可以调节的概率作为交易策略，这样投资者策略的演化状态就可以用策略分布表示出来了。

通过将市场冲击和非对称性感知引入演化的少数者博弈模型，本书检验了在各种复杂的市场环境下股票价格演化和投资者策略分布之间的联系。研究发现，当市场冲击较大时，对得到和失去的非对称感知能有效影响投资者策略分布，但对价格的演化没有影响。随着非对称感知变量 R 的增大，策略分布从 U 形分布变成均匀分布。此时的市场较为接近有效市场。当市场冲击较小时，策略分布和价格波动都受到了投资者非对称性感知的影响。当 R 增加时，系统最终将演化到几乎所有的人都采用 $g=0$ 或几乎所有的人都采用 $g=1$ 策略的情形。与之相应，此时价格的波动也变大了。价格的标准偏差和投资者策略的平均值之间存在线性关系。

理论分析显示，市场冲击满足 $\beta<\beta_c$ 和 $\beta>\beta_c$ 两种情况下系统的演化机制存在着很大的差异。当 $\beta<\beta_c$ 时，系统满足多数者赢的演化机制；当 $\beta>\beta_c$ 时，系统满足少数者赢的演化机制。多数者赢的演化机制使价格的演化变得可以预测，财富驱动机制使占主导策略发生相应的变化。少数者赢的演化机制使价格的演化变得不可预测，财富驱动机制使趋势追随策略和趋势拒绝策略并存。

通过在演化的少数者博弈模型中引入市场冲击和非对称感知，本模型可以有效地反映金融市场中的多数者效应和少数者效应。然而，现有的模型中投资者只有一种产品可以投资，这与现实的金融市场中投资者可以在多种投资产品中进行选择的情况不一致。在不同的市场环境下寻找潜在的成功策略，这将是未来相关工作的重要组成部分。

第二节　多个市场下投资者认知偏差对金融市场价格波动的影响

9.2.1　研究背景

在自然界和人类社会中复杂性现象十分普遍。与物理世界中的微观运动和宏观运动不同，金融市场中的价格运动不仅受到物理因素的影响，而且还受到心理因素的影响。面对众多的投资选择，人们经常会对某种特定的投资产品特别感兴趣。而这与投资者不同的市场信心，即对市场前景是乐观的，还是中性的，还是悲观的有关系。例如，有的人特别热衷于投资房地产，其投资偏好并不是来自对市场的理性分析，而是来自公众对房地产市场的过度自信。心理学研究显示，过度自信会使投资者对新信息反应不足，而缺乏自信会使投资者对新信息反应过度。这一点在投资者面临损失时尤其明显。因此，过度自信被定义为集体视而不见，缺乏自信被定义为集体盲目否定。当人们在市场中表现为过度自信时，他们会表现出对市场的过度乐观，对损失不敏感。当人们在市场中表现为缺乏自信时，他们会表现出对市场的过度悲观，对损失过度敏感。

在探索复杂系统的演化动力学过程中，经常会用到一些博弈模型。在模拟研究金融系统的演化机制中，少数者博弈模型及其推广模型演化的少数者博弈模型已经成为非常有用的研究工具。在金融市场中，市场冲击这一被用于衡量较大量的买卖交易自身对市场价格升降影响的变量，是投资者在市场中准备变换投资前需要考虑的关键因素。由于交易具有顺序性，市场冲击在交易价格中并没有被完全反映出来。如果某个人以即时价格成交，那么价格中就没有包含市场冲击。如果某个人以下一个价格成交，那么价格中就包含了全部的市场冲击。

通过把市场冲击引入到少数者博弈模型中，Yeung 等研究了市场冲击对股票价格演化的影响。通过在演化的少数者博弈模型中引入投资者行为模式，钟立新等检验了投资者认知偏差对股票价格运动的影响。以上这些研究只探讨了存在着单个市场时影响股票价格的因素，但没有告诉我们当存在着多个市场或多个可投资的产品时，以上这些因素对股票价格会起到怎样的作用。

在实际的金融系统中，投资者有许多产品可以投资。不同的市场之间价格的演化是如何达到相互平衡的？这是一个非常值得探讨的问题。虽然与多种资源或多个市场相关的问题最近有过相关的研究，但在多个市场情形下投资者认知偏差对股票价格演化的影响仍未有相关研究。为了能够模拟出存在多个市场情形下价格的演化过程，本书将市场信心和多个市场或多项资产引入到演化的少数者博弈模型中。通过仿真模拟和理论分析得到以下三方面的结论：

（1）不同市场信心并不总是会导致不同的市场运动。如果投资者能自由地进出不同的市场，即使投资者对这些市场的信心存在系统性的差异，不同市场的价格波动和投资收益都会趋同。

（2）资产价格的波动程度以及投资者的策略分布都与该资产市场中的交易者人数有关。策略集聚程度越高，资产的价格波动越大。某个市场中的投资者人数减少会使该市场价格波动程度降低。

（3）投资者策略分布与投资者策略更新以及投资者在不同市场间进出的耦合效应有关。当市场中存在集体过度自信时，策略分布主要由投资者离开市场所决定。当市场中存在集体缺乏自信时，策略分布主要由投资者策略更新所决定。

以下的内容安排如下：第一，介绍存在多个市场时的演化的少数者博弈模型。第二，给出了策略演化和价格演化的仿真模拟结果并对结果进行了讨论。第三，用平均场理论分析了投资者策略更新和产品选择变化的耦合动力学。第四，对研究结果进行了总结。

9.2.2 模型构建

存在着两个投资品市场 A 和 B。N 个投资者最初在这两个市场中任意选择一个市场进行投资活动。在两个市场中，投资者都是根据历史信息和自己的策略进行投资。投资者行为分为买($a=+1$)、卖($a=-1$)、不操作($a=0$)三种。投资者策略是一个连续的变量 g，$0\leqslant g\leqslant 1$。面对 m 字节长的历史价格信息，投资者以概率 g 根据预测进行投资，以概率 $1-g$ 与预测相反进行投资。

当所有的投资者都已经完成本次投资操作，可以根据方程(9-15)确定股票新的一个价格。

$$P(t+1)=P(t)+\mathrm{sign}[A(t)]\sqrt{|A(t)|} \tag{9-15}$$

其中，$A(t)=\sum_{i=1}^{N_A or N_B} a_i(t)$，$N=N_A+N_B$，$a_i(t)=+1,\ -1,\ 0$。

市场冲击因子 β，0≤β≤1，通过方程(9-16)影响交易价格 $P_{tr}(t)$，即：

$$P_{tr}(t)=(1-\beta)P(t)+\beta P(t+1) \qquad (9-16)$$

当市场冲击能完全影响到价格时，即 β=1，可得 $P_{tr}(t)=P(t+1)$。该情形对应于市场中的交易队列非常长，以至于投资者只能以下一个时刻的价格进行成交，而不是以投资者所期盼的即时价格进行交易。当市场冲击未能影响到价格时，即 β=0，可得 $P_{tr}(t)=P(t)$。该情形对应于市场中没有其他投资者在该投资者之前，他能以即时价格进行成交。

投资者 i 完成一次完整的买卖过程所得收益为：

$$B_i=P_i^{sell}-P_i^{buy} \qquad (9-17)$$

其中，P_i^{buy} 是投资者 i 交易中买的价格，P_i^{sell} 是投资者 i 交易中卖的价格。投资者财富 W_i 指投资者各次买卖收益的累积值：

$$W_i=\sum_{t=1}^{t_{max}}B_i \qquad (9-18)$$

投资策略根据策略的得分情况演化。策略得分的计算式为：

$$S=S^{+}+\gamma S^{-} \qquad (9-19)$$

其中，$S^{+}=\sum B^{+}$ 为该策略被使用以来投资者的累积收益，$S^{-}=\sum B^{-}$ 为该策略被使用以来投资者的累积损失。存在一个得分的临界值 S_{th}。当 $S\geq S_{th}$时，投资者策略不变。当 $S<S_{th}$时，投资者在$[g-\frac{R}{2},\ g+\frac{R}{2}]$中任选一个新的策略进行投资。新的策略得分先归零，然后按后续投资收益情况计分。策略选择中采用反射式边界条件。

市场信心因子 γ 通过策略得分式(9-19)进入模型。对于一项等级很高的资产，如一家经营业绩很好的公司的股票，市场中大家都对其表现出过度有信心，此时的市场信心因子 γ 满足 0<γ<1。投资者对该市场过度乐观，因此对该市场中的投资损失不敏感，对新的信息反应不足。对于极端情形 γ=0，从式(9-19)中可以看到，无论投资损失为多少，策略得分 S 总是大于 0。如果策略的得分临界值 S_{th}小于 0，那么投资者就永远不会改变其策略。对于一项等级很低的资产，如一家刚上市的公司的股票，市场中的投资者对其表现出集体缺乏信心，此时的市场信心因子 γ 满足 γ>1。投资者对该市场过度悲观，因此对该市场中的投资损失过度敏感，对新信息反应过度。从式(9-19)中可以看到，对于 γ>1，策略得分 S 的值非常有可能小于 0。为了理解存在着多个不同市场信心等级的市场时市场信心对投资者行为的影响，在以下的工作中，给定市场 A 的信心因子值

$\gamma_A=1$，这表明 A 市场中的投资者属于理性投资者。通过对市场 B 中的信心因子值从小到大的调节，就可以来观察存在着不同市场信心等级的市场时投资者行为和股票价格演化的关系。

投资者在不同的市场中进出与其投资收益 ω 有关，即：

$$\omega = \sum_{t=t_{in}}^{t_{out}} B \tag{9-20}$$

其中，t_{in}为投资者进入某个市场的时刻，t_{out}为投资者从该市场中出来的时刻。存在一个收益的临界指标值 ω_{th}，当投资者的收益大于等于该临界值时，投资者将留在原来市场中继续交易，但他的策略会随着时间不断地演化。当投资者的收益小于该临界值时，投资者将从原来的市场中出来到另一个市场中进行投资。

9.2.3 仿真模拟结果与讨论

图9－8（a）和（b）中描述了投资资产 B 的平均人数 N_B 与市场冲击 β 之间的关系。其中市场 A 中全部为风险中性者，即 $\gamma_A=1$；市场 B 中的 $\gamma_B=0.1$，0.8，0.9，1。对于一个小的 γ_B 值，如 $\gamma_B=0.1$，此时对应于人们对投资资产 B 过度有信心。当 β 从 0 逐步增加到 0.5 时，投资资产 B 的人数 N_B 随着 β 的增加而减小。当 β 从 0.5 逐步增加到 1 时，投资资产 B 的人数 N_B 随着 β 的增加几乎没有什么变化。在 $0\leq\beta<0.5$ 的范围内，随着 γ_B 的增加投资资产 B 的人数 N_B 整体变大。当 $\gamma_B>1$ 时，例如 $\gamma_B=1.02$，这对应于人们对投资资产 B 过度没有信心。当 β 从 0 逐步增加到 0.5 时，投资资产 B 的人数 N_B 没有什么变化。当 β 从 0.5 逐步增加到 1 时，投资资产 B 的人数 N_B 随着 β 的增加逐渐减小。在 $0.5<\beta\leq1$ 的范围内，随着 γ_B 的增加投资资产 B 的人数 N_B 整体变小。临界点位置为$\beta_{tr}=0.5$。

在图9－8（c）和（d）中可以观察到 $\beta=0.2$ 和 0.8 时，N_B 随着 γ_B 的变化情况。当 $\beta=0.2$ 时，当 γ_B 从 0.01 增加到 1，N_B 随着 γ_B 的增加而增加。当 γ_B 继续增大时，N_B 的值慢慢变小。当 $\beta=0.8$ 时，当 γ_B 从 0.1 增加到 1，N_B 随着 γ_B 的增加几乎没什么变化。当 γ_B 从 1 增加到 8 时，N_B 先是快速变小，然后维持在一个固定的值 $N_B=375$。

图9－9 中画出了投资于资产 A 和资产 B 的投资者策略分布。对应于一个小的 γ_B 值，如 $\gamma_B=0.1$，当投资者不能自由地从市场中退出时，例如 $\omega_{th}=-2\times10^7$，策略分布只由 γ_B 所决定。当 $\beta=0.2$ 时，在市场 A 中，大部分策略都集中

于 g ~ 0.49。当 $\beta = 0.8$ 时，在市场 A 中，大部分策略都集中于 g ~ 0 和 g ~ 1，即呈 U 形分布。在市场 B 中，无论是 $\beta = 0.2$ 还是 $\beta = 0.8$，策略的分布都是一种近似均匀的分布。当投资者可以自由地从市场中退出时，例如 $\omega_{th} = -200$，可以发现市场 A 中投资者的策略分布和市场 B 中的投资者策略分布几乎是一样的。当 $\beta = 0.2$时，在市场 A 和市场 B 中的策略都是均匀分布于 $g < 0.5$ 或 $g > 0.5$。当 $\beta = 0.8$时，在市场 A 和市场 B 中的策略分布都是呈 U 形分布。对应于一个大的 γ_B 值，如 $\gamma_B = 2$，可以发现不同的 ω_{th}下，如 $\omega_{th} = -200$ 和 $\omega_{th} = -2 \times 10^7$，投资者策略分布几乎是一样的。这显示了在 γ_B 值很大的情况下，策略分布与投资者是否能在不同市场中自由进出没有关系。

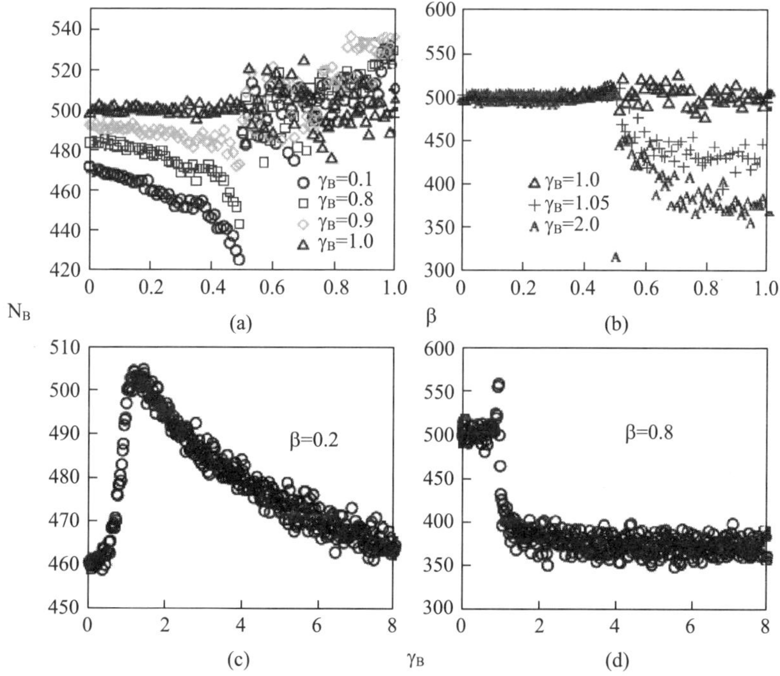

图 9-8　投资资产 B 的人数 N_B 随市场冲击 β 和风险感知非对称性因子 γ_B 的变化情况

注：(a) $\gamma_B = 0.1$（圆形），0.8（正方形），0.9（菱形），1（三角形）；(b) $\gamma_B = 1$（三角形），1.05（加号），2（符号 A）；投资资产 B 的人数 N_B 随 B 市场风险感知非对称因子 γ_B 的变化情况，(c) $\beta = 0.2$，(d) $\beta = 0.8$。其他相关变量值为：总人数 $N = 10^3$，策略更新临界值 $S_{th} = -4$，市场更新临界值 $W_{th} = -200$，A 市场风险感知非对称因子 $\gamma_A = 1$。

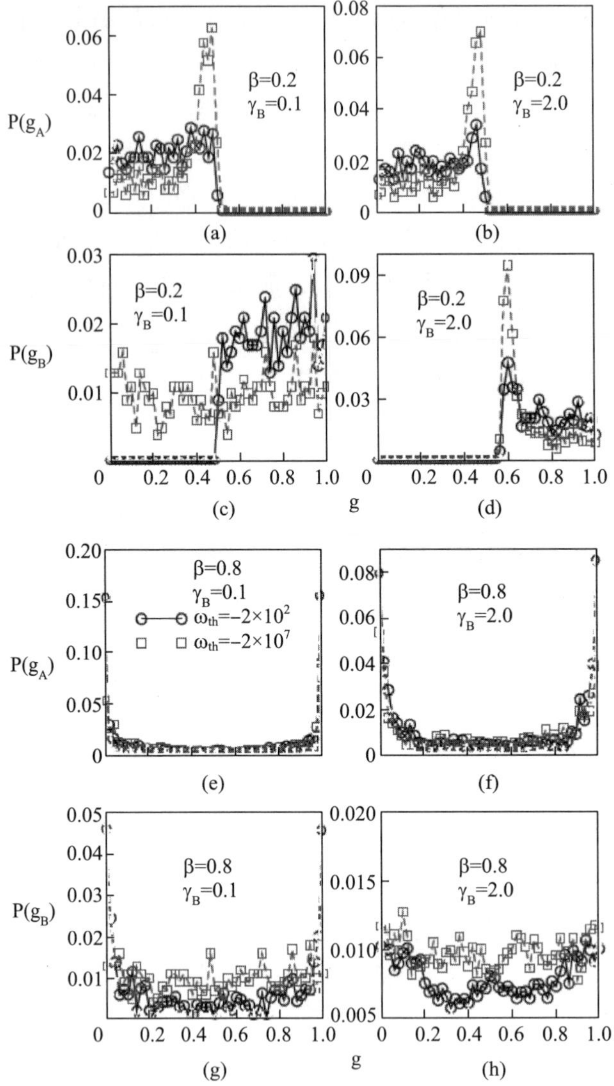

图 9－9　市场 A 和市场 B 中的投资者策略分布情况

注：(a) β=0.2，γ_B=0.1；(b) β=0.2，γ_B=2；(e) β=0.8，γ_B=0.1；(f) β=0.8，γ_B=2。市场 B 投资者策略分布，(c) β=0.2，γ_B=0.1；(d) β=0.2，γ_B=2；(g) β=0.8，γ_B=0.1；(h) β=0.8，γ_B=2。其他相关变量值为：总人数 $N=10^3$，策略更新临界值 $S_{th}=-4$，A 市场风险感知非对称因子 $\gamma_A=1$，市场更新临界值 $W_{th}=-200$（圆形），-2×10^7（正方形）。

图 9－10 给出了股票价格的标准偏差随投资者信心 γ_B 的变化情况。从图 9－10 (a) 和 (c) 中可以看出，在市场冲击较小的情形下，如 β=0.2。当 $\omega_{th}=-200$

时，资产 A 的价格波动 σ_{P_A} 和资产 B 的价格波动 σ_{P_B} 很相似。当 γ_B 从 0.01 增加到 1 时，σ_{P_A} 和 σ_{P_B} 随着 γ_B 的增加而减小。当 γ_B 从 1 增加到 8 时，σ_{P_A} 和 σ_{P_B} 随着 γ_B 的增加而增加。比较 $\omega_{th}=-200$ 和 $\omega_{th}=-2\times10^7$ 时的结果，可以发现，当 $\omega_{th}=-2\times10^7$ 时，σ_{P_A} 和 σ_{P_B} 存在很大的差异。这显示了可能是在不同市场中的进出变化导致了 σ_{P_A} 和 σ_{P_B} 的相似性变化的出现。

从图 9-10（b）和（d）中可以看出，在市场冲击较大的情形下，如 $\beta=0.8$。当 $\omega_{th}=-200$ 时，σ_{P_A} 值的变化依然与 σ_{P_B} 的值的变化相似。当 γ_B 从 0.01 增加到 1 时，σ_{P_A} 和 σ_{P_B} 随着 γ_B 的增加没什么变化。当 γ_B 从 1 增加到 8 时，σ_{P_A} 和 σ_{P_B} 起先有一个大的增加，随后随着 γ_B 的增加没什么变化。比较 $\omega_{th}=-200$ 和 $\omega_{th}=-2\times10^7$ 的结果，可以发现，当 $\omega_{th}=-2\times10^7$ 时，σ_{P_A} 和 σ_{P_B} 存在很大的差异。这显示了可能是在不同市场中的进出导致了市场 A 和市场 B 中价格波动相似性的出现。

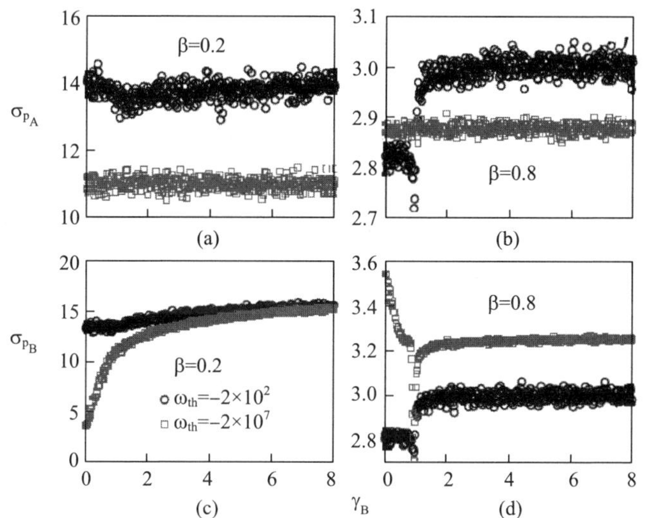

图 9-10　市场 A 价格和市场 B 价格的标准偏差随市场 B 的风险感知非对称因子 γ_B 的变化情况

注：市场 A 价格标准偏差随市场 B 的风险感知非对称因子的变化情况，（a）$\beta=0.2$；（b）$\beta=0.8$；市场 B 价格标准偏差随市场 B 的风险感知非对称因子 γ_B 的变化情况，（c）$\beta=0.2$；（d）$\beta=0.8$。其他相关变量值为：总人数 $N=10^3$，策略更新临界值 $S_{th}=-4$，市场 A 的风险感知非对称因子 $\gamma_A=1$，市场更新临界值 $W_{th}=-200$（圆形），-2×10^7（正方形）。

为了理解市场 A 和市场 B 中个人投资所得和价格波动之间的关系，在图 9-11

中画出了投资于资产 A 的人群和投资于资产 B 的人群中个人的平均财富随市场信心 γ_B 的变化情况。通过比较图 9－10 和图 9－11 的结果可以发现，个人的平均财富多少和资产价格变化密切相关。当 $\beta<0.5$ 时，大的波动 σ_P 对应于大的财富值 $\overline{W}$。当 $\beta>0.5$ 时，大的波动 σ_P 对应于小的财富值 $\overline{W}$。

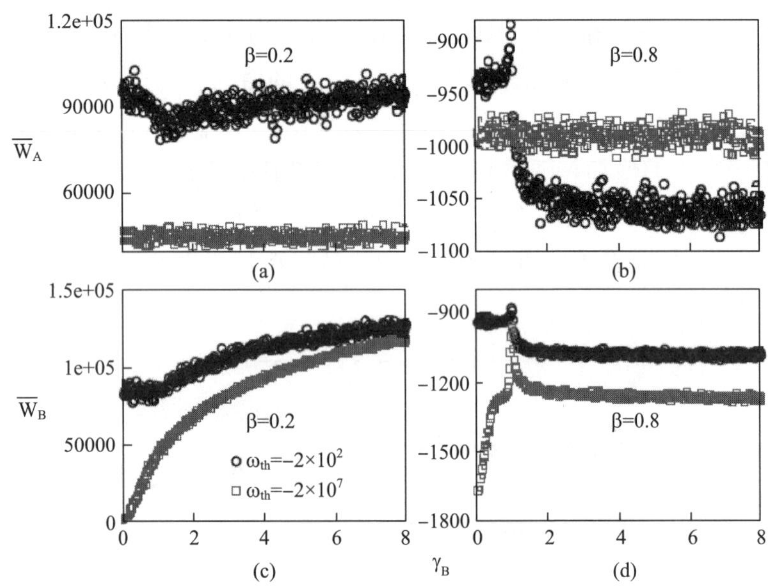

图 9－11　市场 A 和市场 B 中的投资者平均财富随市场 B 的风险感知非对称因子 γ_B 的变化情况

注：市场 A 投资者平均财富随 B 市场风险感知非对称因子的变化情况。(a) $\beta=0.2$；(b) $\beta=0.8$；市场 B 投资者平均财富随 B 市场风险感知非对称因子 γ_B 的变化情况，(c) $\beta=0.2$；(d) $\beta=0.8$。其他相关变量值为：总人数 $N=10^3$，策略更新临界值 $S_{th}=-4$，市场 A 风险感知非对称因子 $\gamma_A=1$，市场更新临界值 $W_{th}=-200$（圆形），-2×10^7（正方形）。

9.2.4　理论分析

9.2.4.1　不同市场间存在价格波动平衡的原因分析

考虑存在两个市场的情形，当不同市场间相互独立，不存在相互的影响关系时，投资者策略的演化由市场信心 γ 和市场冲击 β 所决定。当 γ 非常小时，满足公式 $S=S^{+}+\gamma S^{-}$ 的策略得分将大于 0。因此，当策略改变的临界值 $S_{th}<0$ 时，策略将不会随时间演化。在 $0\leqslant\gamma\leqslant1$ 的整个的范围内，将发现策略处于与初始策

略分布一致的状态，即策略呈现出均匀分布。对于一个适中的或者大的 γ 值，策略分布情况由 β 所决定。当 $\beta<0.5$，策略分布集中于一个特殊的策略值 g_0，这个值随着 γ 的增加会变大或变小。当 $\beta>0.5$，策略分布 γ 值适中时呈现出 U 形分布，γ 值很大时呈现出均匀分布。

如果投资者可以在不同的市场中进行选择。策略的演化将取决于投资者策略更新和在不同市场中进出转换之间的时间标度值。假设存在一个常规的市场 A，该市场中 $\gamma_A=1$。还存在一个特殊的市场 B，该市场中的投资者信心因子 γ_B 可以在 0 到无穷大之间变化。在市场 A 中，使用了不好的策略进行了投资的投资者将以概率 ρ_A 更新他的投资策略，以概率 ρ_A' 从市场 A 跑到市场 B 中去。在市场 B 中，使用了不好的策略进行了投资的投资者将以概率 ρ_B 更新他的投资策略，以概率 ρ_B' 从市场 B 跑到市场 A 中去。

只考虑 $\gamma_B<1$ 的情形。当 $\beta<0.5$ 时，多数者赢效应使一半的投资策略是好策略，另一半的投资策略是差策略。假设 $\rho_A=\rho_A'=0.5$，$\rho_B=0$，$\rho_B'=1$。当系统达到最后稳态的时候，N_A 和 N_B 满足方程：

$$N_A-N_B=\frac{N_0(1-q^n)}{1-q} \tag{9-21}$$

其中，$N_0=\frac{N}{4}$，$q=\frac{1}{8}$和 $n\to\infty$。因此，对于 $\beta<0.5$ 的情形，在两个市场中策略都将均匀分布于 $g>0.5$ 或 $g<0.5$ 的区域。N_A 大于 N_B。当 $\beta>0.5$ 时，少数者策略将使 2/3 的策略是好策略，1/3 的策略是差策略。设 $\rho_A=\frac{2}{3}$，$\rho_A'=\frac{1}{3}$，$\rho_B=0$，$\rho_B'=1$。当系统达到最后稳态的时候，N_A 和 N_B 满足方程 $N_A-N_B=\frac{N_0(1-q^n)}{1-q}$，其中 $N_0=\frac{N}{6}$，$q=\frac{1}{27}$和 $n\to\infty$。因此，对于 $\beta>0.5$ 的范围内，在两个市场中策略都将集中于 $g\sim0$ 和 $g\sim1$ 的区域。$\beta>0.5$ 时 N_A 和 N_B 之间的差异要大于 $\beta<0.5$ 时 N_A 和 N_B 之间的差异。

9.2.4.2　策略分布和投资者人数对价格波动影响的耦合效应分析

资产的价格收益由买和卖资产的人数的差异所决定：

$$P(t+1)-P(t)=\sqrt{\Delta N},\ (\Delta N\geqslant 0) \tag{9-22}$$

$$P(t+1)-P(t)=-\sqrt{-\Delta N},\ (\Delta N<0) \tag{9-23}$$

价格的方差变成：

$$\sigma^2 = \frac{\sum_{i=t}^{t+\Delta t} |\Delta N_i|}{\Delta t} \tag{9-24}$$

$|\Delta N_i|$与策略的分布密切相关。只考虑 $\beta > 0.5$ 的情形。当策略分布从一个均匀分布变化到一个 U 形的分布。$|\Delta N_i|$从$\sqrt{N}$变化到一个更小的值。因此，当不同的市场间不存在相互联系时，市场 A 中的价格波动将小于市场 B 中的价格波动。

在本书的模型中，投资者对两个市场间的选择变化由在该市场中的投资收益情况所决定。当投资者将资产出售以后，他的收益是：

$$P_i(t_{sell}) - P_i(t_{buy}) \sim f(N)(1-2\beta) \tag{9-25}$$

其中，$f(N) > 0$。当 $\beta > 0.5$ 时，$P_i(t_{sell}) - P_i(t_{buy}) < 0$。大的价格波动将导致更多的损失。因此，市场 B 中的投资者将比市场 A 中的投资者更可能跑出市场。随着 N_A 的增加和 N_B 的减小，市场 A 中的价格波动增加而市场 B 中的价格波动减小。最后，两个市场中的价格波动变成一样。不同的市场之间的投资者达到了一种平衡。

9.2.5 结论与展望

通过将市场信心引入到演化的少数者博弈模型中，研究了过度自信和缺乏自信对集体行为和资产价格波动的影响。资产价格的演化与投资者策略分布和市场中的投资人数密切相关。策略的集聚导致价格大波动的出现。投资者人数的减少会使价格的波动得到抑制。依赖于策略分布变化和人数的变化，不同市场间最后能够达到一种相互平衡的状态。

在今后的研究中，市场信心的异质性将在资产市场价格演化的研究中得到进一步考虑。将着重于研究市场信心和空间结构对投资者集体行为演化影响的耦合效应。

第三节 动量交易者对金融市场价格波动的影响

9.3.1 研究背景

在房地产市场和金融市场上，偶尔会出现泡沫现象和市场崩溃的现象。危机

的发生不仅会导致个人多年积蓄毁于一旦，同时也会导致整体经济的衰退。有经验研究显示，正反馈效应会使由投资者主观认知导致的金融市场泡沫效应不断增强，使房屋市场价格飞速上涨。期望着快速致富的投资者们相互模仿进入市场，正反馈效应最终导致了“羊群效应”，使短期价格持续上涨并最终导致了价格快速反转。

过去 20 年来，世界见证了有限理性和行为金融理论的长足发展，从而形成了对有效市场理论的重大挑战。与有效市场理论不同，行为金融理论将金融市场中的非理性行为归因于投资者的认知偏差。Bloomfield 等研究了理性认知和认知偏差对价格运动的影响。研究发现，价格波动与风险偏好程度密切相关。Kukacka 等检验了金融市场中的“羊群效应”、过度自信、市场情绪的直接影响。研究发现，投资者行为模式对价格演化起到很重要作用。股票价格对消息经常会出现过度反应或反应不足。这可以被归因于风险厌恶或过度自信等认知偏差。

在探索金融市场的演化动力学中，许多基于 Agent 的模型被用来模拟股票市场中的价格运动。最相关的模型是伊辛模型、羊群模型和少数者博弈模型。这些模型可以重现现实市场中的典型事实。通过将“羊群效应”、外部信息和私人信息引入动态伊辛模型，可以仿真模拟真实金融市场中的投资者行为和价格变化。Mike 和 Farmer 的开创性工作是提出一个在交易水平上的基于经验规则的经验行为模型。该模型通过加入相对价格和价格限制规则得到进一步改进。这些模型已被应用于研究引起宏观属性的微观机制。有行为金融模型被应用于模拟股票价格的形成，该模型可以成功地重现收益的分布，包括众所周知的厚尾特征，以及其他一些重要的典型事实。

至今，关于认知偏差在投资中的作用，一些经验数据分析发现认知偏差有助于投资者获得更高的收益，而另一些经验数据分析发现认知偏差使投资者遭受更多的损失。有效市场理论和行为金融理论可以部分解释这些现象。关于这些相冲突的现象是否能够共存，理性行为和非理性行为是如何耦合在同一模型中的，这方面研究至今尚很缺乏。

参考 Bloomfield 和 Yeung 等的研究方法，本书将市场冲击和动量交易者引入到基于 Agent 模型中。其中，自增强反馈效应出现的条件，以及股票价格和个人策略的共同演化机制得到了进一步研究。主要有以下三个方面的发现。

（1）动量交易者对价格波动的影响与市场冲击有关。当市场冲击较小时，即使市场中不存在动量交易者，价格的波动已经很大。动量交易者的存在对价格波动没有什么影响。当市场冲击较大时，市场中不存在动量交易者时价格的波动很小，动量交易者的存在导致价格波动变大。

（2）自增强反馈效应只有在市场冲击较小时才存在。在市场冲击较小时，理性投资者选择模仿动量交易者的趋势跟随策略，市场中很容易出现趋势跟随“羊群效应”。在市场冲击较大时，理性投资者拒绝采用动量交易者的趋势跟随策略，市场中不容易出现趋势跟随“羊群效应”。理性投资者的趋势拒绝策略和动量交易者的趋势跟随策略共存。

（3）理论分析显示，投资者是选择趋势跟随策略还是趋势拒绝策略取决于投资获益还是投资受损。在市场冲击较小时，采用趋势跟随策略的投资者很容易站在多数者一方，从而获取更高的收益。这进一步吸引理性投资者采用趋势跟随策略。在市场冲击较大时，趋势跟随策略和趋势拒绝策略共存能使投资者更容易进入少数者一方。这进一步使理性投资者的趋势拒绝策略和动量交易者的趋势跟随策略共存。

9.3.2 模型介绍

价格的形成与收益对交易量的依赖关系有关。在相关文献中人们从多方面探讨了市场冲击和交易量之间的关系。人们探讨了一种适用于不同市场的统一的价格冲击曲线形式，发现收益和交易量之间满足无标度关系特征。通过经验数据分析得到的指数值介于1/3和2/3之间。

参照相关文献中所做的工作，在本书模型中引入一个指数 ξ 作为价格冲击的无标度指数值。股票价格随时间演化方程为：

$$P(t+1)=P(t)e^{\frac{\eta \text{sign}[A(t)]|A(t)|^{\xi}}{N}} \tag{9-26}$$

其中，$A(t)=\sum_{i=1}^{N} a_i(t)$，$a_i(t)$ 是投资者 i 的具体投资行为，买（+1），卖（-1），不行动（0）。ξ 的值可从 0 增大到 1，η 是一个预先给定的常数。如果买的人多于卖的人，A(t) 的值大于 0，股票价格上涨。如果卖的人多于买的人，A(t) 的值小于 0，价格下降。

考虑股票市场中有 γN 个动量交易者，$(1-\gamma)N$ 个理性交易者，$\gamma \in [0, 1]$。对于一个理性交易者 i，他根据自己的投资策略 g_i 进行交易，$g_i \in [0, 1]$。面对一个 m 字节长，代表最近 m 个价格涨跌的历史，投资者 i 以概率 g_i 根据历史数据所预测的未来价格变化行动，以概率 $1-g_i$ 与历史数据所预测的未来价格变化相反方向行动。例如，面对一个连续五次上涨的历史，即↑↑↑↑↑，如果以往的历史经验告知五连涨后价格将下跌，即↑↑↑↑↑↓，如果理性投资者 i 此时

手中有股票，他将以 g_i 的概率卖掉手中的股票。如果理性投资者 i 此时手中没有股票，他将以 $1-g_i$ 的概率买股票。否则，他就不采取任何行动。对于一个动量交易者 j，他面对某些特殊的历史出现时会表现出跟风行为。例如，面对价格的持续上涨，↑↑↑或↑↑↑↑，那么不管以往的历史情况如何，只要他手里没有股票，他都会买入股票。面对价格的持续下跌，↓↓↓或↓↓↓↓，不管以往的历史情况如何，只要他手里有股票，他都会卖出股票。当不出现以上情况时，动量交易者的投资行为与理性投资者的投资行为相同。

策略 g 的更新与策略得分 D 和策略更新临界得分 D_{th} 有关。

$$D=\sum_{t=t_{update}}^{t_{latest}}\left[P_{tr}(t_{sell})-P_{tr}(t_{buy})\right] \tag{9-27}$$

其中，D 是策略开始被采用以后的累积得分，P_{tr} 是交易价格。当投资者 i 的策略得分小于临界值时，即 $D_i<D_{th}$，他将从 $\left[g_i-\frac{\lambda}{2},\ g_i+\frac{\lambda}{2}\right]$ 中随机选择一个新的策略进行投资。其中 λ 为 0 到 1 之间的一个小量。

市场冲击通过实际交易价格体现出来，本书中引入因子 β：

$$P_{tr}(t)=(1-\beta)P(t)+\beta P(t+1) \tag{9-28}$$

其中，$0\leqslant\beta\leqslant1$。当 $\beta=0$ 时，$P_{tr}(t)=P(t)$，投资者以最近的历史价格成交。当 $\beta=1$ 时，$P_{tr}(t)=P(t+1)$，投资者以下一个时刻的价格成交。投资者的财富从初始时刻开始不断累积形成：

$$W_i=\sum_{t=1}^{t_{max}}\Delta W_i(t) \tag{9-29}$$

其中，$\Delta W=P_{tr}(t_{sell})-P_{tr}(t_{buy})$。投资者的平均财富为：

$$\overline{W}=\frac{1}{N}\sum_{i=1}^{N}W_i \tag{9-30}$$

股票价格的可预测性用来衡量某一特定的价格变化历史出现时价格的平均变化情况。其定义式为：

$$H=\sum_{\chi}\rho(\chi)\langle\Delta P\mid\chi\rangle^2 \tag{9-31}$$

其中，$\rho(\chi)$ 是历史 χ 出现的概率，$\langle\Delta P\mid\chi\rangle$ 是出现历史 χ 时价格的平均变化。

概率分布经常被用来反映一组数据的统计特征。给定一组价格的时间序列值 $P(t)$，$t=1,2,3,\cdots,t_{max},t_{max}+1$，其对数收益为 $r(t)=\ln P(t+1)-\ln P(t)$，将其归一化后得到 $R(t)=r(t)/|r|_{max}$。其中，$|r|_{max}$ 是收益或损失绝对值的最大

值。在现实的金融市场中，有研究发现收益概率分布中正负两个尾部满足指数约为 3 的幂指数分布。

去趋势波动分析方法（DFA）经常被用于衡量各类信号的长程关联性。在金融市场中，DFA 方法经常被用于分析股票价格的变化特征。给定一组时间序列值 $x(t)$，$t=1, 2, 3, \cdots, t_{max}, t_{max}+1$。其累积序列值为 $y(k)=\sum_{i=1}^{k}[x(i)-x_{ave}]$，其中 $x(i)$ 是原始时间序列中的第 i 个值，x_{ave} 是该时间序列的平均值。可将累积时间序列分解成 n 个小的区间段，每一个区间的长度是 S。$y(k)$ 的去趋势序列为 $y(k)-y_s(k)$，其中 $y_s(k)$ 为每一区间段数据的局域演化趋势。$y(k)$ 的标准偏差值为 $F(S)=\sqrt{\frac{\sum_{k=1}^{s}[y(k)-y_s(k)]^2}{S}}$。$F(S)$ 和 S 满足关系式 $F(S)\sim S^h$。这一关系式可以反映出时间序列的以下特征。如果 $h<0.5$，说明该时间序列满足短程关联；如果 $h=0.5$，说明该时间序列属于随机游走；如果 $h>0.5$，说明该时间序列满足长程关联。

在现实的金融市场中，趋势跟随的动量交易者随处可见。例如，在牛市期间，许多投资者不管基本面分析如何都会涌入股票市场进行交易。在熊市时期，一些投资者不管理性分析情况如何都会快速逃离股票市场。在证券交易中，动量交易策略经常会被采用。动量交易者的存在是如何影响到原来由理性投资者所主导的市场的，这是本书着重研究的问题。

9.3.3 模拟结果和讨论

9.3.3.1 股票收益率和股票波动率的经验事实拟合

一些对金融市场的经验数据分析方面的研究工作发现，股票价格的波动满足一些典型事实。例如，收益率的厚尾分布，收益的无记忆，收益波动率的长程自相关。下面，先检验本书的模型是否能很好地重复出现实股票市场上的典型事实。

图 9－12（a）中画出了归一化的股票收益分布 P（R）。从图 9－12 中可以看到，与正态分布相比，P（R）有一个相对比较大的厚尾。图 9－12（b）中画出了模拟数据收益率绝对值的分布，并用一条双对数线进行拟合。可以发现，该分布满足一个 $\alpha\sim3.1775$ 的无标度指数分布特征。这一模拟数据结果与文献中的经验数据发现相一致。相关文献中的正的和负的尾部指数都接近于 $\alpha\sim3$。

在图 9－13（a）中画出了用 DFA 方法得到的证券收益率均方根波动 F（S）。

值得注意的是，与系统中不存在动量交易者相比，动量交易者比例 γ 的增加会导致股票收益率赫斯特指数值 h 的增加。根据模拟数据画一条最佳拟合线，可发现 $\gamma=0.1$ 时赫斯特指数值 $h\sim0.49061$，$\gamma=0.15$ 时赫斯特指数值 $h\sim0.53439$。这一结果与相关文献中的经验数据分析结果相一致。相关文献中的股票收益率赫斯特指数值 $h\sim0.5$。

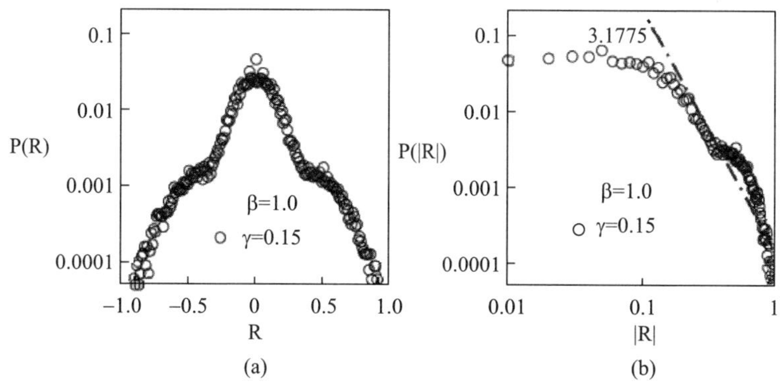

图 9－12　归一化股市收益和归一化股市收益绝对值的分布情况

注：(a) 归一化股市收益分布 P（R）；(b) 归一化股市收益绝对值分布 P（|R|）。其他相关变量值为：市场冲击 $\beta=1$，动量交易者比例 $\gamma=0.15$（圆形），总人数 N＝1001，记忆长度 m＝5，策略变化临界值 $D_{th}=0$，策略漂移 $\lambda=0.1$，指数 $\xi=1$，常数 $\eta=10$。

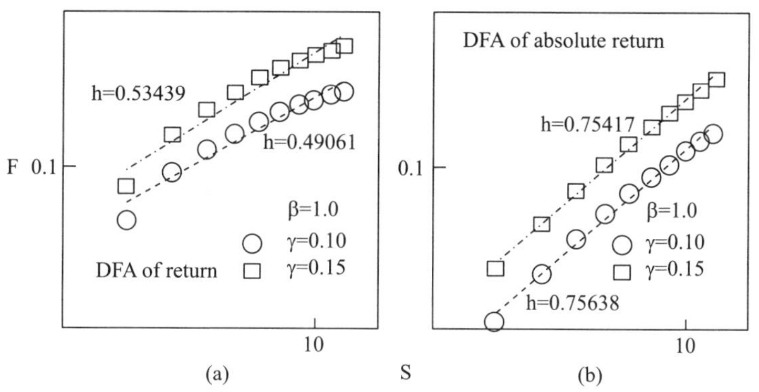

图 9－13　基于 DFA 方法的股市收益和股市收益绝对值的 Hurst 指数随动量交易者比例 γ 的变化情况

注：(a) 股市收益 DFA 值；(b) 股市收益绝对值 DFA 值。其他相关变量值为：市场冲击 $\beta=1$，动量交易者比例 $\gamma=0.1$（圆形），0.15（正方形），总人数 N＝1001，记忆长度 m＝5，策略变化临界值 $D_{th}=0$，策略漂移 $\lambda=0.1$，指数 $\xi=1$，常数 $\eta=10$。

在图 9－13（b）中画出了用 DFA 方法得到的证券收益率绝对值均方根波动 F（S)。证券收益率绝对值的赫斯特指数为，$\gamma=0.1$ 时赫斯特指数值 $h\sim0.75638$，$\gamma=0.15$ 时赫斯特指数值 $h\sim0.75417$。这一结果与相关文献中的经验分析相一致。相关文献中股票收益率波动指数在 $h\sim0.5$ 和 $h\sim1$ 之间。

以上的模拟结果显示，在实际市场当中发现的一些主要特征性质，股票收益的尖峰厚尾分布、股票收益的无记忆、股票收益波动的长程自相关，在本书提出的模型中都能够出现。这说明了实际市场中这些典型特性的出现可能是与市场中存在动量交易者以及某种特定的市场冲击有关系。在相关的文献中，异质性投资者对价格运动的影响这一效应得到过讨论。在本书的模型中，存在少量的动量交易者以及存在可变化的市场冲击可以重现一个更为丰富的金融市场。

9.3.3.2　个人策略和价格运动的共同演化动力学

在本书中，自增强反馈效应定义如下：一个个体按照其对市场运动的主观判断来进行决策。如果他的主观判断与市场的走势刚好一致，那么他的主观判断就被证明是正确的，就会有很多的投资者模仿他的策略，以至于就会出现“羊群效应”。大家的集体一致行动将进一步证明该投资者先前判断的正确性，于是他的策略就会成为大多数人都采用的占主导策略。相应地，可以对负反馈效应下一定义。一个个体按照他对市场的主观判断进行投资。如果市场的实际运动和他的主观判断相反，那么其他人就不会采用他的策略。趋势跟随行为和趋势拒绝行为共存。完全跟随和完全不跟随两种策略的共存则会成为一种占主导的策略分布形式。

下面，首先考察个人策略和价格运动共同演化动力学，然后检验在本模型中出现自增强反馈效应的条件。

图 9－14（a）给出了不同的动量交易者比例下股票价格标准偏差 σ_p 随市场冲击 β 变化的情况。当不存在动量交易者时，σ_p 在 $\beta<0.5$ 时很大而在 $\beta>0.5$ 时相对较小。存在一个临界点 $\beta=0.5$。σ_p 随 γ 的变化特征与 β 的临界值有关。当 $\beta<0.5$ 时，随着 γ 的增加 σ_p 没有什么变化。当 $\beta>0.5$ 时，σ_p 随着 γ 的增加而增加。

图 9－14（b）给出了 $\beta=0$ 和 $\beta=1$ 时 σ_p 随 β 的变化情况。当 $\beta=0$，在 $0\leqslant\gamma\leqslant0.82$ 的范围内 σ_p 对 γ 的变化不敏感。在 $0.82<\gamma\leqslant1$ 的范围内，σ_p 从 $\sigma_p=45$ 连续增加到 $\sigma_p=230$。当 $\beta=1$，σ_p 对 γ 的变化敏感。在整个区域范围内，σ_p 从 $\sigma_p=1.6$ 连续增加到 $\sigma_p=320$。

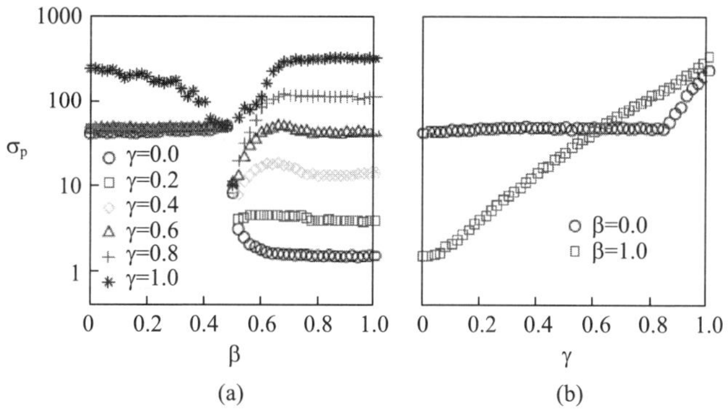

图 9-14　股票价格分布标准偏差 σ_p 随市场冲击 β 和动量交易者比例 γ 的变化情况

注：(a) 随市场冲击 β 的变化情况，其中动量交易者比例 γ=0（圆形），0.2（正方形），0.4（菱形），0.6（三角形），0.8（加号），1（星形）；(b) 随动量交易者比例 γ 的变化情况，其中市场冲击 β=0（圆形），1（正方形）。其他相关变量值为：总人数 N=1001，记忆长度 m=5，策略变化临界值 $D_{th}=0$，策略漂移 λ=0.1，指数 ξ=1，常数 η=10。

为了解价格的大波动的发生是否来源于价格的高度可预测性，在图 9-15（a）和（b）中，分别画出了可预测性判断指标 H 随市场冲击 β 和动量交易者人数比例 γ 的变化情况。与图 9-15 中 σ_p 随 γ 的变化趋势相类似。当 β=0，在 0≤γ≤0.82 的范围内 H 对 γ 的变化不敏感。在 0.82<γ≤1 的范围内，H 从 H～10^2 连续增加到 H～10^5。当 β=1，H 对 γ 的变化敏感。在整个区域范围内，H 从 H～0.6 连续增加到 H～1.5×10^5。

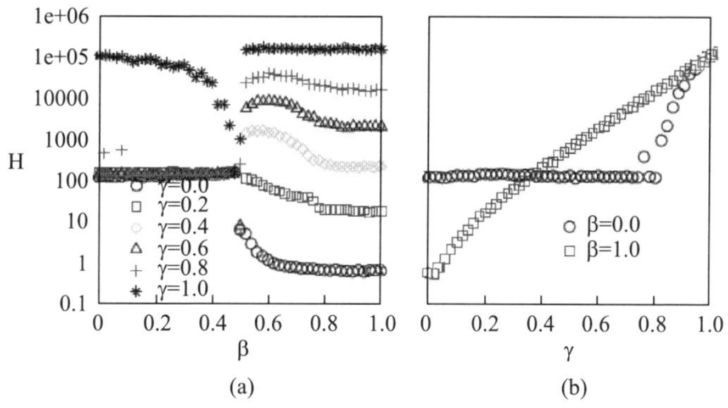

图 9-15　股票价格可预测性指标 H 随市场冲击 β 和随动量交易者比例 γ 的变化情况

注：(a) 随市场冲击 β 的变化情况，其中动量交易者比例 γ=0（圆形），0.2（正方形），0.4（菱形），0.6（三角形），0.8（加号），1（星形）；(b) 随动量交易者比例 γ 的变化情况，其中市场冲击 β=0（圆形），1（正方形）。其他相关变量值为：总人数 N=1001，记忆长度 m=5，策略变化临界值 $D_{th}=0$，策略漂移 λ=0.1，指数 ξ=1，常数 η=10。

比较图 9-15 和图 9-16 的结果可以发现，价格的波动性越大，价格的运动趋势越可以预测。

在本模型中，股票价格与个人投资策略共同演化。为了发现策略和价格共同演化的规律，在图 9-16（a）和（b）中分别画出了理性投资者和动量交易者策略的标准偏差 σ_g 随 β 的变化情况。从图 9-16 中可以发现，理性投资者和动量交易者的演化行为存在着明显的不同。在 $\beta<0.5$ 的范围内，无论对于理性投资者还是动量交易者，σ_g 随 γ 的增加没什么大的变化。在 $\beta>0.5$ 的范围内，γ 的增加有效地降低了理性投资者策略的分散程度，但是对动量投资者的策略的分散程度没什么影响。

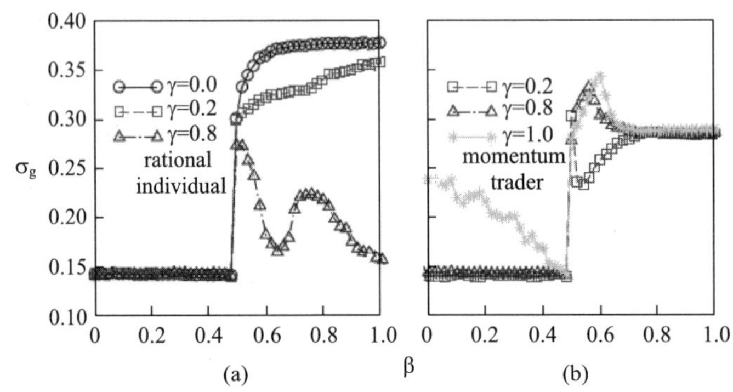

图 9-16　理性投资者策略和动量交易者策略的标准偏差 σ_g 随市场冲击 β 的变化情况

注：（a）其中动量交易者比例 $\gamma=0$（圆形），0.2（正方形），0.8（三角形）；（b）动量交易者策略的标准偏差 σ_g 随市场冲击 β 的变化情况，其中动量交易者比例 $\gamma=0.2$（正方形），0.8（三角形），1（星形）。其他相关变量值为：总人数 N=1001，记忆长度 m=5，策略变化临界值 $D_{th}=0$，策略漂移 $\lambda=0.1$，指数 $\xi=1$，常数 $\eta=10$。

图 9-17（a）和（b）进一步显示了 $\beta=0$ 和 $\beta=1$ 时理性投资者和动量交易者的策略分布。从图 9-17 中可以看出，当 $\beta=0$ 时，存在动量交易者会使采用跟随趋势策略的投资者的数量增加，即采用 $g>0.5$ 策略的投资者增加。理性投资者和动量交易者的策略分布是一样的。当 $\beta=1$ 时，存在动量交易者会使理性投资者采用跟随趋势策略的数量减少。理性投资者的趋势拒绝策略和动量交易者的趋势跟随策略共存。

将图 9-14 中的结果和图 9-16、图 9-17 中的结果进行比较，可发现动量交易者的存在对价格波动 σ_p 的影响和动量交易者的存在对交易策略分布 σ_g 的影

响密切相关。在 $\gamma<0.5$ 的范围内，γ 的增加对 σ_g 和 σ_p 没什么影响。在 $\gamma>0.5$ 的范围内，γ 的增加使 σ_g 降低和 σ_p 增加。这一结果表明价格波动与理性投资者的策略分布有关。U 形策略分布对于价格波动有着抑制作用。策略分布越集中，价格的波动会越大。无论是由趋势跟随引起的“羊群行为”还是由趋势拒绝引起的“羊群行为”都会导致价格波动的变大。趋势跟随策略和趋势拒绝策略的共存会抑制价格的波动。

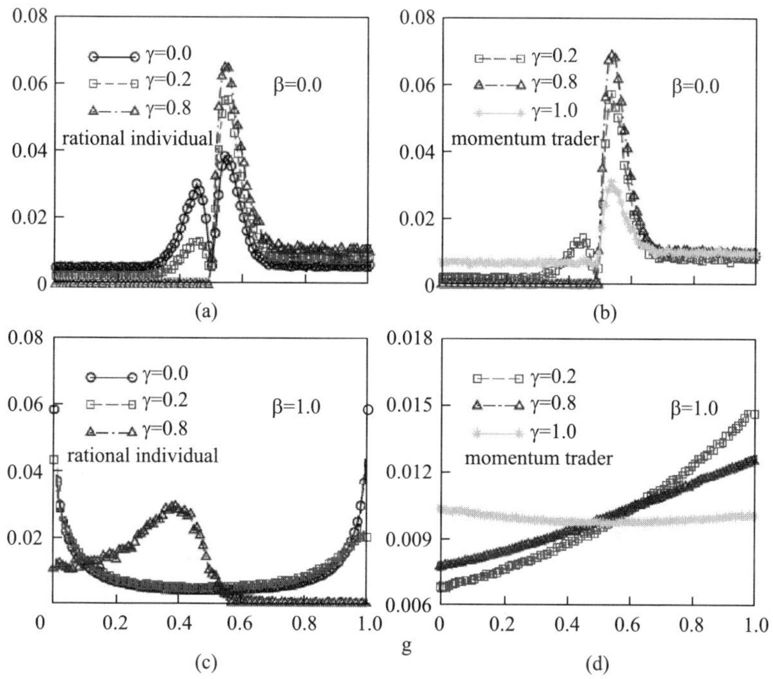

图 9－17 不同的市场冲击因子 β 和动量交易者比例 γ 下理性投资者策略和动量交易者策略的分布情况

注：理性投资者策略分布情况：（a）其中 $\beta=0$，$\gamma=0$（圆形），0.2（正方形），0.8（三角形）；（b）动量交易者策略分布情况，其中 $\beta=0$，$\gamma=0.2$（正方形），0.8（三角形），1（星形）；（c）理性投资者策略分布情况，其中 $\beta=1$，$\gamma=0$（圆形），0.2（正方形），0.8（三角形）；（d）动量交易者策略分布情况，其中 $\beta=1$，$\gamma=0.2$（正方形），0.8（三角形），1（星形）。其他相关变量值为：总人数 $N=1001$，记忆长度 $m=5$，策略更新临界值 $D_{th}=0$，策略漂移 $\lambda=0.1$，指数 $\xi=1$，常数 $\eta=10$。

个人策略的演化与使用策略所得收益或损失有关。在图 9－18（a）和（b）中分别画出了理性投资者和动量交易者平均财富 $\overline{W}$ 随市场冲击的变化情况。在

$\beta<0.5$ 的范围内，动量交易者的存在使理性投资者和动量交易者平均财富 $\overline{W}$ 都增加。在 $\beta>0.5$ 的范围内，理性投资者的平均财富 $\overline{W}$ 随动量交易者比例 γ 的增加而增加，动量交易者的平均财富 $\overline{W}$ 随动量交易者比例 γ 的增加而减少。

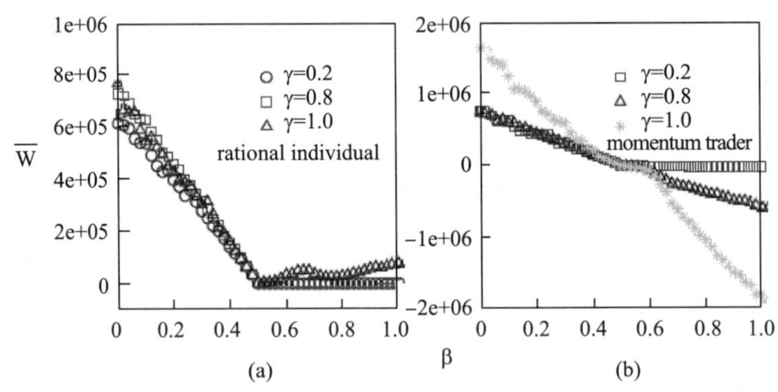

图 9－18　不同的动量交易者比例 γ 下理性投资者和动量交易者平均财富 $\overline{W}$ 随市场冲击 β 的变化情况

注：（a）理性投资者平均财富 $\overline{W}$ 随市场冲击 β 的变化情况，其中动量交易者比例 $\gamma=0$（圆形），0.2（正方形），0.8（三角形）；（b）动量交易者平均财富 $\overline{W}$ 随市场冲击 β 的变化情况，其中动量交易者比例 $\gamma=0.2$（正方形），0.8（三角形），1（星形）。其他相关变量值为：总人数 $N=1001$，记忆长度 $m=5$，策略变化临界值 $D_{th}=0$，策略漂移 $\lambda=0.1$，指数 $\xi=1$，常数 $\eta=10$。

比较图 9－17 和图 9－18 的结果可以发现，自增强反馈效应在 $\beta<0.5$ 的范围内存在。由于存在着动量交易者，趋势跟随者很容易处于多数者一方，从而获得更多的收益。这反过来又会进一步吸引更多的理性投资者采用趋势跟随策略，使趋势跟随策略成为占主导地位的策略。然而，在 $\beta>0.5$ 的范围内，上述的自增强反馈效应不存在。相反，可发现存在一种负反馈效应。由于存在动量交易者，趋势跟随者更可能处于多数者一方，从而遭受损失。这反过来就会使理性投资者拒绝趋势跟随策略，从而使趋势拒绝策略成为占主导地位的策略。随着采用趋势拒绝策略的理性人的增加，趋势拒绝者更容易处于多数者一方，从而遭受损失。这反过来使动量交易者采用趋势跟随策略，从而趋势跟随策略成为动量交易者占主导策略。理性投资者大多采用 $g_i \sim 0$ 策略和动量交易者大多采用 $g_i \sim 1$ 策略成为一种稳定的状态。

9.3.4 理论分析

9.3.4.1 投资者模型中的正反馈效应演化动力学

在本书的模型中，自增强反馈效应只有在市场冲击比较小的时候才被发现存在。下面给出了在市场冲击因子值 $\beta=0$ 时的自增强反馈机制。

考察所有人都是理性人的情形，即 $\gamma=0$。如同相关文献中所述，此时模型的演化机制与多数者博弈的机制相似，即处于多数人一方的投资者会获得更高的收益。

为了理解投资者策略的演化机制，可以将策略简单地分为以下三类：$g<0.5$，$g=0.5$，$g>0.5$。如果所有的投资者都采用 $g<0.5$ 的策略，那么趋势拒绝者将会处于多数者的一方。他们的净收益将大于零，策略 $g<0.5$ 将成为稳定的策略。如果所有的投资者都采用 $g>0.5$ 的策略，那么趋势跟随者将会处于多数者的一方。他们的净收益将大于零，策略 $g>0.5$ 将成为稳定的策略。如果所有的投资者都采用 $g=0.5$ 的策略，那么到底是趋势跟随者处于多数者一方还是趋势拒绝者处于多数者的一方是随机的。此时每个人都有可能遭受损失。所以 $g=0.5$ 的策略是不稳定的。因此，系统最后演化到所有人都采用 $g<0.5$ 策略和所有人都采用 $g>0.5$ 的策略的概率是相等的。

当加入动量交易者之后，整个演化过程还是与多数者博弈模型一致，即多数者一方赢得博弈，得到正的收益。此时系统更容易演化到所有的投资者都采用 $g>0.5$ 的策略的情形。系统演化到所有人都采用 $g>0.5$ 的策略和所有人都采用 $g<0.5$ 的策略的概率是不同的，两者的差满足概率 p'，即：

$$p'=\sum_{0\leqslant m',n'\leqslant\frac{N-\gamma N}{2};m'+n'\geqslant\frac{N-2\gamma N}{2}}\binom{\frac{N-\gamma N}{2}}{m'}\binom{\frac{N-\gamma N}{2}}{n'}g'^{\frac{N-\gamma N}{2}+m'-n'}(1-g')^{\frac{N-\gamma N}{2}-m'+n'}\tag{9-32}$$

其中，$g'\in[0,\ 0.5]$，m'和n'分别代表跟随趋势的概率为g'和$1-g'$的人数。例如，设 $N=3$，$\gamma N=1$，可以得到p'的值为：

$$p'=\sum_{0\leqslant m',n'\leqslant 1;m'+n'\geqslant\frac{1}{2}}g'^{1+m'-n'}(1-g')^{1-m'+n'}=g'^2+(1-g')^2+g'(1-g')\tag{9-33}$$

从方程(9-33)中可以发现，所有人都用策略 $g>0.5$ 的概率随着 γ 的增大而增大，所有人都用策略 $g<0.5$ 的概率随着 γ 的增大而减小。这与图 9-17 (a)

和（b）中仿真模拟所得到的结果相一致。

9.3.4.2　投资者模型中的负反馈效应演化动力学

在本书的模型中，负反馈效应只有在市场冲击大的时候才被发现存在。可从理论上分析 $\beta=1$ 的情况下系统的负反馈机制。

考虑所有人都是理性人的情形，即 $\gamma=0$。如同相关文献中所述，此时模型的演化机制与少数者博弈模型的机制相似，即处于少数人一方的投资者会赢得博弈，从而获得更高的收益。此时策略分布函数 $P(g)$ 由获胜的概率 $\tau(g)$ 所决定，即：

$$P(g)\propto\frac{1}{\frac{1}{2}-\tau(g)} \tag{9-34}$$

其中，$\tau(g)\sim\frac{1}{2}-\frac{1}{\sqrt{N}}g(1-g)$。对于 $g=0$ 和 $g=1$，$\tau(g)$ 达到它的最大值 $\tau(0)=\tau(1)=\frac{1}{2}$。因此，策略分布为 U 形的分布是一个稳定的分布。

当加入动量交易者之后，整个演化过程还是与少数者博弈模型一致，即少数者一方赢得博弈，得到正的收益。如果价格持续上升或持续下降的情形不出现，那么所有人的表现都是理性的，策略分布为 U 形的分布仍然是一个稳定的分布。

如果出现价格持续上升或持续下降的情形。例如，出现↑↑↑或者↓↓↓的情形。理性人的 $g=1$ 策略将受到抑制。例如，初始一半的人用 $g=0$ 策略而另一半的人用 $g=1$ 策略。其中采用这两类策略的人中理性人和动量交易者各占一半。面对价格的↑↑↑，理性人中一半的人选择买，另一半的人选择卖。而所有的动量交易者都选择买。价格上涨，跟着涨的趋势选择买的理性人失分。面对价格的↓↓↓，理性人中一半的人选择买，另一半的人选择卖。而所有的动量交易者都选择卖。价格下跌，跟着跌的趋势选择卖的理性人失分。跟随趋势的理性人将改变策略。采用 $g=1$ 策略的理性人数比例减少。因此，采用 $g=0$ 策略的理性人数将比采用 $g=1$ 策略的理性人数多。

如果价格持续上升或持续下降的情形偶尔消失，动量交易者的 $g=0$ 策略将受到抑制。例如，初始一半的动量交易者用 $g=0$ 策略而另一半的动量交易者用 $g=1$ 策略。面对历史价格变化，一半的动量交易者选择买而另一半的动量交易者选择卖。由于所有的理性人都拒绝跟随趋势，所以拒绝跟随趋势的动量交易者将处于多数者一方，从而在博弈中失分。用 $g=0$ 策略的动量交易者将改变策略，用 $g=0$ 策略的动量交易者比例将减少。因此，采用 $g=1$ 策略的动量交易者人数

将比采用 $g=0$ 策略的动量交易者人数多。

从以上的分析中可以看出，对于 $\beta=1$ 的情形，系统最后会演化到理性人主要采用 $g=0$ 策略而动量交易者主要采用 $g=1$ 策略的策略分布状态。这与图 9-17(c)和(d)中模拟所得到的结果相一致。

9.3.5 结论与启示

在演化的少数者博弈模型中引入了市场冲击和动量交易者，本书研究了金融市场中自增强反馈效应出现的条件。主要关注市场冲击和动量交易者对价格波动和投资策略演化的影响。

动量交易者对价格波动的影响与市场冲击大小有关。当市场冲击较小时，动量交易者的存在对价格波动没什么影响。当市场冲击较大时，动量交易者的存在使价格波动明显增强。

当市场冲击较小时，“羊群效应”对投资者是有利的，此时市场中存在明显的自增强反馈效应。由于动量交易者的存在，趋势追随者更容易处于多数者一方，从而能得到更多的收益。而这又进一步使趋势追随策略成为占绝对优势的策略。当市场冲击较大时，市场中不存在自增强反馈效应，而是存在负反馈效应。由于动量交易者的存在，趋势交易者往往会处于多数者一方，从而遭受很大的投资损失。这时市场中的负反馈效应能够使系统中持有趋势追随策略的动量交易者和持有反趋势策略的理性投资者共存。

一些经验研究发现，动量交易策略能够帮助投资者获得更高的收益，而另一些经验研究发现动量交易策略会使投资者遭受很大的损失。本书的研究工作给出了一种解释，反映动量交易策略在什么情形下是有助于投资者，而在什么情形下是不利于投资者的。一些经验研究发现，理性地对投资情况进行分析将有助于投资者获得更高的收益或降低损失。本书的研究工作对市场的演化机制给出了一种可能的解释，说明理性人如何能获得正的收益，避免损失。

非理性行为在生物系统和社会系统中广泛存在。投资者的非理性行为到底只是一种噪声还是具有普遍性，这是一个十分值得研究的问题。它可以帮助人们更好地理解社会行为的演化机制。在今后的工作中，可进一步地深入研究主观认知在渗流模型和合作系统中所起的作用。

第十章　意见传播模型及其演化机制分析

结合复杂网络模型和意见传播模型，研究了意见传播过程中群体压力的时间衰减效应、不同小组意见影响力的累积效应、倾向性连接对意见传播的影响等。研究发现，群体压力的异质性和时间衰减效应不利于一致性意见的达成。适中的群体数量，不同群体压力的弱耦合有利于一致性意见的达成。个体间的倾向性连接对意见一致性的达成有重要影响。当网络度分布从泊松分布经指数分布变化到无标度分布时，意见达成一致所需的时间显著缩短。

第一节　群体压力衰减效应及其对意见传播的影响

10.1.1　研究背景

在社会经济系统和自然科学领域，有序态和无序态之间的转变条件是人们所关注的重要问题。例如，在自旋系统中，有序态的出现与外部磁场条件有关。Li等研究了不同区域间状态同步的条件，发现一致性状态的形成需要满足某种时空临界条件。在社会经济系统中，一致性意见的达成直接影响到工作的进展，如总统选举、公共事务的决策等都需要考虑到公众意见的一致性。近年来，一致性意见形成的时空条件成为社会学、经济学、统计学等领域群体动力学问题研究中的重要课题。

在群体动力学问题的研究中，有以下两种主要的模型。一种是选举模型，另一种是意见模型。在选举模型中，个体有两种可能状态，+1 或 -1，分别代表选 A 或选 B，同意或不同意等。依据预先给定的规则，个体状态可按顺序更新或同步更新。Fernandez - Gracia 等研究了美国总统选举中人群意见的统计特征，发现社会影响力、人群的流动性和异质性等对于选举统计结果的变化具有重要影响。在意见模型中，个体的状态可以是分立的或者连续的。在连续意见模型中，个人的意见可以用一个实数表示，$x \in [0, 1]$ 或者 $x \in [-1, 1]$。按照某种给定规则，不同的意见可以相互融合形成新的意见。Shao 等研究了各类意见共存的条件，发现具有相同意见的个体若能形成较为紧密的群体关系有助于防范其他意见的渗透。

各类意见模型提供了研究社会经济系统中相关同步问题的工具。至今，在研究一致性意见达成的时空条件问题时，大多数工作重点关注的是相对稳定的个人关系和实时相互作用对意见一致性达成的影响。但是，在现实社会中，个人关系多种多样。有亲戚关系、同学关系、同事关系、生意伙伴关系等。这些同时存在于某个个体身上的不同关系是如何影响其行为的？这方面的研究相对较为缺乏。除了不同意见影响力的叠加效应外，意见的演化还受到时间滞后效应和时间衰减效应的影响。将时间和空间变量引入已有的选举模型中，研究多个影响因素的耦合对一致性意见形成的影响，这是本书的重点所在。

多个群体影响力的叠加效应通常可以用多层网络模型来表示。Zuzek 等将双层网络引入风险传播模型，研究了隔绝效应对风险传播的影响，发现人群之间的长时间隔绝有利于提高危机爆发的临界点。Havlin 等研究了相互依存网络上的渗流过程，发现网络间的强耦合会导致不连续相变的出现。Perc 等研究了多层网络上的合作演化问题，发现平衡和非平衡过程的转化受到相互作用结构的影响。Wang 等研究了多层网络上关系结构和投资策略的共同演化过程，发现系统的自适应演化有助于达到最优化状态。Kenett 等对多层网络结构及其动力学演化过程做了较为系统的文献回顾。

群体影响力的时间累积效应通常可以用记忆模型来表示。Dodds 等将过往感染的记忆引入风险传播模型，发现感染强度和记忆长度会影响风险扩散的动力学过程。Liu 等研究了信息传播过程中的记忆效应，发现内部和外部影响力的耦合有助于信息更快、更广泛地传播。Stark 等研究了意见演化过程中的时间延迟效应，发现意见变化过程中适中的惰性特征有助于一致性意见的形成。

本书结合多层网络模型和有记忆的传染病模型，构建了包含有群体压力和记忆效应的意见传播模型。通过研究主要有以下三方面的发现。

（1）异质性群体压力不利于一致性意见的达成。在同质性群体压力下，群体数量的增加和某一群体中人数的增加对意见一致性达成的影响是类似的，都有利于意见一致性的达成。在异质性群体压力下，群体数量的增加有可能会减弱群体压力的影响。这里存在着一个群体数量的临界值。在该临界值以下，群体数量的增加促进一致性意见达成。在该临界值以上，群体数量的增加导致无法达成一致性意见。

（2）群体压力的时间衰减不利于一致性意见的达成。群体压力的时间衰减将导致群体压力累积值减小。群体压力异质性 Δw 和时间衰减性 ξ 的耦合导致意见变化的临界值 d_{th}^{c} 的减小，两者间存在着确定的函数关系，$d_{th}^{c} \sim f(\Delta w, \xi)$。

（3）达成一致性意见所需时间 t_c 受到群体压力的异质性 Δw 和时间衰减率 ξ 的影响。当记忆长度较短时，Δw 或者 ξ 的增大都会导致 t_c 的增大。当记忆长度较长时，ξ 的增大一开始导致 t_c 的减小，随后会导致 t_c 的快速增大。

10.1.2 模型介绍

多层网络上的选举模型定义如下：存在一个由 L 层子网络构成的耦合网络。在每一层网络上，有 N 个个体以概率 p 随机连接。因此，对于每一层网络，个体的平均连边数是 $<k>=(N-1)p$。N 个个人同时存在于 L 个网络上，每个人处于该网络的一个节点上。这样，个人就会受到 L 个不同的小组的影响。各个小组对同一个个人的影响力权重可能是不同的。影响力大小满足方程：

$$w_l = (1-\Delta w)^{l-1} \tag{10-1}$$

当 $\Delta w = 0$ 时，所有的群体对于某个个人的影响力权重是一样的。当 $\Delta w \neq 0$ 时，影响力权重的最大值是 1，平均权重随着 l 的增加而减小。

最初，每个人随机从两个相反的意见中选择一个意见，σ_+ 或者 σ_-。在个人意见的转换过程中，先从个人所属的 L 个社群中随机选择一个社群，以概率 T_r，即：

$$T_r = \frac{n_{\sigma-}}{n_{\sigma+} + n_{\sigma-}} \tag{10-2}$$

（或者 $T_r = \frac{n_{\sigma+}}{n_{\sigma+} + n_{\sigma-}}$）接受相反的意见的影响。其中 $n_{\sigma-}$ 和 $n_{\sigma+}$ 分别代表社群中持有意见 σ_- 和 σ_+ 的人数。如果个体接受相反意见的影响，其影响力 $d_0 = w_l$。如果不接受影响，其影响力 $d_0 = 0$。这种影响力会累积，即：

$$D = \sum_{m'=0}^{m-1} (1-\xi)^{m'} d_{m'} \tag{10-3}$$

累积的影响力会有时间衰减效应。影响力过去的时间越长，其影响力越弱。当累积的影响力超过某一临界值时，个人的意见就会更新。

系统的状态可以用持有两种不同意见的人数比例差异 M 来表示：

$$M = \frac{|N_{\sigma+} - N_{\sigma-}|}{N} \tag{10-4}$$

当 M = 1 时，代表所有人的意见达成一致。

10.1.3　模拟结果与讨论

本书重点关注的是群体压力的异质性和时间衰减效应对系统达稳态后人群意见的总体特征的影响。

图 10-1（a）给出了不同的网络随机连接概率下持相反意见人数之差的绝对值 M 随层次 L 的变化情况。当随机连接概率 p = 0.001 时，当网络层次数 L 从 L = 1 增加到 L = 3 时，M 的值很快地从 M = 0.08 增加到 M = 0.82。当 L 从 L = 3 增加到 L = 10 时，M 慢慢地增大并最后达到其最大值 M = 1。

在图 10-1（b）给出了 L = 1 时 M 随 p 的变化情况。当 p 从 p = 0.001 增加到 p = 0.004 时，M 随 p 的增加很快增加到其最大值 M = 1。p 的进一步增加对 M 几乎没什么影响。

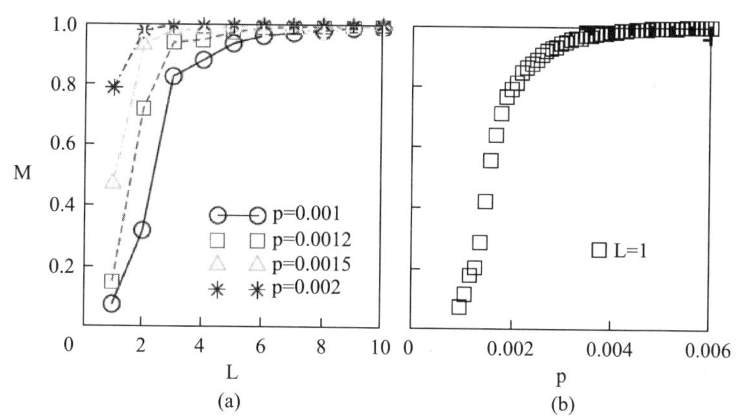

图 10-1　持相反意见人数之差的绝对值 M 随网络层次 L 和网络随机连接概率 p 的变化情况

注：（a）随网络层次 L 的变化，其中随机连接概率 p = 0.001（圆形），0.0012（正方形），0.0015（三角形），0.002（星形）；（b）随网络随机连接概率 p 的变化，其中 L = 1。其他相关变量值为：总人数 N = 1000，记忆长度 m = 10，意见更新临界值 $d_{th} = 5$，群体压力异质性 $\Delta w = 0$，意见衰减率 $\xi = 0$。

图10－1的结果表明，要使人群的意见达成一致，固定网络的随机连接概率增加网络层次所起到的作用与固定网络层次增加随机连接概率所起到的作用相似。在一个连接均匀的网络环境中，多层次连接有利于意见达成一致。在一个层次确定的耦合网络中，网络随机连接概率的增大有利于意见达成一致。

为考察异质性群体压力对意见形成的影响，图10－2（a）和（b）中给出了不同的随机连接概率下M随网络层次数L的变化情况。从图10－2（a）可以看出，当$p=0.001$和$\Delta\omega=0.1$时，当网络层次从$L=1$增加到$L=6$时，M从$M\sim0.08$增大到$M\sim0.9$。当L从$L=7$增加到$L=20$时，M从$M\sim0.9$减小到$M\sim0.05$。L的进一步增加对M的值几乎没有什么影响。在$1<L<20$的范围内，$\Delta\omega$的增加导致M在所考察的整个区域内的减小。

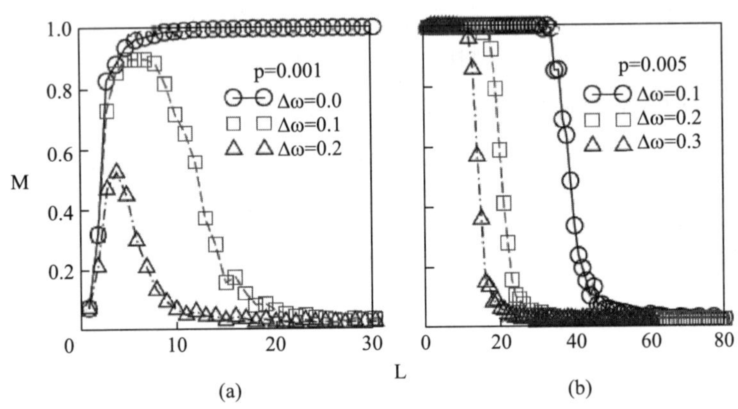

图10－2　不同的网络随机连接概率p和群体压力异质性Δw下持相反意见人数之差的绝对值M随网络层次L的变化情况

注：(a) 网络随机连接概率$p=0.001$，群体压力异质性$\Delta w=0$（圆形），0.1（正方形），0.2（三角形）；(b) $p=0.005$，群体压力异质性$\Delta w=0.1$（圆形），0.2（正方形），0.3（三角形）。其他相关变量值为：$N=1000$，$m=10$，$d_{th}=5$，$\xi=0$。

从图10－2（b）中可以看出，当$p=0.005$和$\Delta\omega=0.1$时，存在着一个网络层次L的临界值，即$L_c\sim35$。$L<L_c$时，随着L的增加M一直保持其最大值$M=1$。当$L>L_c$时，M随着L的增加很快减小，并最后达到其极小值$M\sim0.05$。$\Delta\omega$的增加使临界值L_c减小，但是M随L变化的整体形态并没有改变。

图10－3给出了不同的随机连接概率下网络的层次临界值L_c随群体压力异质性因子$\Delta\omega$的变化情况。当$p=0.005$时，随着$\Delta\omega$从$\Delta\omega=0.05$增加到$\Delta\omega=$

0.4，临界值 L_c 从 $L_c = 70$ 减小到 $L_c = 6$。对模拟数据进行函数拟合，可以得到 $\Delta\omega$ 和 L_c 之间满足一个双对数的函数关系，即 $L_c \sim g(p)(\Delta\omega)^{-\alpha}$。例如，当 $p = 0.005$ 时，$g(p) \sim 2.4$，$\alpha \sim 1.2$。当 $p = 0.01$ 时，$g(p) \sim 5.6$，$\alpha \sim 0.89$。

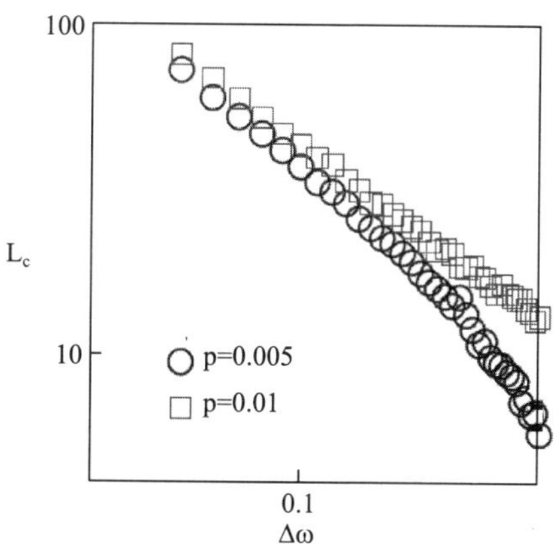

图 10－3　不同的网络随机连接概率 p 下网络层次临界值 L_c 随群体压力异质性因子 $\Delta\omega$ 的变化情况

注：网络层次临界值 L_c 随群体压力异质性因子 $\Delta\omega$ 的变化情况，其中网络随机连接概率 $p = 0.005$（圆形），0.1（正方形）。其他相关变量值：$N = 1000$，$m = 10$，$d_{th} = 5$，$\xi = 0$。

图 10－2 和图 10－3 中的模拟结果表明，存在着多层次网络并不总是对意见达成一致是有利的。在群体压力异质性环境下，多层次网络对意见的达成可能是不利的。

对每个个体来说，他在不同的时间点接受来自不同群体的意见压力。为了发现群体压力的时间衰减效应对意见一致性达成的影响，在图 10－4（a）和（b）给出了在不同的衰减率 ξ 下 M 随意见变化的临界值 d_{th} 的变化情况。当不同子网络的群体压力没有差异时，即 $\Delta\omega = 0$ 时，存在一个意见转变量 d_{th} 值的临界值 d_{th}^c。当 $d_{th} < d_{th}^c$ 时，随 d_{th} 的增加 M 保持其最大值 $M = 1$，当 $d_{th} > d_{th}^c$ 时，随 d_{th} 的增加 M 保持其极小值 $M \sim 0.05$。ξ 值的增大只会使 d_{th}^c 值减小，但是 M 值的最大值和极小值不变。$\Delta\omega = 0.1$ 时的仿真模拟结果与 $\Delta\omega = 0$ 时的仿真模拟结果相类似。

图 10－4（c）给出了子网络拓扑结构不同的情形下 M 随意见变化的临界值 d_{th} 的变化情况。当不同的子网络具有不同的随机连接概率时，M 随 d_{th} 的变化类

似于所有的子网络都有相同的随机连接概率 p 时的情形。而随着网络平均连接数的增加，临界值 d_{th}^{c}增大。

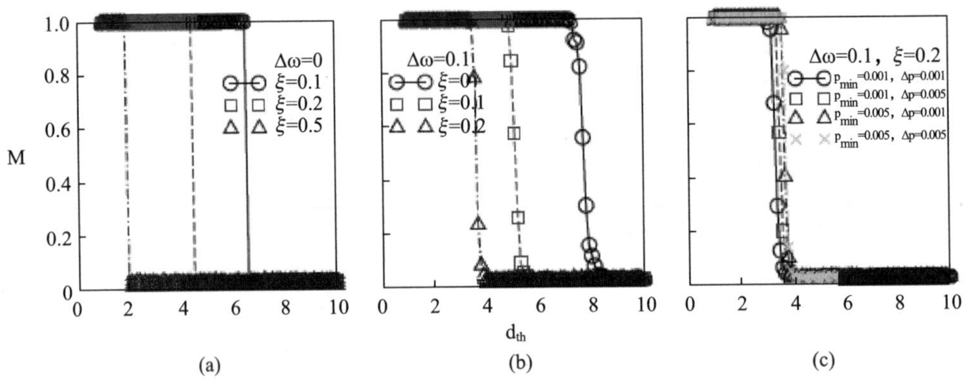

图 10－4　不同的群体压力异质性因子 Δw、时间衰减因子 ξ 和随机连接概率差异 Δp 下持相反意见人数之差的绝对值 M 随意见变化的临界值 d_{th}的变化情况

注：（a）群体压力异质性因子 Δw = 0，网络随机连接概率 p = 0.005，时间衰减因子 ξ = 0.1（圆形），0.2（正方形），0.5（三角形）；（b）Δw = 0.1，p = 0.005，ξ = 0（圆形），0.1（正方形），0.2（三角形）；（c）群体压力异质性因子 Δw = 0.1，时间衰减因子 ξ = 0.2，最小随机连接概率 p_{min} = 0.001，随机连接概率差异 Δp = 0.001（圆形）；p_{min} = 0.001，Δp = 0.005（正方形）；p_{min} = 0.005，Δp = 0.001（三角形）；p_{min} = 0.005，Δp = 0.005（星形）。其他相关变量值为：N = 1000，m = 10，L = 10。

图 10－5 给出了不同 Δω 的情形下意见转变临界值的相变点位置 d_{th}^{c}随群体压力衰减率 ξ 的变化情况。当 Δω = 0.1 时，当 ξ 从 ξ = 0.01 增加到 ξ = 0.4，d_{th}^{c}从 d_{th}^{c} ~7.3 减小到 d_{th}^{c} ~2.1。Δω 的增加导致 d_{th}^{c}在整个所考察区间内的减小。对仿真模拟数据进行函数拟合，可发现 d_{th}^{c}和 ξ 之间满足倒数关系，即 $d_{th}^{c} \sim \frac{1}{a+b\xi}$。例如：Δω = 0.1 时，a ~ 0.12，b ~ 0.80；Δω = 0.2 时，a ~ 0.15，b ~ 0.93。

图 10－4 和图 10－5 中的结果显示，时间衰减效应的存在使群体压力异质性对意见一致性达成的影响力进一步加深。时间衰减效应对意见一致性达成不利。

为了进一步了解反映网络群体压力异质性的因子 Δω 和反映意见影响力的时间衰减性的因子 ξ 对意见一致性达成的影响，可进一步考察意见达成一致所需要的时间 t_c 与 Δω 和 ξ 之间的关系。图 10－6（a）给出了不同的 Δω 下 M 随时间的演化情况。当 Δω = 0.2 时，在 0 < t < 1000 的范围内，M 随时间的推移很快从 M = 0.05 增大到 M = 1。意见达成一致所需要的时间为 t_c ~ 1000。对于一个更大

的 Δω，M 随着时间的推移变化减缓。意见达成一致所需要的时间 t_c 变大。从图 10-6（b）意见达到一致所需时间 t_c 随群体压力异质性因子 Δω 的变化情况中可以看出，给定网络的层次 L，t_c 随 Δω 的增大而增大。给定 Δω，t_c 随 L 的增大而增大。

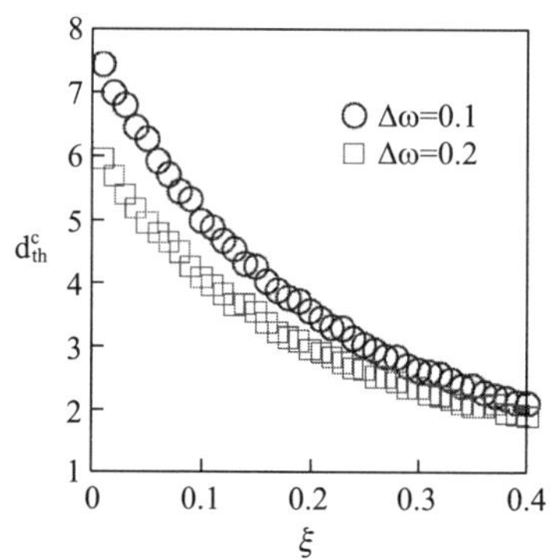

图 10-5 不同的时间衰减因子 Δω 下意见转变临界值的相变点位置 d_{th}^c 随群体压力衰减率 ξ 的变化情况

注：意见转变临界值的相变点位置 d_{th}^c 随群体压力衰减率 ξ 的变化情况。其中时间衰减因子 Δω = 0.1（圆形），0.2（方形）。其他相关变量值为：N = 1000，m = 10，L = 10，p = 0.005。

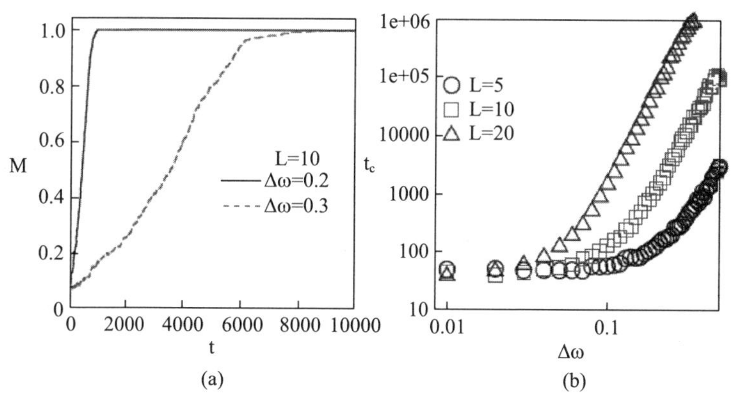

图 10-6 意见达到一致所需时间随群体压力异质性因子的变化情况

注：（a）持相反意见人数之差的绝对值 M 随时间的演化情况，其中 L = 10，Δω = 0.2（实线），0.3（虚线）。（b）意见达到一致所需时间 t_c 随群体压力异质性因子 Δω 的变化情况，其中 L = 5（圆形），10（正方形），20（三角形）。其他相关变量值为：N = 1000，m = 10，p = 0.005，ξ = 0，d_{th} = 5。

图 10－7（a）给出了不同的时间衰减因子 ξ 下 M 随时间的演化情况。当 $\xi=0.05$ 时，在 $0<t<20$ 的范围内，M 围绕着 $M\sim0.05$ 波动。在 $20<t<70$ 的范围内，M 从 $M\sim0.05$ 迅速增大到 $M\sim1$。意见达成一致所需要的时间 $t_c\sim70$。当 $\xi=0.15$ 时，在 $0<t<100$ 的范围内，M 从 $M\sim0.05$ 缓慢增加到 $M\sim0.1$。在 $100<t<600$ 的范围内，M 从 $M\sim0.1$ 迅速增大到 $M\sim1$。意见达成一致所需要的时间 $t_c\sim600$。

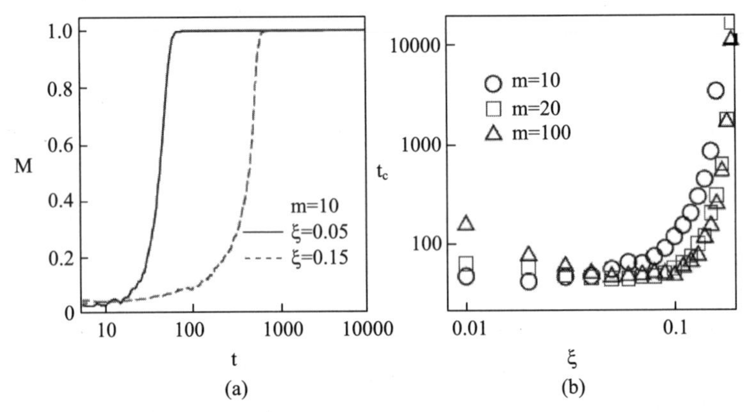

图 10－7　意见达到一致所需时间随时间衰减因子的变化情况

注：（a）持相反意见人数之差的绝对值 M 随时间的演化情况，其中 $m=10$，时间衰减因子 $\xi=0.05$（实线），0.15（虚线）。（b）意见达到一致所需时间 t_c 随时间衰减因子 ξ 的变化情况，其中 $m=10$（圆形），20（正方形），100（三角形）。其他相关变量值为：$N=1000$，$L=10$，$p=0.005$，$\Delta\omega=0$，$d_{th}=5$。

图 10－7（b）给出了不同的记忆长度 m 下意见达成一致所需的时间 t_c 随时间衰减因子 ξ 的变化情况。从图 10－7（b）中可以看出，当 $m=10$ 时，当 ξ 从 $\xi=0.01$ 增加到 $\xi=0.08$，t_c 从 $t_c\sim45$ 增长 $t_c\sim100$。当 ξ 从 $\xi=0.08$ 增加到 $\xi=0.2$，t_c 很快从 $t_c\sim100$ 增长到无限大。在 $0.01<\xi<0.04$ 的范围内，m 的增加会导致 t_c 整体的增加。在 $0.05<\xi<0.2$ 的范围内，m 的增加会导致 t_c 整体的减小。当 $m=100$ 时，当 ξ 从 $\xi=0.01$ 增加到 $\xi=0.1$ 时，t_c 从 $t_c\sim160$ 减小到其极小值 $t_c\sim45$。当 ξ 从 $\xi=0.1$ 增加到 $\xi=0.2$ 时，t_c 很快从 $t_c\sim45$ 增长到无限大。

比较图 10－6 和图 10－7 的结果可知，不同意见能否最终达成一致与系统演化到稳定状态所需要的时间有关系。当 Δω 和 ξ 比较大时，系统达到稳定状态所需的时间趋于无穷大。这实际上意味着在 Δω 和 ξ 比较大时，系统是无法演化到意见达成一致的稳定态的。

图 10－8（a）给出了各子网络具有不同的随机连接概率的情况下意见达成一致所需的时间 t_c 随着群体压力异质性因子 $\Delta\omega$ 的变化情况。比较图 10－6（b）和图 10－8（a）中的结果可以看出，子网络具有不同的随机连接概率对 t_c 随 $\Delta\omega$ 的变化没有大的影响。在 $0.01<\Delta\omega<0.5$ 的范围内，网络平均连接数的增加导致 t_c 的减小。

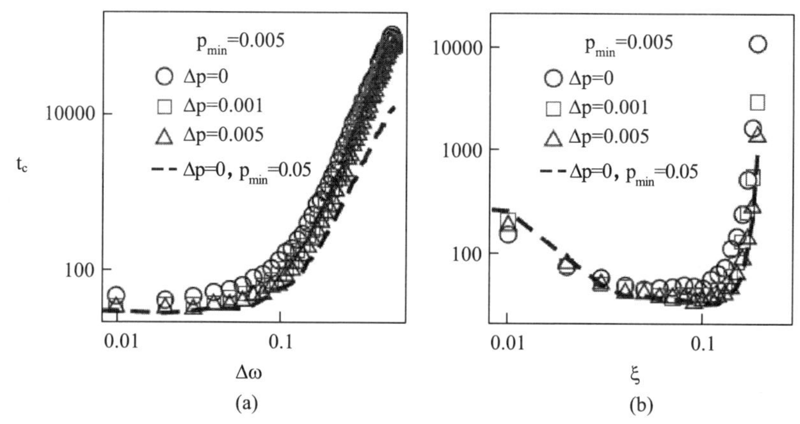

图 10－8 子网络具有不同的随机连接概率下意见达成一致所需时间 t_c 随异质性群体压力因子 $\Delta\omega$ 和时间衰减因子 ξ 的变化情况

注：（a）随异质性群体压力因子 $\Delta\omega$ 的变化情况，其中 $m=10$，$\xi=0$，$p_{min}=0.005$，$\Delta p=0$（圆形），0.001（正方形），0.005（三角形）；（b）随时间衰减因子 ξ 的变化情况，其中 $m=100$，$\Delta\omega=0$，$p_{min}=0.005$，$\Delta p=0$（圆形），0.001（正方形），0.005（三角形）。其他相关变量值为：$N=1000$，$L=10$，$d_{th}=5$。虚线是 $p_{min}=0.05$ 时的仿真模拟结果。

图 10－8（b）给出了子网络具有不同的随机连接概率的情况下意见达成一致所需的时间 t_c 随着时间衰减率 ξ 的变化的情况。比较图 10－7（b）和图 10－8（b）中的结果可以看出，子网络具有不同的随机连接概率对 t_c 随 ξ 的变化情况没有什么大的影响。在 $0.01<\xi<0.03$ 的范围内，每个个体拥有的平均连接数的增加导致 t_c 的增加；在 $0.03<\xi<0.2$ 的范围内，每个个体拥有的平均连接数的增加导致 t_c 的减小。

图 10－4（c）和图 10－8 中的结果表明，不同子网络平均连接数的差异对意见达成一致所需时间没有大的影响。耦合网络整体的平均连接数变化对意见达成一致所需时间有影响。

10.1.4 理论分析

10.1.4.1 意见变化门槛值的临界点和群体影响力时间衰减效应之间的关系

对于一个持有意见 σ_+ 的个人 i 来说，要将自己的意见 σ_+ 转变成相反意见 σ_-，与群体中持有意见 σ_- 的人数比例有关，即与概率方程 $T_r^i = \frac{n_{\sigma-}}{n_{\sigma+} + n_{\sigma-}}$ 有关。给定记忆长度 m 和网络层次 L，群体压力的累积满足方程 $D_i = \sum_{m'=1}^{m} (1-\xi)^{m'-1} d_{m'}$，其中 $d_{m'} = (1-\Delta\omega)^{1-1} d_0$，以 T_r^i 的概率取 $d_0 = 1$，以 $1 - T_r^i$ 的概率取 $d_0 = 0$。当满足 $D_i \geq d_{th}$ 时，个人 i 将把自己的意见 σ_+ 转变成意见 σ_-。

考虑初始时刻，个人随机选择意见 σ_+ 和 σ_-。给定小组平均大小 $\bar{n}$ 和小组平均影响力权重 $\bar{\omega}$，当不存在时间衰减效应时，群体压力的平均影响力为 $\bar{D}_i = m\bar{T}_r^i\bar{\omega}_1$。群体影响力的最大值为 $D_i^{max} = mT_r^{max}$。如果不等式 $D_i^{max} < d_{th}$ 总是成立，持有意见 σ_+ 的人数比例将不随时间而变化。因此，可得到意见转变门槛值的临界点为 $d_{th}^c = mT_r^{max}$。当存在时间衰减效应时，给定时间衰减平均值 $\bar{x}$，群体压力的平均影响力变成：

$$\bar{D}_i = m\bar{x}\,\bar{T}_r^i\bar{\omega}_1 \tag{10-5}$$

群体影响力的最大值变成：

$$D_i^{max} = (1-\xi)^0 + (1-\xi)^1 + \cdots + (1-\xi)^{mT_r^{max}-1} \tag{10-6}$$

因此，意见达成一致的临界值变成：

$$d_{th}^c = \frac{[1-(1-\xi)^{mT_r^{max}}]}{\xi} \tag{10-7}$$

从以上的分析中可以发现，在初始条件 $n_{\sigma+} = n_{\sigma-} = \frac{1}{2}n$ 时，个人意见变化的概率由 $\bar{D}_i$ 和 d_{th} 决定。在意见一致性达成之前，个人意见变化的概率由 D_i^{max} 和 d_{th} 的差异所决定。临界值 d_{th}^c 随着 ξ 的增加而减小。这与图 10－5 中的仿真模拟结果相一致。

10.1.4.2 意见达成一致所需时间和群体压力影响的衰减效应之间的关系

意见达成一致所需的时间与系统摆脱半稳定的时间 t_{meta} 和达到意见一致的时间 t_{con} 相关，$t_c = t_{meta} + t_{con}$。t_{con} 主要是由持有不同意见的两类人的比例差异所决定的。当持有意见 σ_+ 和意见 σ_- 的人数相等时，即 $n_{\sigma+} = n_{\sigma-} = \frac{1}{2}n$ 时，意见达成一

致所需的时间主要由 t_{meta} 决定。

时间 t_{meta} 由以下两个因素决定：从一个状态转变到另一个状态所需的时间 ΔT 以及两个相反的意见更新的时间差异 Δt。当给定意见更新的门槛值 d_{th} 时，ΔT 由群体压力的累积影响 D 所决定。而 D 又由记忆长度 m 和时间衰减率 ξ 所决定。假如个人接受群体压力影响的概率为 P_{accept}，所接受的影响为 $d_0 = 1$。当 $n_{\sigma+} = n_{\sigma-} = \frac{1}{2}n$ 时，个人策略更新的概率满足方程：

$$P_{update} = \left(\frac{1}{2}\right)^{d_{th}} + \sum_{m'=d_{th}+1}^{m} C_{m'-1}^{d_{th}-1}\left(\frac{1}{2}\right)^{m'} \tag{10-8}$$

一个大的意见更新概率意味着一个小的 ΔT，即 $\Delta T \sim \frac{1}{P_{update}}$，可得：

$$\Delta T \sim \frac{1}{\left(\frac{1}{2}\right)^{d_{th}} + \sum_{m'=d_{th}+1}^{m} C_{m'-1}^{d_{th}-1}\left(\frac{1}{2}\right)^{m'}} \tag{10-9}$$

从方程(10－9)可以发现，ΔT 随着记忆长度 m 的增加而减小。

Δt 由两个相反意见的更新时间差异所决定。假如 $\sigma_+ \to \sigma_-$ 的概率 $P_{\sigma_+\to\sigma_-}$ 与 $\sigma_- \to \sigma_+$ 的概率 $P_{\sigma_-\to\sigma_+}$ 的差异非常小，Δt 满足关系式：

$$\Delta t \sim C_{m-1}^{d_{th}-1}\left(\frac{1}{2}\right)^{m} \tag{10-10}$$

从方程(10－10)可以发现，给定一个 d_{th}，随着 m 的增加，Δt 先是增加然后减小。

处于半稳态的时间 t_{meta} 随着 ΔT 的增加而增加，随着 Δt 的增加而减小。假设两者满足关系式：

$$t_{meta} \sim \frac{\Delta T}{\Delta t} \tag{10-11}$$

可以得到：

$$t_{meta} \sim \frac{1}{\left[\left(\frac{1}{2}\right)^{d_{th}} + \sum_{m'=d_{th}+1}^{m} C_{m'-1}^{d_{th}-1}\left(\frac{1}{2}\right)^{m'}\right]\left[C_{m-1}^{d_{th}-1}\left(\frac{1}{2}\right)^{m}\right]} \tag{10-12}$$

从以上的分析中可以发现，给定一个 d_{th}，当 m 值较小或适中的情况下，m 的增大会导致两个量，$\left(\frac{1}{2}\right)^{d_{th}} + \sum_{m'=d_{th}+1}^{m} C_{m'-1}^{d_{th}-1}\left(\frac{1}{2}\right)^{m'}$ 和 $C_{m-1}^{d_{th}-1}\left(\frac{1}{2}\right)^{m}$ 的增大。这两个量的耦合会导致 t_{meta} 的增大。

考察 ξ 在 t_{meta} 变化中的作用。增大 ξ 会导致 D 的可能最大值的减小。这就类似于减小 m 所得到的结果。因此，对于一个相当大的 m 和一个小的 ξ，增大 ξ 对 t_{meta} 的影响就类似于在 m 相当大的情况下减小 m 对 t_{meta} 的影响。增大 ξ 可导致 t_{meta} 的减小。对于一个大的 ξ，增加 ξ 对 t_{meta} 的影响就类似于在 m 不是非常大的情况下减小 m 对 t_{meta} 的影响。增大 ξ 可导致 t_{meta} 的增加。

理论分析得到的 t_{meta} 随 m 的变化趋势以及 t_{meta} 随 ξ 的变化趋势与图 10－7 中的仿真模拟结果相一致。

10.1.5 结论与建议

本书在原有的选举模型中引入多层网络结构和影响力的时间衰减效应，研究了群体压力的累积效应对意见传播的影响。异质性群体压力对意见的传播有很大的影响，决定了系统是否最终能够达成一致性意见。群体意见从达成一致演变到不同意见共存与群体压力的异质性和群体压力影响的衰减率有关。异质性的增加和衰减率的增加都不利于意见一致性的达成。从衰减率的角度来看，存在一个衰减率的临界点。当衰减率低于这个临界点时，意见一致性达成的速度随着衰减率的增加而加快。高于这个临界点时，意见一致性的达成速度随衰减率的增加而变慢。借助平均场理论分析发现，意见一致性是否能达成与意见达到稳态所需时间长短有关。

Battiston 等借助选举模型研究了异质性效应。他们将社会压力赋予相对权重，内部凝聚力和外部平均场力对于系统到底最终能达成一致性意见还是不同意见共存有很大的影响。Battiston 等关于异质性影响力对意见演化影响方面的发现与本书的发现有相似之处。两个模型的不同之处在于 Battiston 等的模型未考虑群体压力的累积效应和时间衰减效应。Stark 等也研究了选举模型中群体压力的衰减效应。他们发现，当具有一个适中的衰减率时，意见达成一致所需的时间可以达到其最小值。这一结果与本书中考虑了记忆长度后系统的演化结果相类似。两个模型的不同之处是 Stark 等的模型未考虑群体压力的异质性效应和累积效应。因此，与已有的模型相比较，本模型能更广泛地探讨多个因素对意见传播的综合影响。

在未来的研究中，多层网络和时间衰减记忆效应可以被进一步用到其他的市场演化模型中去。不同类型的子网络的耦合，如动态网络和无标度网络的耦合对系统动力学的影响可得到进一步的深入研究。

第二节 群体压力的累积效应及其对意见传播的影响

10.2.1 研究背景

在自然界和人类社会中，经常可以看到各类复杂现象。例如，经济系统中的分形和标度率特征，生物系统中的自适应和学习过程，物理系统中的随机游走和渗流现象等。在过去20年间，为了解各类宏观现象背后的微观机理，包括经济人模型、意见模型在内的一些交叉学科领域的模型被应用到复杂社会经济系统问题的研究中，尤其是有关社会经济系统中的标度性特征和普适性特征问题。

现有的意见模型主要分为两大类：一类是类似于伊辛模型的对立意见模型，另一类是连续意见模型。在对立意见模型中，如选举模型和Sznajd意见模型，个体在某个时刻的状态只可能是以下两种情形下的一种：+1或-1，分别代表同意或不同意。按照一定的更新规则，个人意见可以从-1变成+1，也可以从+1变成-1。系统最终演化达到的稳定状态可以是系统中所有个体都处于同一种状态，或者是系统中保持不同状态的个体数量达到动态平衡。系统达到稳态的条件是相关研究所关心的主要问题。Wang等将等待时间变量引入选举模型中，发现等待时间的存在可以使系统更快地达成意见一致。Stark等研究了记忆效应对于意见一致性达成的影响，发现减缓微观相互作用可以有效加速宏观一致性状态达成。在连续意见模型中，个人意见可以是从0到1或者从-1到+1的任意一个实数。依据某个意见调整的门槛值，群体意见最终会演化到所有人都持相同意见或者持不同意见的个体数维持某个确定的比例。相关研究工作重点关注于意见一致所需要满足的条件。Fortunato等研究了连续意见在不同空间结构上的演化，发现意见一致性的达成与空间结构特征有关。

在社会经济系统中的演化动力学问题的研究中，现有的大多数模型都是考虑了全混合情形，即不存在一定的空间结构。随着对相互作用网络结构研究的深入，特定的网络结构对反应—扩散系统的影响引起了广泛的关注。与全混合系统相比较，社会结构的存在对于意见演化动力学过程都会有或多或少的影响。Szolnoki等研究了结构化人群中正反馈和负反馈的联合效应，发现反应模式和空间结构对合作人群的形成有很大作用。Li 等研究了小世界网络对意见形成的影响，发现少数几条随机连接边的存在可以有效加速意见一致性的达成。Fortunato 研究了无标度网络对意见演化的影响，发现初始不同意见组成的变化可以导致群体意见演化结果的很大差异。Fortunato 等还研究了处于不同类型静态网络上的 Deffuant 模型，发现不管相互作用的关系结构如何，系统最后演化到意见一致状态或意见不一致状态都是由某个典型的代表相互妥协程度的因子所决定的。Vazquez 等研究了意见和网络的共同演化过程，发现系统从不同意见共存的动态平衡态转变为达成一致性意见的静止态与网络的平均度有关。Gargiulo 和 Huet 研究了网络和意见的共同演化过程，发现动态的网络结构有利于意见一致性达成。

迄今为止，在研究网络中的意见形成过程中，大多数研究都是基于单层的网络结构。这一研究模式基于这样一种假定：个人的活动被严格限制于某一个群体之中。然而，在现实社会中，个人可以同时处于不同类型的社会群体之中，例如个人既处于某个家庭关系之中，同时又处于某个客户关系之中。由于不同的社会群体中都会存在社会制约或者群体压力，个体处于不同的社会群体中时，在其意见表达上会根据当时的社会情境表现出一定的不一致性。Tessone 等研究了个体对社会规范多样性的反应，发现个体对社会规范感知的敏感性不同会影响群体结构的稳定。Lorenz 等研究了社会规范对群体智慧的影响，发现即使是温和的社会规范也会影响到群体智慧的发挥。Groeber 等研究了小组内部压力对意见一致性达成的影响，发现存在多样化的反馈机制更有利于开放人群意见一致性的达成，而对于保守人群来说，多样化的反馈机制对意见一致性达成并无大的影响。相关研究表明，社会规范多样性和群体压力在意见形成过程中起到十分重要的作用。

近年来，对于不同群体相互作用影响力问题的研究有了一个基本的理论框架，即常被称为多层网络，或者相互依赖网络，或者“网络中的网络”的空间结构模型。在多层网络模型中，个体和他的映射被放于不同的子网络中。对于个体来说，他的行为不仅被那些与他直接连接的个体所影响，同时也被他的映射所影响。关于多层网络结构对集体行为的影响已有相关的研究。Wang 等研究了合作在相互依存网络中的演化，发现不同的效用函数对合作水平具有很大的影响。Gomez – Gardenes 等研究了相互依赖人群的演化动力学过程，发现当合作演化动力学过程发生于相互依赖的网络中时，系统中的合作能够得以维持。Gomez 等研究了多层网络上渗流的时间标度效应，发现完全网络中渗流的相关特征向量和特

征值在多层网络中也能体现出来。Diakonova 等构建了基于多层网络的选举模型，发现要使群体意见达成一致，不同网络间的耦合程度需要达到某个临界值水平。Masuda 研究了二派系图中意见一致性达成平均所需时间，发现存在意见快速达成一致和缓慢达成一致的临界点特征。Boccaletti 等的综述文章回顾了最近几年来有关多层网络结构和多层网络上的动力学问题的相关研究工作。

个人在特定场景下的行为既与本地效应有关，又与其所在的特定群体环境有关。通过引入多层网络模型和连续意见模型，本书仿真模拟了小组内和小组间的相互作用关系对意见一致性达成的影响，主要有以下四方面的发现。

（1）不同小组压力的耦合对意见的演化有很大的影响。增加网络层次对意见演化的作用类似于提高不同小组压力的耦合系数对意见演化的作用。适中的网络层次和弱耦合更有利于意见一致性达成。

（2）系统演化到达成一致性意见还是演化到多个意见共存与子网络的数量和耦合系数的大小有关。若给定网络层次，则系统中存在一个耦合系数的临界值。小于该临界值，系统演化到达成一致性意见。大于该临界值，系统演化到不同意见共存。达稳态后的意见数量随耦合系数的增加而增加。随着网络层次的增加，耦合系数的临界值减小。

（3）在达成一致性意见的条件得以满足的前提下，意见达成一致所需的时间随着子网络数量的增加和耦合系数的增加而减小。意见达成一致所需的时间和耦合系数之间满足双对数函数关系。

（4）理论分析显示，增加网络的层次和增加耦合系数能有效改变系统达到稳定状态所需的时间。群体意见更容易统一还是更容易分化与该时间效应密切关联。

在后续第二部分内容中，介绍了多层网络上的连续意见模型。在第三部分内容中，呈现和详细讨论了仿真模拟结果。在第四部分内容中尝试从理论上解释仿真模拟的结果。第五部分是结论和启示。

10.2.2　模型介绍

存在由 M 个子网络组成的多层网络。在每层网络上有 N 个节点，节点之间以概率 p 随机连接。有 N 个个体同时存在于这 M 个子网络的各个节点上，同一个个体在不同的子网络上的意见可以相同，也可以不相同。个体 i 在第 m 层子网络中的意见用 $x_i^{(m)}$ 表示。同一层网络中不同个体的意见相互耦合的条件是 $|x_i^{(m)}-x_j^{(m)}|\leqslant\delta$，其中 $\delta\in[0,\ 1]$。在满足上述条件下个体意见的时间演化方

程为：

$$X_i^{(m)}(t+1)=x_i^{(m)}(t)+\lambda[x_j^{(m)}(t)-x_i^{(m)}(t)] \quad (10-13)$$

其中 $\lambda\in[0,\ 0.5]$。如果 $|x_i^{(m)}-x_j^{(m)}|>\delta$，则个体保持原有意见不变。

当各层中所有个体的意见都按上述规则完成演化后，同一个体在不同群体中的意见会相互耦合，其演化方程为：

$$x_i^{(m)}(t+1)=\beta X_i^{(m)}(t+1)+\gamma\sum_{m'\neq m}X_i^{(m')}(t+1) \quad (10-14)$$

其中，β 和 γ 分别代表本层意见和其他各层意见在意见耦合过程中的权重。为了保证 $x_i\in[0,\ 1]$，方程(10-14)需要进行归一化。对于 $\beta\in[0,\ 1]$，γ 需要满足 $\gamma=\frac{1-\beta}{M-1}$，即 $\beta+(M-1)\gamma=1$。给定 γ，增加网络层次会导致权重 β 的减少。给定 β，增加网络层次会导致权重 γ 的减少。

本书将关注的焦点放在网络层次的变化以及各子网络意见权重的变化对意见演化动力学的影响。通过计算意见的标准偏差 σ_x，可以观察到整个系统意见达到一致或不一致情况。σ_x 越大，说明意见的分化程度越强。$\sigma_x\sim0$，说明意见达成了一致。

10.2.3 仿真模拟结果与讨论

在仿真模拟过程中，初始时刻，在 $0\leqslant x\leqslant1$ 范围内随机选取每个人的意见。因此，系统的初始意见分布是 $0\leqslant x\leqslant1$ 范围内的均匀分布。一开始，每个人与他在不同子网络的映射有着相同的意见。为了能够清晰地看出网络的层次 M 和网络间的耦合系数 γ 对意见演化的影响，本书先给定以下三个变量的值：随机连接概率 $p=0.02$，不同个体意见融合的门槛值 $\delta=0.075$，不同个体意见融合系数 $\lambda=0.45$。在仿真模拟结果中可以发现，尽管每个人的意见在系统演化过程中可能会与自己的映射的意见不同，但当系统达到最终的稳定状态时，个人的意见总是和他的映射的意见是相同的。因此，在以下的讨论中，本书只讨论第一层子网络中的意见演化行为，第一层网络中的个人被称为个人，其他几层网络中的个人被称为映射。

图 10-9 显示了不同的子网络数量和小的网络耦合因子下，$\gamma=5\times10^{-3}$，意见随时间的演化情况。当 $M=1$，即个体的意见只被与他直接相连的邻居所影响，系统最后演化到很多种不同的意见并存的状态。给定耦合系数 $\gamma=0.005$，随着 M 的增加，如 $M=2$，系统演化到了一致性意见的达成，$x=0.5$。M 的进一步增加使意见又出现分化。伴随着系统达稳态后的状态的不同，从图 10-9 还可以看

到系统演化到稳态所需的时间也不同。在初始意见分布都为均匀分布的前提下，当 M 从 M = 1 增加到 M = 10 时，随着 M 的增加，系统达稳态所需的时间先是增加然后逐渐减小。

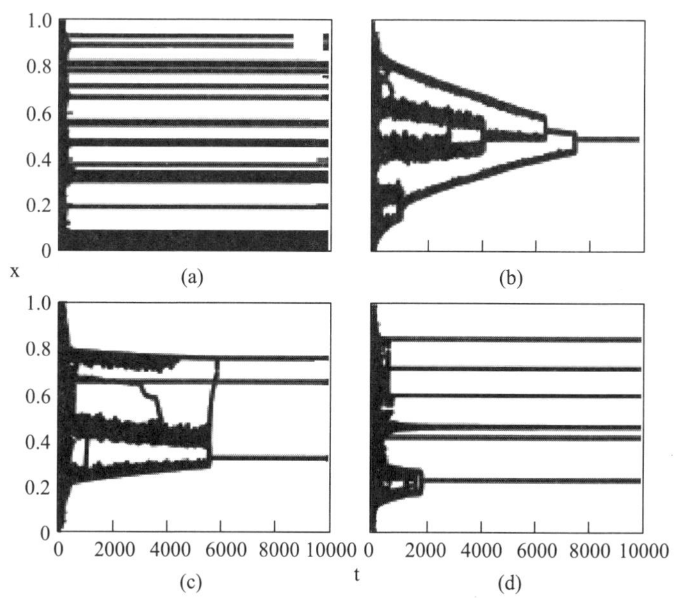

图 10－9　不同的子网络数量 M 下第一层子网络中各类意见随时间的演化情况

注：其中总人数 N = 1000，各子网络内节点的随机连接概率 p = 0.02，意见融合的门槛因子 δ = 0.075，意见融合因子 λ = 0.45，网络耦合因子 $\gamma = 5 \times 10^{-3}$，子网络数量（a）M = 1；（b）M = 2；（c）M = 6；（d）M = 10。

为了更为全面地观察意见的分布和网络层次的关系，在图 10－10 中给出了不同的网络耦合因子下意见的标准偏差与子网络数量之间的关系。给定网络耦合因子 γ = 0.002。当 M = 1，σ_x 的值为 $\sigma_x \sim 0.28$。当 M 从 2 增大到 11，σ_x 的值几乎没什么变化，一直保持在其最小值 $\sigma_x^{min} \sim 0$。当 M > 11，M 的增大使 σ_x 也增大，最后达到最大值 $\sigma_x \sim 0.28$。意见从一致变成分化所对应的 M 的临界点位置为 $M_c \sim 11$。

从图 10－10 中可以看出，网络耦合因子 γ 的变化对临界值 M_c 的变化有很大影响。随着 γ 的增大，M_c 逐渐减小。个人的意见不仅受小组中其他人的意见的影响，还受到自己在不同小组中的映射的意见的影响。中等数量的社会群体和群

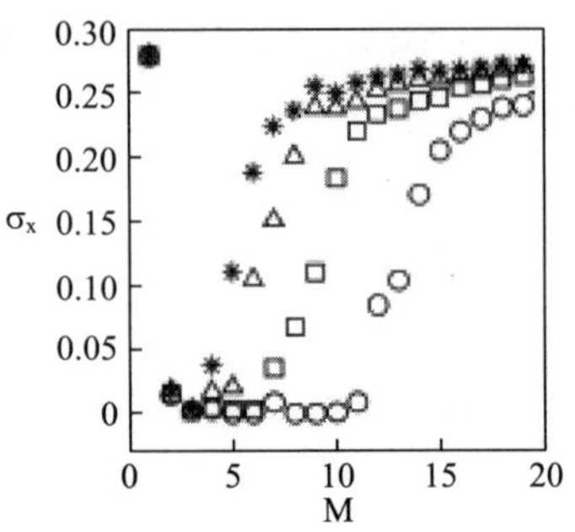

图 10－10　不同的子网络耦合因子 γ 下意见的标准偏差 σ_x 随子网络数量 M 的变化情况

注：其中总人数 N＝1000，各子网络内节点的随机连接概率 p＝0.02，意见融合的门槛因子 δ＝0.075，意见融合因子 λ＝0.45，不同子网络的耦合因子 γ＝0.002（圆形），0.003（正方形），0.004（三角形），0.005（星形）。

体间弱耦合有利于意见一致性达成。

给定 γ 值，意见的标准偏差 σ_x 随 M 的变化趋势与给定 M 值意见的标准偏差 σ_x 随 γ 的变化趋势相类似。图 10－11（a）给出了不同的 M 下意见的标准偏差 σ_x 随网络耦合因子 γ 的变化情况。给定 M＝2，当 γ 从 0.001 增大到 0.004 时，σ_x 随 γ 的变化没有显著变化，一直保持在其最小值 $\sigma_x^{min} \sim 0$。当 γ 从 0.004 增大到 0.1 时，σ_x 先随着 γ 的增大快速增大，随后随着 γ 的增大保持在其最大值 $\sigma_x^{max} \sim 0.28$不变。存在 γ 的临界值 γ_c，低于该临界值 σ_x 保持其最小值 $\sigma_x^{min} \sim 0$。M 增大不影响 σ_x 和 γ 之间的定性关系，但临界值 γ_c 随着 M 的增大而减小。

图 10－11（b）画出了给定 σ_x 的临界值 $\sigma_x^{th} = 0.04$ 时网络耦合因子临界值 γ_c 随 M 的变化情况。当 M 从 2 增大到 10 时，γ_c 随 M 的增大而减少。对仿真模拟数据进行函数拟合，可以发现 γ_c 和 M 之间满足关系式 $\gamma_c = aM^b$，其中 $a \sim 0.028$，$b \sim -1.1$。

图 10－10 和图 10－11 的结果表明，在本书的模型中，只要将 M 和 γ 调节到某个特定的值，系统中的意见是能够达成一致的。为了能够更好地理解意见达成一致的内在机制，图 10－12 中给出了意见的标准偏差随时间的变化情况。

从图 10－12 可知，在 $0.0004 < \gamma < 0.001$ 的范围内，当 M＝2 和给定某个 γ 值时，σ_x 随时间的推移逐渐减小并最终演化到某个最小值 $\sigma_x^{min} \sim 0$。γ 值的增大使得 σ_x 随时间下降的速度加快，从而使意见达成一致的时间缩短。

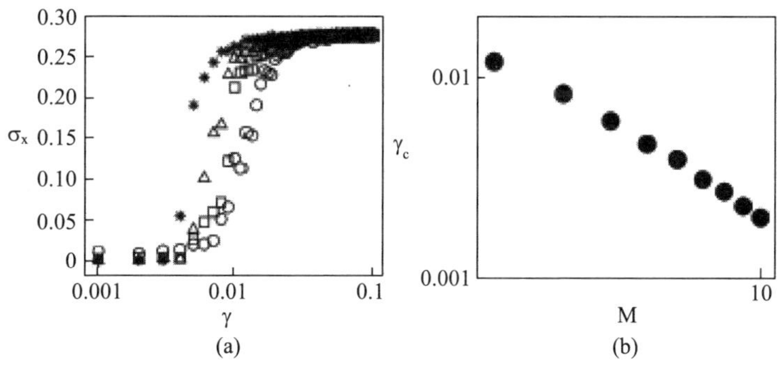

图 10－11 不同的子网络数量 M 下意见的标准偏差 σ_x 随网络耦合因子 γ 的变化情况

注：（a）意见的标准偏差 σ_x 随网络耦合因子 γ 的变化情况。其中总人数 N＝1000，各子网络内节点的随机连接概率 p＝0.02，意见融合门槛因子 δ＝0.075，意见融合因子 λ＝0.45，子网络数量 M＝2（圆形），3（正方形），4（三角形），6（星形）；（b）网络耦合因子临界值 γ_c 随网络层次 M 的变化情况，其中意见的标准偏差临界值 $\sigma_x^{th}=0.04$。

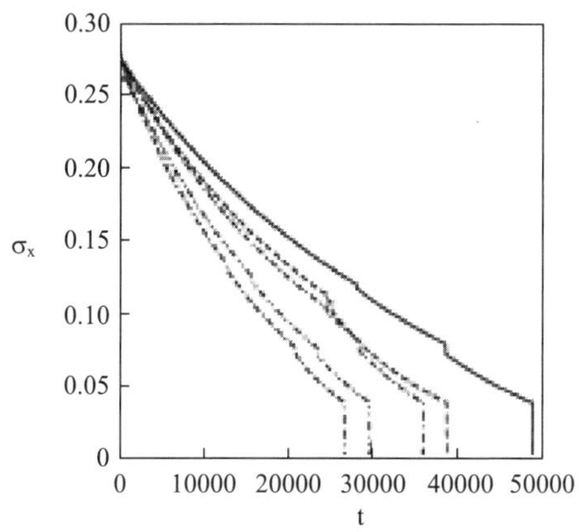

图 10－12 不同的网络耦合因子 γ 下意见的标准偏差 σ_x 随时间的变化情况

注：意见的标准偏差 σ_x 随时间的变化情况。其中总人数 N＝1000，各子网络内节点的随机连接概率 p＝0.02，意见融合门槛因子 δ＝0.075，意见融合因子 λ＝0.45，子网络数量 M＝2，网络耦合因子 $\gamma=5\times10^{-4}$（实线），6×10^{-4}（虚线），7×10^{-4}（虚线点），8×10^{-4}（虚线双点）；9×10^{-4}（双虚线点）。

图 10－13（a）中画出了不同的 M 下意见达成一致所需时间 t_c 随网络耦合因子 γ 的变化情况。给定 M＝3，当 γ 从 0.0002 增大到 0.003 时，意见达成一致所需的时间 t_c 随网络耦合因子 γ 的增大而减小。当 γ 继续增大，t_c 随 γ 的增大而增

大。在 γ 的临界点位置 γ_{tr}，存在一个 t_c 的最小值 t_c^{min}。对应于一个更大的 M，t_c 随 γ 的定性变化与 M = 3 时相类似，但是 γ_{tr} 的值和 t_c^{min} 的值随着 M 的增大而减小。当 $\gamma < \gamma_{tr}$ 时，M 值越大，所对应的 t_c 值越小。当 $\gamma > \gamma_{tr}$ 时，M 值越大，所对应的 t_c 值越大。

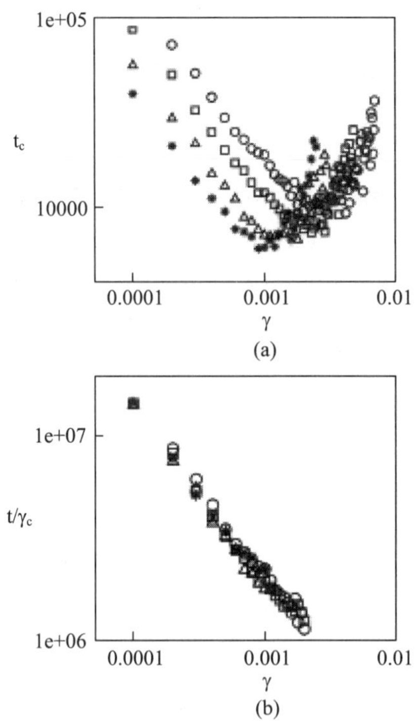

图 10－13　不同的子网络数量下意见达成一致所需时间 t_c 和 $\frac{t_c}{\gamma_c}$ 随网络耦合因子 γ 的变化情况

注：（a）意见达成一致所需时间 t_c 随网络耦合因子 γ 的变化情况；（b）$\frac{t_c}{\gamma_c}$ 随网络耦合因子 γ 的变化情况。其中总人数 N = 1000，各子网络内节点随机连接概率 p = 0.02，意见融合门槛因子 δ = 0.075，意见融合因子 λ = 0.45，意见标准偏差临界值 σ_x^{th} = 0.04，子网络数量 M = 3（圆形），4（正方形），6（三角形），8（星形）。

比较图 10－13（a）和图 10－11（a）的结果可以发现，图 10－13（a）中存在临界点 γ_{tr} 和图 10－11（a）中存在临界点 γ_c 相类似。这反映出本书模型的演化动力学过程可能是由系统演化到稳定状态所需要的时间长短所决定。

为找出意见达成一致所需时间 t_c 和 M 及 γ 之间的定量关系，在图 10－13

(b)中给出了$\frac{t_c}{\gamma_c}$随网络耦合因子γ的变化情况，其中γ值限定在$\gamma < \gamma_{tr}$的范围内。比较图10－13(a)和(b)可以发现，在图10－13(a)中分散的点在图10－13(b)中重合在了一起。对图10－13(b)中的点进行函数拟合，可发现$\frac{t_c}{\gamma_c}$与γ之间满足函数关系$\frac{t_c}{\gamma_c} = a'\gamma^{b'}$，其中$a' \sim 6500$，$b' \sim -0.835$。将图10－11(b)中发现的函数关系式$\gamma_c = aM^b$代入，可以得到$t_c$，$\gamma$，M三个变量之间的函数关系式$t_c \sim f(\gamma)M^b$，其中$f(\gamma) \sim 182\gamma^{-0.835}$。

在仿真模拟中还发现，系统中的总人数N的变化对于σ_x的值会有影响，但是σ_x和M之间的关系，以及σ_x和γ之间的关系在不同的N值下是相类似的。

10.2.4　理论分析

10.2.4.1　系统中意见一致性达成与不同子网络耦合强弱关系分析

在本书的模型中，系统中的意见演化到分化状态还是演化到意见一致状态与不同子网络之间的耦合程度有关。通过比较本书所构建的连续意见模型的演化动力学过程和原有的连续意见模型的演化动力学过程异同，可以定性地来理解本书仿真模拟结果中意见达成一致所需满足的条件。

假设存在一个由两层子网络组成的多层网络。对处于第一层网络中的个体i，他的意见按照以下方程演化：

$$x_i^{(1)}(t+1) = (1-\gamma)X_i^{(1)}(t+1) + \gamma X_i^{(2)}(t+1) \tag{10-15}$$

将以下两个方程

$$X_i^{(1)}(t+1) = x_i^{(1)}(t) + \lambda[x_j^{(1)}(t) - x_i^{(1)}(t)] \tag{10-16}$$

$$X_i^{(2)}(t+1) = x_i^{(2)}(t) + \lambda[x_k^{(2)}(t) - x_i^{(2)}(t)] \tag{10-17}$$

代入方程(10－15)中，可以得到：

$$x_i^{(1)}(t+1) = \{x_i^{(1)}(t) + \lambda[x_j^{(1)}(t) - x_i^{(1)}(t)]\} + \gamma(1-\lambda)[x_i^{(2)}(t) - x_i^{(1)}(t)] + \gamma\lambda[x_k^{(2)}(t) - x_j^{(1)}(t)] \tag{10-18}$$

方程(10－18)可以分为三部分。第一部分对应于原模型的演化动力学过程。即意见的演化由不同意见耦合的门槛值δ和不同意耦合因子λ所决定。第二部分代表同一个人在不同小组中所持意见的差异。第三部分代表没有直接联系的个体之间意见的差异。

通过比较单层网络和双层网络中的意见演化过程，可以理解为什么本模型中群体的意见比原来模型中群体的意见更有可能达成一致。

对于单层网络，意见的演化只由方程的第一部分所决定。因此，当系统演化到所有人都有相同的意见，或者任意有相互联系的两个人之间的意见差异大于意见融合的门槛值 δ 时，意见的演化就停止了。

对于双层网络来说，意见的演化不仅与存在直接连接的个体之间的意见差异有关系，还与没有直接联系的个体之间的意见差异有关系。因此，即使方程中的第一部分演化的条件不再满足，即 $|x_j^{(1)}(t) - x_i^{(1)}(t)| > \delta$，由于存在方程(10-18)中的第二部分，意见还会继续演化。只有当所有人以及它们的映射都有相同的意见，或以下三个条件同时满足时，即 $x_i^{(1)}(t) = x_i^{(2)}(t)$，$|x_j^{(1)}(t) - x_i^{(1)}(t)| > \delta$，$|x_k^{(2)}(t) - x_i^{(2)}(t)| > \delta$，个人的意见才不再随时间演化。

因此，与原有的模型相比，本书的模型提供了使意见达成一致的另外一种演化机制。个人存在于多个不同的群体将使得群体意见更容易达成一致。

10.2.4.2　达成一致性意见所需时间与子网络数量之间的关系分析

下面，在一致性意见总能够达到的前提条件下，从理论上来分析意见达成一致所需时间与子网络数量之间的关系。

在初始时刻，由于个人意见均匀分布在[0, 1]的范围内，所以意见的平均值为 $\bar{x}_0 = \frac{1}{2}$。假设同一子网络中的意见达成一致所需的时间，与个人与其所有映射的意见达成一致，即 $x_i^{(1)} = x_i^{(2)} = ... = x_i^{(M)}$，所需时间有关。下面给定网络耦合因子 γ，比较子网络数量 M 较少时和较大时意见达成一致所需的时间差异。

根据本书模型的定义，$x_i^{(m)}(t+1) = \beta X_i^{(m)}(t+1) + \gamma \sum_{m' \neq m} X_i^{(m')}(t+1)$，可发现当子网络数量很多时，即 $M = \frac{1}{\gamma}$，系统总是能演化到 $x_i^{(1)} = x_i^{(2)} = ... = x_i^{(M)}$ 的状态。

当子网络数量较小时，即 $M < \frac{1}{\gamma}$，观察 $x_i^{(m)}(t+1) = \beta x_i^{(m)}(t) + \gamma \sum_{m' \neq m} x_i^{(m')}(t)$ 的时间演化特征。当系统从初始意见均匀分布的状态演化 t 时间步以后，个人与其映射的意见差异，即 $x_i^{(1)}(t)$ 和 $x_i^{(2)}(t)$ 的差异从原来的 $|x_i^{(1)}(0) - x_i^{(2)}(0)|$ 变成 $|x_i^{(1)}(t) - x_i^{(2)}(t)| = (1 - M\gamma)^t |x_i^{(1)}(0) - x_i^{(2)}(0)|$。给定 $|x_i^{(1)}(t) - x_i^{(2)}(t)|$ 的某个临界值，例如 $|x_i^{(1)}(t) - x_i^{(2)}(t)| = 0.001$，系统演化到满足 $|x_i^{(1)}(t) - x_i^{(2)}(t)| < 0.001$ 的条件所需要的最大时间应满足方程 $(1 - M\gamma)^t = 0.001$，即 $t = \frac{\ln 0.001}{\ln(1 - M\gamma)}$。从该关系式中可以看出，M 值越大，系统达到意见一致所需的时间

越短。

因此，给定耦合系数 γ，对 M 比较大的系统来说，达到意见一致所需要的时间比 M 较小的系统意见达到一致所需要的时间少。这与仿真模拟所得到的结果相一致。

10.2.5　结论与启示

通过在连续意见模型中引入不同个体之间的相互作用，以及同一个体在不同子网络中映射的相互作用，研究了多层网络中意见达成一致所需要满足的条件。当个体活动被限定在某一个小组中时，小组规模的扩大会导致达稳态后意见数量的减少，但不能达到意见的一致性的达成。当个体可以在多个子网络中活动时，只要控制好不同子网络之间的耦合强度，系统最终总能演化到一致性意见的达成。子网络的增加并不总是有利于意见的一致性达成。只有当子网络之间的耦合较弱时，子网络的增加才会导致一致性意见的达成。增加子网络数量和增加不同子网络之间的耦合程度对于意见一致性的达成有着相类似的作用。系统中达成一致性意见所需的时间和子网络的数量以及网络耦合系数之间存在函数关系。

层次性网络中的演化动力学问题是近年来复杂社会经济系统研究中的一个重要的方向。多层次网络中的意见传播模型既可被应用于分析自然系统中的渗流问题，也可被应用于社会经济系统中的群体动力学问题。因此，具有较好的实际应用前景。

第三节　个体间倾向性连接对意见传播的影响

10.3.1　研究背景

近年来，社会经济系统中的群体一致性行为所形成的动力学机制引起了包括社会学家、经济学家、生物学家、统计物理学家等多个领域研究人员的关注。与物理系统中的磁性系统相类似，在社会经济系统中，即使是只有上下两种状态，个体间相互作用的长时间演化最终也能形成十分丰富的图景。意见模型就是用于研究群体一致性行为的其中一种重要模型。

在现实社会中，当人们对同一个问题持不同的意见时，要么其中一部分人改变自己原有的意见以保持群体意见的一致性，要么持不同意见的人分道扬镳各自去寻找新的合作伙伴。有研究表明，在意见传播的过程中，个体间连接关系的变化会显著影响一致性意见的达成。这里所引出的一个新的问题是：既然连接关系的变化会导致意见演化结果的变化，那么不同类型的重链接过程到底会导致哪些不同的结果呢?

人们对于何时、何地、采用怎样的方式来结束已有的关系及建立新的关系都有着自己的爱好和倾向。有些人崇拜权威人物，喜欢与那些网红、意见领袖等建立联系，从而形成“富者愈富”效应。有些人具有较为独立的个性特征，倾向于与自己具有相同的习性和爱好的个人建立联系。在现实社会中，随处可见非生长型社会网络关系、具倾向性的连接关系和彼此间密切合作的关系人群。例如，团体活动中人们会根据即时需要或者自己的偏好来重新选择合作伙伴，但这种重新选择并不会影响该团体作为一个整体的存在。

为了考察倾向性连接对一致性意见达成的影响，本书将倾向于与连边多的个体连接（High - Degree - Preference，HDP）和倾向于与相同意见的个体连接（Same - State - Preference，SSP）两类倾向性连接特征引入 Vazquez 等提出的意见模型。在现实社会中，HDP 类似于那些趋势跟随者，SSP 类似于那些坚持独立意见的人。通过研究，得到以下几个方面的发现。

（1）达成一致性意见所需时间与连接的倾向性特征高度关联。与随机连接相比，倾向于与连边多的个体相连不仅能形成大的社团，而且能加速一致性意见的达成。

（2）重链接概率存在一个临界值 p_{tr}。低于这个临界值整个网络形成一个联通的整体，高于这个临界值整个网络分裂成相互不连通的独立的子网络。倾向于与连边多的个体相连将导致临界值 p_{tr} 的增大，说明倾向于与连边多的个体相连不易造成网络的分裂。

（3）达成一致性意见所需时间 τ 和网络度分布标准偏差 σ_d 之间存在负反馈关系。随着倾向于与连边多的个体相连的人数的增加，网络度分布标准偏差 σ_d 增大，并进一步导致达成一致性意见所需时间 τ 的减少。而 τ 的减少将使网络的重连接过程时间缩短，从而导致网络度分布标准偏差 σ_d 不再继续增大。利用平均场理论可分析得到 τ 和 σ_d 之间的定量关系。

10.3.2 模型介绍

考虑一个总共有 N 个节点的网络，初始为随机网络的连接结构。每个节点上

有一个个体。个体的初始意见为 +1 和 -1 中随机选择一个。在每一个时间步中，个体会随机从与之连接的人群中选择一人，比较两个人的意见差异。如果两个人意见不同，那么以 p 的概率断开与之连接，以 1 - p 的概率变成对方的意见。

在重新连接的过程中，人群中有两种不同倾向性连接的个体。一种是随机选择一个个体连接，另一种是选择一个与之意见一致的个体连接。通过观察两类个体比例数的变化，可以了解具有不同连接倾向的个体数量比例对系统一致性意见达成和网络结构演化的影响。

为了发现具有差异性连接倾向的人群是如何影响意见的演化和网络结构的演化的，文中根据连接倾向的差异将参与者分为两类：一类是倾向于与连边数多的个体相连的人（HDP），连接的概率是 $\Pi^{HDP}=\frac{k_m}{\sum_n k_n}$；另一类是倾向于与自己具有相同意见的个体相连的人（SSP）。

一致性意见所达成的时间与网络中具有不同意见的人之间的连边数有关。在系统演化的过程中，个体的平均连边数没有变化，但不同个体具体的连边数可以是不同的。个体间连边数的差异性可以用度分布标准偏差 σ_d 来衡量。差异性越大，σ_d 的值越大；差异性越小，σ_d 的值越小。当所有个体都有相同的连边数时，$\sigma_d=0$。除此之外，还可以用网络中最大的社团大小 S_1 来衡量网络的连通情况。如果 $S_1\sim N$，说明网络是全连通的。如果 S_1 和网络中第二大社团大小 S_2 接近，说明系统中出现了两个势均力敌的意见群体。

10.3.3 仿真模拟结果与讨论

在仿真模拟中，网络的平均连接度设定为 2K = 6。在初始时刻，网络设定为随机规则网络，即所有个体连边数都是相等的随机网络。仿真模拟中将侧重于考察意见达成一致所需的时间和网络结构随时间的演化情况。

在图 10 - 14（a）和（b）中给出了在不同的 q 下第一大和第二大两个群体人数占总人数的比例随重连接概率 p 的变化情况。从图 10 - 14（a）中可以看到，当 p 从 0 逐步增大到 1，最大群体的人数比例从 1 减少到大约 0.5。其中存在着一个临界点 p_{tr}，当 $p<p_{tr}$时，几乎所有的人都在同一个群体中；当 $p>p_{tr}$时，人群形成分化。通过与图 10 - 14（b）中结果的对比，可发现 $p>p_{tr}$时网络分裂成两个大的群体再加上许多很小很小的群体。这反映了在网络连接的快速变化中，两个相互达到平衡的对立群体能够同时出现。临界值 p_{tr}随着与连接度大的连接概率 q 的增加而单调增加。这一结果表明，在重链接过程中如果个体是倾向于与连接数多的个体连接的话，那么系统不容易演化到两个持相反意见的大群体共存的结果。

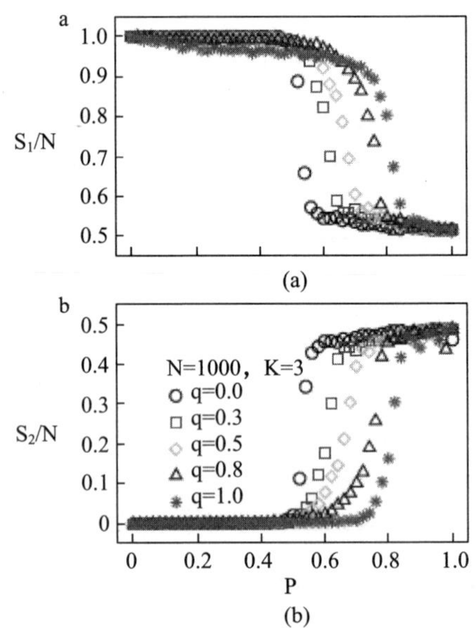

图 10-14 网络最大社团和第二大社团相对大小随重链接概率 p 的变化情况

注：(a) 网络最大社团相对大小$\frac{S_1}{N}$随重链接概率 p 的变化情况；(b) 网络第二大社团相对大小$\frac{S_2}{N}$随重链接概率 p 的变化情况。其他相关变量值为：总人数 N = 1000，网络平均度 2K = 6，倾向于与连边多的个体连接的人数比例 q = 0（圆形），0.3（正方形），0.5（菱形），0.8（三角形），1（星形）。

在图 10-15（a）和（b）中给出了 p = 0.4 和不同的 q 对应的网络度分布 P（k）的情况。从图 10-15 中可以发现，当 q = 0 时，P（k）类似于一个泊松分布，这与随机网络的度分布相似。此时大多数个体的连接度都接近于平均度 2K。当 q 变大时，度值很大的个体开始出现。当 q = 1 时网络的度分布变成了一个指数分布。这一结果表明，当人群中有很多倾向于与连接数多的个体连接时，意见领袖非常容易出现。在系统演化的过程中，这些意见领袖的意见可能是影响整个系统演化到稳态时的特征的重要因素。

为了能看清楚网络达到最终状态时的结构情况，在图 10-16（a）和（b）中给出了不同的 q 下度分布的标准偏差 σ_d 随 p 的变化情况。图 10-16 显示，对于小的和适中的 p 值，即对应于网络中只存在一个大的群体的情形，σ_d 随 p 的增大而增大，到临界点 p_{tr}时 σ_d 达到一个最大值。随着 N 的增加，q = 0 时 σ_d 没什么变化，q 较大时 σ_d 随 N 的增加而增大。当 p 较大时，即对应于网络中存在

两个大群体的情形，σ_d 随 p 的增大快速减小。在整个的 $0<p<1$ 范围内，q 的增大导致 σ_d 的明显增大。

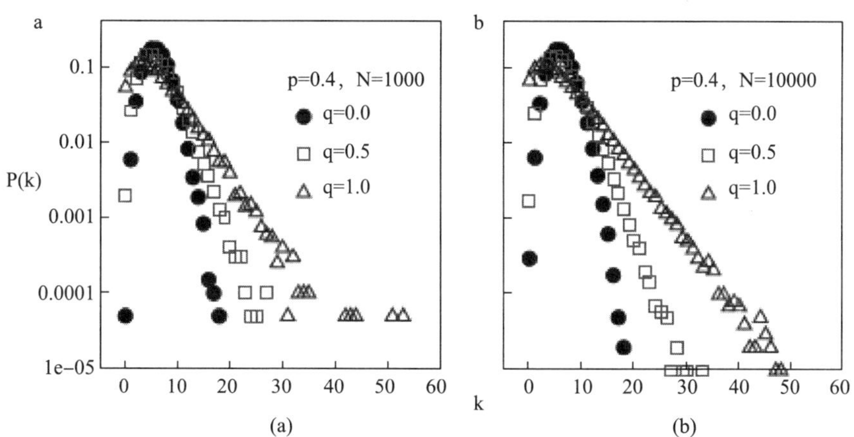

图 10－15　不同的总人口 N 和倾向于与连边多的个体连接的人数比例 q 网络度分布 P（k）的变化情况

注：网络度分布 P（k）。其中网络平均度 2K＝6，重链接概率 p＝0.4，倾向于与连边多的个体连接的人数比例 q＝0（圆形），0.5（正方形），1（三角形），（a）N＝1000；（b）N＝10000。

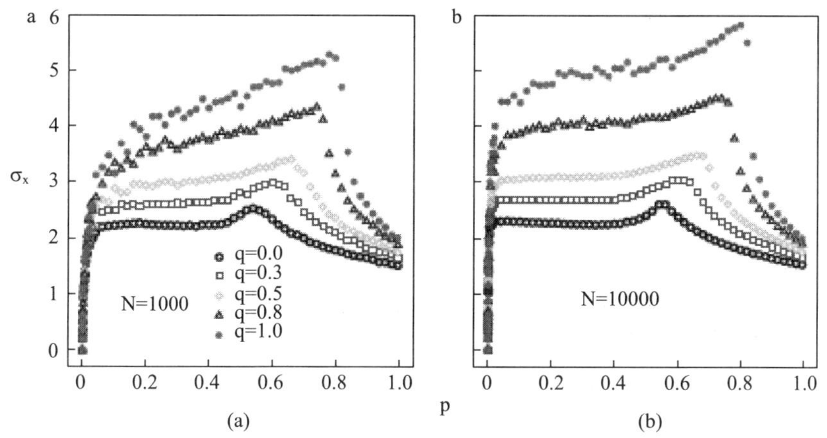

图 10－16　不同的总人口 N 和倾向于与连边多的个体连接的人数比例 q 下度分布的标准偏差随重链接概率 p 的变化情况

注：度分布的标准偏差随重链接概率 p 的变化情况，其中网络平均度 2K＝6，倾向于与连边多的个体连接的人数比例 q＝0（圆形），0.3（正方形），0.5（菱形），0.8（三角形），1（星形），（a）N＝1000；（b）N＝10000。

系统中的意见达成一致所需时间τ反映系统达到最终不再演化状态所需时间。研究人员对这一问题感兴趣的原因是，通过模型分析可了解个体间的不同步是通过怎样的一种群体相互作用过程最终达到同步的。图 10－17（a）和（b）中给出了不同的 q 下τ随 p 的变化情况。当 p 和 q 的值都比较小时，τ随着 p 的增大快速上升。在临界点位置 p_{tr}，τ达到其最大值τ_{max}。该临界点位置与图 10－14 和图 10－16 中的临界点位置存在一一对应关系。当 q 的值较大时，τ随 p 的变化趋势变缓。

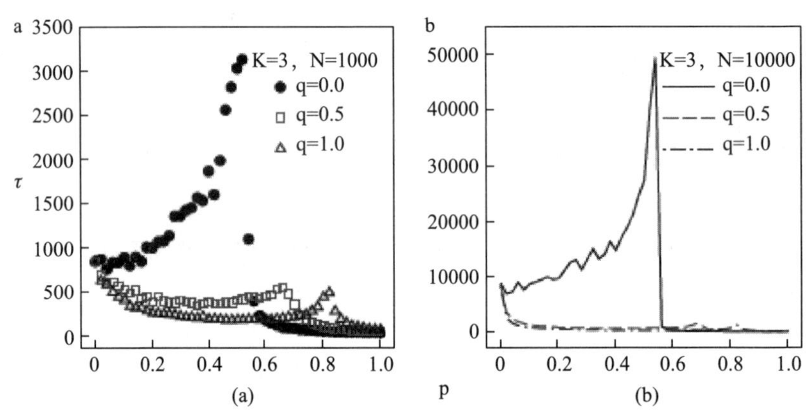

图 10－17　不同的总人口 N 和倾向于与连边多的个体连接的人数比例 q 下意见达成一致所需时间τ随重链接概率 p 的变化情况

注：意见达成一致所需时间τ随重链接概率 p 的变化情况，其中网络平均度 2K＝6，（a）N＝1000，q＝0（圆形），0.5（正方形），1（三角形）；（b）N＝10000，q＝0（实线），0.5（虚线），1（虚线点）。

在 $p>p_{tr}$的范围内，在不同的 q 值下都可以观察到τ随 p 的增大迅速减小，两者间满足的函数关系式为$\tau \sim \frac{\ln\left[2K\left(p-p_{tr}\right)N\right]}{2K\left(p-p_{tr}\right)N}$。这一关系式在相关文献中也有发现。本书的另一主要发现是，在 $0<p<p_{tr}$的范围内，τ随 q 的增大显著减小。这表明一致性意见的达成与人群的连接关系有关。有更多的人倾向于与连接度大的连接能够更快地使意见达成一致。通过比较图 10－17（a）和图 10－17（b）的结果可知，q＝0 时系统中总人数的增加使得意见一致性达成所需时间明显变大。但是，当 q＝0.5 和 q＝1.0 时，系统中总人数的增加对意见一致性达成所需时间并无明显影响。

图 10－18 给出了 N＝1000 和不同的平均连接度 2K 下 p_{tr}随 q 的变化情况。

从图中可以发现，当 q 从 0 增大到 1 时，p_{tr}的值线性地增加。对仿真模拟数据进行函数拟合，可以发现 p_{tr} 和 q 之间满足函数关系式 $p_{tr}(K, q) = p_{tr}(K, 0) + C(K)q$，其中 $p_{tr}(3, 0) \sim 0.51$，$p_{tr}(5, 0) \sim 0.68$，$p_{tr}(7, 0) \sim 0.76$，$C(K) \sim \frac{1}{K}$。

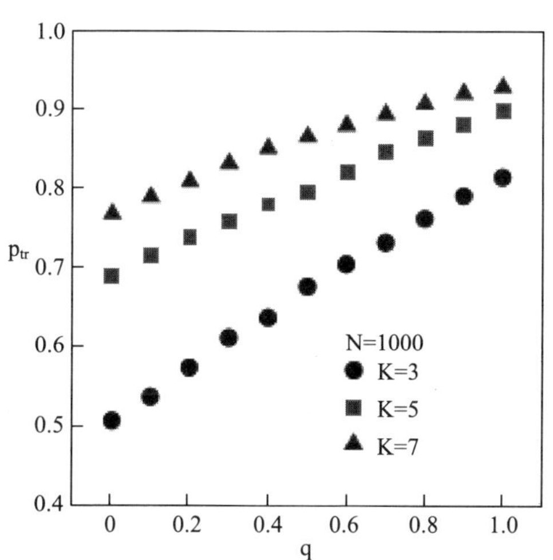

图 10－18 重链接概率临界值 p_{tr} 随倾向于与连边多的个体连接的人数比例 q 的变化情况

注：其中 N = 1000，K = 3（圆形），5（正方形），7（三角形）。

比较图 10－17 和图 10－16 中的结果可以发现，给定 p 的值，q 增大会导致 σ_d 增大而τ减小。为了解意见达到一致所需时间和网络结构的定性和定量的关系，图 10－19 中给出了 p = 0.4 和 $0 \leqslant q \leqslant 1$ 的情况下τ随 σ_d 的变化情况。从中可以看出，系统达到意见一致所需时间与网络的度分布密切相关。在 $0 \leqslant q \leqslant 1$ 的范围内，τ随 σ_d 的增加而单调递减。

10.3.4 理论分析

10.3.4.1 意见达到一致所需时间τ和网络度分布标准偏差 σ_d 之间的关系分析

考虑一个非生长型网络模型。在该网络中，个体之间的连边可以被不断地移除或者重新连接。有研究显示，当网络中的节点之间存在随机的或倾向性的连接时，网络的度分布最终会呈现出泊松分布、指数分布或无标度分布。

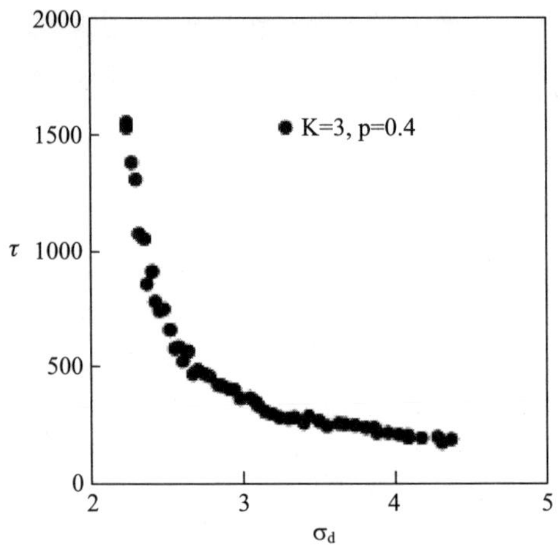

图 10-19 意见达成一致所需时间τ随度分布标准偏差 σ_d 的变化情况

注：其中 N = 1000，p = 0.4，0≤q≤1。

与持续演化的网络不同。在本书的模型中，只有当网络中存在活跃的连接关系，即持不同意见的个体相连，网络才会继续演化。当所有的连接关系都变成非活跃的连接关系时，网络的演化就不再继续。由于演化时间上的有限性，从本书的模拟结果中可以看到，最后达稳态后的度分布主要呈现出泊松分布和指数分布。这两类分布的出现与网络演化过程中存在两种不同的倾向性连接有关。

从图 10-15 中可以发现，当 q 从 0 变化到 1 时，网络的度分布从泊松分布变化到指数分布。在理论分析中，可以将网络演化的这一过程看成是两个独立的网络形成的过程。假设网络结构由一个连接概率是 1-q 及平均度为 $<k_1> = 2(1-q)\rho K$ 的随机网络和一个度分布呈指数分布及平均度为 $<k_2> = 2q\rho K$ 的生长型网络耦合构成。其中 ρ 代表活跃边的比例。给定一个很大的 N 值，随机网络的分布是一个泊松分布，即：

$$P'(k_1) = \frac{[2(1-q)\rho K]^{k_1}}{k_1!}\exp[-2(1-q)\rho K] \tag{10-19}$$

对于成长型网络的度分布形式，本书采用指数分布形式，即：

$$P''(k_2) = \frac{e}{q\rho K}\exp[-\frac{k_2}{q\rho K}] \tag{10-20}$$

这一表达形式与相关文献中非生长型无标度网络度分布相一致。

个体的度可以由上述两种度合成，即 $k = k_1 + k_2$。网络演化后形成的度分布形式为：

$$P(k)=\sum_{k_2=0}^{k}\frac{[2(1-q)\rho K]^{k-k_2}}{(k-k_2)!}\exp[-2(1-q)\rho K]\frac{e}{q\rho K}\exp[-\frac{k_2}{q\rho K}] \quad (10-21)$$

度分布的标准偏差为：

$$\sigma_d=\sqrt{4q^2\rho^2K^2+2(1-q)\rho K} \quad (10-22)$$

图 10-20 给出了 $\rho=1$ 和 K=3，5，7 时，按式（10-22）得到的 σ_d 和 q 的关系图。从中可以发现，在选举模型中，意见达成一致所需的时间与网络结构的异质性程度有关系。有研究表明，给定 K，意见达成一致所需的时间由网络中的人口数量和度分布变量的二阶平均值所决定，即：

$$\tau\sim\frac{a(N)}{<k^2>} \quad (10-23)$$

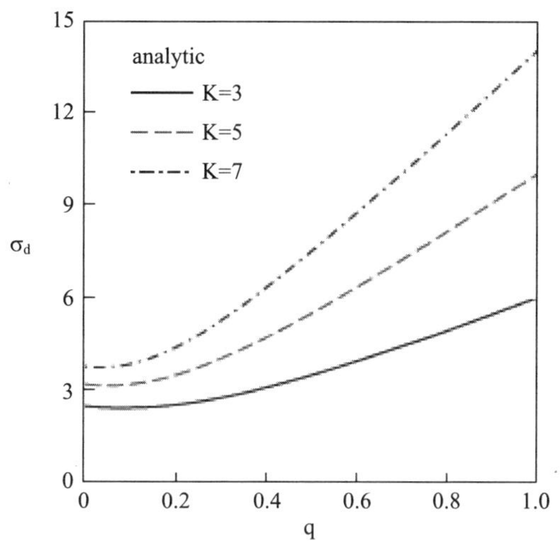

图 10-20　基于平均场理论得到的度分布标准偏差 σ_d 随倾向于与连边多的个体连接的人数比例 q 的变化情况

注：其中 K=3（实线），5（虚线），7（虚线点）。

观察仿真模拟结果中τ对 K 的依赖关系，可发现意见达成一致所需的时间还与网络的平均度有关系。利用函数拟合图 10-19 中的仿真模拟结果，可发现如下关系式：

$$\tau=\frac{a(N)K}{\sigma_d^2-K} \quad (10-24)$$

将方程（10-22）代入方程（10-24）可得：

$$\tau = \frac{a(N)K}{4q^2K^2 + 2(1-q)K - K} \tag{10-25}$$

图 10－21 给出了 K＝3，5，7 时τ随 σ_d 的变化图。图 10－21 中的点为仿真模拟结果，图中的线为理论分析的结果，其中 a（N）＝N。图 10－21 结果显示，在个体意见和网络连接关系共同演化的过程中，意见达成一致所需的时间与度分布标准偏差 σ_d 密切相关。这一结果还表明，在动态网络中，度值很大的个体在群体意见一致性形成的过程中起着重要作用。

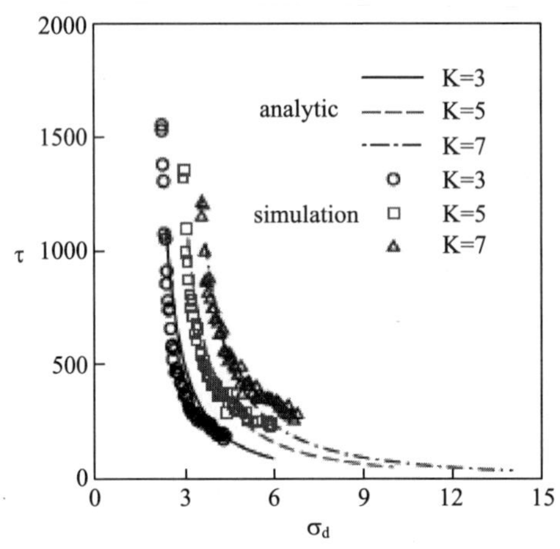

图 10－21　意见达成一致所需时间τ随度分布标准偏差 σ_d 变化的仿真模拟结果和理论分析结果

注：其中仿真模拟结果 K＝3（圆形），5（正方形），7（三角形）；理论分析结果 K＝3（实线），5（虚线），7（虚线点）。

通过检验人口规模对系统演化的影响，可发现 a(N)＝N 这一关系只有在人口规模较小时适用。当人口规模很大时，a(N)函数关系中包含了 q 的影响，上述关系对 N 的依赖变得复杂。a(N)对 q 的依赖关系主要有以下几个特征：①当 q～0 时，对于不同的人口大小，意见达成一致所需时间中的 a(N)都满足a(N)～N 的关系。这与文献中的结论是相一致的。②对于适中的或者加大的 q 值，当对仿真模拟结果进行函数拟合时，可发现对于人口较小和人口较大适用于两个不同的函数关系式。在图 10－22(a)中，得到 a(N)～N 的关系。在图 10－22(b)中，尽管 N＝1000 时 a(N)～N 的关系仍适用，但当 N＝10000 时，a(N)满足另一函数关系式，即 $a(N) = a_0 + \frac{N}{\ln N}$，其中 $a_0 = 1000$。这一结果表明，虽然在静态网络

中意见达成一致所需的时间与人口规模大小关系已经得到验证，但在动态网络中，由于耦合效应的作用，τ与N之间的关系变得复杂，要找出τ与N之间的确切的函数关系还需进一步深入研究。

10.3.4.2　意见达成一致的临界点p_{tr}和倾向于与连边多的个体连接的人数比例q之间的关系分析

在网络结构和意见的共演过程中，经常可以发现网络结构在某些临界点存在突变的现象。在本书的模型中，网络连接的概率p存在一个临界值p_{tr}，当$p<p_{tr}$时几乎所有的节点都能通过一定的路径与其他节点联系在一起。当$p>p_{tr}$时网络分裂成两大部分或更多的部分，在每一个分立的网络中的意见是一致的。

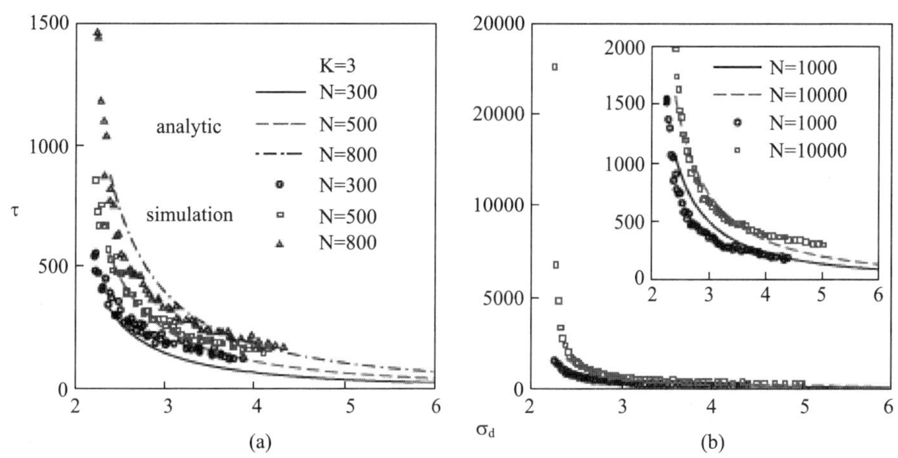

图10－22　不同人口规模下意见达成一致所需时间τ随度分布标准偏差σ_d变化的仿真模拟结果和理论分析结果

注：其中K＝3，(a)数值模拟结果N＝300(圆形)，500(正方形)，800(三角形)；理论分析结果N＝300(实线)，500(虚线)，800(虚线点)。(b)数值模拟结果N＝1000(圆形)，10000(正方形)；理论分析结果N＝1000(实线)，10000(虚线)。

相关文献中指出，网络中的活跃连接的平均密度ρ会按方程(10－26)演化，

$$\frac{d\rho}{dt}=\sum_k P_k\frac{2}{k<k>}[(1-p)(k<n>_k-2<n^2>_k)-p<n>_k] \tag{10－26}$$

其中，P_k是在t时刻的度分布，$<n>=\sum_{n=0}^{k}nB_{n,k}$，$<n^2>=\sum_{n=0}^{k}n^2B_{n,k}$，$B_{n,k}$是有k条边的个体有n条活跃的连接边的概率。从平均场的角度来看，每个个体

的活跃边可按照平均密度进行计算。因此，$B_{n,k}$和 P(k)应该有相同的表现形式。对于混合的度分布 P(k)，即：

$$P(k) = \sum_{k_2=0}^{k} \frac{[2(1-q)\rho K]^{k-k_2}}{(k-k_2)!} \exp[-2(1-q)\rho K] \frac{e}{q\rho K} \exp[-\frac{k_2}{q\rho K}] \tag{10-27}$$

可以得到：

$$<n>_k = \rho k \tag{10-28}$$

以及

$$<n^2>_k = (1+q^2)\rho^2 k^2 + (1-q)\rho k \tag{10-29}$$

将方程(10－28)和方程(10－29)代入方程(10－26)，可得：

$$\frac{d\rho}{dt} = \frac{2\rho}{<k>}[(1-p)(<k> - 2q^2\rho<k> - 2(1-q) - 2\rho<k>) - p] \tag{10-30}$$

当 q＝0 时，可得到系统中活跃连接的比例：

$$\rho_s = \frac{<k>(1-p) - 2(1-q)(1-p) - p}{2<k>(q^2+1)(1-p)} \tag{10-31}$$

意见一致性达成的相变点为：

$$p_{tr} = \frac{<k>-2}{<k>-1} \tag{10-32}$$

对于 q＝1，活跃连接的比例变成：

$$\rho_s{'} = \frac{<k>(1-p) - p}{4<k>(1-p)} \tag{10-33}$$

意见一致性达成的相变点变成：

$$p_{tr}{'} = \frac{<k>}{<k>+1} \tag{10-34}$$

给定 $<k>$，可发现：

$$p_{tr} < p_{tr}{'} \tag{10-35}$$

以上的理论分析显示，当度分布从泊松分布转变成指数分布时，临界点 p_{tr} 的值相应变大。这一结论与图 10－16 中模拟所得的结果相一致。即 p_{tr}的值随着 q 的增大而增大。

10.3.5 结论与启示

本书研究了具有两种不同的连接倾向的混合人群中的意见传播和群体分化的形成问题。研究发现，当倾向于与连接数多的个体连接的人数比例增加时，网络连接的度分布从泊松分布经过指数分布再变化到受限制型无标度分布。与之相应，意见达成一致的时间随着网络度分布的变化而缩短。理论分析显示，意见达成一致所需时间的缩短与动态网络结构的异质性特征变化有关。本书的模型还揭示了为什么现实中的网络即使在不断地演化但也总能够紧密联系在一起的原因。

网络结构和集体行为的共同演化对自然界和社会生活中的有限资源竞争以及群体意见的形成都有着十分重要的影响。如何结合现实社会经济系统中的问题对模型进行校准，以提高模型在解决实际问题中的价值，是未来值得进一步研究的一个方向。

第十一章　风险传播模型及其演化机制分析

本章结合复杂网络模型和传染病模型，构建了动态网络中的风险传播模型和人口流动环境下的风险传播模型。研究发现，当个体通过动态链接进行风险规避时，风险感知的时间滞后效应会导致危机爆发临界点的降低。个体间动态的网络连接结构与风险扩散的时间特征间存在一一对应关系。在人口流动环境下，个体的区域内运动和区域间运动对危机爆发临界点变化都存在影响。缩小个人的区域内运动范围和区域间运动频率都能显著提高危机爆发临界点，防止风险扩散。

第一节　基于传染病模型的风险传播问题研究现状

在过去 10 多年间，多个领域的研究人员都对复杂网络上的风险传播问题表现出了极大的兴趣。这其中 SIS（Susceptible Infected Susceptible）模型和 SIR（Susceptible Infected Refractory）模型是较为常见的两种风险传播模型。这两种模型最初主要被用于研究传染病传播问题，近年来被推广应用到社会学、经济学、管理学等多个领域的风险传播问题研究中。而被应用于研究风险传播问题的网络模型，主要有规则网络、随机网络、小世界网络、无标度网络、动态网络、多层相依网络等。

11.1.1　复杂网络中的风险传播与控制

在复杂社会经济系统中，个体通过已有的连接关系既可能得到收益也可能遭受损失。例如，一个好朋友能帮助你克服困难，而一个已感染的个体会在整个社区中引发传染病暴发。这种个体之间已有的连接关系往往可以用一个静态网络来进行描述。在现实社会中，面对可能被传染病感染，个体会有意识地避免与已经被感染的个体进行接触。通过改变个体间的连接关系，网络结构随时间在发生着变化，相应的风险传播的动力学过程也在发生着变化。风险传播过程中个体间连接关系的这种变化可以通过动态网络来进行描述。

在复杂网络结构如何影响风险传播的研究方面。Yang 等研究了个体间不同类型的连接关系对风险传播的影响，发现异质性网络结构会加速风险的传播。Boguna 等研究了异质性网络中危机爆发的临界点消失的条件，发现网络中连边较多的个体数量和网络拓扑结构间存在某种平衡关系，这一平衡关系对危机爆发临界点的出现或消失起到很大作用。Liu 等研究了网络中的社团结构对风险传播的影响，发现社团结构的存在使危机爆发的临界点降低了。Cui 等研究了强连接和弱连接对风险传播的影响，发现强连接使风险的传播更广。Dickison 等研究了风险在相互联结的两个网络上的传播过程，发现风险在不同网络间的扩散与网络间是强耦合还是弱耦合有关系。

在如何防范复杂网络中的风险传播的研究方面。Chan 等研究了在无标度网络中个体的老化和边的移除对风险控制的影响，发现局域或全域的风险传播控制与网络中所移除的边的数量有关。Granell 等研究了个体的风险感知对风险传播的影响，发现个体对风险的感知和防范对危机爆发的临界点变化有很大影响。

11.1.2　流动环境下的风险传播与控制

风险的传播和个体的运动特征有关。个体可以像大洋上漂浮的小船那样漫无目的地运动，也可以像走象棋那样沿着特定的路径移动。两个人可能虽然不是朋友，但由于在同一公司上班而每天碰面。两个人也可能虽然是朋友，但由于学习或工作所在的城市相距较远而仅仅是偶尔相互碰面。风险传播中的个体运动可以通过网络中个体所在位置随时间的变化来进行描述。

在个体的运动如何影响风险传播的研究方面。Fu 等研究了个体的运动特征对危机爆发的影响，发现个体间相遇概率的变化与感染者比例的变化有很大的关联性，而不管这类相遇概率的变化是来源于人口密度的变化还是个体运动速度的变化。Colizza 等研究了两个被局限于不同区域内运动的人群相互侵入对方区域对风险传播的影响，发现运动的路径和运动的速度对于危机的爆发具有很重要的作用。

在如何防范流动环境下的风险传播的研究方面。Kenkre 等研究了 n 维网络上对个体随机运动的限制对风险传播的影响，发现对个体运动的距离限制与风险传播的范围存在非单调的依赖关系。Zuzek 等研究了多层网络中的隔绝效应对风险传播的影响，发现隔绝时间延长会使危机爆发的临界值变大。Apolloni 等研究了人群分区块、多种运动模式混合、运动的空间结构等对风险传播的综合影响，发现了有效控制潜在风险威胁的多种方法。

11.1.3 复杂网络风险传播研究述评

从国内外现有的复杂网络风险传播模型研究工作中可以看出，基于 SIS 模型和 SIR 模型，研究人员从静态网络到动态网络、从本地人口到流动人口等多个方面研究了关系结构对风险传播的影响，并针对不同关系结构下风险传播的特征提出了有针对性的风险管理策略，从而推动了复杂网络风险传播问题的理论研究和现实应用。

随着复杂网络风险传播问题研究的深入，有一些与现实情形更为接近的问题值得进一步探索。例如，在探讨个体的运动模式和个体间的连接模式对风险传播的影响中，大多数都只是分析了一个方面的影响，即运动模式的影响或连接模式的影响。然而，在现实世界中，在反应—扩散系统中的演化动力学过程常常由运动和连接的耦合综合决定。尤其在社会经济系统中的群体动力学过程更是如此。一个免疫力较差的人可能会由于晚餐后的一次散步被路上遇到的一位陌生病人的传染病所感染，也可能会由于与生意上的一个合作伙伴的会面而被感染。随机走动和预先约定的特定运动的耦合对风险传播的影响方面的深入研究尚很缺乏。在探讨个体的风险规避对风险控制的影响方面，现有的大多数模型都隐含着这样一个假设：个体所获得的信息是充分的，因此能够较为准确地规避不利情形。然而，由于社会经济生活的复杂性，对个体来说，要知晓所有实时的、准确的信息几乎不太可能。例如，在选举日，个人对于其他人对被选举人看法只是来源于几天前媒体对于该被选举人的统计报道数据。在证券市场中，公开信息并不是每时每刻都在及时地不断更新的。投资者可能只有根据过时的或不完全的信息来进行判断。在传染病暴发期间，像 2003 年的 SARS 暴发期间，关于谁被感染了谁已经恢复健康了等信息很不容易获得，人们所得到的关于传染病传播情况的消息往往都是滞后于实时信息的。因此，类似于不完全信息、时间滞后效应等与现实更为接近的条件在后续的传染病模型中都可以考虑进去，以提高理论模型的现实应用价值。

第二节 风险规避中的时间滞后效应及其对网络结构的影响

11.2.1 问题的提出

风险是在相互有联系的个体之间传播的。不同的连接结构对风险的传播速度和传播范围有着不同的影响。当个体面临可能的风险传染时，会有意识地通过切断连接关系来进行风险规避。风险的有效规避需要个体了解准确的信息，从而通过理性的决策来进行风险防范和控制。而现实中，个体对风险的感知往往存在滞后效应。这一滞后效应对于风险规避决策的效果影响如何，目前尚缺乏这方面的相关研究。个体通过切断已有连接来进行风险规避时，会影响到个体间相互连接的网络结构。个体的风险规避决策是如何影响这一网络结构的，目前尚缺乏这方面的研究。本书通过在已有的传染病模型中引入时间标度变量和网络结构变量对以上的两个问题进行了研究。

在研究风险信号传递和个体对风险的感知两者之间的时间标度问题时，Dodds 等提出的有记忆的传染病模型能较方便地将该时间标度变量引入到风险传播过程中。在该模型中，某一个体在过去一段时间所遭受的风险影响将被记录并保存下来。该个体是否被风险感染取决于风险的累积影响是否超过某个临界值。当风险的累积影响超过临界值时，原有的易感染者就会变成已感染者。当风险的累积影响低于临界值时，原有的已感染者会变成已恢复健康者。在 Dodds 等的传染病模型中，记忆长度对于系统达稳态时所感染的人数比例起着很重要的作用。将时间标度变量通过个体间关系的重链接过程引入到模型中，可较为清晰地观察到风险感知的延迟效应对感染者人数比例和网络结构的影响。

11.2.2 模型构建

参照 Dodds 等提出的有记忆的传染病模型。初始时刻，总共 N 个个体的状态分别为易感染（S）、已感染（I）、已恢复（R）三种状态中的一种。个体间的连接关系满足平均连接数为 $<k>$ 的随机规则网络。在每一个 Monte Carlo 时间步中，个体状态的演化过程如下：

步骤一：随机选择个体 i 及与之相连的个体 j。如果 j 为已感染者，i 被感染的剂量为 $d>0$。否则，i 被感染的剂量为 $d=0$。

步骤二：统计个体在最近 T 时间步中的累积感染量，$D_i(t)=\sum_{t'=t-T+1}^{t} d_i(t')$。如果 i 原来是易感染者，现在 $D_i(t) \geqslant d_i^*$，那么 i 就变为了已感染者；如果 i 原来是已感染者，现在 $D_i(t)<d_i^*$，那么 i 就变为了已恢复者。其中，d_i^* 表示 i 从未感染变为已感染的门槛条件，在初始时刻从一个给定的分布中随机抽取得到。

步骤三：易感染者或已恢复者 i 为了防止自己被感染，以概率 ω 切断与感染者的连接，并重新选择其他未被感染者进行连接。在重链接过程中，不允许重复连接或与自己连接。时间标度变量在步骤三中被引入模型。存在一个公共看板，上面显示最近一段时间人群受感染情况的信息。根据该信息，易感染者和已恢复者决定其重链接对象。存在时间标度变量 s，该值介于 0 到 $+\infty$ 之间，代表即时信息和看板信息之间的时间延迟程度。例如，$s=0$ 代表看板上的信息为即时信息。$s \geqslant 1$ 代表看板上的信息与即时信息比较有 s 步的延迟。

步骤四：重复步骤一到步骤三共 N 次循环为一个 MonteCarlo 步。个体的状态和连接关系随之发生着演化。

在状态和连接关系共同演化过程中，网络的平均度 $<k>$ 保持不变而度分布 P（k）在不断演化。度分布的分散程度可以用标准偏差 σ_d 来衡量。人群的状态演化可以用被感染者比例或 S－I 连接关系比例来进行衡量。随着时间的演化，系统最终会进入以下两种稳定状态中的一种：一是已经不存在已感染者；二是易感染者和已感染者的比例基本保持恒定。

11.2.3 数值模拟结果及其分析

本书的仿真模拟侧重于观察风险扩散的临界点特征和动态网络的结构特征。每一次的风险感染量 d 呈对数正态分布，其平均值为 1，方差为 0.01。风险累积的时间 $T=10$。个体受感染的门槛值 $d^*=1$。网络平均度 $<k>=10$。总人口 $N=10000$。

图 11－1（a）给出了达稳态后已感染者比例 p_{inf} 随感染率 p 的变化情况。从图 11－1 中可以看出，当 p 从 0 增大到 1 的过程中，存在着两个临界点，即临界点 p_c 和临界点 p'_c。在 $p<p_c$ 的范围内，所有的个体都是健康的。在 $p>p'_c$ 的范围内，所有的个体都是被感染的。在 $p_c<p<p'_c$ 的范围内，未感染者和已感染者共存，且已感染者的比例随着感染率 p 的增大而逐渐增大。时间标度不同，临界

点 p_c 的值也不同，而临界点 p'_c 的值差异不明显。

图 11－1（b）进一步给出了临界点 p_c 随时间标度 s 的变化情况。从图 11－1 中可以看出，临界点 p_c 随着时间标度 s 的增加单调减小。当 s 从 0 增加到 9 时，p_c 从 0.145 减小到 0.112。时间标度值越大，说明信息的更新越慢，个体根据信息进行风险规避效果越差，从而导致风险扩散的临界点降低。从图 11－1（b）中的内嵌图中还可以发现，人口数量变化只影响到 p_c 值的变化，并不影响 p_c 随 s 的变化趋势。

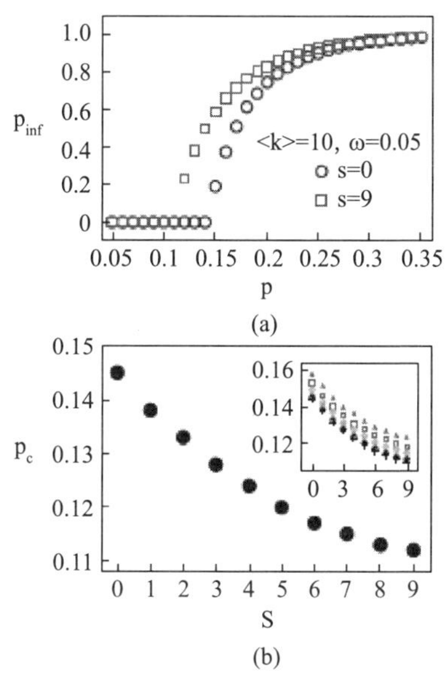

图 11－1　不同人口规模下风险扩散临界点 p_c 随时间标度 s 的变化情况

注：（a）系统达稳态时已感染者比例随风险感染率 p 的变化情况。其中总人口 N＝10000，网络平均度 <k>＝10，重链接概率 ω＝0.05，时间标度 s＝0（圆形），9（正方形）。（b）风险扩散临界点 p_c 随时间标度 s 的变化情况。其中 N＝10000。内部小图：N＝500（符号 A），1000（正方形），2000（菱形），5000（三角形），10000（圆形），20000（加号）。

为了解风险传播的时间演化特征，图 11－2 中给出了感染率 p＝0.09 和 p＝0.2 两种情况下感染者比例 p_{inf} 随时间的演化情况。当 p＝0.09 时，即对应于 $p < p_c$ 区间范围，人群恢复健康所需时间随着时间标度 s 的增大而增大。当 p＝0.2 时，即对应于 $p > p_c$ 区间范围，s 的增大不仅导致感染者比例的增加，而且还导致人群受感染的速度加快。上述结果表明，风险信息的延迟发布会导致风险规避的难度增加。

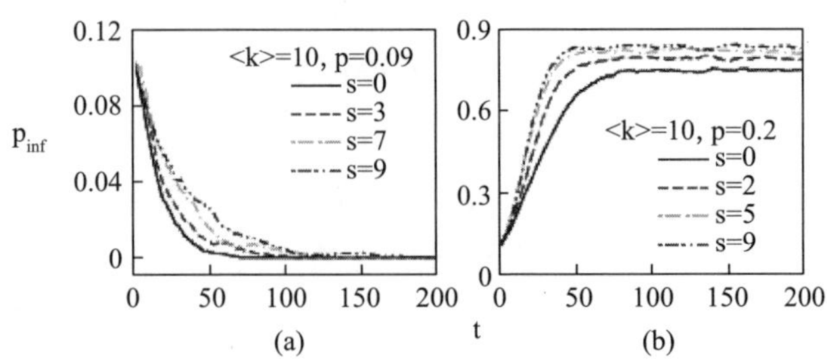

图 11－2　不同的感染率 p 和时间标度 s 下感染者比例随时间的变化情况

注：其中总人口 N＝10000，网络平均度＜k＞＝10，重链接概率 ω＝0.05，（a）p＝0.09，s＝0（实线），3（虚线），7（虚线点），9（虚线双点）；（b）p＝0.2，s＝0（实线），2（虚线），5（虚线点），9（虚线双点）。

图 11－3 给出了不同的感染率下人群恢复健康所需的时间 t_c 随时间标度 s 的变化情况。从图 11－3 中可以看出，t_c 和 s 之间的函数关系与 p 的大小密切相关。当 p 很小时，如 p＝0.05，t_c 随着 s 值增大慢慢增加。当 p 接近于临界点 p_c 时，如p＝0.11，t_c 随着 s 值增大快速增加。

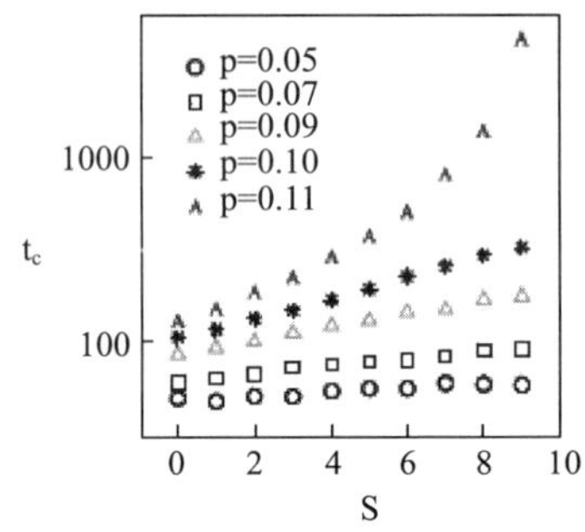

图 11－3　不同的感染率 p 下系统中感染者消失所需时间 t_c 随时间标度 s 的变化情况

注：其中 p＝0.05（圆形），0.07（正方形），0.09（三角形），0.1（星形），0.11（符号 A）。

模型中个体的风险规避是通过重链接过程实现的。为考察信息延迟对关系网络结构的影响，图 11－4（a）和（b）中分别给出了 p＝0.11 和 p＝0.2 时网络的度分布和时间标度 s 的关系。从图 11－4（a）中可以看出，在受感染概率小于临界点 p_c 的范围内，当 s＝0，即不存在时间延迟效应时，网络的度分布类似于一个泊松分布和一个指数分布构成的联合分布。当 s = 9，即存在时间延迟效应时，网络度分布发生了显著变化，P（k）类似于一个对数正态分布。从图 11 - 4（b）可以看出，在受感染概率大于临界点 p_c 的范围内，时间标度的变化对度分布 P（k）的影响不明显。P（k）都类似于一个对数正态分布。

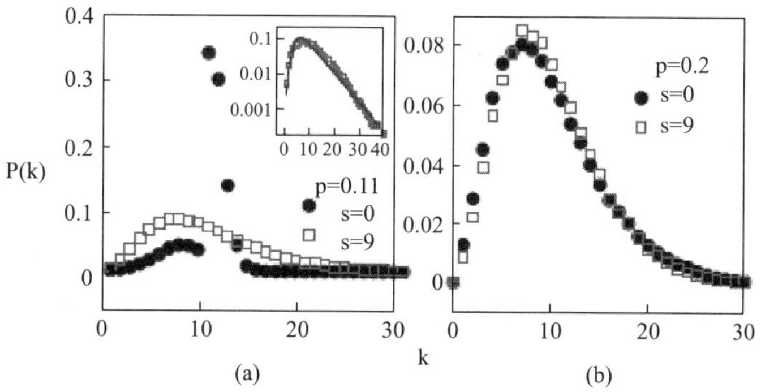

图 11 - 4　不同的感染率 p 和时间标度 s 下网络度分布的仿真模拟结果和理论分析结果

注：其中总人口 N = 10000，网络平均度 < k > = 10，重链接概率 ω = 0.05，（a）p = 0.11，s = 0（圆形），9（正方形）。内部小图：正方形为仿真模拟结果，实线为理论分析结果；（b）p = 0.2，s = 0（圆形），9（正方形）。

图 11 - 5 给出了 s = 0 和 s = 9 时网络度分布标准偏差 σ_d 随感染率 p 的变化情况。从图 11 - 5 中可以看出，当 p 从 0 增加到 1 时，σ_d 先是随着 p 的增加而增加。到临界点 p_c 时 σ_d 达到最大值。随后 σ_d 随着 p 的增加而逐渐减小。当 p 增加到接近于临界点 p'_c 时，σ_d 快速减小。

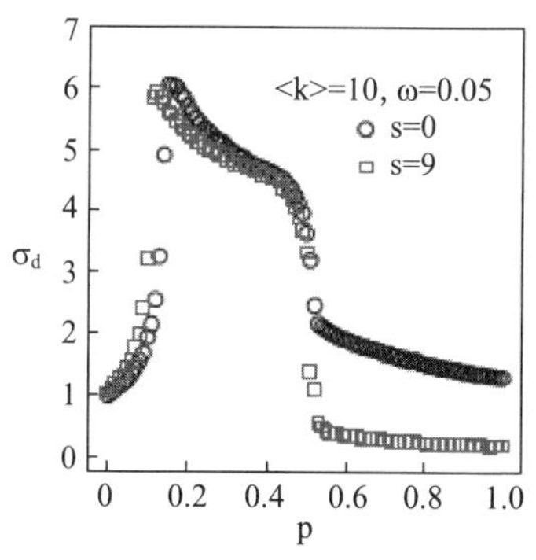

图 11 - 5　不同的时间标度 s 下网络度分布标准偏差 σ_d 随风险感染概率 p 的变化

注：其中总人口 N = 10000，网络平均度 < k > = 10，重链接概率 ω = 0.05，s = 0（圆形），9（正方形）。

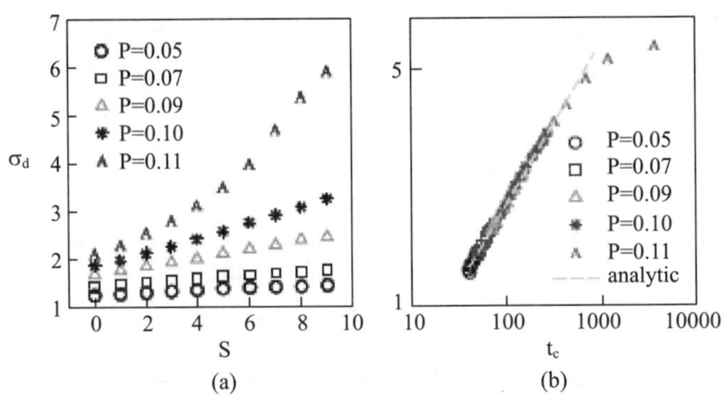

图 11－6　网络度分布标准偏差 σ_d 随时间标度 s 和系统中感染者消失所需时间 t_c 的变化情况

注：（a）随时间标度 s 的变化情况；（b）随系统中感染者消失所需时间 t_c 的变化。其中总人口 N = 10000，网络平均度 < k > = 10，重链接概率 ω = 0.05，风险感染概率 p = 0.05（圆形），0.07（正方形），0.09（三角形），0.1（星形），0.11（符号 A）。图（b）中的虚线满足方程 $\sigma_d = 0.2t_c^{0.48}$。

从图 11－3 到图 11－5 的结果比较中可以发现，人群的关系网络结构与系统达稳定态所需时间都与感染概率和时间标度存在联系。为进一步了解关系网络结构变化和系统达稳态所需时间 t_c 之间的关系，图 11－6（a）和（b）分别给出了度分布标准偏差 σ_d 随时间标度 s 和系统达稳态所需时间 t_c 的变化情况。比较图 11－3 和图 11－6（a）可以发现，σ_d 和 s 之间的函数关系与 t_c 和 s 之间的函数关系十分相似。从图 11－6（b）中可以发现，不同的感染率下 σ_d 和 t_c 的关系图都重合在了同一条曲线上。当对 σ_d 和 t_c 的关系图取 log－log 对数时，可发现 σ_d 和 t_c 之间满足无标度函数关系，即 $\sigma_d = mt_c^{\gamma}$，其中 m ~ 0.2，γ ~ 0.48。可得出以下结论：本模型中人群的关系网络结构与系统达稳态所需时间有关。系统达稳态的时间越长，网络的度分布越分散。

11.2.4　理论分析

11.2.4.1　基于平均场理论个体间关联网络度分布时间演化特征分析

个体间关联网络的演化基于以下两个过程：一是已有连接的断开过程；二是新的连接建立过程。在保持网络总的节点数和连边数不变的条件下，可以利用平均场理论分析得出到达稳态后该动态网络的度分布特征。

首先，不考虑个体的被感染过程，分别考察易感染者和已感染者的度分布。由于易感染者是通过将部分 S－I 连接变成 S－S 连接来使自己不被感染的，这样就会使被感染者的平均度随着时间的推移逐渐减少，而易感染者的平均度随着时间的推移逐渐增加。随机切断 S－I 连接将导致被感染者的度分布呈现出随机图的特征，即满足泊松分布。S－S 连接的增加将导致易感染者的度分布呈现出无倾向性生长网络图的特征，即满足指数分布。

其次，将风险传染过程和重链接过程结合起来考察整个人群的度分布。假设被感染和恢复健康两个过程发生在同一个体身上。那么对该个体来说，既有边的断开过程，又有边的建立过程。其连边的数量可以写成 $k = k_1 + k_2$，其中 k_1 来自随机连接，k_2 来自生长型连接。

随机网络的度分布可按以下方式得到。初始有 n 个个体。在每一个时间步中，随机选出两个个体以概率 $\xi = \rho(1-q)$ 相互连接。其中，ρ 是人群中 S－I 连边占总连边数的比例，q 是生长型连接占总连接的比例。某节点有 k_1 条连边的概率为：

$$P_{k_1} = \binom{n}{k_1}\xi^{k_1}(1-\xi)^{n-k_1} \tag{11-1}$$

经长时间演化后，随机网络度分布将满足泊松分布：

$$P(k_1) \sim \frac{e^{-\xi<k>}(\xi<k>)^{k_1}}{k_1!} \tag{11-2}$$

生长型网络的度分布可以按以下方式得到。初始时刻，存在着少量的相互连接的个体。在每一个时间步中，一个新的个体以概率 Ω 随机与已有个体连接。

$$\Omega = \frac{1}{m_0 + t - 1} \tag{11-3}$$

其中，m_0 是系统中最初的个体数量。随着时间的推移，该生长型网络的度分布将满足指数分布：

$$P(k_2) \sim e^{-\beta k_2} \tag{11-4}$$

其中，$\beta = \frac{1}{q\rho<k>}$。将上述两个独立的过程联系起来，节点度为 $k = k_1 + k_2$，网络度分布为：

$$P(k) \sim \sum_{k_2=0}^{k} \frac{[(1-q)\rho<k>]^{k-k_2}}{(k-k_2)!} e^{-(1-q)\rho<k>} e^{-\frac{k_2}{q\rho<k>}} \tag{11-5}$$

度分布的标准偏差为：

$$\sigma_d = \sqrt{(q\rho<k>)^2 + (1-q)\rho<k>} \tag{11-6}$$

若已知网络度分布标准偏差 σ_d，则生长型网络的连接概率可写成：

$$q = \frac{1 + \sqrt{1 - 4\rho <k> + 4\sigma_d^2}}{2\rho <k>} \tag{11-7}$$

当给定 $\rho = 1$ 和 $<k> = 10$，可得到：

$$q = \frac{1 + \sqrt{4\sigma_d^2 - 39}}{20} \tag{11-8}$$

从图 11－5 的仿真模拟结果中可以发现，当 $s = 9$ 时，在临界点 $p_c = 0.11$，度分布标准偏差 $\sigma_d = 5.8$。将 σ_d 的值代入方程(11－8)，可以得到 $q = 0.54$。将 $q = 0.54$，$\rho = 1$，$<k> = 10$ 代入方程(11－5)，可得到：

$$P(k) \sim \sum_{k_2=0}^{k} \frac{(4.6)^{k-k_2}}{(k - k_2)!e^{-(\frac{k_2}{5.4}+4.6)}} \tag{11-9}$$

从图 11－4(a)内嵌图中可以发现，仿真模拟结果和根据(11－9)得到的理论结果两者相一致。

11.2.4.2　根据平均场理论风险扩散临界点与时间标度关联性分析

风险扩散的临界点是指个体受感染的某个临界概率值 p_c。当感染率小于该临界值时，系统最后会演化到所有的个体都恢复健康。而当感染率大于该临界值时，系统最后会演化到受感染的人数不为零的稳定状态。在本书的模型中，研究发现 p_c 值的大小与个体间连接关系的重新连接过程有关。而重新连接过程的发生是与传染病信息传播过程中的时间延迟效应有关系的。为了推导出风险爆发的临界点值，可假设所有的人在接受感染剂量时要么是 $d = 1$ 要么 $d = 0$。成为被感染者的门槛剂量 $d^* = 1$，记忆长度 $T > 1$。

通常首先要考虑没有网络重连接过程的风险传染过程。在某个时间点，可能会受到风险传染的人群在之前的 T 时间步内至少应该有一次出现 S－I 的连接形式。在人群混合分布的情况下，被感染者的比例数应该满足方程：

$$\varphi_{inf} = 1 - (1 - p\varphi_{inf})^T \tag{11-10}$$

在 $\varphi_{inf} \to 0$ 的极限情况下，可以得到感染临界值：

$$p'_c = \frac{1}{T} \tag{11-11}$$

在一个随机网络中，感染临界值还应该和平均度 $<k>$ 有关。为了使方程在 $<k> \to \infty$ 时满足 $p'_c = \frac{1}{T}$，我们可以设方程为：

$$p_c \sim \frac{1}{T} + \frac{1}{<k>T} \tag{11-12}$$

下面考虑重链接过程对风险爆发的影响。在每一时间步中，由于有 S－I 连接被切断，已被感染者的连接数会相应减少。这使传染病暴发的临界值变大。以上的临界值公式可以被改写为：

$$p_c=\frac{1}{T}+\frac{1}{T\kappa} \tag{11-13}$$

其中，κ 代表失去一个固定的连接比例数$\frac{\omega T}{a^s}$的被感染者的平均度。对应于指数分布：

$$k(t)=<k>e^{-\omega Tt/a^s} \tag{11-14}$$

可以得到：

$$\kappa=\frac{\int_0^T <k> e^{-\omega Tt/a^s}dt}{T} \tag{11-15}$$

将方程(11－15)代入方程(11－13)，可以得到本模型的传染病暴发临界点：

$$p_c=\frac{1}{T}+\frac{\omega T}{<k>a^s(1-e^{-\omega T^2/a^s})} \tag{11-16}$$

图 11－7 给出了 ω＝0.05、ω＝0.1、ω＝0.2 的条件下传染病暴发临界点位置随 s 的变化情况。解析分析结果和数值模拟结果能够较好地吻合。

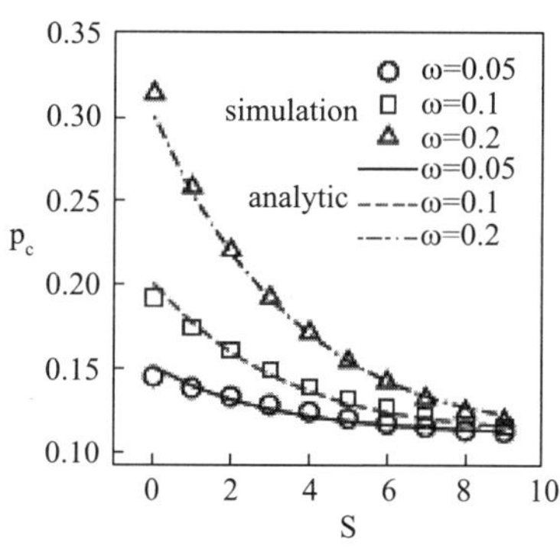

图 11－7 风险扩散临界点 p_c 随时间标度 s 变化的仿真模拟结果和理论分析结果

注：其中重链接概率 ω＝0.05（圆形），0.1（正方形），0.2（三角形）。相应的实（虚）线为理论分析结果。

11.2.5 结论与启示

本书研究了动态连接结构人群中的传染病传染模式。研究发现，是否能够有效地防止被传染病感染取决于传染病信息的公开程度。如果所公开的传染病信息滞后，就会造成人们出外时为避免被传染而进行的规避活动失效，从而使传染周期延长。长时间的传染病传播又使动态的人群连接网络呈现出更为明显的异质性特征。人群连接网络的度分布标准偏差和传染病感染人数比例达稳定所需要的持续时间之间满足一个无标度函数关系。借助平均场理论，可理论分析得到网络度分布和包含时间标度的传染病暴发临界点之间的关系式。

对本书中所提出的时间标度作用的理解，有助于精确估计由于采取规避措施或开发控制传染病传播的方法延误所造成的现实风险。在后续的研究中，可将本书的传染病模型进一步用于分析人群在运动环境下的传染病传播规律，以及不同的社团结构是如何影响传染病传播的等相关问题研究中去。

第三节　人口流动的范围效应及其对风险传播的影响

11.3.1　问题的提出

在过去 20 年间，各类风险在世界范围内的远距离广泛传播对风险的有效管理提出了严峻的挑战。例如 SAS 病毒、H1N1 病毒和 Ebola 病毒等的扩散曾引起各国的恐慌。在人类社会中，风险的传播既与个体运动的空间范围有关，又与个体间相互作用的关系结构有关。Chowell 等调查了 2014 年的 Ebola 病毒传播在不同空间范围内的扩散模式，发现在本地扩散和在全域范围内的扩散满足不同的标度率特征。利用古巴的见面追踪探测系统，Clemencon 等研究了古巴的 HIV/AIDS 的传播过程，发现相遇网络呈现出内部连接稀疏外部连接紧密的模式特征。理解复杂系统中的反应—扩散过程和找到有效的方法来防止和控制危机的爆发已经成为紧迫的但又困难的任务。

受集合种群传染病模型、区域传染病模型、网络传染病模型等的启发，在本书研究中，引入了多层网络模型和传染病模型对风险传播问题进行研究。其中一层网络是由相互分隔的区块构成的规则网络构成，另一层网络是代表个体间连接关系的随机网络构成。探讨了随机运动和定向连接的耦合效应对风险传播的影响。同时，考察了缩小个体能够运动的区块范围和降低运动速度对风险传播控制的影响。研究的目的是考察区块间的连接关系是怎样影响到全域的风险传播的。

以下是本书的主要发现。

（1）激活不同区块之间预先设置的连接关系能促发全域范围的传染病的暴发。当时间标度τ从0连续变化到1，可以观察到三个不同的区域。在$0<\tau<0.02$范围内，风险传播由本区域内的运动所决定，对时间标度的变化敏感。在$0.02<\tau<0.05$范围内，风险传播对时间标度的变化不敏感。在$0.5<\tau<1$范围内，传染病暴发由个体间的连接结构所决定。本书中的不同区域间的个体间连接对风险传播的作用类似于二维规则网络中的少数几条随机增加的连边的作用。只要激活少数几条预先设置的区块之间的连边就能使传染病在整个空间内暴发。

（2）相互分隔开的区块的大小对传染病的暴发具有很重要的影响。当整个的空间面积和人口定下来之后，减小每块可活动区块的面积不仅可以使传染病的传播速度降低，同时可以使达到稳态后的被传染者的比例数降低。

（3）区块内的运动对于传染病在全域范围内的传播具有很重要的影响。当不同区块之间的远程连接数很少时，降低个体在区块内的运动速度可以有效防止传染病在全域范围内的暴发。

（4）理论分析发现，本书中的传染病传播的宏观特征的变化与传染病传播的临界条件的标度率特征的变化以及二维规则网络重叠区域中个体的平均第一次相遇所需要的时间长短有关系。

本书的结构安排如下：第一，介绍多层网络上的SIS模型；第二，给出仿真模拟结果并进行相关的讨论；第三，分析了疾病传播动力学过程；第四，得出研究结论。

11.3.2　模型构建

在本模型中，每个个体有两种可能的活动：在被预先指定的某个小的区块内随机运动和作为商人与预先指定的有直接连接关系的熟悉的个体之间的往来运动。为分别描述本地特定区块内的运动和全域范围内的远程运动（激活预先设定的不同区块之间的连接关系），在SIS模型中引入了双层网络结构。以下这两类网络分别被称作居住区域和关系网络。这类居住区域的限定结构在区域动物运动中比较常见。它们各自生活在一定的区块范围内，不同的区块之间有一定面积的重叠。关系网络在人类社会中比较常见。这是一种相对固定的人与人之间的关系，它与地理距离的远近没有太大的关系。这类关系网络常常用随机网络、小世界网络或无标度网络来表示。

与相关文献中的模型相类似，本书中的网络区域由$L\times L$的方格组成。整个的区域又可以被分成 N_{local} 个小的区域。每个个体只能限定在某一个小区域内运动。除此之外，个人还有一种远程连接。除在本区域活动外，个体还可以通过远程连接向区域外运动。

11.3.3 模拟结果及其分析

在本模型中，尤其值得关注的是区域内运动和区域间运动的耦合对风险传播的影响。为研究方便，先固定几个变量值：两个相邻的区域间重合的范围是 $\Delta d_x = \Delta d_y = 1$，全部的活动空间范围是 $L \times L = 100 \times 100$，初始被感染的人数比例是 $\rho_I = 0.05$。为了减少边界效应的影响，可将每一块小的活动区域规定为正方形的区域，即 $d_x = d_y$。

在图 11－8 中画出了不同时间标度 τ 下被感染人数的比例 ρ_I 随时间变化情况。在图 11－8（a）到（c）中，预先设置在不同的区域间的连接数比例值为 $\phi = 0.01$。图 11－8（a）显示，对于 $\tau = 0$，即对应于个体只能在区域内随机运动，ρ_I 随时间慢慢增加，最后到达了一个适中的水平 $\rho_I \sim 0.6$。当 τ 从 0.001 增加到 0.1 时，系统达到稳态时间变短而达到稳态后被感染的人数比例增加。在图 11－8（d）中可以观察到类似的结果。因此，在 $0 < \tau < 1$ 的范围内，不同的区域间存在着直接的连接关系对传染病的暴发有很大的影响。达稳态后被感染的人数比例与不同区域间的连接数有密切关系。

与图 11－8（a）中的结果不同。在图 11－8（b）中，在 $0.1 < \tau < 0.5$ 的范围内，最终达稳态后的被感染者比例对不同区域间存在的连接数变化不敏感。当 τ 从 0.15 增加到 0.45 时，达稳态后系统的被感染人数比例保持在一个较高的值。而且这个值随 τ 的增加不太有变化。类似的结果在图 11－1（e）中也可以看到。

图 11－8（c）显示，当 τ 从 0.5 增加到 0.99 时，系统到达稳态的时间延长而最终被感染人数比例随 τ 增加而减少。对于 $\tau = 1$，即对应于个体只能在区域间运动，ρ_I 最后到达了一个较低的水平 $\rho_I \sim 0.37$。与图 11－8（c）中的结果不同。在图 11－8（f）中，在 $0.5 < \tau < 1$ 的范围内，达稳态后系统的被感染人数比例随 τ 的增加没有什么变化。这一结果表明，对于 ϕ 的值比较小时，即此时关系网络是断开的，本区域内的运动可以促使整体空间范围内的传染病暴发。ϕ 的值适中或比较大时，即此时对应于关系网络中没有分离的个体或分离的小群体，传染病的暴发取决于关系网络的结构。

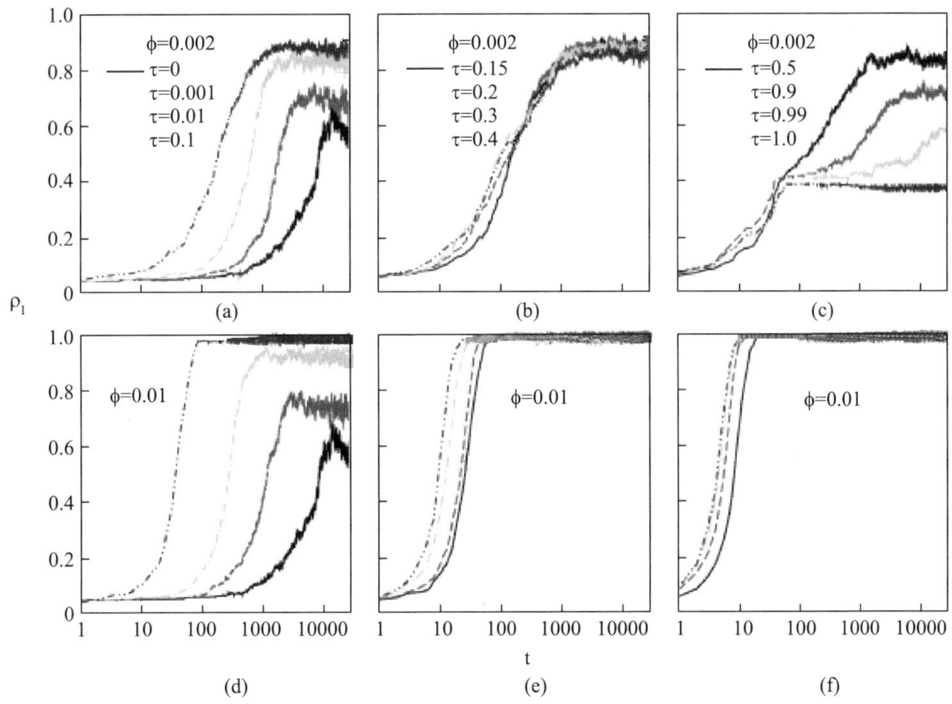

图 11－8　不同的时间标度τ和随机连接概率 ϕ 下感染者比例 ρ_I 随时间 t 的变化情况

注：感染者比例 ρ_I 随时间 t 的变化，其中 $N=500$，$p_I=1$，$p_s=0.001$，$d_x=d_y=11$，$\upsilon=0.05$，(a) $\phi=0.002$，$\tau=0$（实线），0.001（虚线），0.01（虚线点），0.1（虚线双点）；(b) $\phi=0.002$，$\tau=0.15$（实线），0.2（虚线），0.3（虚线点），0.4（虚线双点）；（c）$\phi=0.002$，$\tau=0.5$（实线），0.9（虚线），0.99（虚线点），1（虚线双点）；（d）$\phi=0.01$，$\tau=0$（实线），0.001（虚线），0.01（虚线点），0.1（虚线双点）；(e) $\phi=0.01$，$\tau=0.15$（实线），0.2（虚线），0.3（虚线点），0.4（虚线双点）；(f) $\phi=0.01$，$\tau=0.5$（实线），0.9（虚线），0.99（虚线点），1（虚线双点）。

当观察预设在不同区域间的连接关系对传染病暴发的影响时，本书中激活不同区域之间的直接联结关系类似于相关文献中提到的二维的小世界网络中存在长距离的直接连接。只需要激活预先设置的这些区域间连接的很少一部分，就能够促使传染病在整个空间范围内的暴发。

为了找出在 ϕ 给定时，ρ_I 和τ之间的定量关系，以及在τ给定时，ρ_I 和 ϕ 之间的定量关系，在图 11－9（a）中给出了 $\phi=0.001$，0.002，0.004 时，ρ_I 和τ之间的关系。在图 11－9（b）中给出了$\tau=0.1$ 时，ρ_I 和 ϕ 之间的关系。图 11－9（a）显示，当个体间的连接概率很小时，如 $\phi=0.001$，在 $0<\tau<0.02$ 的范围

内，ρ_I 从0.58很快上升到0.78。在$\tau>0.02$的范围内，ρ_I 随着τ的增加并没有太大的变化。在$\tau>0$的范围内，个体间连接概率 ϕ 的增加使系统达稳态后受感染人数 ρ_I 整体增加。从图11－9（b）中可以看出，当给定$\tau=0.1$，只有当$0<\phi<0.008$的范围内，ρ_I 对个体间连接比例 ϕ 才会敏感。在$\phi>0.008$的范围内，当$\phi=0.008$时，ρ_I 已经达到了其最大值，因此随着 ϕ 的增加不再有什么大的变化。图11－9中的结果表明，当个体被限制在某一局域范围内活动时，个体之间存在少量远程的连接会导致受感染人数比例大大增加，这与小世界网络中所发现的现象相类似。

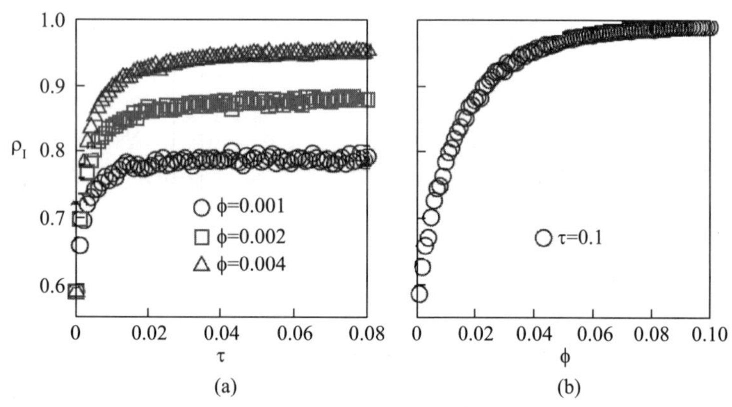

图11－9　感染者比例 ρ_I 随时间标度τ和随机连接概率 ϕ 的变化情况

注：（a）随时间标度τ的变化情况，其中随机连接概率$\phi=0.001$（圆形），0.002（正方形），0.004（三角形）；（b）随机连接概率 ϕ 的变化情况，其中时间标度$\tau=0.1$。其他变量值为：$N=500$，$p_I=1$，$p_s=0.001$，$d_x=d_y=11$，$\upsilon=0.05$。

从以上的仿真模拟结果中可以发现，本书中的演化动力学过程与个体的运动模式和个体间的连接模式有关系。为了找出局域运动行为和远程运动行为之间的关系，可分别研究以下三个变量值的变化对传染病控制的影响：个体可活动的局域范围大小，预先设置的个体间连接被激活的概率，个体的运动速度受到限制的局域区域的数量比例（以下分析中称这些区域为运动缓慢区域）。

图11－10（a）给出了给定$\phi=0.01$和不同的τ下系统达稳态后受感染的人数比例 ρ_I 随局域活动范围大小的变化情况。给定$\tau=0$，当s的值从10增大到121时，ρ_I 从0.04很快增大到0.58。当s进一步从121增大到2601时，ρ_I 慢慢地增

加，最后达到它的最大值 0.62。τ值的增大导致整个 $9 \leqslant s \leqslant 2601$ 范围内 ρ_I 的增大。s 值越小，ρ_I 对τ的变化越敏感。

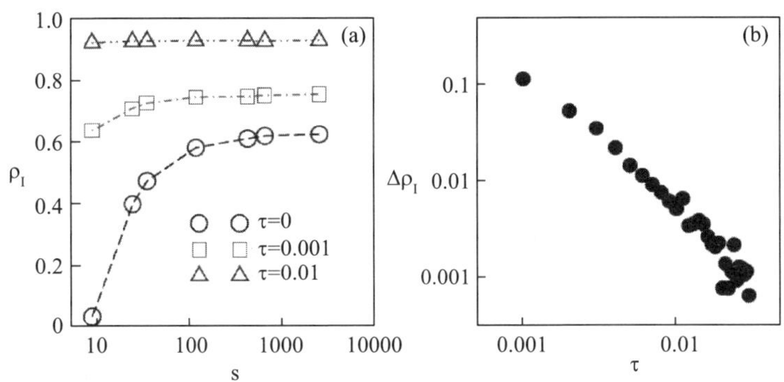

图 11－10　感染者比例 ρ_I 和感染者比例变化 $\Delta\rho_I = \rho_I^{s=260} - \rho_I^{s=9}$ 随区域面积 s 和时间标度τ的变化情况

注：（a）感染者比例 ρ_I 随区域面积 s 的变化情况，其中 $\phi = 0.01$，$\tau = 0$（圆形），0.001（正方形），0.01（三角形）；（b）感染者比例变化 $\Delta\rho_I = \rho_I^{s=260} - \rho_I^{s=9}$ 随时间标度τ的变化情况。其他变量值为：$N = 500$，$p_I = 1$，$p_s = 0.001$，$\upsilon = 0.05$。

图 11－10（a）中的结果表明，减小局域活动的空间范围（以下称为活动范围限制）使传染病传播受到抑制，这一抑制作用的效果取决于个体间远程连接比例的多少。个体间的远程连接多会使利用活动范围限制来控制传染病的传播效果受到极大的削弱。图 11－10（b）中给出了 ρ_I 的变化值，即 $\Delta\rho_I = \rho_I^{s=2601} - \rho_I^{s=9}$ 和时间标度τ之间的关系。可以发现，$\Delta\rho_I$ 和τ之间存在 log－log 函数关系，即 $\Delta\rho_I \sim a\,\tau^{-b}$，其中 $a \sim 4.2 \times 10^{-6}$，$b \sim 1.53$。

为了解局域运动的控制对这个区域内传染病控制起到的作用，在图 11－11（a）中画出了传染者人数比例随运动速度受到控制的区域数量比例 ζ 的变化情况。在运动速度受控制的区域，个体在域内的运动速度为 $\upsilon_{slow} = 0.1\upsilon$。给定$\tau = 0.001$，当 ζ 从 0 增大到 0.9 时，ρ_I 连续地从 0.74 减少到 0.4。对于一个较大的τ，随着 ζ 的增大 ρ_I 也是连续地减少的，但是变化的速度放缓。

图 11－11（a）的结果表明，局域运动速度的限制会对整个空间的传染病控制起到一定的作用，但是这种控制作用的效果与是否存在个体间的远程连接有关系。个体间存在的远程连接会使局域运动速度的限制所起的作用大大减弱。图 11－11（b）中给出了 ρ_I 的变化值，即 $\Delta\rho_I = \rho_I^{\zeta=0} - \rho_I^{\zeta=0.5}$ 和时间标度τ之间的关

系。可以发现，$\Delta\rho_I$ 和τ之间存在 log – log 的函数关系，即 $\Delta\rho_I \sim a'\tau^{-b'}$，其中，$a' \sim 1.19 \times 10^{-5}$，$b' \sim 1.46$。图 11 – 11 中的结果表明，被感染的人数比例与个体局域平均运动速度有关。运动速度受限制的区域数量增大使区域内运动的平均运动速度减小，因此导致受感染人数比例的减少。

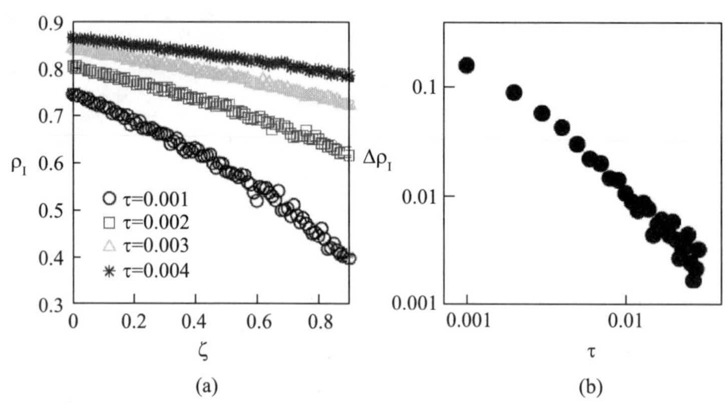

图 11 – 11　感染者比例 ρ_I 和感染者比例变化 $\Delta\rho_I = \rho_I^{\zeta=0} - \rho_I^{\zeta=0.5}$ 随缓慢运动区域所占比例 ζ 和时间标度τ的变化情况

注：(a) 感染者比例 ρ_I 随缓慢运动区域所占比例 ζ 的变化情况，其中 $\phi = 0.01$，$\tau = 0.001$（圆形），0.002（正方形），0.003（三角形），0.004（星形）；(b) 感染者比例变化，即 $\Delta\rho_I = \rho_I^{\zeta=0} - \rho_I^{\zeta=0.5}$ 随时间标度τ的变化情况，其中 $\phi = 0.01$。其他变量值为：$N = 500$，$p_I = 1$，$p_s = 0.001$，$d_x = d_y = 11$，$\upsilon = 0.05$，$\upsilon_{slow} = 0.1\upsilon$。

图 11 – 10 和图 11 – 11 的结果表明，为了使通过局域的运动速度控制和运动范围限制达到有效控制传染病传播的效果，首先需要控制个体间存在的远程连接的活动。否则，两类传染病控制方式不太能够达到预期的效果。

11.3.4　理论分析

为了对本书提出的传染病传播模型的微观机制有一个清楚的了解，下面从理论上分析传染病扩散的临界值，以及二维平面上存在边界覆盖区域的独立区域内的个体平均第一次相遇时间。可以发现传染病暴发的临界值和平均第一次相遇时间满足某些标度率特征。

11.3.4.1　传染病暴发的临界点和个体间远程连接关系激活比例之间的关系分析

传染病暴发的临界点指的是感染概率的临界值。当感染概率低于这个临界值时，受感染的人数很少。当感染概率高于这个临界值时，几乎所有的人都受到感染。在一个二维的小世界网络中，传染病暴发的临界值与本地连接的范围，空间的维度数，各区域间直接连接的连接边的数量有关。

在本模型中，当不存在个体与个体之间直接的相互连接时，即 $\phi=0$，传染病传播动力学类似于在一个规则网络上的传染病传播情况。此时，每个个体只可能与最近邻的邻居进行相互作用，即与同一区域内的个体或相邻区域内的个体相互作用。为了发现激活个体间的联系对演化动力学的影响，下面先将个体均匀分布在各个相互独立的区域范围内，然后对传染病暴发的临界点和每一个区域内的平均人数之间的关系，以及传染病暴发的临界点和运动速度的关系进行分析。

图 11－12（a）中给出了风险扩散的临界点 p_c 随区域内平均人数 $\bar{n}$ 的变化情况。当 $\tau=0$ 时，即每个个体的运动都被限制在局域范围之内，区域内平均人数从 $\bar{n}=2$ 增大到 $\bar{n}=6$，风险扩散的临界点从 $p_c\sim0.121$ 减小到 $p_c\sim0.025$。随着 τ 的增大，在整个的 $2\leqslant\bar{n}\leqslant6$ 范围内，风险扩散的临界点 p_c 都减小。p_c 和 $\bar{n}$ 之间满足函数关系 $p_c\sim\frac{1}{\bar{n}^{\alpha}}$。指数 α 的大小与 τ 的值有关。当时间标度的值从 $\tau=0$ 增大到 $\tau=0.01$ 时，指数 α 的值从 $\alpha\sim1.418$ 减小到 $\alpha\sim0.998$。

图 11－12（b）中给出了风险扩散的临界点 p_c 随区域内个体的运动速度 υ 的变化情况。当 $\tau=0$ 时，随着区域内个体的运动速度从 $\upsilon=0.2$ 增大到 $\upsilon=1$，风险扩散的临界点从 $p_c\sim0.266$ 减小到 $p_c\sim0.121$。随着 τ 的增大，在整个的 $0.2\leqslant\upsilon\leqslant1$ 范围内，风险扩散的临界点 p_c 都减小。p_c 和 υ 之间满足函数关系 $p_c\sim\frac{1}{\upsilon^{\beta}}$。指数 β 的大小与 τ 有关。当时间标度值从 $\tau=0$ 增大到 $\tau=0.01$，指数 β 从 $\beta\sim0.434$ 减小到 $\beta\sim0.077$。

比较图 11－8 和图 11－12 的结果可以发现，激活远程连接不仅影响到风险扩散的临界点，而且还影响到系统达稳态时的传染者比例。风险扩散的临界点值越小，系统达稳态时的感染者比例越高。当时间标度 τ 的值较小时，风险扩散的临界点和系统达稳态时的感染者比例对 τ 的变化都很敏感。这与小世界网络中风险扩散对网络结构的变化很敏感这一特征相类似。

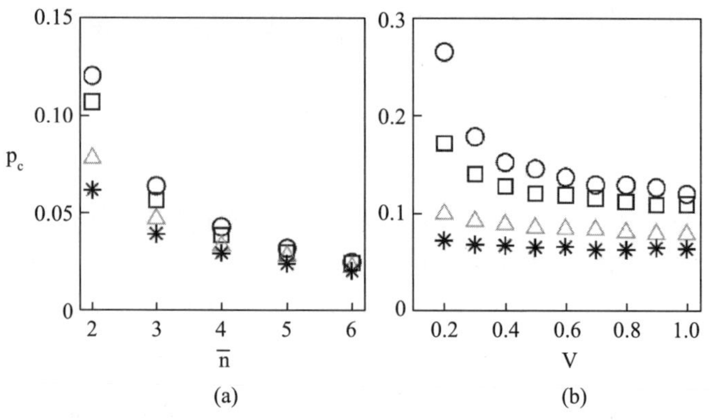

图 11-12　风险扩散临界值 p_c 随区域内平均人数 $\bar{n}$ 和个体运动概率 υ 的变化情况

注：(a) 随区域内平均人数 $\bar{n}$ 的变化情况，其中时间标度 $\tau=0$（圆形），0.001（正方形），0.005（三角形），0.01（星形）；(b) 随个体运动概率 υ 的变化情况，其中 $\bar{n}=2$，时间标度 $\tau=0$（圆形），0.001（正方形），0.005（三角形），0.01（星形）。其他变量值为：$p_s=0.001$，$d_x=d_y=11$，$\phi=0.01$。

图 11-12 中的结果可以这样来理解。当 $\tau=0$ 时，每个个体的运动都被限制在局域范围之内，与距离较远的群体缺乏直接接触使风险扩散的临界点升高以及系统达稳态时的感染者比例降低。当 $\tau\neq0$ 时，通过远程连接与距离较远的群体的直接接触使风险扩散的临界点降低以及系统达稳态时的感染者比例升高。

11.3.4.2　平均第一次相遇所需时间和二维网格上的个体运动局域范围大小之间的关系

传染病的传播速度与易感染者和已感染者之间的相互作用有关。如果不同个体之间平均第一次相遇所需的时间很短，那么传染病就很容易暴发。在个体运动受局域范围限制的一维格子上，可以发现平均第一次相遇的时间与受限制的局域范围大小 d_x 和相互重叠的区域大小 Δd_x 有关。在本书的模型中，个人被限制在二维规则网络上的某一局域范围内。通过计算平均第一次相遇时间，可以找出相遇概率与局域范围大小 s 和每个局域范围中的人数 $\bar{n}$ 之间的关系。由局域范围组成的二维网格上的传染病动力学的微观特征也可以得到了解。

在图 11-13（a）中画出了 $\phi=0$ 时平均第一次相遇时间与每一局域范围内的平均个体数 $\bar{n}$ 的关系。为更简洁和避免边界效应，在此只分析局域范围为正方形的情形，即 $d_x=d_y$。从图 11-13 中可以看出，给定 $d_x=d_y=5$，当 $\bar{n}$ 从 $\bar{n}=1$ 增大到 $\bar{n}=10$ 时，t_c 从 $t_c\sim280$ 减小到 $t_c\sim50$。d_x 和 d_y 的增大导致 t_c 值的整体增

加。t_c 和$\overline{n}$间满足函数关系式 $t_c \sim \frac{1}{\overline{n}^{\gamma}}$，其中 $\gamma \sim 0.73$。当 d_x 从 $d_x = 5$ 增大到 $d_x = 15$ 时，γ 值没什么变化。在图 11－6（b）中给出了$\overline{n} = 1$ 时平均第一次相遇时间与局域范围的大小的关系。t_c 和 s 之间满足关系式 $t_c \sim \frac{1}{s^k}$，其中 $\gamma \sim 1.96$。

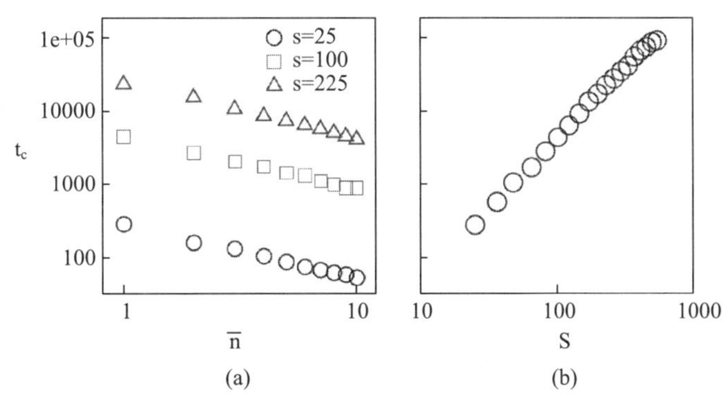

图 11－13　不同个体第一次相遇所需时间 t_c 随区域内平均人数$\overline{n}$和随区域大小 s 的变化情况

注：（a）随区域内平均人数$\overline{n}$的变化情况，其中区域大小 s = 25（圆形），100（正方形），225（三角形）。（b）随区域大小 s 的变化情况。其中区域间叠加范围 $\Delta d_x = \Delta d_y = 1$，个体运动概率 υ = 1，随机连接概率 φ = 0，时间标度τ = 0。

比较图 11－10（a）和图 11－13 的结果可以发现，通过减小局域范围的大小来减小 ρ_I 的值，其效果大小取决于以下两方面的竞争：一是局域范围面积的减小；二是每一块局域范围内的平均人数的减小。在本书中，整个人口大小和网络大小固定。局域范围面积的减小使整个二维空间内局域运动的区块数量增多，以及每一个区块内的面积减小。与区块内的面积减小相联系的是，区块内的个体数减少。

从图 11－13（a）和（b）的仿真模拟结果中可以发现，局域范围面积的减小导致平均第一次相遇时间的减小。而局域范围内平均人数的减少导致平均第一次相遇时间的增加。在本书的模型中，由于局域范围的缩小导致的平均第一次相遇需要时间的缩短比由于局域范围内平均个体数的减少导致的平均第一次相遇需要时间的延长变化要慢，因此，这两个相反过程的耦合导致了图 11－10（a）中传染病暴发宏观特征的出现，即局域范围的面积越小，系统达到稳态时被感染者人数比例越低。

11.3.5 结论与启示

通过在 SIS 传染病模型中引入相互间隔的局域空间和远程的个人间连接关系，研究了个体在本地区域内运动和在有远程相互联系的不同局域空间之间运动对传染病传播的影响。在研究中，尤其关注激活不同局域空间之间预先设置的关系对传染病暴发的影响。与只存在区域内随机运动的情形相比，不同局域空间之间存在直接连接使传染病能在更广泛的空间中传播。本书探讨了减小个体局域运动的空间范围和运动速度对传染病控制的影响。当全域范围内的运动受到限制的前提下，缩小个体局域运动的范围和运动速度可以有效阻止传染病的传播。激活预先设置在不同局域区块之间的连接使传染病控制措施失去效果。

通过分析可以发现，在本书的模型中，传染病传播的宏观特性与二维空间平面上个体运动的微观特征有关。激活不同局域区块之间的远程连接使传染病暴发的临界点降低，从而使传染病更容易暴发。缩小局域活动范围使个体随机运动的空间减小以及局域区块中的个体数量减少。这两个效应的耦合使个体第一次见面所需的时间增加，从而使传染病传播得到有效控制。

个体的运动模式和个体间的相互作用模式的耦合对反应—扩散系统和博弈系统中的演化动力学影响尚有很多研究空白，值得后续进一步深入研究。

第十二章　基于公共品博弈模型的投资者合作演化机制分析

本章主要结合公共品博弈模型探讨了复杂社会经济系统中投资者之间相互合作形成的内在机制问题。首先，通过在公共品模型中引入个人能力和项目收益门槛变量，研究了两者对合作演化的影响。发现个人能力越低越容易形成合作，项目收益剩余对合作会造成不利影响。其次，通过在N人铲雪堆模型中引入惩罚因子，研究了对不合作者的惩罚对合作演化的影响。发现惩罚机制的存在提升了合作水平。最后，通过在公共品博弈模型中引入人口流动和人口密度变量，研究了两者对合作演化的影响。发现适中的人口流动速度和较大的人口密度有利于合作。

第一节　基于个人能力和项目收益门槛效应的投资者合作演化模型

12.1.1　问题的提出

在一个竞争系统中，合作的出现和维持关系到社会的稳定和可持续发展问题。因此，无论是经济学家、社会学家还是生物学家们都十分关注这一问题。为找出社会经济系统中合作现象广泛存在的内在动力机制，研究人员从理性人假设出发，提出了囚徒困境模型、铲雪堆模型、公共品博弈模型等。其中，囚徒困境模型属于标准的两两博弈模型，将之推广到多人博弈，就可以得到公共品博弈模型。铲雪堆模型也是属于两两博弈模型，将之推广到多人博弈，就可以得到N人铲雪堆模型。囚徒困境模型和铲雪堆模型的差异反映在模型的收益矩阵差异上。在囚徒困境模型中，合作者的贡献使对方受益，自己不受益。在铲雪堆模型中，合作者的贡献不仅使对方收益，合作者自己也受益。

在已有的公共品博弈模型中，小组中的每个成员在博弈过程中都需要决定是否在公共池中投入。当所有小组成员都已经做出了决定并采取相关行动后，那么总的投入就会被乘以一个大于1的系数作为总产出，然后在所有小组人员中平均分配。那些在公共池中投入的小组成员就是合作者，那些不投入的小组成员就是不合作者。由于合作者的收入中需要减去投入才是其净收入，因此，处于同一小组中的合作者总是要比不合作者的净收入少，系统最终就会演化到所有成员都演变成不合作者。这一现象就是人们常说的“公地悲剧”现象。

相比于公共品博弈模型中合作的出现比较困难，N人铲雪堆模型中合作的出现相对容易些。两个模型的差异主要反映在参与者的贡献和收益方面。在公共品博弈模型中，每个合作者的贡献是预先确定的和相同的。合作者的增加会导致总投入增加，进而导致总收入增加和个体收益增加。而N人铲雪堆模型中总投入和个体收益是预先确定的。合作者的增加并不会导致总投入的增加，而是会导致每个合作者的投入减少，进而导致合作者净收益的增加。

与已有的公共品博弈模型和N人铲雪堆模型中的场景不同。在现实社会中，个人能力存在上限。面对一个不可分割的繁重任务，由于个体能力的限制，需要小组中有足够多的合作者才能完成该任务。例如，要搬动一块巨石或捕获一头巨兽，单兵作战是毫无益处的。此时需要小组成员联合作战才能使大家都获得收益。Szolnoki等曾研究过个体能力限制对项目合作的影响，发现在那些需要较大投入的项目中更容易形成群体合作。在现实社会中，项目收益也存在上限，而该上限又与个人收益的上限相联系。在小组合作完成某个项目后，项目实际收益与项目潜在的最大收益之间可能存在差异。这一差异与小组中个体的最大收益限制和小组人数有关。当个体的收益上限值太低或小组人数太少时，会导致项目的部分潜在收益的浪费。例如，当没有足够多的人或车需要经过所建的桥梁时，几十米宽的桥梁就是一种浪费。当群狼享用一只被猎杀的肥牛后仍有牛肉剩余时，那么剩余的牛肉就是一种浪费。所以，当项目潜在收益未被充分利用时，小组人数的增加并不会导致个体收益的减少。而当项目潜在收益已经被充分利用时，小组人数的增加会导致个体收益的减少。

通过在原有的模型中增加门槛变量构建新的模型，这是研究中常用的一种方

法。Szolnoki 等研究了公共品博弈模型中初始投入的门槛效应，发现随着初始投入门槛值的提高，其合作水平也相应得到了提高。Chen 等研究了公共品博弈模型中的奖励封顶效应，发现可供享用的公共资源过多不利于形成合作。Zhang 等研究了公共品博弈中覆盖潜在损失的保险费门槛效应，发现从保险中获得的补偿增加能提高个体的贡献度。其他还有多种门槛效应在相关的文献中进行了讨论。在以自身利益最大化为目标的演化博弈模型中，单纯的个体策略演化尚不足以导致合作的涌现。其他的一些机制，如个体策略和相互作用结构的共同演化、人口流动、人口增长、个人名誉等多种机制的引入都会对合作的涌现起到或多或少的作用。

当公共品博弈模型中引入个人投入、个人收益、项目投入、项目收益等的限制条件后，原有的公共品博弈场景和 N 人铲雪堆博弈场景就能在新的模型中同时体现出来。尽管对于项目的起始投入门槛效应，以及囚徒困境模型和铲雪堆模型的联合模型已有人做过相关研究，但通过引入个人能力和项目收益门槛条件将公共品博弈模型和 N 人铲雪堆模型中的不同场景统一在一个模型中，以使之更符合某些现实社会的场景，这方面的研究工作尚未见发表，这是本书的主要创新点。

通过在公共品博弈模型中引入四个门槛变量：个人贡献上限、个人收益上限、项目固定成本、项目收益上限，构建了新的公共品博弈模型。考察了在小组规模和个人策略共同演化的条件下，这些门槛变量对合作的影响。以下是研究中的主要发现。

（1）个人贡献上限值越大，合作水平越低；个人收益上限值越大，合作水平越高。在完成一个需要较多固定投入的任务时，如果个体的最大贡献值较小，那么完成任务就需要更多的合作者。因此，这一启动成本的存在能促进合作。当个体有较大的收益上限值时，为获得一个更高的收益，个体更愿意采用合作策略。

（2）项目收益上限值越大，合作水平越低。项目收益上限值存在一个临界点。当项目收益上限值小于该临界值时，随着项目上限值增大合作水平不变；当项目收益上限值大于该临界值时，随着项目上限值增大合作水平降低。该临界点位置与个人贡献上限值和项目所需固定投入有关。

（3）合作水平的提高与小组规模变化相关联。高合作水平对应于小的小组规模，低合作水平对应于大的小组规模。合作水平和小组规模之间存在函数关系。

12.1.2 模型介绍

本书的公共品博弈模型定义如下。设存在某一项目。完成该项目所需的固定投入是 C_{pro}，项目收益上限是 B_{pro}^{max}。个人投入存在一个上限 C_I^{max}。如果小组中有足够多的合作者，即 $n_C C_I^{max} \geqslant C_{pro}$，那么项目就能够被完成。此时项目的实际收益与个人收益上限 B_I^{max} 及小组人数 n 有关。如果 $B_{pro}^{max} \geqslant nB_I^{max}$，那么小组中的每个人都能享受到最大收益 B_I^{max}。如果 $B_{pro}^{max} < nB_I^{max}$，那么小组中的每个人能享受到的收益是$\frac{B_{pro}^{max}}{n}$。如果小组中没有足够多的合作者，那么项目就无法被完成。此时小组中的每个人收益都为 0。合作者和不合作者的收益如下：

当 $n_C C_I^{max} \geqslant C_{pro}$，$B_{pro}^{max} \geqslant nB_I^{max}$ 时，

$$P_C = B_I^{max} - \frac{C_{pro}}{n_C},\ P_D = B_I^{max} \tag{12-1}$$

当 $n_C C_I^{max} \geqslant C_{pro}$，$B_{pro}^{max} < nB_I^{max}$ 时，

$$P_C = \frac{B_{pro}^{max}}{n} - \frac{C_{pro}}{n_C},\ P_D = \frac{B_{pro}^{max}}{n} \tag{12-2}$$

当 $n_C C_I^{max} < C_{pro}$时，

$$P_C = P_D = 0 \tag{12-3}$$

在策略演化过程中，某个个人 i 以概率 $\omega_{i\leftarrow j}$将自己的策略转换成随机选择的某个个人 j 的策略：

$$\omega_{i\leftarrow j} = \frac{1}{1 + e^{(P_i - P_j + \tau)/\kappa}} \tag{12-4}$$

其中，P_i，P_j 分别为 i 和 j 的净收益；τ和 κ 为外部干扰项，本书中取值为 $\tau = \kappa = 0.1$。

每个参与者都有着对小组规模的偏好。当个人的净收益低于平均净收益时，其小组规模偏好将有所变化。原有的小组规模随机漂移变化可得到新的小组规模。

12.1.3 仿真模拟结果与讨论

下面通过仿真模拟来观察合作者比例随本书所引入的四个门槛变量，即项目固定投入、项目收益上限、个人贡献上限、个人收益上限的变化情况。

在图 12－1 给出了不同的个人贡献上限值 C_I^{max} 下系统达稳态时合作者的比例

f_C 随项目收益上限 B_{pro}^{max}变化的情况。在初始时刻，每个人的策略和小组规模偏好是随机选择的。从图 12－1 中可以看出，当给定 $C_I^{max}=10$ 时，合作者比例 f_C 随项目收益上限 B_{pro}^{max}变化的过程中存在着两个临界点 $B_{pro}^{maxc_1}\sim300$ 和 $B_{pro}^{maxc_2}\sim480$。当 B_{pro}^{max}从 0 增大到 300 时，f_C 一直保持其最小值 $f_C\sim0$。当 B_{pro}^{max}从 300 增大到 480 时，f_C 很快从 0 增大到 0.64。在第二个临界点的位置 $B_{pro}^{maxc_2}\sim480$，合作者比例达到 $C_I^{max}=10$ 时的最大值 $f_C\sim0.64$。当 B_{pro}^{max}进一步从 480 增大到 2000，f_C 又迅速从 0.64 减小到 0.1。而当 B_{pro}^{max}从 2000 继续增大时，合作者比例 f_C 保持在一个较低的水平 $f_C\sim0.1$。当给定一个较大的个人贡献上限值 $C_I^{max}=15$，f_C 随着 B_{pro}^{max}变化的趋势与 $C_I^{max}=10$ 时相似。而两个临界值 $B_{pro}^{maxc_1}$ 和 $B_{pro}^{maxc_2}$，以及合作者比例 f_C 都随 C_I^{max} 的增大而减小。

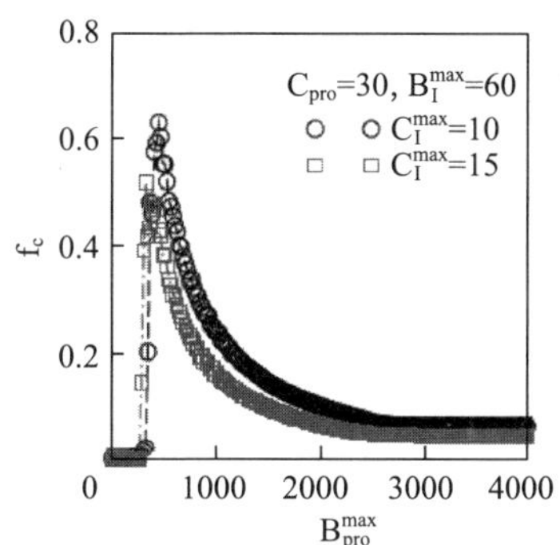

图 12－1　不同的个人贡献上限 C_I^{max} 下系统达稳态后合作者比例 f_C 随项目收益上限 B_{pro}^{max} 的变化情况

为进一步观察合作者比例 f_C 随个人贡献上限 C_I^{max} 的连续变化情况，在图 12－2（a）中给出了不同的项目收益上限值 B_{pro}^{max}下系统达稳态后合作者比例 f_C 随个人贡献上限值 C_I^{max} 变化情况。从图 12－2（a）中可以看出，f_C 随 C_I^{max} 的变化关系类似于一个递减的阶梯函数。当给定项目最大收益值 $B_{pro}^{max}=700$ 时，在 $C_I^{max}\sim5$这一位置，合作者比例达其最大值 $f_C\sim0.72$。当 C_I^{max} 介于 6 和 7 之间时，合作者比例保持在 $f_C\sim0.61$。当 C_I^{max} 介于 8 和 9 之间时，合作者比例保持在 $f_C\sim0.5$。当 C_I^{max} 介于 10 和 14 之间时，合作者比例保持在 $f_C\sim0.38$。当 C_I^{max} 介于 15 和 29 之间时，合作者比例保持在 $f_C\sim0.25$。当 $C_I^{max}\geqslant30$ 时，合作者比例保持在

其最小值 $f_C \sim 0.11$。当给定一个更大的 B_{pro}^{max} 值时，f_C 随 C_I^{max} 的阶梯形变化特征与 $B_{pro}^{max}=700$ 时相似，但是在整个的 $C_I^{max} \geqslant 5$ 区间内，f_C 的值随 B_{pro}^{max} 增大而减小。

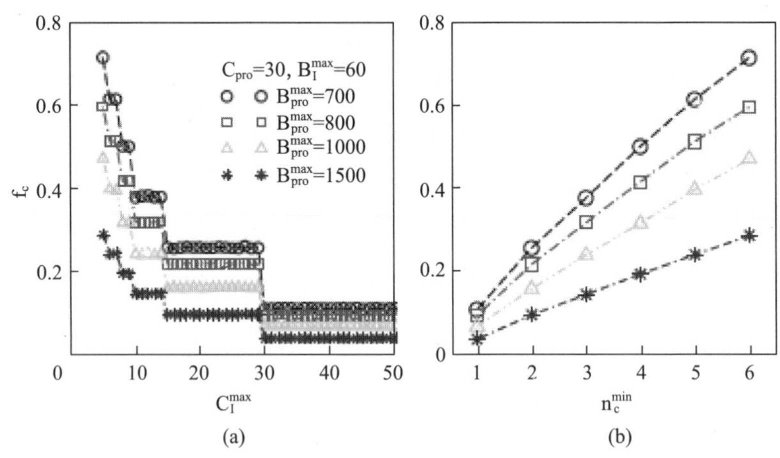

图 12-2　系统达稳态后合作者比例 f_C 随个人贡献上限 C_I^{max} 和项目启动所需的最小合作人数 n_C^{min} 的变化情况

图 12-2（a）中的阶梯形变化特征实际上是和完成项目所需的最低合作者人数有关。由于本书中每个人的最大贡献值是一样的，因此，随着小组合作人数的增加，小组的最大贡献值是非连续的。这是图 12-2（a）中出现阶梯形变化的原因所在。为了验证合作者比例变化与完成项目所需的最少合作者人数有关，在图 12-2（b）中给出了不同的 B_{pro}^{max} 下 f_C 随完成项目所需的最少合作者人数 n_C^{min} 的变化情况。从图 12-2（b）中可以看出，当给定项目收益最大值 $B_{pro}^{max}=700$ 和个人收益最大值 $B_I^{max}=60$，f_C 随着 n_C^{min} 的增大从 $f_C \sim 0.11$ 增大到 $f_C \sim 0.72$。给定其他的项目收益最大值，f_C 随 n_C^{min} 的变化趋势与 $B_{pro}^{max}=700$ 时的相似。

完成项目所需的最少合作者人数 n_C^{min} 能够影响合作者比例 f_C，其原因可以这样来理解。面对一个需要固定投入的项目，只有当小组中的合作者人数超过最小值 n_C^{min} 时，小组中的各个成员才可能获得一个大于 0 的净收益。因此，$f_C \sim \frac{n_C^{min}}{n}$ 是系统达到稳定状态的合作者比例数。当小组人数减少到 $n \sim n_C^{min}$ 时，只有当所有的小组成员都是合作者，即 $f_C \sim 1$，小组中的各成员才可能得到一个大于 0 的净收益。因此，在投资策略和小组规模共同演化这一机制下，完成项目所需的最少

合作者人数 n_C^{min} 这一条件的存在是形成稳定合作的原因。

图 12－1 和图 12－2 的结果表明，最优的合作水平与个人贡献上限和项目总收益上限的耦合有关。个人能力小有利于合作，项目收益剩余多不利于合作。

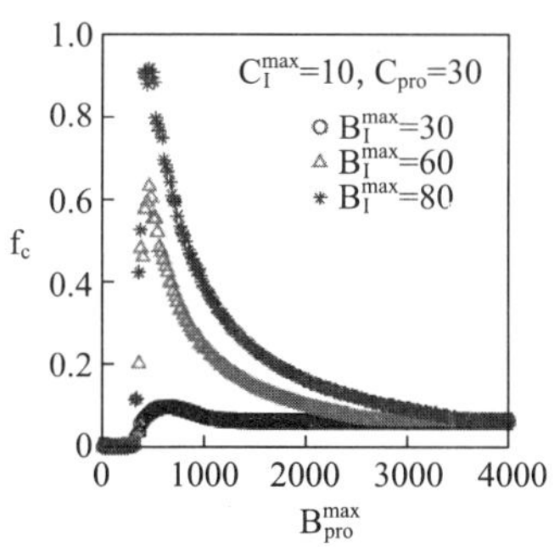

图 12－3　不同的个人收益上限 B_I^{max} 下系统达稳态后合作者比例 f_C 随项目收益上限 B_{pro}^{max} 的变化情况

前面观察到项目总收益增加对合作不利。下面再来观察个人收益增加对合作的影响。图 12－3 中给出了不同的个人收益上限值 B_I^{max} 下系统达稳态后的合作者比例 f_C 随项目总收益上限 B_{pro}^{max} 的变化情况。从图 12－3 中可以看出，对于一个比较小的 B_I^{max} 值，如 $B_I^{max}=30$，当 B_{pro}^{max} 介于 0 和 300 之间时，系统达稳态后合作者几乎都消失了，即 $f_C\sim0$。当 B_{pro}^{max} 介于 300 和 1200 之间时，f_C 先随着 B_{pro}^{max} 的增加而增加，然后随着 B_{pro}^{max} 的增加而减小。在 $B_{pro}^{max}\sim600$ 位置合作水平达到最大值 $f_C\sim0.1$。当 $B_{pro}^{max}>1200$ 时，f_C 保持在一个较小的值 $f_C\sim0.06$。可以发现，存在两个临界点位置 $B_{pro}^{maxc_1}\sim300$ 和 $B_{pro}^{maxc_2}\sim1200$，当 $B_{pro}^{max}>B_{pro}^{maxc_1}$ 时合作者开始出现，当 $B_{pro}^{max}>B_{pro}^{maxc_2}$ 合作者开始保持在一个比较稳定的水平，不再随项目总收益上限值的增加而变化。当个人收益上限值 B_I^{max} 保持在一个较高的水平时，临界点 $B_{pro}^{maxc_1}$ 的值并没有什么变化，而临界点 $B_{pro}^{maxc_2}$ 的值随 B_I^{max} 的增大而增大。合作者比例 f_C 的最大值也随着 B_I^{max} 的增大而增大。个人收益上限值的变化对 $B_{pro}^{max}>B_{pro}^{maxc_2}$ 时的合作者比例没有影响。

图 12－4 中给出了不同的项目总收益上限 B_{pro}^{max} 下系统达稳态后的合作者比例 f_C 随个人收益上限 B_I^{max} 的变化情况。从图 12－4 中可以看出，给定项目总收益上限值 $B_{pro}^{max}=600$，当 B_I^{max} 从 30 增大到 110，合作者比例 f_C 从 0.1 增大到 1。当

B_I^{max} 继续增大，f_C 保持其最大值 $f_C \sim 1$ 不变。对于不同的个人收益上限值 B_I^{max}，都存在临界值 B_I^{maxc}。当 $B_I^{max} < B_I^{maxc}$ 时，f_C 随着 B_I^{max} 的增大而增大。当 $B_I^{max} > B_I^{maxc}$ 时，f_C 随着 B_I^{max} 的增大保持 $f_C \sim 1$ 不变。临界值 B_I^{maxc} 的值随着 B_{pro}^{max} 值的增大而增大。

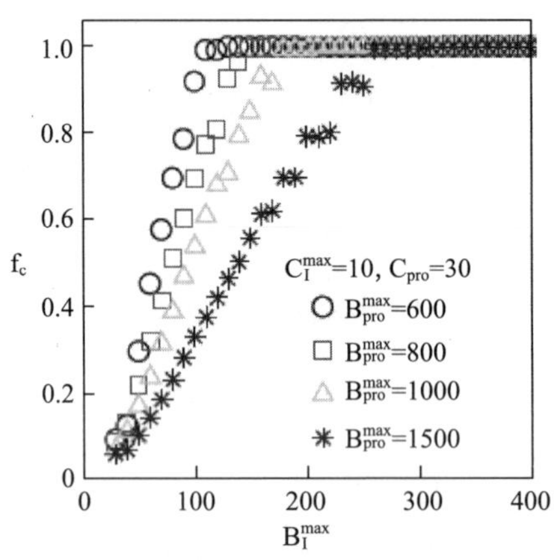

图 12－4　不同的项目收益上限 B_{pro}^{max} 下系统达稳态后合作者比例 f_C 随个人收益上限 B_I^{max} 的变化情况

从图 12－3 和图 12－4 的比较中可以看出，最优合作水平与投资者所可能获得的最大收益和项目所能够提供的最大总收益有关。如果个人所能获得的最大收益随项目总收益的增加而增加，那么项目总收益上限的增加有利于提高整体合作水平。如果个人所能获得的最大收益随项目总收益的增加没有变化，那么项目总收益的增加不利于整体合作水平的提高。因此，可以得出这样一个结论：一个比较大的个人收益上限和一个刚好能使个人达到收益上限的项目总收益能使合作现象变得普遍。

合作水平随 B_{pro}^{max} 和 B_I^{max} 的变化并不是由单一的个人策略演化引起的，而是由个人策略和小组规模共同演化的结果。图 12－5（a）和（b）分别给出了不同的项目总收益上限值 B_{pro}^{max} 和不同的个人贡献上限值 C_I^{max} 下个人所偏好的小组规模的分布 P（n）。从图 12－5（a）可以看出，当 $B_{pro}^{max} = 600$ 时，小组规模的分布 P（n）接近于一个泊松分布，其中占主导的小组规模值为 $n_{dom} \sim 10$。当 $B_{pro}^{max} = 1200$ 时，P（n）也接近于一个泊松分布，但占主导的小组规模值增大到 $n_{dom} \sim 20$。对于更大的 B_{pro}^{max} 值，P（n）形状变化不大但占主导的小组规模值随 B_{pro}^{max} 的增大而增

大。从图 12－5（b）可以看出，当给定项目最大收益值 $B_{pro}^{max}=600$ 时，个人贡献上限值 C_I^{max} 的变化对占主导的小组规模值 n_{dom} 几乎没什么影响，n_{dom} 随 C_I^{max} 的增加一直保持在 $n_{dom}\sim10$ 不变。

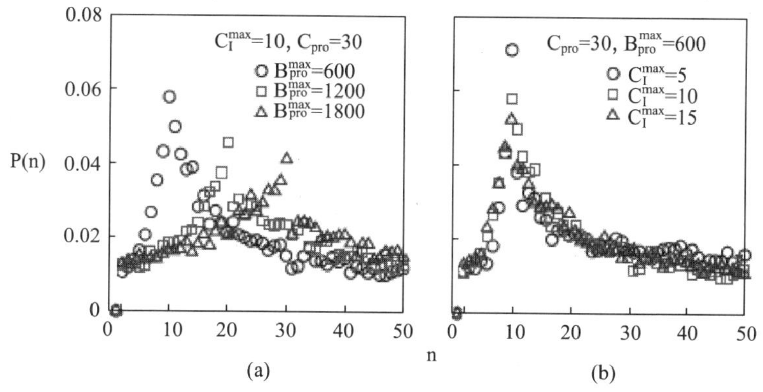

图 12－5　不同的项目收益上限 B_{pro}^{max} 和不同的个人贡献上限 C_I^{max} 下系统达稳态后个人所偏好的小组规模分布情况

图 12－6 给出了个体所偏好的小组规模平均值 $\bar{n}$ 随项目总收益上限值 B_{pro}^{max} 的变化情况。从图 12－6 中可以看出，当 $B_{pro}^{max}<300$ 时，$\bar{n}$ 保持在一个相对固定的值 $\bar{n}\sim26$。当 B_{pro}^{max} 从 300 增大到 480，$\bar{n}$ 有一个较快的下降，从 26 很快减小到 23。当 B_{pro}^{max} 从 480 增大到 2000，$\bar{n}$ 从 23 持续地增大到 28。与图 12－1 和图 12－3 中的结果相类似，图 12－6 中也存在一个临界值 $B_{pro}^{maxc}\sim300$。随着 C_I^{max} 的增大，$\bar{n}$ 与 B_{pro}^{max} 的关系并没有什么大的变化，但临界值 B_{pro}^{maxc} 随着 C_I^{max} 的增大而减小。

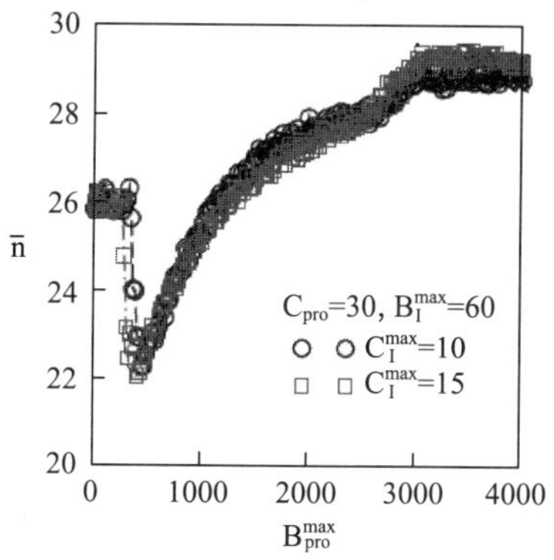

图 12－6　不同的个人投入上限 C_I^{max} 下系统达稳态后个人所偏好的小组规模平均值 $\bar{n}$ 随项目收益上限 B_{pro}^{max} 的变化情况

图12－5和图12－6的结果显示，小组规模的分布和占主导的小组规模两者与个人贡献上限值和项目总收益上限值有关。比较图12－1和图12－6的结果可以发现，一个大的合作者比例值 f_C 对应于一个小的小组规模平均值 $\bar{n}$ 和一个小的占主导小组规模值 n_{dom}。

为找出合作者比例 f_C 和个体所偏好的小组规模之间的定量关系，图12－7中给出了不同的个体最大贡献值 C_I^{max} 下合作者比例 f_C 随小组规模平均值 $\bar{n}$ 的变化情况。从图12－7中可以看出，$C_I^{max}=10$ 时，当 $\bar{n}$ 从21增大到27时，f_C 从0.62减小到0.1。当个人贡献的上限值 C_I^{max} 增大时，f_C 随 $\bar{n}$ 的增加而下降的趋势变缓。用函数拟合图12－7中的仿真模拟数据，可以发现 f_C 和 $\bar{n}$ 之间存在函数关系式 $f_C \sim ae^{-b\bar{n}}$，其中 $C_I^{max}=10$ 时，$a\sim114$，$b\sim0.259$；$C_I^{max}=15$ 时，$a\sim157$，$b\sim0.291$。

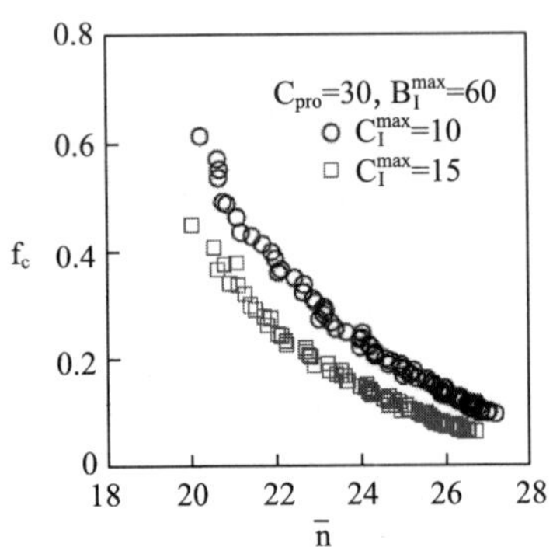

图12－7　不同的个人贡献上限 C_I^{max} 下系统达稳态后合作者比例 f_C 随个人所偏好的小组规模平均值 $\bar{n}$ 的变化情况

12.1.4　理论分析

12.1.4.1　个人所偏好的小组规模与个人贡献上限和项目收益上限的关系

从仿真模拟结果中可以发现，随着个人贡献上限值和项目收益上限值的变化，合作者的比例发生相应的变化。而这一变化又是与个人所偏好的小组规模变化联系在一起的。下面从个人收益和项目收益关系的角度来分析小组规模演化的内在机制。

首先，分析小组规模 $n\leqslant\frac{B_{pro}^{max}}{B_I^{max}}$ 时的情形。当满足条件 $n_C C_I^{max}\geqslant C_{pro}$ 时，项目收益的上限值为 $B_{pro}^{max}\geqslant nB_I^{max}$。此时合作者和不合作者的收益分别为 $P_C=B_I^{max}-\frac{C_{pro}}{n_C}$

和 $P_D = B_I^{max}$。当 $n_C C_I^{max} < C_{pro}$ 时，项目收益 $B_{pro}^{max} = 0$。此时合作者和不合作者的收益为 $P_C = P_D = 0$。从中可以看出，只有小组中合作者人数 n_C 满足 $n_C C_I^{max} \geqslant C_{pro}$ 时，才能使投资者有一个大于 0 的净收益。对于一个有一定比例合作者存在的人群，小组规模 n 越大，其中的合作者人数 n_C 就越多，$n_C C_I^{max} \geqslant C_{pro}$ 的条件越可能得到满足。因此，在 $n \leqslant \frac{B_{pro}^{max}}{B_I^{max}}$ 的条件下，小组规模 n 最后演化到其最大值 $n \sim \frac{B_{pro}^{max}}{B_I^{max}}$。

其次，分析小组规模 $n > \frac{B_{pro}^{max}}{B_I^{max}}$ 时的情形。当满足条件 $n_C C_I^{max} \geqslant C_{pro}$ 时，项目收益的上限值为 $B_{pro}^{max} < nB_I^{max}$。此时合作者和不合作者的收益分别为 $P_C = \frac{B_I^{max}}{n} - \frac{C_{pro}}{n_C}$ 和 $P_D = \frac{B_I^{max}}{n}$。当 $n_C C_I^{max} < C_{pro}$ 时，项目收益 $B_{pro}^{max} = 0$。此时合作者和不合作者的收益为 $P_C = P_D = 0$。从中可以看出，只有小组中合作者人数 n_C 满足 $n_C C_I^{max} \geqslant C_{pro}$ 时，才能使投资者有一个大于 0 的净收益。对于一个有一定比例合作者存在的人群，小组规模 n 越大，其中的合作者人数 n_C 就越多，$n_C C_I^{max} \geqslant C_{pro}$ 的条件越可能得到满足。但是，由于此时投资者的收益是随着小组规模的增大而递减的，因此，在满足 $n_C C_I^{max} \geqslant C_{pro}$ 的条件下，小组规模越小越好。因此，在 $n > \frac{B_{pro}^{max}}{B_I^{max}}$ 的条件下，小组规模 n 最后演化到其最小值 $n \sim \frac{B_{pro}^{max}}{B_I^{max}}$。

从以上分析中可以看出，无论个人偏好的小组规模初始值较大还是较小，最终都会演化到 $n \sim \frac{B_{pro}^{max}}{B_I^{max}}$。因此，人群中占主导的小组规模为 $n_{dom} \sim \frac{B_{pro}^{max}}{B_I^{max}}$。此分析结果与图 12－5（a）中的仿真模拟结果相一致。

12.1.4.2　系统达稳态时合作者比例与个人所偏好的小组规模的关系

从以上分析中可知，在投资者策略和小组规模偏好的共同演化机制下，系统最终会演化到占主导的小组规模为 $n_{dom} \sim \frac{B_{pro}^{max}}{B_I^{max}}$ 以及小组合作人数最少为 $n_C^{min} \sim \frac{C_{pro}}{C_I^{max}}$ 的情形。下面进一步从投资者收益的角度来分析系统达稳态时合作者人数与小组规模的关系。

假设系统已经演化到所有投资者所偏好的小组规模都为 $n_{dom} = \frac{B_{pro}^{max}}{B_I^{max}}$。小组的策略组合存在以下三种可能组合。组合一：$n_C^{min} - 1$ 个合作者和 $n_{dom} - n_C^{min} + 1$ 个不合作者。组合二：n_C^{min} 个合作者和 $n_{dom}-n_C^{min}$ 个不合作者。组合三：$n_C^{min}+1$ 个合作者和 $n_{dom}-n_C^{min}-1$ 个不合作者。三种情形下合作者和不合作者的收益分别为：$P_C^{(1)}=P_D^{(1)}=0$；$P_C^{(2)}=B_I^{max}-\frac{C_{pro}}{n_C^{min}}$，$P_D^{(2)}=B_I^{max}$；$P_C^{(3)}=B_I^{max}-\frac{C_{pro}}{n_C^{min}+1}$，$P_D^{(3)}=B_I^{max}$。

首先，分析只存在组合二和组合三的情形。由于 $P_C^{(2)}<P_C^{(3)}<P_D^{(2)}=P_D^{(3)}$，组合二中的合作者下一步可能变成不合作者或者仍保持合作不变。因此，组合二下一步可能变成组合一或者仍保持组合二不变。同样，组合三中的合作者下一步也可能变成不合作者或者仍保持合作不变。因此，组合三下一步可能变成组合二或者保持组合三不变。如果以上两个演变过程同时发生，那么最终会导致系统中组合二的数量不变及组合三的数量减少。

其次，分析只存在组合一和组合二的情形。由于 $P_C^{(1)}=P_D^{(1)}<P_C^{(2)}<P_D^{(2)}$，组合一中的合作者下一步可能变成不合作者或者保持合作不变，组合一中的不合作者下一步也可能变成合作者或保持不合作不变。如果两种转变速度一致，那么组合一就会保持不变。如果合作者变成不合作者的速度快于不合作者变成合作者的速度，那么组合一就会变成组合二。而组合二中的合作者下一步可能变成不合作者或者仍保持合作不变。因此，组合二下一步可能变成组合一或者保持组合二不变。如果以上两个演变过程同时发生，那么最终会导致系统中组合二的数量不变及组合一的数量减少。

从以上分析中可以看出，当系统演化到只有以上三种策略组合存在时，系统下一步就会演化到平衡状态。系统达平衡态时合作者的比例为 $f_C\sim\frac{n_C^{min}}{n_{dom}}$，其中 $n_C^{min}\sim\frac{C_{pro}}{C_I^{max}}$，$n_{dom}\sim\frac{B_{pro}^{max}}{B_I^{max}}$。

为了证明以上的假设，可考虑最简单的情形：$n_{dom}=3$，$n_C^{min}=2$。此时，合作者的平均净收益为：

$$\bar{P}_C=\frac{C_{N_c-1}^2\left(B_I^{max}-\frac{C_{pro}}{3}\right)+C_{N_c-1}^1C_{N-N_c}^1\left(B_I^{max}-\frac{C_{pro}}{2}\right)+C_{N-N_c}^2\times 0}{C_{N-1}^2}\tag{12-5}$$

不合作的平均净收益为：

$$\bar{P}_D=\frac{C_{N_c}^2B_I^{max}+\left(C_{N_c}^1C_{N-N_c}^1+C_{N-N_c}^2\right)\times 0}{C_{N-1}^2}\tag{12-6}$$

当系统演化到平衡状态时，$\bar{P}_C = \bar{P}_D$，可得：

$$C_{N_c-1}^2(B_I^{max} - \frac{C_{pro}}{3}) + C_{N_c-1}^1 C_{N-N_c}^1 (B_I^{max} - \frac{C_{pro}}{2}) = C_{N_c}^2 B_I^{max} \tag{12-7}$$

展开各项后可得：

$$\frac{1}{2}(N_c-1)(N_c-2)(B_I^{max} - \frac{C_{pro}}{3}) + (N_c-1)(N-N_c)(B_I^{max} - \frac{C_{pro}}{2}) = \frac{1}{2}N_c \cdot (N_c-1)B_I^{max} \tag{12-8}$$

$$(N_c-2)(B_I^{max} - \frac{C_{pro}}{3}) + 2(N-N_c)(B_I^{max} - \frac{C_{pro}}{2}) = N_c B_I^{max} \tag{12-9}$$

$$(f_C - \frac{2}{N})(B_I^{max} - \frac{C_{pro}}{3}) + 2(1-f_C)(B_I^{max} - \frac{C_{pro}}{2}) = f_C B_I^{max} \tag{12-10}$$

$$(\frac{2C_{pro}}{3} - 2B_I^{max})f_C = C_{pro} - 2B_I^{max} + \frac{2}{N}(B_I^{max} - \frac{C_{pro}}{3}) \tag{12-11}$$

最后解得合作者比例为：

$$f_C = \frac{2B_I^{max} - C_{pro} - \frac{2}{N}(B_I^{max} - \frac{C_{pro}}{3})}{2B_I^{max} - \frac{2C_{pro}}{3}} \tag{12-12}$$

当 N→∞ 时，可得 $f_C = \frac{1 - \frac{C_{pro}}{2B_I^{max}}}{1 - \frac{C_{pro}}{3B_I^{max}}}$。给定 C_{pro} 和 B_{pro}^{max}，增大 B_I^{max} 将导致 n_{dom} 的减小和 f_C 的增大。该结论与 12.1.4.1 中的分析结果 $f_C \sim \frac{n_C^{min}}{n_{dom}}$ 相一致。

12.1.5　结论与启示

总结来说，本书提出了一个含多个门槛变量的公共品博弈模型。与已有的公共品博弈模型相比较，本书的模型中增加了个人能力和个人收益的限制，以及项目初始投入和项目最高收益的限制。提出该模型的主要目的在于希望发现个人特征和项目特征是如何影响合作普遍存在的。研究发现，个人贡献的上限值越小，系统的合作水平越高；个人贡献的上限值越大，系统的合作水平越低。这种影响力变化与项目收益的上限值密切相关。存在一个项目收益上限的临界值。当项目收益等于该临界值时，系统的合作程度达到最高水平。

本模型合作演化的动力学机制可以通过考虑合作水平高低和投资者所偏好的

小组规模的共同演化过程来理解。当项目收益的上限值下降时，系统整体的合作水平提高，个体所偏好的小组规模减小。当系统达到平衡状态时，合作者的比例和占主导的小组规模之间满足某个特定的函数关系式。

在自然界和人类社会中，小组中每一位成员都能享受公共资源，这会导致公共资源的耗竭。为保持公共资源的可持续性，需要小组成员间的相互合作。借助公共品博弈模型和 N 人铲雪堆模型，已有研究探讨了公共资源的总收益有限或者总收益无限的情形下合作是如何在以自身利益最大化为目的的人群中出现和维持的。但是，尚未见到相关研究探讨当公共资源总收益从有限向无限过渡过程中合作是如何演化的。在本书的模型中，通过引入与个人相关的变量，包括个人贡献上限和个人收益上限，以及与项目相关的其他变量，包括项目所需的固定成本和项目总收益上限，将公共品博弈模型和 N 人铲雪堆模型两类演化动力学机制统一在同一个模型中。因此，本书所提出的模型相较于已有的模型，有更大的适用范围。个人贡献上限值和项目所需固定成本的耦合效应显示，当个体面临更为困难的任务时，它们相互之间更容易合作。个人收益的上限值和项目总收益的上限值的耦合效应显示，只有当项目的总收益有限时，系统才会出现较高的合作水平。个人策略和个人所偏好的小组规模的共同演化过程显示，小组规模比较小，所以更有利于合作。

本模型可以在以下两个方面进一步改进。一是本模型仅考虑了每个个体具有相同的能力和每个项目都有相同的特征这样一种同质的情形。在异质性个人能力和项目特征下合作是如何演化的，这值得进一步研究。二是本模型中对于个人贡献和项目收益之间的反馈效应尚未考虑，如何将个人贡献和项目收益之间的非线性关系引入模型是另一个具有挑战性的工作。

第二节　惩罚机制对N人铲雪堆模型中合作演化的影响

12.2.1　问题的提出

竞争和合作是自然界和人类社会中的普遍现象。如果只有竞争而没有合作，那么这个世界就会到处充满着冲突和战争。这将是十分不幸的。那么在竞争性群体中，合作是如何出现和维持的呢？针对这一问题，多个领域的专家从不同角度开展了相关研究。其中囚徒困境模型、铲雪堆模型、公共品博弈模型等是研究合作演化问题的重要工具。

受公共品博弈模型的启发，将铲雪堆模型中的两两博弈推广到 N 人博弈，可以得到 N 人铲雪堆模型。在该模型中，参与者可以采取两种策略：合作或者不合作。面对一个需要小组合作完成的任务，其总成本是 c。当小组中的合作者合作完成了任务，小组中的每位成员都会得到一个相同的收益 b，小组中的合作者平均分担成本$\frac{c}{n_c}$。当成本和收益满足 $c/b<1$ 这一条件时，合作者和不合作者能够共存。

在现实社会中，惩罚常被用于调节个体行为，使之符合社会规范或法律的要求。相关的模型将惩罚机制引入博弈过程，发现对不合作者的惩罚虽然会增加成本，但是能够提升整体合作水平。

本书将惩罚机制引入 N 人博弈的铲雪堆模型，从仿真模拟和数学推导两个方面对惩罚机制对合作的影响进行了分析。研究发现了合作、不合作、惩罚三类策略共同存在的收益和成本条件。

12.2.2　模型介绍

在 N 人铲雪堆模型中引入惩罚机制来考察惩罚对合作和演化动力学的影响。小组中存在 N 个人，每个人的状态可以是以下三种状态中的一种：合作者（C），不合作者（D），惩罚者（P）。持有这三种策略的投资者的个人净收益分别为：

$$P_C{}'=b-\frac{c}{n_c+n_p} \tag{12-13}$$

当 $n_d=0$ 时，$P_P{}'=b-\frac{c}{N}$；

$$当\ n_d>0\ 时，P_P{}'=b-\frac{c}{n_c+n_p}-\alpha' \tag{12-14}$$

当 $n_p=0$，$n_c\geqslant1$ 时，$P_D{}'=b$；

当 $n_c=n_p=0$ 时，$P_D{}'=0$；

$$当\ n_p\geqslant1\ 时，P_D{}'=b-\frac{\beta' n_p}{n_d} \tag{12-15}$$

其中，b 表示个人收益，c 表示总的投入。也可以把上述各策略净收益表达式中的投入 c 和产出 b 用投入产出比 $r=c/b$ 表示。将式(12－13)至式(12－15)

两边都除以 b，可以得到用投入产出比表示的三种策略的净收益表达式：

$$P_C = 1 - \frac{r}{n_c + n_p} \tag{12-16}$$

当 $n_d = 0$ 时，$P_P = 1 - \frac{r}{N}$；

当 $n_d > 0$ 时，$P_P = 1 - \frac{r}{n_c + n_p} - \alpha$ (12-17)

当 $n_p = 0$，$n_c \geqslant 1$ 时，$P_D = 1$；

当 $n_c = n_p = 0$ 时，$P_D = 0$；

当 $n_p \geqslant 1$ 时，$P_D = 1 - \frac{\beta n_p}{n_d}$ (12-18)

其中，$\beta \geqslant \alpha$。从上述各策略的净收益表达式中可以看出，惩罚策略的最低净收益是 $P_P = 1 - r - \alpha$。如果能保持 $1 - r - \alpha > 0$，即 $0 < r < 1 - \alpha$，那么这一策略的引入对惩罚策略实施者将不会产生过多的负面影响。

12.2.3 混合人群中博弈策略演化的动力学过程分析

考虑混合人群中合作、不合作、惩罚三类策略的演化动力学过程。假设某一时刻合作者、不合作者、惩罚者在人群中的比例分别为 x、y 和 z，该比例随着时间的推移会发生变化。它们所满足的方程为：

$$\dot{x} = x(f_C - \bar{f}) \tag{12-19}$$

$$\dot{y} = y(f_D - \bar{f}) \tag{12-20}$$

$$\dot{z} = z(f_P - \bar{f}) \tag{12-21}$$

$$\bar{f} = x \cdot f_C + y \cdot f_D + z \cdot f_P \tag{12-22}$$

其中，f_C、f_D、f_P 分别表示合作者、不合作者、惩罚者的平均净收益，$\bar{f}$ 表示所有人的平均净收益。根据平均场理论，可以计算出 f_C、f_D、f_P 的值为：

$$f_C = \sum_{n_d=0}^{N-1} \left(1 - \frac{r}{N - n_d}\right) \cdot \binom{N-1}{n_d} \cdot y^{n_d} \cdot (1-y)^{N-1-n_d}$$

$$= 1 - \frac{r}{N(1-y)} + \frac{r}{N(1-y)} \cdot y^N \tag{12-23}$$

$$f_D = \sum_{n_c=1}^{N-1} \binom{N-1}{n_c} \cdot x^{n_c} \cdot y^{N-1-n_c} + \sum_{n_p=1}^{N-1} \sum_{n_d=1}^{N-n_p} \left(1 - \frac{\beta \cdot n_p}{n_d}\right) \binom{N-1}{n_p} \cdot z^{n_p} \cdot$$

$$(1-z)^{N-n_p-1} \cdot \binom{N-1-n_p}{n_d-1} \cdot \left(\frac{y}{1-z}\right)^{n_d-1} \cdot \left(\frac{x}{1-z}\right)^{N-n_p-n_d}$$

$$=1-\beta \cdot \frac{z}{y}-y^{N-1}+\beta \cdot \frac{z}{y} \cdot (1-y)^{N-1} \tag{12-24}$$

$$f_P=\left(1-\frac{r}{N}\right)\sum_{n_c=0}^{N-1}\binom{N-1}{n_c} \cdot x^{n_c} \cdot z^{N-1-n_c}+\sum_{n_d=1}^{N-1}\left(1-\frac{r}{N-n_d}-\alpha\right)\binom{N-1}{n_d} \cdot y^{n_d} \cdot$$

$$(1-y)^{N-1-n_d}$$

$$=1-\alpha-\frac{r}{N(1-y)}+\alpha \cdot (1-y)^{N-1}+\frac{ry^N}{N(1-y)} \tag{12-25}$$

由此，可得到三种策略的时间演化方程为：

$$\dot{x}=-\frac{rxy}{N(1-y)}+(\alpha+\beta)xz+xy^N+\frac{rxy^{N+1}}{N(1-y)}-(\alpha+\beta) \cdot xz \cdot (1-y)^{N-1} \tag{12-26}$$

$$\dot{y}=-\beta z+(\alpha+\beta)yz+\frac{ry}{N}-(1-y) \cdot y^N-\frac{r}{N} \cdot y^{N+1}+[\beta z-(\alpha+\beta) \cdot yz] \cdot$$

$$(1-y)^{N-1} \tag{12-27}$$

$$\dot{z}=-\alpha z+(\alpha+\beta) \cdot z^2-\frac{ryz}{N(1-y)}+z \cdot y^N+\frac{rz}{N(1-y)} \cdot y^{N+1}+[\alpha z-(\alpha+\beta) \cdot$$

$$z^2] \cdot (1-y)^{N-1} \tag{12-28}$$

由于 $x+y+z=1$，三种策略的时间演化满足 $\dot{x}+\dot{y}+\dot{z}=0$。

12.2.4　仿真模拟结果与讨论

第 12.2.3 中的时间演化方程描绘出了没有特定的人群关系结构下三种策略演化的动力学过程。下面进一步通过仿真模拟来检验这一过程。仿真模拟对于有些无法完全用数学表达式来求解的问题是十分有用的。例如，包含惩罚者的 N 人铲雪堆模型在规则网络或复杂网络上的动力学过程就很难从数学上严格求解，大多需要借助于仿真模拟来进行分析。本书中具体的仿真模拟博弈过程如下：

步骤一：给定一个很大的人口总数。初始时刻，每个人被随机赋予一个状态，合作者（C）、不合作者（D）、惩罚者（P）。

步骤二：在每一个时间步中，随机选择一个投资人 i，称为目标客户。目标客户会组建一个包括自己共 N 人的临时团队。临时团队中的其他 N－1 人是目标客户随机从人群中选取的。根据临时团队的策略组合，目标客户可得到一个净收益 P_i。

步骤三：随机选择另一个投资人 j，称为参照客户。类似于目标客户，参照客户也会组建一个由 N 人组成的临时团队并得到一个净收益 P_j。

步骤四：目标客户将自己的净收益与参照客户的净收益进行比较。如果 $P_i < P_j$，目标客户将以概率$\frac{P_j - P_i}{\Omega}$将自己的策略转换成参照客户的策略。如果 $P_i \geq P_j$，目标客户将持有其原有的策略不变。其中 Ω 为博弈过程中两个差值最大的收益值相减的绝对值，以保证$\frac{P_j - P_i}{\Omega}$的值不会大于 1。

步骤五：重复步骤二到步骤四的博弈过程，直到系统达到稳定状态。

图 12－8 中给出了人口总数为 9000，初始时刻持有三种策略的人数比例相等的条件下系统达稳态后的结果。

图 12－8 中的实线画出了达到稳态以后的合作者、不合作者、惩罚者的人数占总人数的比例随投入产出比 r 的变化情况。在博弈过程中，小组人数固定在 N＝5，乘数因子 β/α＝5，α＝0.01。作为比较，图 12－8 中的虚线表示 z＝0，即不存在惩罚者的情况下，合作者和不合作者的人数比例随 r 的变化。

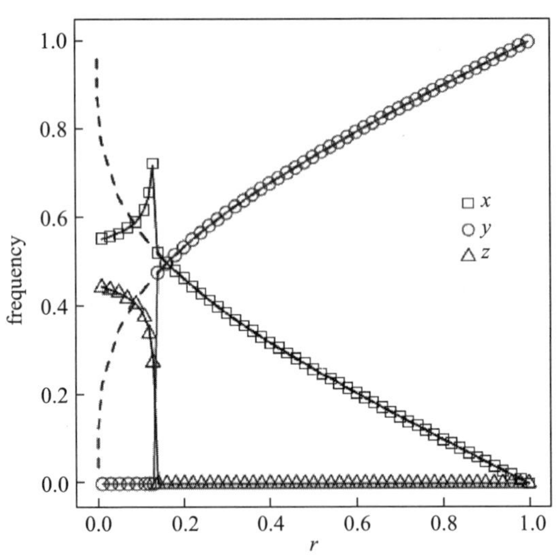

图 12－8　系统达稳态后合作者 C、不合作者 D、惩罚者 P 的数量占总人口数比例随投入产出比 r 变化的仿真模拟结果和理论分析结果

注：人口总数为 9000，小组人数 N＝5，惩罚因子 α＝0.01，β＝0.05，不同的投入产出比 r 下系统达稳态后合作者 C（方块）、不合作者 D（圆圈）、惩罚者 P（三角）的比例。虚线表示的是不存在惩罚者的情形下系统达稳态后合作者和不合作者的比例。

从图 12－8 中可以看出，惩罚策略的存在只对 $0<r\leq 0.13$ 范围内三类策略持有者的比例有影响。在 $r>0.13$ 范围内，是否存在惩罚策略对系统演化到稳态后三类策略持有者的比例没有影响，即系统中最后只剩下合作和不合作两类策略。而在惩罚者起作用的 $r<0.13$ 范围内，惩罚者的存在使系统从原有的合作者和不合作者共存演化到不合作者消失的稳定状态。即惩罚促进了合作。

图 12－8 中的系统演化动力学机制可以这样来理解：在 $r<0.13$ 的范围内，在系统演化的早期阶段，由于惩罚者的存在，不合作者的收益水平会降低，从而使合作者的收益要高于不合作者的收益，间接促进了合作者的增加。而另一方面，由于惩罚者在实施惩罚时自己会有一定的损失，导致其收益会低于合作者。因此，惩罚者的增长速度低于合作者的增长速度。合作者和惩罚者共同作用最后使不合作者消失。而一旦不合作者消失，惩罚者就没有机会继续使用惩罚策略，其收益和合作者收益相等，系统停止演化，合作者和惩罚者共存，达到静态平衡。在 $r>0.13$ 的范围内，在系统演化的早期阶段，由于惩罚者的存在，不合作者的收益水平会降低，但其收益仍高于惩罚者，从而导致惩罚者数量的持续减少。系统在短暂的波动后最后会进入合作者和不合作者共存的稳定状态，达到动态平衡。

图 12－9 给出了在投入产出比 r 固定的情况下，三类策略的持有者比例随惩罚强度的变化情况。从图 12－9 中可以看出，当惩罚强度较小时，如 $\frac{\beta}{\alpha}<5$，惩罚者的存在并不能影响到不合作者。当惩罚强度较大时，如 $\frac{\beta}{\alpha}>5$，惩罚者的存在最终导致了不合作者的消失。$\frac{\beta}{\alpha}=5$ 为惩罚是否能起到促进合作作用的临界值。

系统演化的动力学机制可以理解为：在临界值以下，惩罚力度太轻，不合作者的净收益仍高于人群平均收益，从而使其在系统达稳态后仍旧存在。而惩罚者由于惩罚的成本支出造成其净收益低于人群平均值，以至于最后在群体中消失。在临界值以上，惩罚力度足够大，使不合作者的净收益低于人群平均收益，从而导致其最终在人群中消失。由于惩罚者在实施惩罚过程中会造成其净收益下降，低于合作者的净收益，因此，系统达稳态后惩罚者的比例总是低于合作者的比例。根据动力学方程解析所得结果和仿真模拟结果完全一致。

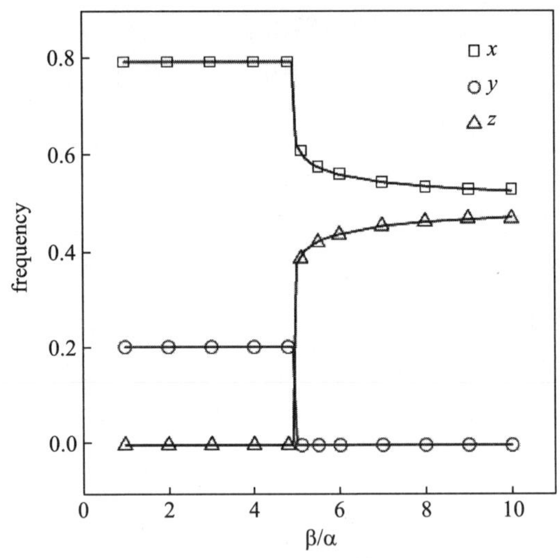

图 12－9　系统达稳态后合作者 C、不合作者 D、惩罚者 P 的数量占总人口数比例随乘数因子 β/α 变化的仿真模拟结果和理论分析结果

注：人口总数为 9000，小组人数 N＝3，惩罚因子 α＝0.01，投入产出比 r＝0.1，不同的 β/α 值下系统达稳态后合作者 C（正方形）、不合作者 D（圆形）、惩罚者 P（三角形）的比例。实线是解析所得结果。

博弈过程中小组的大小往往也会影响到系统演化的结果。图 12－10 给出了当投入产出比和惩罚因子值给定时持有三类策略的人数比例随小组人数 N 的变化情况。从图 12－10 中可以看出，小组人数对合作演化的影响也存在一个临界值 N＝7。当小组人数低于该临界值时，惩罚者消失，不合作者和合作者共存。当小组人数高于该临界值时，不合作者消失，合作者和惩罚者共存。

系统演化的动力学机制可以理解为：不合作者所受惩罚的大小与小组中的惩罚者数量有关。当小组人数 N 较少时，小组中没有足够多的惩罚者去惩罚不合作者，从而导致不合作者的平均净收益并不会因为惩罚者的存在而降低太多。而在有不合作者存在时，惩罚者的净收益总是低于合作者，从而导致惩罚者会因其净收益低而改变策略，并最终在人群中消失。在这个 N 值较小的区域范围内，完成任务需要有足够多的合作者存在。当完成任务所需的合作者数量相对确定时，小组人数 N 的增加就意味着合作者比例的减小及不合作者比例的增加。从图 12－10 中可以看出，当 N＝2、3、4 时不合作者所占比例较小，当 N＝5、6、7 时不合作者所占比例较大。当小组人数 N 值较大时，小组中可以有较多的惩罚者，它们将联合提供较大的惩罚力量从而导致不合作者的消失。图 12－10 中根据动力

学方程解析所得结果与仿真模拟结果也完全一致。

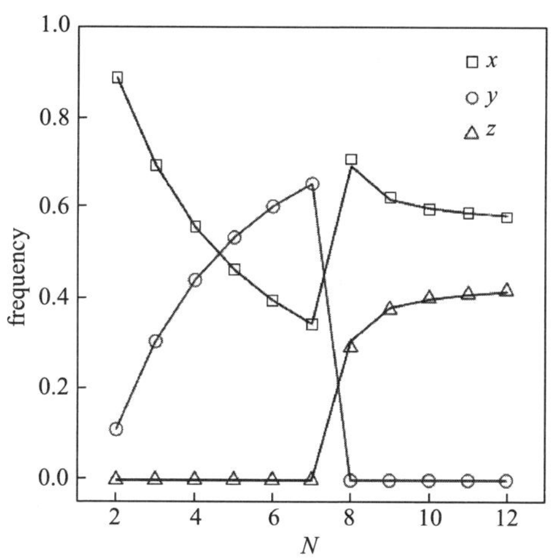

图 12－10　系统达稳态后合作者 C、不合作者 D、惩罚者 P 的数量占总人口数比例随小组人数 N 变化的仿真模拟结果和理论分析结果

注：人口总数为 9000，投入产出比 r＝0.2，惩罚因子 α＝0.01，β＝0.05，随着小组人数的变化系统达稳态后合作者 C（正方形）、不合作者 D（圆形）、惩罚者 P（三角形）的比例。实线是解析所得结果。

从图 12－8 到图 12－10 的演化结果可以看出，在有惩罚者存在的情况下，系统最终都会演化到以下两类稳定状态中的一种状态，即要么停止演化，要么保持动态演化。最终结果与各变量取值有关。一般来说，小的成本收益比 r，大的竞争小组 N，大的惩罚值 $\frac{\beta}{\alpha}$ 对不合作者的出现有抑制作用。系统最终往往演化到合作者和惩罚者共存的状态。此时系统达到的是一种静态平衡。大的成本收益比 r，小的竞争小组 N，小的惩罚值 $\frac{\beta}{\alpha}$ 对惩罚者的出现有抑制作用。系统最终往往演化到合作者和不合作者共存的状态。此时系统达到的是一种动态平衡。

图 12－8 到图 12－10 的模拟结果对应于 C、D、P 三类人员的初始比例相同的情形。为了观察 C、D、P 三类人员初始比例的变化是否会影响到最终的演化结果，图 12－11 中给出了 x＋y＋z＝1 的三维空间中合作者、不合作者、惩罚者三类人数比例随不同初始条件的变化情况。图 12－11 中的三角形顶点分别对应于系统中都是合作者的情形（x＝1，y＝0，z＝0），都是不合作者的情形（x＝0， y =1，z =0），都是惩罚者的情形（x =0，y =0，z =1）。三角形中的其他位置分别对应于合作者、不合作者和惩罚者的某个特定比例。

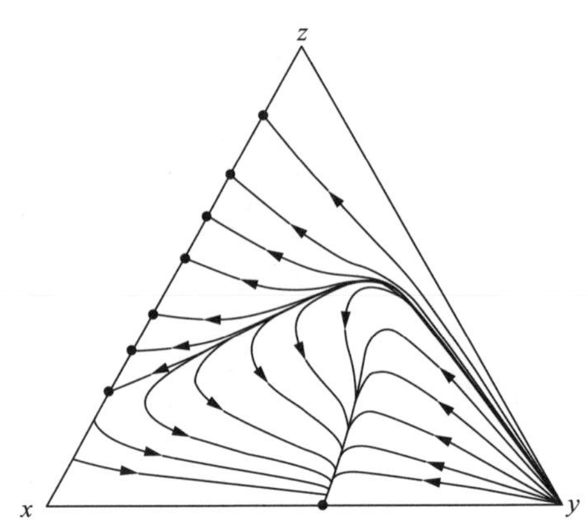

图 12 –11　系统中持有三类策略的人数比例在不同初始条件下的演化特征

注：投入产出比 r =0.2，惩罚因子 α =0.01，β =0.05，小组人数 N =5，三类策略的人数比例 x + y + z =1 时系统的状态图。实线表示系统中持有三类策略的人数比例在不同初始条件下的演化特征。在状态图的三个角，即坐标（x，y，z）的值为（1，0，0）、（0，1，0）、（0，0，1），分别代表系统中所有人都是合作者、都是不合作者、都是惩罚者三种情形。在 x – y 轴上，系统最后都演化到同一固定点（黑点）位置。表示系统最终演化到只有合作者和不合作者共存时，合作者和不合作者的比例与初始条件无关。在 x – z 轴上，系统最后可以演化到不同的固定点（黑点）位置。表示系统最终演化到只有合作者和惩罚者共存时，合作者和惩罚者的比例与初始条件有关。

在图 12 –11 中，黑色圆点代表系统达到稳定后的策略组合。从图12 –11 中可以看出，三角形内部不存在这样的稳定态。说明系统达到稳态时合作者、不合作者、惩罚者三类人是不会共存的。稳定态只存在于合作者和不合作者共存，或者合作者和惩罚者共存的情形。

依据稳态的特征或固定点的特征，可以将系统的稳定状态分为两类。第一类稳定状态是与初始条件无关的。对应于图 12 –11 中 x – y 轴上的特定固定点（x =0.464，y =0.536，z =0）。而第二类稳定状态是与初始条件有关的。对应于图 12 –11 中 x – z 轴上的多个固定点。当初始条件满足使系统演化到第二类稳定状态时，最终的合作者和惩罚者的比例与系统演化到邻近不合作者全部消失时刻各类策略持有人数比例有关，而这一比例又依赖于更前面的各类策略持有人数比例。因此，达稳态后合作者 C 和惩罚者 P 的人数比例是与初始条件有关的。x – z

轴的大部分区域都对应于这类稳定状态。

12.2.5　结论与启示

通过在 N 人铲雪堆模型中引入惩罚机制，从解析的角度和仿真模拟的角度分别探讨了惩罚机制对合作演化的影响。

从系统的演化结果中可以看出，合作、不合作、惩罚这三类策略是不可能长期共同存在的。系统最终会演化到合作者和不合作者共存，或者合作者和惩罚者共存这两种稳定状态中的一种。一般来说，小的投入产出比 r，大的小组人数 N，大的惩罚值 β/α 能够抑制不合作行为，并导致系统最终演化到只有合作者和惩罚者共存的静态平衡。这一稳态结果与系统的初始状态有关。与之相反，大的投入产出比 r，小的小组人数 N，小的惩罚值 β/α 容易导致惩罚者的自我毁灭，并导致系统最终演化到只有合作者和不合作者共存的动态平衡。这一稳态结果与系统的初始状态无关。通过复制动力学解析所得结果与仿真模拟所得结果能够很好地吻合。

考虑到 N 人铲雪堆模型在现实中的应用前景，后续工作可以将高消耗的惩罚机制放到二维网络或复杂网络上进一步研究。与网络结构所对应的博弈动力学过程很难用复制动力学方程来进行解析。而本书的仿真模拟方法对这类问题的动力学过程和稳态分析仍旧有效，不失为一种很好的研究工具。

第三节　人口流动对公共品博弈模型中合作演化的影响

12.3.1　问题的提出

公共品博弈模型的提出主要为了解决这样一个社会困境问题：在理性人追求个人利益最大化和社会群体追求集体利益最大化的过程中常常会出现两者间的矛盾和冲突，现实社会中是何种机制维持着社会群体中利益相悖的理性人之间的合作？例如，当牧羊人在公共绿地上放牧羊群时，公众合作改善环境的努力遭到了破坏。企业“三废”的低成本排放提高了企业的经济效益，却使地球的温室效应和环境污染进一步加重。而这些因追求个人利益最大化对公共环境所造成的不利影响最终也会体现在个人身上。绿地消失了，个人再也无处放牧。地球已经不适合人类生存了，企业也就失去了存在的价值。只有当个人意识到不劳而获对公共利益及个人利益的切实损害时，他才会自觉地去维护公共品的可持续性，防止其被耗尽的风险。这其中存在的一个极具挑战性的问题是：个人是如何从自利的目的出发，最终实现了个人利益和集体利益的统一呢？自达尔文提出进化论以来，多个领域的科学家从不同的角度探讨了这一问题。

最近几年来，公共品博弈模型得到了多方面的拓展。这其中的两个主要工作包括：一是 Hauert 等提出的在公共品博弈模型中增加不参与策略可有效提升合作。二是 Watts、Barabási 等提出的网络结构对公共品博弈模型中合作演化的影响。在包含不参与策略的公共品博弈模型中，个体可以选择是否参加公共品生产小组。对于参与公共品生产小组的成员来说，采用合作策略的净收益是 P_C，采用不合作策略的净收益是 P_D。对于不参与公共品生产小组的成员来说，其净收益是 P_L。P_L 是一个相对较小的固定收益值。采用不参与策略的人其净收益一般会高于所有小组成员都采用不合作策略的小组中的人的净收益，低于所有小组成员都采用合作策略的小组中的人的净收益。因此，包含不参与策略的公共品博弈模型中会出现“石头—剪刀—布”这样的循环过程。持有不参与策略的人可以侵入只有少数几个合作者而大部分都不合作的人群。持合作策略的人可以侵入持不参与策略的人群。持不合作策略的人可以侵入大多数都持合作策略的人群。

在包含不参与策略的公共品博弈模型中，虽然不参与者的存在可以避免合作者的消失，类似“石头—剪刀—布”的三态循环实际上也意味着系统很难达到一个更高的、合作者占主体的稳定态。但是在现实社会中，合作常常占据着主导地位。个体间的相互作用结构、人群密度、人口的流动性等都会影响到合作水平。如何将这些因素引入包含不参与策略的公共品博弈模型中，探讨流动性社会中人群结构对合作水平提升的影响，将有助于更好地理解现实社会中合作发生的机制。

Chen 等研究了由风险因素所驱动的迁移运动对合作演化的影响。Wang 等研究了人口密度对合作演化的影响。Roca 和 Wakano 等分别研究了公共品博弈模型和生态公共品博弈模型中运动对合作的影响。Liu 研究了人口密度和个体运动对传染病传播的影响。相关的研究显示，个体间的相互作用结构和人群的运动特征无论对于合作水平提升还是传染病传播等都有着或多或少的影响。

受相关模型的启发，本书在包含不参与策略的公共品模型中引入了人口密度和个体运动两个变量，研究了人口密度和个体运动对合作的影响。研究发现：

（1）给定个体随机移动的概率 ξ_0，系统达稳态后合作者比例 f_C 由人口密度 ρ 决定。存在一个人口密度的临界点 ρ_{tr}，低于该临界点 f_C 随着人口密度的增加而增加，高于这个临界点 f_C 随着人口密度的增加而减少。给定人口密度，合作水平由个体随机移动速度决定。随着速度的增加合作水平单调下降。

（2）人群的整体合作水平 f_C 与个体运动速度 ξ_0 之间存在某种函数关系，该函数关系与人群的集聚特征有关。在最大的集聚人群 $S_{max} \sim N$ 出现之前，集聚人群大小的分布随着人口密度的增加从指数分布逐步过渡到双对数分布。f_C 和 ξ_0 之间满足双对数关系，其斜率随人口密度的增加而减小。在最大的集聚人群 $S_{max} \sim N$ 出现之后，集聚人群大小的分布随人口密度增加不再继续变化，f_C 和 ξ_0 之间的函数关系随人口密度的增加也不再继续变化。

（3）固定人口密度提高个体随机运动的速度和固定个体随机运动的速度提高人口密度都会降低人群的合作水平。通过理论分析可知，系统达稳态后持各类策略的人数比例与持不同策略的个体间碰撞的概率有关。提高人口密度和提高个体的随机运动速度都使个体间的碰撞概率提高，从而降低了人群的合作水平。

12.3.2　模型构建

在本书的公共品博弈模型演化过程中，每一个 Monte Carlo 时间步中都存在两个过程：一是个人位置的随机移动过程；二是个人策略的更新过程。两个过程的具体演化步骤如下。

在每个节点的连边数为 8 的 $M = X \times X$ 二维规则网络上，存在 N 个人，$N \leqslant X^2$。每个人占据一个节点位置。人口密度 $\rho = \frac{N}{X^2}$。当 $\rho < 1$ 时，个体可以沿着与节点所连的边以概率 ξ_0 随机移动，并在所发现的第一个空节点上停下来。当个体的位置确定以后，将对其原所持策略，合作（C）、不合作（D）或不参与（L），进行更新。

在策略更新过程中，首先，每个个体与其最邻近的个体进行相互作用，得到一个净收益，P_C（合作）、P_D（不合作）或 P_L（不参与）。假设现在相互作用的人数 $n = n_C + n_D + n_L$，其中 n_C、n_D、n_L 分别代表合作者、不合作者和不参与者的人数，那么：

$$P_C = \frac{rn_C}{n_C + n_D} - 1 \tag{12-29}$$

$$P_D = \frac{rn_C}{n_C + n_D} \quad (12-30)$$

$$P_L = \sigma \quad (12-31)$$

其中，$r(>1)$表示产出和投入之比；σ 是一个小量，一般满足 $0<\sigma<r-1$。

其次，每个个体 i 将随机选择其相邻个体 j，以概率 $\Gamma_{i\leftarrow j}$，即：

$$\Gamma_{i\leftarrow j} = \frac{1}{1+e^{(P_i - P_j + \tau)/\kappa}} \quad (12-32)$$

个体 i 将自己的策略转变成个体 j 的策略。

最后，每个个体 i 将计算其累积财富值 $w_i(t)$，即：

$$w_i(t) = \sum_{t'=t-T+1}^{t} p_i(t') \quad (12-33)$$

对于合作者或不合作者，如果他的累积财富值 $w_i(t)<0$，那么他将以概率 ξ_{CD}，即：

$$\xi_{CD} = \xi_g + \xi_0 \quad (12-34)$$

其中，$\xi_g = 1 - e^w$，离开现有的位置，并在所发现的第一个空节点上停下来。否则，每个个体仍将以概率 ξ_0 随机移动。

12.3.3 仿真模拟结果与讨论

在 Monte Carlo 模拟中，侧重点放在人口密度和随机移动的概率对合作演化的影响。文中所选择的参数值 $\sigma=1$，$\tau=0.1$，$\kappa=0.1$，$M=X\times X=200\times200$，不参与者随机移动的概率 $\xi_L=0.1$，合作者或不合作者随机变成不参与者的概率为 $\varepsilon_L=0.001$。

图 12-12 给出了不同的人口密度下合作者、不合作者和不参与者占总人口的比例随 r 的变化情况。从图 12-12 中可以看出，随着产出投入比 r 的增加，持有三类策略的人数的变化存在两个临界点 r_D 和 r_L。$r<r_D$ 时，所有人都变成了不参与者。$r_D<r<r_L$ 时，三种策略共存。$r>r_L$ 时，不参与者消失。人口密度的增加导致了临界点 r_L 值的增大，而 r_D 值无明显变化。在三种策略共存的范围内，人口密度的增加导致了合作者的减少以及不合作者和不参与者的增加。

图 12-12 中三种不同的人口密度下临界点 r_D 都维持在一个确定的值，$r_D=\sigma+1=2$，其原因可以这样来理解。当产出投入比 $r<2$ 时，即使所有的参与者都变成合作者，其净收益是 $P_C=r-1$，仍小于不参与者的净收益 $\sigma=1$。因此，系统不会出现类似“石头—剪刀—布”的循环。因不参与最有利，所以最后所有

人都变成了不参与者。而对于不参与者消失的临界点 r_L，它随着人口密度 ρ 的增大而增大，ρ =0.3 时，r_L ~4；ρ =0.5 时，r_L ~5.5；ρ =0.8 时，r_L ~6.5。这反映出人口密度的增加对合作者是不利的。只有进一步提高产出投入比才能使合作维持在一个较高的水平。

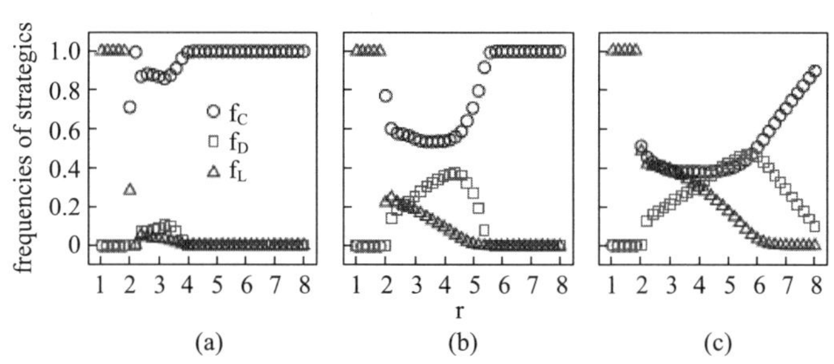

图 12－12　不同的人口密度 ρ 下系统达稳态时合作者、不合作者、不参与者的数量占总人数的比例随产出投入比 r 的变化情况

注：系统达稳态时合作者（f_C）、不合作者（f_D）、不参与者（f_L）占总人数的比例随产出投入比 r 的变化情况。其中合作者和不合作者随机运动的概率 ξ_0 =0.01。人口密度：（a）ρ =0.3；（b）ρ =0.5；（c）ρ =0.8。

合作的变化和个体间的相互作用有关。在自由运动的人群中，不仅增加人口密度可以提高相互作用的概率，增加个体的运动速度同样也能提高相互作用的概率。以此推论，增加个体的运动速度和增加人口密度对合作水平的变化应该有相类似的作用。为了验证这一假设，在图 12－13 中给出了不同的运动速度下系统达稳态后三类策略的比例随产出投入比 r 的变化情况。比较图 12－12 和图 12－13 可以看出，给定随机运动的概率 ξ_0 增加人口密度 ρ 和给定人口密度 ρ 增加随机运动的概率 ξ_0 对三类策略数量变化的影响是相似的。给定 ρ =0.3，当随机运动的速度 ξ_0 增加时，在 r 值较大的范围内，速度 ξ_0 增加会使合作者人数比例减少而不合作人数比例和不参与人数比例增加。当 ξ_0 从 0.01 增大到 0.05 再增大到 0.1 时，系统中都存在两个临界点 r_D 和 r_L。临界点 r_D 不随 ξ_0 的变化而变化，而临界点 r_L 随着 ξ_0 的变化相应地从 4 增大到 5 再增大到 5.5。这反映出随机运动概率的增加对合作者是不利的。只有进一步提高产出投入比才能使合作维持在一个较高的水平。

从图 12－12 和图 12－13 的仿真模拟结果中可以得出这样一个结论：投资者合作水平的提高与持有不同策略的投资者之间的相遇概率有关。相遇概率的升高使合作水平降低，而不管其来源于人口密度的增加还是来源于随机运动概率的增加。

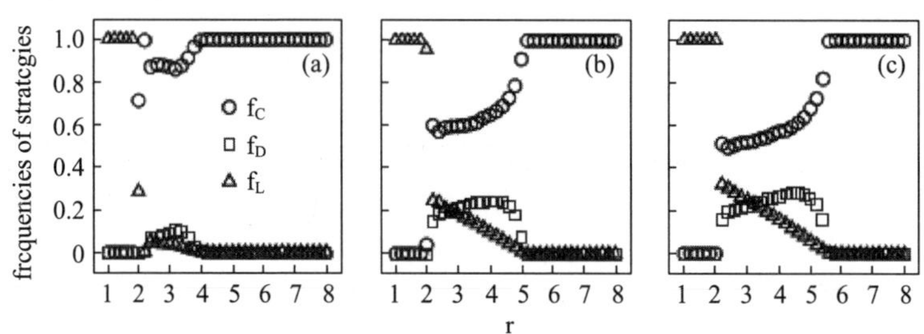

图 12－13　不同的随机移动的概率 ξ_0 下系统达稳态时合作者、不合作者、不参与者数量占总人数的比例随产出投入比 r 的变化情况

注：系统达稳态时合作者（f_C）、不合作者（f_D）、不参与者（f_L）占总人数的比例随产出投入比 r 的变化情况。其中人口密度 $\rho=0.3$。合作者和不合作者随机运动的概率：（a）$\xi_0=0.01$；（b）$\xi_0=0.05$；（c）$\xi_0=0.1$。

既然人群整体的合作水平与个体间相遇的概率有关，那么是否可以得出这样一个结论：在本书的模型中，个体间相遇的机会越少，人群整体的合作水平会越高？为了检验这一假设，图 12－14 中给出了不同的随机运动概率 ξ_0 下持三类策略的人数比例随人口密度的变化情况。当给定一个较小的随机运动概率值时，如 $\xi_0=0.01$，从图 12－14 中可以发现，持各类策略的人口比例存在一个临界值 ρ_{tr}。当 $\rho<\rho_{tr}$时，当系统达到稳定状态时人群中只存在合作者和不参与者，不存在不合作者。合作者比例随着人口密度 ρ 的增加而增加，不参与者的人数比例随着 ρ 的增加而减少。当 $\rho>\rho_{tr}$时，当系统达到稳定状态时持有三类策略的人共存。合作者的比例随着 ρ 的增加而减少，不参与者的比例随着 ρ 的增加而增加，不合作者的比例先随着 ρ 的增加而增加，接着随着 ρ 的增加而减少。个体随机运动速度的增加会导致人群整体的合作水平降低。当 ξ_0 从 0.01 增大到 0.1 时，临界点 ρ_{tr} 从 0.28 变化到 0.1，临界点位置的合作者人数比例相应地从 1 减小到 0.86。从图 12－14 的临界点特征可以看出，存在一个最佳的人口密度值，在该人口密度下系统的合作水平达到最大值。

为了能仔细地观察人口密度对合作演化的影响，在图 12－15（a）和（b）中分别给出了不同的人口密度 ρ 下合作者、不合作者和不参与者比例随时间的演化情况。作为比较，在图 12－15（c）中还给出了不同的随机运动概率 ξ_0 下合作

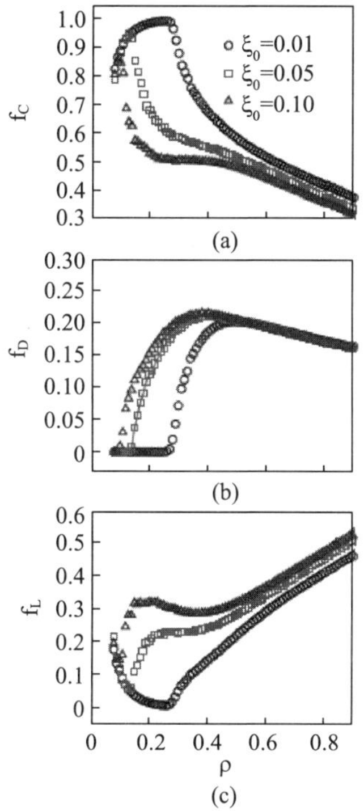

图 12－14　不同的随机运动的概率 ξ_0 下系统达稳态时合作者、不合作者、不参与者的数量占总人口数的比例随人口密度 ρ 的变化情况

注：系统达稳态时合作者（f_C）、不合作者（f_D）、不参与者（f_L）占总人数的比例随人口密度 ρ 的变化情况。其中产出投入比 r＝2.5，个体随机运动的概率 ξ_0＝0.01（圆形）；ξ_0＝0.05（正方形）；ξ_0＝0.1（三角形）。

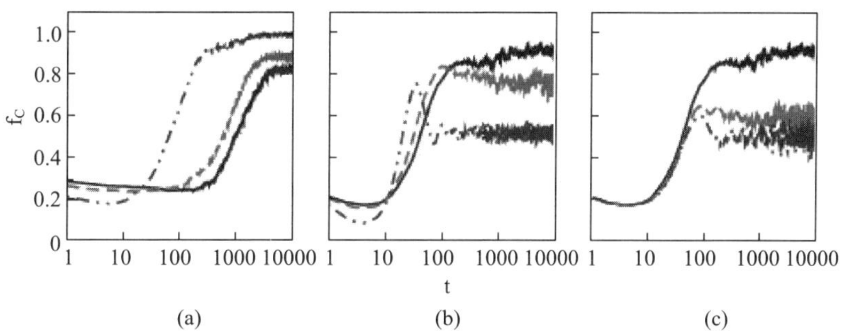

图 12－15　不同的随机运动概率 ξ_0 和人口密度下合作者比例 f_C 随时间的演化情况

注：合作者比例 f_C 随时间的演化情况，其中 r＝2.5，ξ_L＝0.1，ε_L＝0.001。（a）ξ_0＝0.01，ρ＝0.07（实线），0.1（虚线），0.25（虚线双点）；（b）ξ_0＝0.01，ρ＝0.3（实线），0.35（虚线），0.6（虚线双点）；（c）ρ＝0.3，ξ_0＝0.01（实线），0.05（虚线），0.1（虚线双点）。

者比例随时间的演化情况。从图 12 - 15（a）中可以看出，当 $\rho < \rho_{tr}$时，随着时间的推移合作者比例 f_C 变得稳定。人口密度 ρ 的变化主要影响平均合作人数的变化，对合作人数波动的影响不明显。从图 12 - 15（b）中可以看出，当 $\rho > \rho_{tr}$时，人口密度 ρ 的变化不仅影响平均合作人数变化还影响到合作人数的稳定性。人口密度的增加使合作人数出现较大的波动。从图 12 - 15（c）中可以看出，与密度对平均合作人数和合作人数波动的影响相一致，个体随机运动概率 ξ_0 的增加也会导致平均合作人数变化以及合作人数出现大的波动。不管合作水平的降低来源于运动速度的加快还是来源于人口密度的增加，持合作策略的人数出现大的波动是不利于合作的提高的。

为了解持各类策略的人数比例与相互作用人群小组大小之间的关系，图12 - 16 中给出了不同的人口密度下相互作用人群小组大小的分布。从图 12 - 16 中可以看出，当人口密度 ρ 从 0.3 增大到 0.4，再增大到 0.5，小组大小的分布从指数分布变化到无标度分布，再从无标度分布变化到一个非常大的小组加上一个无标度分布。

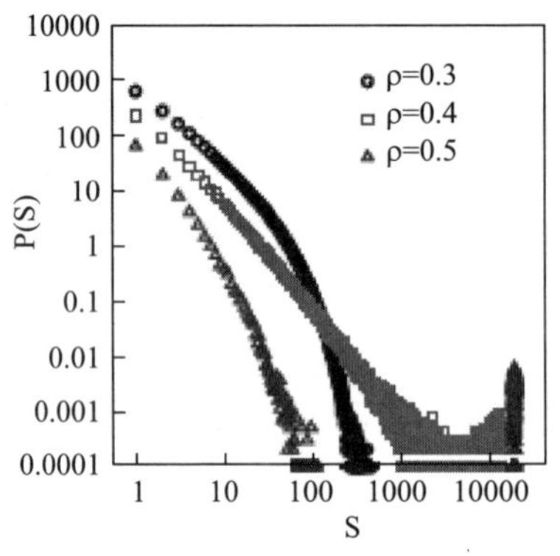

图 12 - 16　不同的人口密度下系统达稳态后人群中存在的小组大小的分布情况

注：系统达稳态后人群中存在的小组大小的分布情况。其中 r = 2.5，ξ_L = 0.1，ε_L = 0.001，ρ = 0.3（圆形），0.4（正方形），0.5（三角形）。

图 12 - 17 中进一步给出了人群中最大的小组大小随人口密度的变化。从图 12 - 17 中可以看出，当人口密度 ρ 从 0.1 增大到 0.3，最大的小组大小随人口密度的变化并没有什么大的变化。当人口密度 ρ 从 0.3 增大到 0.5，最大的小组大小随人口密度的增加很快上升。当 ρ > 0.5 时，几乎所有的个体都在同一个群体

中，最大的小组大小随人口密度的增加不再有什么变化。

比较图 12－14 和图 12－16、图 12－17 的结果可以发现，当人口密度较小时，人群是分散的，合作水平是比较高的。当人口密度较大时，几乎所有的人都在一个小组中，合作的水平是比较低的。因此，图 12－14 中所看到的结果可以这样来理解。当人口密度非常小时，那些被剥削的人因不满而离开群体，从而使不合作者没有合作者可以剥削。成群的不合作者会由于不参与者的进入而最后消亡。而对于那些离开群体的合作者，由于人口密度很低，他们很难再找到其他的一个合作者相互形成合作关系。因此，他们最终就变成独立的个体，从而使他们的净收益和不参与者的净收益一样。偶尔的合作者变成不参与者，或者不合作者变成不参与者，这可以使不参与者不至于消失。因此，在这样一个环境下，系统达稳态时系统中只有合作者和不参与者能够存在。但是，对于人口密度很高或者人口的运动速度很快的时候，不合作者很容易侵入合作者群体。因此，合作者的比例会随着人口密度的增加或人口运动速度的增加而减少。

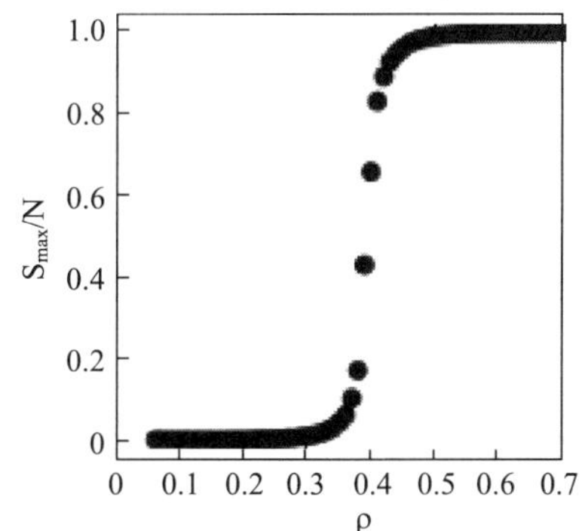

图 12－17　系统达稳态后人群中最大的小组中的人数占总人数的比例 $\frac{S_{max}}{N}$ 随人口密度 ρ 的变化情况

注：系统达稳态后人群中最大的小组中的人数占总人数的比例 $\frac{S_{max}}{N}$ 随人口密度 ρ 的变化情况。其中 $r=2.5$，$\xi_L=0.1$，$\varepsilon_L=0.001$。

为进一步理解随机运动在合作提高或降低中的作用，在图 12－18 中给出了不同的人口密度下 f_C 随着随机运动概率 ξ_0 的变化情况。从图 12－18 中可以发现，当人口密度较小时，合作者的比例随 ξ_0 的增大快速减小。人口密度的增加使这一趋势变得平缓。当对图 12－18 中的点进行函数拟合时，可发现 f_C 和 ξ_0 之

间满足关系式 $f_C = a\xi_0^{-b}$，其中对应于 ρ = 0.3（圆形），0.4（正方形），0.5（菱形），0.6（三角形），0.7（星形），a 的值分别为 0.29、0.37、0.39、0.38、0.34，b 的值分别为 0.24、0.13、0.09、0.07、0.07。

比较图 12 – 18 和图 12 – 17 的结果可以发现，图 12 – 18 中的拟合线的斜率与大的群体的出现有密切关系。当最大的小组的大小 S_{max} 比较小时，拟合线的斜率非常陡峭。这意味着当人群很分散时运动速度的变化对合作水平的高低有很大影响。当 S_{max} 快速变大时，拟合线明显变得平缓。当 S_{max} 接近于最大值 $S_{max} \sim N$ 时，ρ 的增加对 S_{max} 几乎不再有影响，拟合线的斜率随着 ρ 的增加也不再有什么大的变化。在本书的模型中，方程 $f_C = a\xi_0^{-b}$ 中的指数 b 包含了丰富的信息。从拟合线 f_C（ξ_0）的斜率大小能很好地估计出小组大小的分布情况。

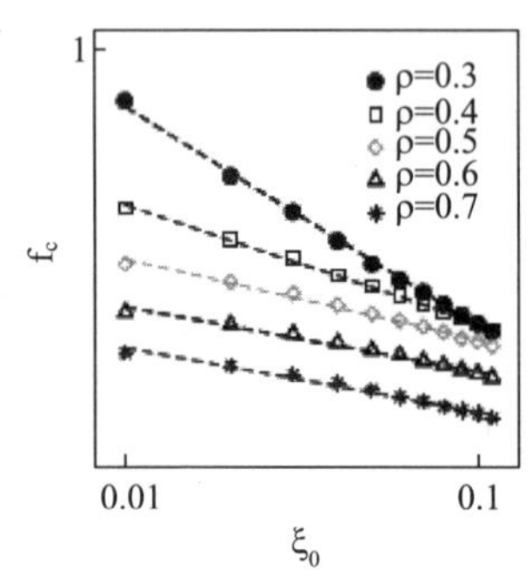

图 12 – 18　不同的人口密度下系统达稳态后合作者比例 f_C 随个体随机运动概率 ξ_0 变化的仿真模拟结果和函数拟合结果

注：其中人口密度 ρ = 0.3（圆形），0.4（正方形），0.5（菱形），0.6（三角形），0.7（星形）。r = 2.5，$\xi_L = 0.1$，$\varepsilon_L = 0.001$。图中 $f_C \sim a\xi_0^{-b}$ 为 f_C 和 ξ_0 所满足函数关系的拟合曲线。

图 12 – 18 的结果显示，从引起合作程度降低的影响因素来看，ξ_0 增大所起的作用与 ρ 增大所起的作用相类似。本模型中合作者比例的变化应来自个体间碰撞概率的变化。增大 ξ_0 和增大 ρ 都能够使持有不同策略的个体间碰撞概率增大，这使不合作者有更多的机会剥削合作者，从而使整体的合作水平降低。

12.3.4　理论分析

12.3.4.1　临界点 r_L 和小组平均大小 $\bar{n}$ 的关联性分析

在本书的模型中，由于个体可以在区域内及区域外运动，所以个体在不同时

刻所接触的其他个体会有一定的变化，并不是一种完全固定的连接关系。因此，当个体与区域外部有较多的接触渠道时，整个群体相互联系的环境与所有人都能够相互联系的混合环境相类似。因此，可以用平均场理论对模型的复制动力学过程进行分析，以找到不参与者消失的理论上的临界点 r_L。

从模型中个体参与博弈的得分公式可以看出，在同一个小组中，不合作者的收益总是要高于合作者的收益。但是在演化过程中，个体策略的演化并不是按照这一得分高低来比较两个个体的策略得分高低的，而是按照每个个体在自己可能在的很多小组中的其中一个小组中的得分来比较高低的。按照平均场理论，策略的演化是与策略的平均得分有关。当所有策略的平均得分相同时，人群中持有这些策略的比例将稳定下来。由于本书中每个小组内的人数也是会随时间变化的，因此，同样用平均场分析方法将每个小组内的人数按平均人数 $\bar{n}=9\rho$ 进行分析。即如果每个节点上都有人，那么 $\bar{n}=9$。如果并不是每个节点上都有人，那么 $\bar{n}<9$。

假设在人群中，合作者、不合作者、不参与者的比例分别为 f_C、f_D、f_L，那么 $f_C+f_D+f_L=1$。根据平均场理论，可以得到持有不同策略的个体的平均得分为：

$$P_D=\sigma f_L^{\bar{n}-1}+r\frac{f_C}{1-f_L}\left[1-\frac{1-f_L^{\bar{n}-1}}{\bar{n}(1-f_L)}\right] \tag{12-35}$$

$$P_C=P_D-(r-1)f_L^{\bar{n}-1}+\frac{r}{\bar{n}}\frac{1-f_L^{\bar{n}}}{1-f_L} \tag{12-36}$$

$$P_L=\sigma \tag{12-37}$$

当产出投入比 r 与不参与者消失的临界点 r_L 相等时，持有三类策略的比例变为 $f_L=0$，$f_C+f_D=1$。此时合作者和不合作者的得分变为：

$$P_D=\frac{\bar{n}-1}{\bar{n}}r_Lf_C \tag{12-38}$$

$$P_C=\frac{\bar{n}-1}{\bar{n}}r_Lf_C+\frac{1}{\bar{n}}r_L-1 \tag{12-39}$$

当 $P_C=P_D$ 时，即达稳态时合作者和不合作者共存，可以得到不参与者消失的临界点为：

$$r_L=\bar{n} \tag{12-40}$$

从以上分析可知，本书的模型中不参与者消失的临界点只与博弈小组中的人数多少有关。当人口密度增加时，博弈小组中的平均人数也会增加。与之相应，人口密度的增加会导致不参与者消失的临界点升高。例如，当人口密度从 $\rho=0.3$ 增大到 $\rho=0.8$，根据式(12-40)可知不参与者消失的临界点从 $r_L\sim2.7$ 增大到 $r_L\sim7.2$。与图 12-12 中的仿真模拟结果比较可知，在人口密度适中的情况下，理论分析结果和仿真模拟结果一致。在人口密度较小的情况下，理论分析结果小于仿真模拟结果。在人口密度较大的情况下，理论分析结果大于仿真模拟结果。这一差异主要来源于本书存在个体间相互作用的关系结构。因此，与不存在网络结构的完全混合人群的演化结果存在一定的差异。本书的理论分析只能算是一种近似的分析。本书中不参与者消失的临界点 r_L 的严格解尚是一个有待研究的问题。

12.3.4.2 随机运动概率 ξ_0 和合作水平的关联性分析

从仿真模拟结果中可以发现，个体的随机运动对系统达稳态时的合作水平高低有很大的影响。下面从理论上分析系统的合作水平和个体的随机运动概率 ξ_0 之间的关系。

在包含不参与者的公共品博弈模型中，合作者、不合作者、不参与者在人群中的比例与博弈过程中策略的得分有关系。在混合人群中，每个个体的得分与小组大小和小组成员的策略组成有关。小组越大，不同的成员处于同一个小组中的可能性越大。在运动环境下，不同成员处于同一个小组中的可能性与运动速度有关。速度越大，个体间相遇的可能性越大。假设运动速度对合作的影响与小组大小对合作的影响存在着某种关系。下面先从小组大小的角度来分析合作与小组大小的关系，然后通过小组大小和运动概率的关系找出合作和运动概率的关系。

由于文中个体间的相互作用与网络结构有关，所以小组的最大成员数为每个节点可能的最多连接数。本书中每个节点最多的连接节点数是八个，所以小组成员数最多为 9 人。可以先确定个体的运动概率和小组大小之间关系的边界条件。$\xi_0\sim0$，$n\sim9\rho$；$\xi_0\sim1$，$n\sim9$。假设 n 和 ξ_0 之间满足关系式：

$$n(\rho,\ \xi_0)=9\left[\rho+(1-\rho)^{\frac{1}{\xi_0}}\right] \tag{12-41}$$

如同在全混合情况下的情形，在给定 ρ 和 ξ_0 的条件下，不合作者和合作者的得分差异为：

$$P_D-P_C=1+(r-1)f_L^{n(\rho,\xi_0)-1}-\frac{r}{n(\rho,\ \xi_0)}\frac{1-f_L^{n(\rho,\xi_0)}}{1-f_L} \tag{12-42}$$

系统达到稳态时，不同策略的得分应该相等。即 $P_C=P_D=P_L=\sigma$。方程(12-42)可变化为：

$$1+(r-1)f_L^{n(\rho,\xi_0)-1}-\frac{r}{n(\rho,\ \xi_0)}\frac{1-f_L^{n(\rho,\xi_0)}}{1-f_L}=0 \tag{12-43}$$

当 $0<f_L<1$ 时，方程(12-43)的解与以下方程的解相同：

$$(1-f_L)+(r-1)f_L^{n(\rho,\xi_0)-1}-\frac{r}{n(\rho,\ \xi_0)}(1-f_L^{n(\rho,\xi_0)})=0 \tag{12-44}$$

假设：

$$F(f_L,\ n(\rho,\ \xi_0))=(1-f_L)+(r-1)(1-f_L)f_L^{n(\rho,\xi_0)-1}-\frac{r}{n(\rho,\ \xi_0)}(1-f_L^{n(\rho,\xi_0)}) \tag{12-45}$$

对于 $f_L=0$，$f_L=1$，$f_L\to 1$ 三种情形，方程(12-45)可转化为：

$$F(0,\ n(\rho,\ \xi_0))=1-\frac{r}{n(\rho,\ \xi_0)} \tag{12-46}$$

$$F(1,\ n(\rho,\ \xi_0))=0 \tag{12-47}$$

$$F(f_L,\ n(\rho,\ \xi_0))\approx(1-r)(n(\rho,\ \xi_0)-1)(1-f_L)^2 \tag{12-48}$$

从方程(12-46)到方程(12-48)这三个表达式中可以看出，在 $r>2$，$n(\rho,\ \xi_0)>r$ 区间范围内，当 f_L 从 0 增大到 1，$F[f_L,\ n(\rho,\ \xi_0)]$ 的值从 $F[f_L,\ n(\rho,\ \xi_0)]>0$ 转化为 $F[f_L,\ n(\rho,\ \xi_0)]<0$。从 $\frac{\partial^2F(f_L,\ n)}{\partial f_L^2}$ 的符号可知，$0<f_L<1$ 的范围内方程(12-44)只有一个解 f_L^{tr}。当 $f_L>f_L^{tr}$，合作者的收益小于不合作者。当 $f_L<f_L^{tr}$，合作者的收益大于不合作者。

上述的理论分析显示，个体随机运动概率 ξ_0 的增加会导致采用不参与策略的投资者增加，并进而导致合作者的减少。这与图 12-14 中仿真模拟结果相一致。

12.3.5 结论和启示

在公共品博弈中，如果面临着要么全部得到要么什么也得不到的情形下，个体宁愿不参加这一博弈而享受少量确定的收益，这么做也是情有可原的。由此，在可选择不参与策略的公共品博弈模型中，产生了类似于“石头—剪刀—布”这一类循环往复的策略演化过程。在可选择不参与策略的公共品博弈中合作人数始终处于一种循环往复的变化之中。这反映了模型中的合作水平是可以维持的，但是没有告诉我们合作人数的变动在什么条件下会变缓慢，什么条件下合作人数会稳定下来。通过在原来的模型引入人口密度和个体的运动，构建了一个新的模型。在该模型中，可发现合作人数的稳定和合作水平的提高都是与人群的密度和个体运动的速度密切相关的。

在低人口密度和慢速运动的环境下，感觉不满意的个体会离开人群，这使合作者更容易聚合在一起，从而使合作人群的进一步扩大，提升了合作水平。待在原来位置的不合作者更容易形成不合作者的群体。这类群体最终会被随机经过的不参与者所改变，也同样变成为不参与者。在低人口密度和快速运动的环境下，经常会出现互换邻居的情形。这使合作者人群很容易被不合作者所侵入。这样就会出现多个合作者和不合作者共存的小群体，从而使整体的合作水平降低。在高人口密度的环境下，由于出现渗流效应，几乎所有的人都进入了同一个群体中。不合作者均匀地进入合作者群体，整个系统不合作者和合作者的水平与混合人群下的博弈模型演化结果相似。仿真模拟和理论分析都发现合作水平高低和自由运动的速度之间存在某种函数关系。

现实中存在不同的合作水平可能是与环境条件有关系，包括人口密度和个体运动。在未来的研究中，类似的环境条件可以被放到连续策略的博弈模型中，观察在这类模型中环境条件变化对于合作演化的影响。

拓　展　篇

第十三章　供应链金融风险管理及其博弈仿真

本章从供应链金融风险管理的角度探讨了两种供应链金融风险管理模式：基于分层控制的供应链金融风险管理模式和基于核心企业选择的供应链金融风险管理模式。在分层控制的供应链金融风险管理中，商业银行可通过核心企业的担保额的变化来降低信用风险，核心企业可通过增加中小企业的违约损失来保证中小企业的守约。在供应链金融核心企业的选择中，应将核心企业的行业地位、与上下游中小企业的长期关系、供应链管理能力纳入考量范围，以利于降低整个供应链金融系统的风险。

第一节　供应链金融模式及其风险特征分析

13.1.1　供应链金融模式

供应链金融模式是指银行等金融机构围绕着供应链上的核心企业，通过对上下游中小企业的资金流和物流的管理，把对单个中小企业贷款的不可控风险转变为基于供应链核心企业担保贷款的可控风险的金融服务模式。在供应链金融活动中，金融机构需要借助于四个流，即信息流、物流、商流和资金流，来对所承担的金融业务进行全面管理，重点是考察核心企业的信用等级和经济实力，目的是通过金融服务的嵌入提高供应链系统的整体效益。

供应链金融中所涉及的关联方主要有以下四类：

第一类是金融机构。银行等金融机构为供应链中处于弱势地位的中小企业提供融资支持。主要的融资方式有预付账款融资、存货与应收账款融资等。

第二类是核心企业。供应链中的核心企业在实力和规模上都占据着优势地位。它依据自身的经济实力为供应链中的上、下游企业提供担保，维持着整个供应链的稳定，同时也提升了自身的实力。

第三类是中小企业。中小企业在供应链中位于核心企业的上游或者下游，为核心企业提供产品或者销售产品。在整个供应链中，由于核心企业占据着主导地位，它的强势往往使上游企业无法及时得到货款，或者下游企业无法得到赊销。这样这些上、下游企业发展就会面临资金周转的制约。供应链金融模式使这些企业可以利用应收账款转让、预付账款质押等方式从商业银行获得贷款，从而扩大企业规模，提高资金的利用率。

第四类是支持型企业。供应链金融中的支持型企业主要是物流企业。物流企业可以为供应链中小企业提供物流服务，还可以为商业银行等金融机构提供存货质押监督服务，协助商业银行评估存货价值及其变现能力。而供应链金融的发展反过来也为支持中小型企业的发展提供了更大的舞台。

概括起来说，供应链金融与传统的银行信贷相比有以下三方面不同的特点：

一是服务对象不同。传统的银行信贷业务属于点对点的金融服务，主要的服务对象是融资企业。而供应链金融中的信贷业务属于点对线的金融服务，主要的服务对象是供应链整体。

二是信用评估方式不同。传统的银行信贷业务主要通过对融资企业的抵押物和经济效益的评估来确定企业的信用状况。供应链金融中的信贷业务主要通过对核心企业可提供担保的价值和核心企业对供应链的管理水平的评估来考察整个供应链的信用状况，并进一步确定给供应链上中小企业贷款的风险。

三是贷后管理的侧重点不同。传统的银行信贷业务贷后管理重点考察的是企业的经营绩效变化和抵押物价值的变化。供应链金融中的贷后管理重点考察的是供应链中的物流状况和资金流状况。

13.1.2 供应链金融风险

与传统的商业银行风险相一致，供应链金融业务中也同样存在信用风险、市场风险、操作风险、国家风险等，但这些风险在供应链金融中有着其自身的特征。

在信用风险方面，核心企业的信用等级以及对供应链上下游企业的管理能力决定着供应链金融的信用风险水平。在供应链金融中，银行是依托于核心企业的信用来给整个供应链上下游企业提供融资的，其实质是将核心企业的融资能力转化成为上下游中小企业的融资能力。这一融资模式的优点是通过提升上下游中小企业的信用级别保证了供应链系统中物流和资金流的正常流转。但是，其缺点是当核心企业信用出现问题或者由于核心企业的管理能力不强造成整个供应链系统运行出现问题时，单一企业的信用风险会很快扩散到交易链条上的所有企业，进而影响到供应链融资整体安全性。

在市场风险方面，供应链企业所涉业务的行业周期对供应链金融的市场风险有着很大的影响。供应链金融中的授信支持性资产大多为动产，这些动产的价格会随着市场行情的变化而产生相应的波动。当这些动产所关联的行业处于上升周期时，资产变现能力强，供应链金融的市场风险小。当这些动产所关联的行业处于下降周期时，资产变现能力弱，供应链金融的市场风险就大。由于供应链金融业务所涉行业种类多，不同行业的经济发展周期差异大，这种以动产价值为最终保障的信贷模式给金融机构对市场风险的管理带来较大的难度。

在操作风险方面，贷后管理制度的严密性和执行力决定了供应链金融的操作风险水平。在供应链金融中，原有的供应链上下游中小企业的融资瓶颈是通过银行等金融机构结构化的操作模式设计来解决的。这其中增加了物流、资金流的控制环节，从而导致了大量的贷后操作风险管理。贷后操作过程的规范性、合法性和严密性以及对各类外部事件的防控能力成为贷款是否能及时收回的重要保障。例如，对于仓储质押融资，金融机构需要防范物流企业与供应链上下游企业私下串通进行货物调换、虚报商品损坏率等欺诈行为。

在国家风险方面，供应链金融业务所面临的主要是国家政策变化所带来的行业风险。当一国在进行产业结构调整时，往往会出台一系列的政策。这些政策或是支持或是限制某些产业的发展。当一国出台对某一产业的限制政策，而这一产业又正是供应链金融中的核心企业所涉及的主要业务时，那么由国家的产业政策调整而造成的信贷风险就会在供应链金融中很快体现出来，造成相关业务量的萎缩或供应链上下游企业间资金流的断裂。

总之，虽然供应链金融兴起的目的是解决那些没有足够的贷款抵押物并且规模较小的中小企业的融资难问题，但这并不代表银行等金融机构放松了其对风险防控的要求。较之于传统的商业银行信贷管理着重考察授信企业的经营状况与企业实力不同，供应链金融风险管理将原来对授信企业的考察扩大到了整个供应链系统。只有那些具备较强的核心企业管理能力的供应链系统才有可能获得银行等金融机构的信贷支持。

第二节 基于分层控制的供应链金融风险管理

13.2.1 问题的提出

在传统的商业银行信贷业务中，银行对授信企业信用风险的考察关注的是企业的资产状况和经营状况。对于缺乏固定资产作为抵押物的中小企业，很容易因为无法通过银行的信用风险考察而造成融资困难。供应链金融就是为解决那些没有足够的贷款抵押物的中小企业的融资困境而提出的新的信贷模式。这其中需要解决的问题是如何对以核心企业为主的供应链金融信用风险进行衡量。

在衡量供应链金融的信用风险中，供应链关系的稳定性是一个重要的指标。只有供应链上下游企业间能形成一种稳定的、持久的关系，才具有更强的经营能力和抗风险能力。而这种稳定关系的形成与供应链金融中的各参与方之间的双向选择有关系。从上游企业自身的稳定经营角度来看，如果其产品能具有稳定的、持久的需求，那么企业就能够根据需求来安排生产，从而实现自身发展。从下游企业自身的稳定经营角度来看，如果其原材料能够有稳定的供给，那么其生产经营活动就能维持一个比较好的水平，从而提高自身的经营效益。双向选择的结果是实力相当的企业更容易形成稳定的上下游关系。企业间的异构程度大小可以作为上下游企业选择合作伙伴所依据的一个重要指标，间接地也可以作为判断供应链金融信用风险高低的一个重要指标。

13.2.2 基于自适应权重的供应链企业信用风险分层模型

假设供应链上企业偏向于选择与自己具有更多相似性的企业合作。两家企业的相似性可以用异构化程度来进行衡量。两家企业越相似，其异构化程度的指标值越小。可以结合供应链网络分析方法来构建基于自适应权重的供应链企业信用风险分层模型。

在某个由上下游企业所联结而成的供应链网络中，如果有一家新的企业考虑加入该供应链网络，那么可以借助异构化程度指标来判断这家新的企业是否能与供应链网络中的其他企业最终形成合作关系。具体的判断过程可分为以下三步完成。

步骤一：在 $t=0$ 时刻，网络中已有 m 家企业存在，它们之间是随机连接关系。设 y_{jw} 为企业 j 的某个财务指标 w，企业的特征量可以用财务指标的矢量形式来表示 $(y_{j1}, y_{j2}, \cdots, y_{jw}, \cdots, y_{js})$。该特征矢量中总共有 s 个财务指标。

步骤二：一家新的企业 i 想要进入供应链网络中与企业 j 建立联系，其财务指标的特征矢量为 $(y_{i1}, y_{i2}, \cdots, y_{iw}, \cdots, y_{is})$。企业 i 和企业 j 的异构化程度 $d(y_i, y_j)$ 为：

$$d(y_i, y_j) = \left[\sum_{w=1}^{s}(y_{iw} - y_{jw})^2\right]^{1/2} \tag{13-1}$$

步骤三：设定某个阈值 d_{th}。如果 $d(y_i, y_j) < d_{th}$，则 y_i 与 y_j 之间具有连接。对供应链网络中的每家企业都重复上述方法，可得到供应链网络中每家企业各自的连边数。供应链网络中某一节点连边数的多少同时也反映出了有多少其他节点与之相连。

根据异构化程度的定义可以看出，只有当两家企业具有较大的相似度时，两者间才可能有连边。在供应链网络中，对于某个企业来说，与之相连的节点数越多，说明它与其他企业的相似度越高。根据合作伙伴数量差异对供应链网络中的企业进行分层处理。处于同一层中的企业其相似性比较高，处于不同层中的企业其相似性比较低。因此，企业在供应链网络中的地位差异所导致的信用风险差异可以通过企业所处的层次差异反映出来。

13.2.3 供应链金融信用风险实证分析

中国作为人口大国，房地产业的发展与每家每户都息息相关。随着中国城镇化进程的加快，房地产业发展机遇和风险并存。一方面，消费需求旺盛，行业对经济的支撑作用强，这使房地产业具有较好的发展前景。另一方面，过度投机房地产，资金脱实向虚，这从长期来看对未来经济发展埋下了部分隐患。因此，准确评估房地产业的供应链金融风险是商业银行在从事房地产相关的存贷款业务时所要关注的焦点。

在房地产供应链网络中，可以选择房地产企业作为核心企业，上游的建筑材料与钢铁供应商作为中小企业。由于中小企业财务数据为非公开数据，本书用上市公司财务数据作为替代对相关的供应链金融业务的信用风险问题进行分析。根据申银万国行业分类，选取了 Wind 数据库中资产规模大于 50 亿元的房地产上市公司作为核心企业，资产规模小于 50 亿元的钢铁与建筑材料上市公司作为中小企业。其中剔除了房地产企业中的 ST 概念股和个别存在财务数据缺失的上市公司，最后确定了 100 家房地产企业、8 家钢铁企业与 46 家建筑材料企业作为样本进行了数据分析。表 13－1 为文中所选定的供应链金融信用风险评价指标。

表 13－1　供应链金融信用风险评价指标

一级指标	二级指标	三级指标	指标符号
经营指标	营运能力	总资产周转率	X_1
		资产收益率	X_2
	盈利能力	营业利润率	X_3
		净资产收益率	X_4
		总资产报酬率	X_5
		成本费用利润率	X_6
	发展能力	营业收入增长率	X_7
		净利润增长率	X_8
		净资产增长率	X_9
	偿债能力	资产负债率	X_{10}
		流动比率	X_{11}
		速动比率	X_{12}
		产权比率	X_{13}
资产结构	资产特征	流动负债率	X_{14}
		固定资产比率	X_{15}
		资产总计	X_{16}
	周转特征	应收账款周转率	X_{17}
		存货周转率	X_{18}

根据所收集的数据，对供应链上的企业分别进行评价，并根据企业的层次高低给予相应的信贷优惠。供应链企业的信用风险分层方式如下。

首先，根据式（13－1），计算出所有的 154 家企业两两之间的欧式距离。

其次，计算出上述欧式距离倒数的平均值，并将其作为判断各企业间是否存在连接关系的阈值。文中通过 R 语言进行计算，可以得到样本企业阈值为 $d_{th}=0.068$。

再次，比较各企业间的欧式距离倒数值和样本企业阈值的大小关系，得出各供应链企业所连接的节点数。文中各样本企业的节点数如表 13 - 2 所示。

表 13 - 2 各供应链企业的节点数

股票代码	公司名称	节点数	股票代码	公司名称	节点数	股票代码	公司名称	节点数
000002. SZ	万科 A	102	600067. SH	冠城大通	98	603038. SH	华立股份	100
600606. SH	绿地控股	101	600240. SH	华业资本	89	600883. SH	博闻科技	1
600048. SH	保利地产	102	600895. SH	张江高科	101	600539. SH	狮头股份	0
001979. SZ	招商蛇口	1	600665. SH	天地源	27	002718. SZ	友邦吊顶	100
600340. SH	华夏幸福	98	000090. SZ	天健集团	101	300234. SZ	开尔新材	93
600376. SH	首开股份	101	600639. SH	浦东金桥	96	300599. SZ	雄塑科技	101
600383. SH	金地集团	0	000667. SZ	美好置业	5	002785. SZ	万里石	102
000046. SZ	泛海控股	96	600724. SH	宁波富达	4	300344. SZ	太空板业	85
000069. SZ	华侨城 A	102	600162. SH	香江控股	102	300374. SZ	恒通科技	98
002146. SZ	荣盛发展	104	000631. SZ	顺发恒业	7	600876. SH	洛阳玻璃	1
000402. SZ	金融街	100	600246. SH	万通地产	2	300093. SZ	金刚玻璃	91
000961. SZ	中南建设	98	600533. SH	栖霞建设	0	002323. SZ	雅百特	77
000732. SZ	泰禾集团	39	000537. SZ	广宇发展	0	000023. SZ	深天地 A	101
600325. SH	华发股份	0	000006. SZ	深振业 A	9	002043. SZ	兔宝宝	38
000656. SZ	金科股份	105	000736. SZ	中房地产	0	002082. SZ	栋梁新材	80
600208. SH	新湖中宝	5	000040. SZ	东旭蓝天	0	603616. SH	韩建河山	95
000671. SZ	阳光城	103	600622. SH	嘉宝集团	2	002333. SZ	罗普斯金	47
601155. SH	新城控股	2	600077. SH	宋都股份	1	002205. SZ	国统股份	96
600823. SH	世茂股份	100	600684. SH	珠江实业	0	002346. SZ	柘中股份	98
600266. SH	北京城建	83	600604. SH	市北高新	0	002652. SZ	扬子新材	83
600663. SH	陆家嘴	9	600007. SH	中国国贸	99	603878. SH	武进不锈	100
600466. SH	蓝光发展	103	000797. SZ	中国武夷	101	002162. SZ	悦心健康	100
000540. SZ	中天金融	102	600773. SH	西藏城投	78	002088. SZ	鲁阳节能	99
600657. SH	信达地产	97	000608. SZ	阳光股份	1	300198. SZ	纳川股份	103
000031. SZ	中粮地产	101	600638. SH	新黄浦	101	002694. SZ	顾地科技	93
601588. SH	北辰实业	63	000517. SZ	荣安地产	100	002742. SZ	三圣股份	101
600239. SH	云南城投	98	000056. SZ	皇庭国际	4	002791. SZ	坚朗五金	102
600515. SH	海航基础	87	600393. SH	粤泰股份	24	002398. SZ	建研集团	99

续表

股票代码	公司名称	节点数	股票代码	公司名称	节点数	股票代码	公司名称	节点数
600708. SH	光明地产	101	600848. SH	上海临港	100	002457. SZ	青龙管业	96
002244. SZ	滨江集团	27	000616. SZ	海航投资	7	002671. SZ	龙泉股份	97
600094. SH	大名城	100	600716. SH	凤凰股份	101	002443. SZ	金洲管道	100
600649. SH	城投控股	101	002133. SZ	广宇集团	1	600321. SH	国栋建设	0
000926. SZ	福星股份	101	000036. SZ	华联控股	0	002372. SZ	伟星新材	101
000620. SZ	新华联	101	000965. SZ	天保基建	4	002756. SZ	永兴特钢	100
600223. SH	鲁商置业	99	600807. SH	天业股份	94	002066. SZ	瑞泰科技	96
000918. SZ	嘉凯城	1	600641. SH	万业企业	3	002623. SZ	亚玛顿	99
600675. SH	中华企业	0	600658. SH	电子城	94	002596. SZ	海南瑞泽	102
600748. SH	上实发展	14	000615. SZ	京汉股份	102	002318. SZ	久立特材	96
600322. SH	天房发展	1	000514. SZ	渝开发	97	600668. SH	尖峰集团	99
600648. SH	外高桥	100	000897. SZ	津滨发展	96	000619. SZ	海螺型材	98
600565. SH	迪马股份	101	002016. SZ	世荣兆业	0	002478. SZ	常宝股份	89
600683. SH	京投发展	3	002077. SZ	大港股份	74	002641. SZ	永高股份	99
000042. SZ	中洲控股	97	600503. SH	华丽家族	4	300117. SZ	嘉寓股份	102
000979. SZ	中弘股份	91	600568. SH	中珠医疗	8	600552. SH	凯盛科技	94
000981. SZ	银亿股份	104	000011. SZ	深物业 A	103	600802. SH	福建水泥	0
600743. SH	华远地产	101	000838. SZ	财信发展	17	000546. SZ	金圆股份	93
600064. SH	南京高科	102	600791. SH	京能置业	3	002392. SZ	北京利尔	31
600185. SH	格力地产	1	600052. SH	浙江广厦	43	002225. SZ	濮耐股份	14
000718. SZ	苏宁环球	0	600678. SH	四川金顶	0	000672. SZ	上峰水泥	98
000043. SZ	中航地产	97	000509. SZ	华塑控股	0	000935. SZ	四川双马	44
600736. SH	苏州高新	106	002795. SZ	永和智控	94	000708. SZ	大冶特钢	94
002305. SZ	南国置业	96						

最后，对所有的供应链企业进行聚类分析，得到供应链金融中核心企业和中小企业的分层结果。文中使用 R 语言对 154 家企业进行均值聚类，可以得到表 13－3 的聚类分析结果。

表 13－3 基于欧式距离的供应链网络聚类分析结果

	Cluster			
	1	2	3	4
Cluster Mean	2.93	80.73	35.56	99.17
Frequency	46	11	9	88

表 13－3 中的第二行代表企业在供应链网络中所处的层次。层次值只作为组别，并不代表层级的高低。第三行代表各层次企业平均的连边数，即与该层次中的某一企业相连的其他企业的平均数量。第四行代表各层次的企业数量。对应于表 13－3 中的聚类分析结果，具体的供应链网络中的各家企业的分层结果如表 13－4 所示。

表 13－4 供应链网络中的核心企业与中小企业分层结果

股票代码	公司名称	分层数	股票代码	公司名称	分层数	股票代码	公司名称	分层数
000002.SZ	万科 A	4	600067.SH	冠城大通	4	603038.SH	华立股份	4
600606.SH	绿地控股	4	600240.SH	华业资本	2	600883.SH	博闻科技	1
600048.SH	保利地产	4	600895.SH	张江高科	4	600539.SH	狮头股份	1
001979.SZ	招商蛇口	1	600665.SH	天地源	3	002718.SZ	友邦吊顶	4
600340.SH	华夏幸福	4	000090.SZ	天健集团	4	300234.SZ	开尔新材	4
600376.SH	首开股份	4	600639.SH	浦东金桥	4	300599.SZ	雄塑科技	4
600383.SH	金地集团	1	000667.SZ	美好置业	1	002785.SZ	万里石	4
000046.SZ	泛海控股	4	600724.SH	宁波富达	1	300344.SZ	太空板业	2
000069.SZ	华侨城 A	4	600162.SH	香江控股	4	300374.SZ	恒通科技	4
002146.SZ	荣盛发展	4	000631.SZ	顺发恒业	1	600876.SH	洛阳玻璃	1
000402.SZ	金融街	4	600246.SH	万通地产	1	300093.SZ	金刚玻璃	4
000961.SZ	中南建设	4	600533.SH	栖霞建设	1	002323.SZ	雅百特	2
000732.SZ	泰禾集团	3	000537.SZ	广宇发展	1	000023.SZ	深天地 A	4
600325.SH	华发股份	1	000006.SZ	深振业 A	1	002043.SZ	兔宝宝	3
000656.SZ	金科股份	4	000736.SZ	中房地产	1	002082.SZ	栋梁新材	2

续表

股票代码	公司名称	分层数	股票代码	公司名称	分层数	股票代码	公司名称	分层数
600208. SH	新湖中宝	1	000040. SZ	东旭蓝天	1	603616. SH	韩建河山	4
000671. SZ	阳光城	4	600622. SH	嘉宝集团	1	002333. SZ	罗普斯金	3
601155. SH	新城控股	1	600077. SH	宋都股份	1	002205. SZ	国统股份	4
600823. SH	世茂股份	4	600684. SH	珠江实业	1	002346. SZ	柘中股份	4
600266. SH	北京城建	2	600604. SH	市北高新	1	002652. SZ	扬子新材	2
600663. SH	陆家嘴	1	600007. SH	中国国贸	4	603878. SH	武进不锈	4
600466. SH	蓝光发展	4	000797. SZ	中国武夷	4	002162. SZ	悦心健康	4
000540. SZ	中天金融	4	600773. SH	西藏城投	2	002088. SZ	鲁阳节能	4
600657. SH	信达地产	4	000608. SZ	阳光股份	1	300198. SZ	纳川股份	4
000031. SZ	中粮地产	4	600638. SH	新黄浦	4	002694. SZ	顾地科技	4
601588. SH	北辰实业	2	000517. SZ	荣安地产	4	002742. SZ	三圣股份	4
600239. SH	云南城投	4	000056. SZ	皇庭国际	1	002791. SZ	坚朗五金	4
600515. SH	海航基础	2	600393. SH	粤泰股份	3	002398. SZ	建研集团	4
600708. SH	光明地产	4	600848. SH	上海临港	4	002457. SZ	青龙管业	4
002244. SZ	滨江集团	3	000616. SZ	海航投资	1	002671. SZ	龙泉股份	4
600094. SH	大名城	4	600716. SH	凤凰股份	4	002443. SZ	金洲管道	4
600649. SH	城投控股	4	002133. SZ	广宇集团	1	600321. SH	国栋建设	1
000926. SZ	福星股份	4	000036. SZ	华联控股	1	002372. SZ	伟星新材	4
000620. SZ	新华联	4	000965. SZ	天保基建	1	002756. SZ	永兴特钢	4
600223. SH	鲁商置业	4	600807. SH	天业股份	4	002066. SZ	瑞泰科技	4
000918. SZ	嘉凯城	1	600641. SH	万业企业	1	002623. SZ	亚玛顿	4
600675. SH	中华企业	1	600658. SH	电子城	4	002596. SZ	海南瑞泽	4
600748. SH	上实发展	1	000615. SZ	京汉股份	4	002318. SZ	久立特材	4
600322. SH	天房发展	1	000514. SZ	渝开发	4	600668. SH	尖峰集团	4
600648. SH	外高桥	4	000897. SZ	津滨发展	4	000619. SZ	海螺型材	4
600565. SH	迪马股份	4	002016. SZ	世荣兆业	1	002478. SZ	常宝股份	2
600683. SH	京投发展	1	002077. SZ	大港股份	2	002641. SZ	永高股份	4

续表

股票代码	公司名称	分层数	股票代码	公司名称	分层数	股票代码	公司名称	分层数
000042. SZ	中洲控股	4	600503. SH	华丽家族	1	300117. SZ	嘉寓股份	4
000979. SZ	中弘股份	4	600568. SH	中珠医疗	1	600552. SH	凯盛科技	4
000981. SZ	银亿股份	4	000011. SZ	深物业 A	4	600802. SH	福建水泥	1
600743. SH	华远地产	4	000838. SZ	财信发展	1	000546. SZ	金圆股份	4
600064. SH	南京高科	4	600791. SH	京能置业	1	002392. SZ	北京利尔	3
600185. SH	格力地产	1	600052. SH	浙江广厦	3	002225. SZ	濮耐股份	1
000718. SZ	苏宁环球	1	600678. SH	四川金顶	1	000672. SZ	上峰水泥	4
000043. SZ	中航地产	4	000509. SZ	华塑控股	1	000935. SZ	四川双马	3
600736. SH	苏州高新	4	002795. SZ	永和智控	4	000708. SZ	大冶特钢	4
002305. SZ	南国置业	4						

下面以万科为例，对表 13 -4 中的分层结果进行分析。万科作为房地产行业中的龙头企业，在供应链网络中处于绝对的核心地位。如果有机会，几乎所有的上、下游企业都希望与万科进行业务合作，从而达到双方的互利共赢。而提供供应链金融服务的商业银行从降低金融风险的角度考虑，也希望有类似于万科这样的大型企业作为核心企业为供应链上下游中小企业的融资业务提供担保，以利于银行供应链金融业务的开展，在解决中小企业融资难问题的同时也促进了银行自身的发展。

万科是一家业绩优秀的企业。当借助自适应权重的供应链金融分层模型，根据异构程度对供应链上可能的合作企业进行判断时，只有财务状况同样优秀的中小企业才会得到类似于万科这类核心企业的担保。基于这一判断，下面来验证基于欧式距离的聚类分析分层结果是否会支持这一结论。

从表 13 -4 中的分层结果可以看出，同处于第四层的房地产企业万科与建筑材料企业坚朗五金的节点数都是 102。这说明处于同一层次中的核心企业与上下游中小企业在各自的行业中都处于较高的地位。再看同处于第三层的房地产企业北京建设和建筑材料企业扬子新材，两家企业的节点数都是 83。通过比较万科和北京建设的财务指标值可以发现，第三层次的北京建材的风险水平和第四层次的万科的风险水平有着较大的差异，北京建材的风险水平相对较高。

从以上案例中可以看出，基于自适应权重的供应链企业信用风险分层模型可准确地区分出供应链网络中能形成上下游合作关系的核心企业与中小企业。因此，商业银行在开展相关的供应链金融业务时，可借助该方法对供应链中有融资需求的中小企业进行信用风险评估，从而有效地提高商业银行的风险管理水平。

13.2.4 基于分层控制的供应链金融博弈仿真

商业银行在开展供应链金融业务时，可以借助对供应链企业的信用风险评估进行分层控制，从而达到风险管理的目的。下面通过仿真模拟考察基于分层控制的供应链金融风险管理模式的有效性。

引入复制者动态模型对供应链金融系统的分层管理进行仿真模拟。复制者动态模型的基本思想是：存在一群利益相关者，各自从自身利益最大化的角度考虑进行选择策略和采取行动。当博弈群体中某个个体的收益小于群体的平均收益时，该个体会改变自身的策略，否则就保持原策略不变。

考虑存在供应链金融业务中的核心企业、中小企业、银行三方。中小企业从银行贷款量 L，银行贷款利率 r，中小企业因贷款给自身带来的收益 R，中小企业若违约受到银行惩罚 T，违约企业给守信企业带来损失 D。若所有中小企业都选择违约，违约惩罚会在原惩罚 T 的基础上再乘以一个大于 1 的系数 k，以防止中小企业集体违约。

当考虑了管理者的风险偏好等情感特征和宏观经济波动等环境特征对投资者决策的影响时，需要在复制者动态模型中加入相关的干扰项。可选择加入布朗运动干扰强度系数。由于布朗运动的每步增量都符合高斯分布，所以可以使用高斯白噪声描绘该增量。

下面，利用 Matlab 中的 Simulink 模块对参与供应链金融业务的企业之间进行博弈仿真模拟。

首先，考察高斯白噪声的变化对系统演化的影响。给定各变量值为 $L=100$，$r=6\%$，$R=30$，$T=130$，$D=10$，$k=1.3$。中小企业采取违约策略的概率 p 的初始值为 0.5，仿真时间为 1s，步长为 1/60（对应博弈次数 60 次），高斯白噪声的均值为 0，方差为 1。供应链金融系统中的中小企业采取违约策略的概率随时间的演化情况如图 13－1 所示。

由图 13－1 可知，在违约惩罚额 T 大于中小企业贷款额 L 的情况下，中小企业采用违约策略的概率 p 一开始下降很快。当 p 下降到低于 0.1 时，其下降的速度开始变缓，并最终演化到 $p=0$ 的稳定状态。

当其他条件不变，只是将高斯白噪声的方差由 1 增大到 10，供应链金融中的

中小企业采取违约策略的概率随时间的演化情况如图 13－2 所示。

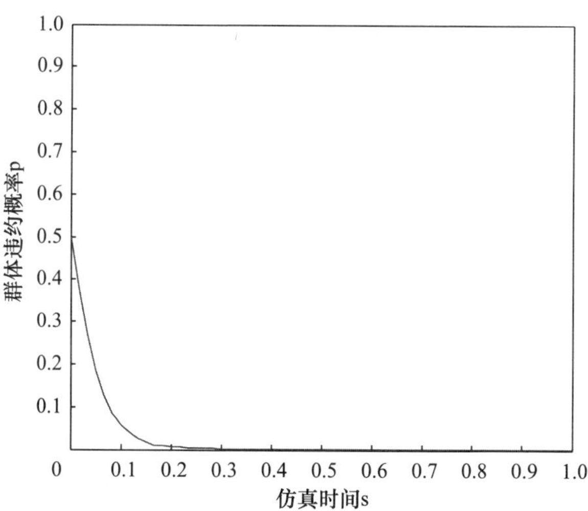

图 13－1 中小企业采用违约策略的概率 p 随时间的演化情况（一）

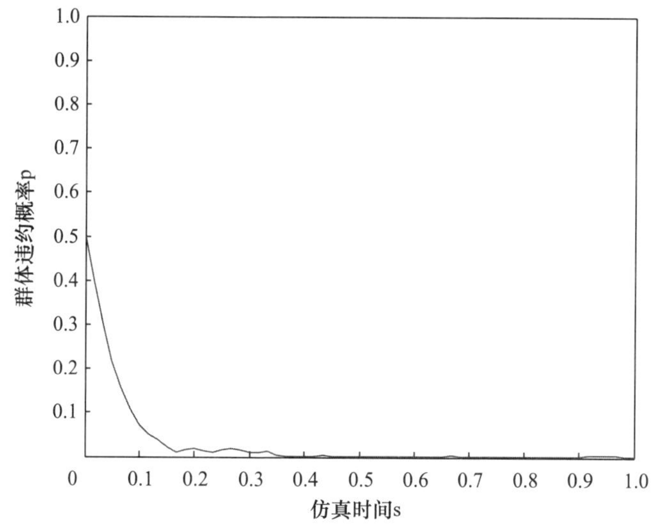

图 13－2 中小企业采用违约策略的概率 p 随时间的演化情况（二）

比较图 13－1 和图 13－2 的结果可知，外部干扰的增加并未影响到中小企业采用违约策略的概率 p 一开始的快速下降，但是影响到系统演化到 p＝0 的稳定状态的时间。

当其他条件不变，将高斯白噪声的方差增大到100，供应链金融中的中小企业采取违约策略的概率随时间的演化如图13－3所示。

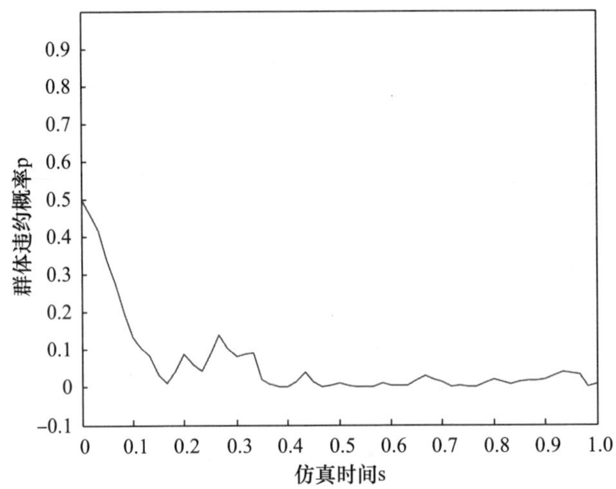

图13－3　中小企业采用违约策略的概率p随时间的演化情况（三）

由图13－3可知，当高斯白噪声的方差继续增大时，虽然中小企业采用违约策略的概率p也趋近于零，但是并未达到p＝0的稳定态，而是随着时间的演化有较大的波动。

图13－1到图13－3的结果表明，当违约惩罚大于贷款额时，系统最后将演化到基本上所有的中小企业都选择守约策略的情形。最终结果的稳定性与干扰项有关。只有当干扰项较小时，系统最后才会演化到中小企业都选择守约策略的稳定态。

博弈结果给商业银行选择贷款策略带来的启示是：当商业银行在对供应链上中小企业进行授信考察时，需要关注管理者学历、企业生存年限、宏观环境等与干扰项相关的情况，并将这些方面的条件反映在企业授信等级的评价中。

其次，考察较小的惩罚对系统演化的影响。给定各变量值L＝100，r＝6%，R＝30，T＝80，D＝10，k＝1.3。中小企业采用违约策略的概率p的初始值为0.5，仿真时间为1s，博弈次数为60次，高斯白噪声的均值为0，方差为10。供应链金融中的中小企业采取违约策略的概率随时间的演化情况如图13－4所示。

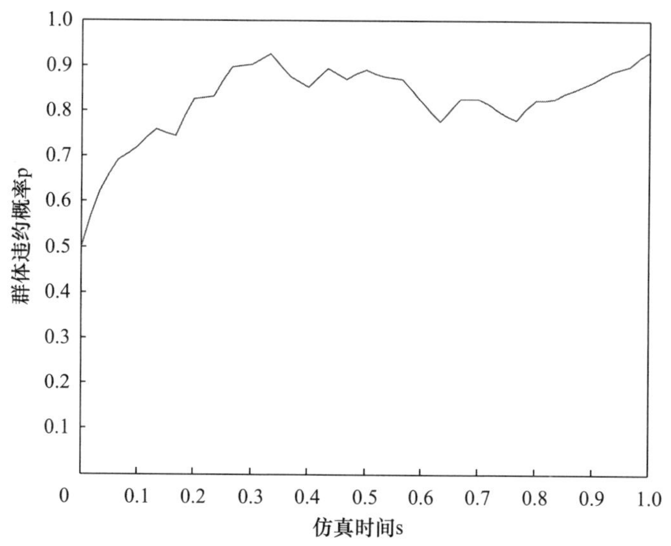

图 13－4 中小企业采用违约策略的概率 p 随时间的演化情况（四）

由图 13－4 可知，在违约惩罚小于贷款额时，中小企业采用违约策略的概率 p 一开始上升很快。当 p 上升到 0.8 左右时，其上升的速度开始变缓，最终中小企业采用违约策略的概率达到了 0.85 左右。此时系统的波动仍比较大，并未达到一个稳定的状态。

通过比较违约惩罚额 T 较大和较小两种情况下系统的演化结果可知，当违约惩罚额小于贷款额时，中小企业违约会得到额外收益，从而导致违约占比较高。当违约惩罚额大于贷款额时，中小企业无法得到违约的额外收益，所以会采取守信的策略。

博弈结果给商业银行选择贷款策略带来的启示是：在给供应链金融中的中小企业提供融资服务时，应尽量防止违约给中小企业带来的额外收益。

最后，考察核心企业担保对系统演化的影响。

假设中小企业从银行贷款额为 L，贷款利率为 r，中小企业通过贷款给自身带来的收益为 R，中小企业违约损失为 T，中小企业违约时核心企业给银行的担保金额为 S，中小企业遵守合约的奖励基金额为 Y。假设供应链金融中的中小企业采用违约策略的概率是 p，$p \in [0, 1]$，采用守约策略的概率为 $1-p$，银行采取贷款策略的比例为 q，$q \in [0, 1]$，采取不贷款策略的概率为 $1-q$。博弈过程中给定各变量值。中小企业贷款额 $L=100$，银行放贷利率 $r=5\%$，中小企业的违约惩罚额 T = 100，核心企业给银行提供的担保额 S = 100，中小企业持续保持遵守合约获得的奖励额 Y = 0.005L，该部分资金由核心企业提供。

根据供应链金融中的核心企业和中小企业分层结果，设定不同的风险等级以及不同的中小企业的违约惩罚系数 α 与核心企业的担保系数 β。α 与 β 设定的基本思路是：根据 Cluster 1 到 Cluster 4 的风险高低，设定 α 与 β 的值从大到小变化，用以反映对供应链金融中不同层级企业的风险控制。例如，Cluster 1 和 Cluster 4 相比，Cluster 1 的风险等级最高，因此 α 与 β 的值也定得最高。而 Cluster 4 的风险等级最低，因此 α 与 β 的值也定得最低。下面分别考察 α 和 β 不同组合对系统演化的影响。

情况一：$\alpha < 1$，$\beta < 1$，供应链金融分层控制系数取值如表 13 – 5 所示。

表 13 – 5　供应链金融分层控制系数

Cluster	1	2	3	4
Cluster Mean	2.93	80.73	35.56	99.17
α	0.8	0.6	0.7	0.5
β	0.8	0.6	0.7	0.5

选择表 13 – 5 的分层控制系数，观察供应链金融企业的博弈演化结果。图 13 – 5给出了供应链金融中的中小企业采取违约策略的占比 p 与银行采取放贷策略的占比 q 随时间的演化情况。

由图 13 – 5 可知，当 $\alpha < 1$，$\beta < 1$ 时，中小企业采取违约策略的概率 p 在一开始很快升高，而银行采取放贷策略的概率 q 在一开始很快下降。随着时间的推移，中小企业采取违约策略的概率 p 的上升逐渐放缓。到达最高点后开始逐步下降。银行采取放贷策略的概率 q 的下降也逐渐放缓。最终演化到 q = 0 的稳定态。

博弈结果给商业银行选择贷款策略带来的启示是：当中小企业的违约惩罚系数 α 和核心企业的担保系数 β 很小时，供应链金融业务将无法开展。因为中小企业的违约惩罚额是支付给核心企业的。当违约惩罚额小于中小企业的融资额时，中小企业采用违约策略可以获得额外收益。同时，由于核心企业给中小企业所提供的融资担保额小于商业银行提供给中小企业的贷款额，所以会导致银行亏损。因此，银行将不会提供贷款。

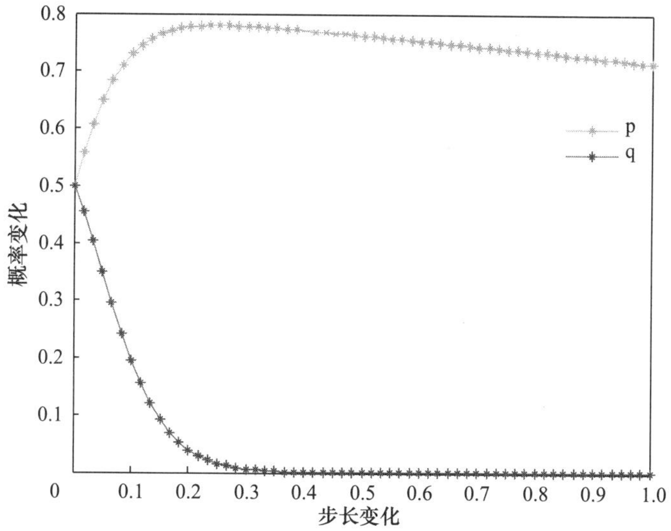

图 13－5 Cluster 1 中小企业采取违约策略的概率 p 和银行采取放贷策略的概率 q 随时间的演化情况（一）

情况二：$\alpha<1$，$\beta>1$，供应链金融分层控制系数取值如表 13－6 所示。

表 13－6 供应链金融分层控制系数

Cluster	1	2	3	4
Cluster Mean	2. 93	80. 73	35. 56	99. 17
α	0. 8	0. 6	0. 7	0. 5
β	1. 8	1. 6	1. 7	1. 5

选择表 13－6 供应链金融分层控制系数，观察供应链金融企业的博弈演化结果。图 13－6 给出了供应链金融中的中小企业采取违约策略的占比 p 与银行采取放贷策略的占比 q 随时间的演化情况。

由图 13－6 可知，当 $\alpha<1$，$\beta>1$ 时，中小企业采取违约策略的概率 p 和银行采取放贷策略的概率 q 在一开始都快速上升。随着时间的推移，中小企业采取违约策略的概率 p 和银行采取放贷策略的概率 q 的上升都逐渐放缓，并最终演化到 $p=1$ 和 $q=1$ 的稳定态。

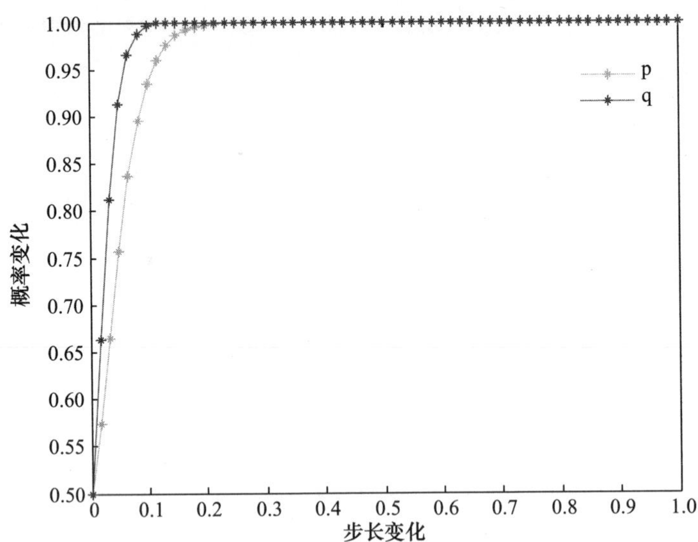

图 13 -6　Cluster 1 中小企业采取违约策略的概率 p 和银行采取放贷策略的概率 q 随时间的演化情况（二）

博弈结果给商业银行选择贷款策略带来的启示是：当中小企业的违约惩罚系数 α 很小而核心企业的担保系数 β 很大时，供应链金融业务仍能够开展。因为当中小企业的违约惩罚额小于融资额时，采用违约策略可以获得额外收益。所以，中小企业采用违约策略的概率快速增加。核心企业提供的担保额大于银行的放贷额时，银行的还款就得到了保障。因此，银行将提供贷款。但是，这一供应链金融模式严重损害了核心企业的利益，也是不可持续的。

情况三：α >1，β <1，系数变化如表 13 -7 所示。

选择表 13 -7 供应链金融分层控制系数，观察供应链金融企业的博弈演化结果。供应链金融中的中小企业采取违约策略的占比 p 与银行采取放贷策略的占比 q 随时间的演化情况如图 13 -7 所示。

表 13 -7　供应链金融分层控制系数

Cluster	1	2	3	4
Cluster Mean	2. 93	80. 73	35. 56	99. 17
α	1. 8	1. 6	1. 7	1. 5
β	0. 8	0. 6	0. 7	0. 5

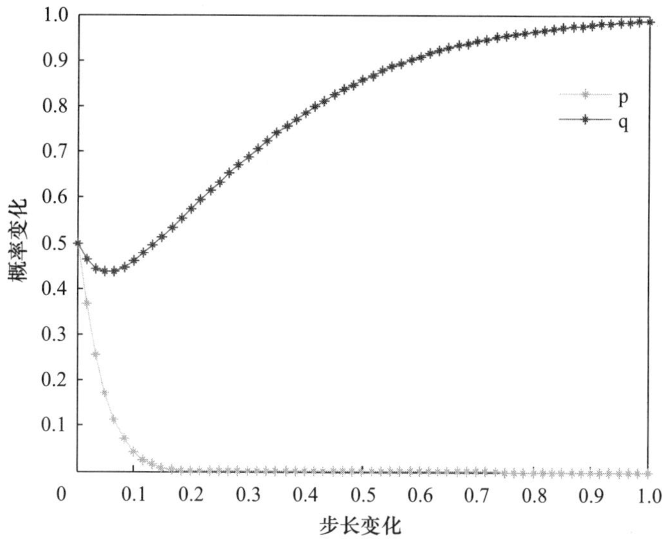

图 13-7　Cluster 1 中小企业采取违约策略的概率 p 和银行采取放贷策略的概率 q 随时间的演化情况（三）

由图 13-7 可知，当 $\alpha>1$，$\beta<1$ 时，中小企业采取违约策略的概率 p 一开始快速下降。随着时间的推移 p 的下降逐渐放缓并最终下降到稳定态 $p=0$。银行采取放贷策略的概率 q 在一开始有所下降，到达最低点后开始逐渐上升。最终演化到 $q\sim1$ 的稳定态。

博弈结果给商业银行选择贷款策略带来的启示是：当中小企业的违约惩罚系数 α 很大而核心企业的担保系数 β 很小时，供应链金融业务可以很好地开展。因为当中小企业的违约惩罚额大于融资额时，采用违约策略将使中小企业遭受更大的损失。所以中小企业将采用守约策略。从银行的角度来说，由于核心企业的担保额要小于银行的贷款额，所以银行的贷款十分慎重。中小企业的守约能保证银行贷款的及时偿还。银行在经过多轮考验后选择贷款。这一供应链金融模式对于供应链中的各方都有利，因此是可持续的。

以上考察了 Cluster 1 的时间演化。作为比较，图 13-8 到图 13-10 给出了当 $\alpha>1$，$\beta<1$ 时处于 Cluster 2 到 Cluster 4 层次的中小企业采取违约策略的占比 p 与银行采取放贷策略的占比 q 随时间的演化情况。

比较图 13-7 至图 13-10 中的中小企业采取违约策略的概率 p 和银行采取放贷策略的概率 q 随时间的演化结果可以看出，在 $\alpha>1$，$\beta<1$ 的条件下，随着

α 与 β 的逐渐减小，中小企业采取违约策略的概率 p 下降速度变缓，银行采取放贷策略的概率 q 在前期的下降速度和下降幅度都变大，在后期的上升速度变缓。

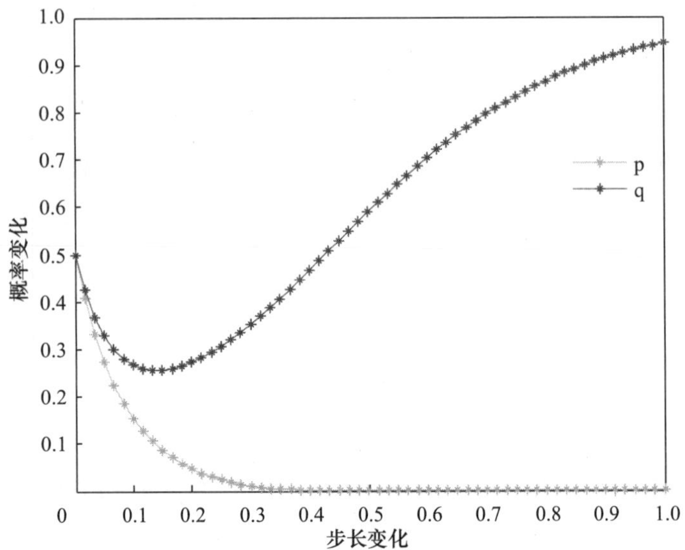

图 13－8　Cluster 2 中小企业采取违约策略的概率 p 和银行采取放贷策略的概率 q 随时间的演化情况

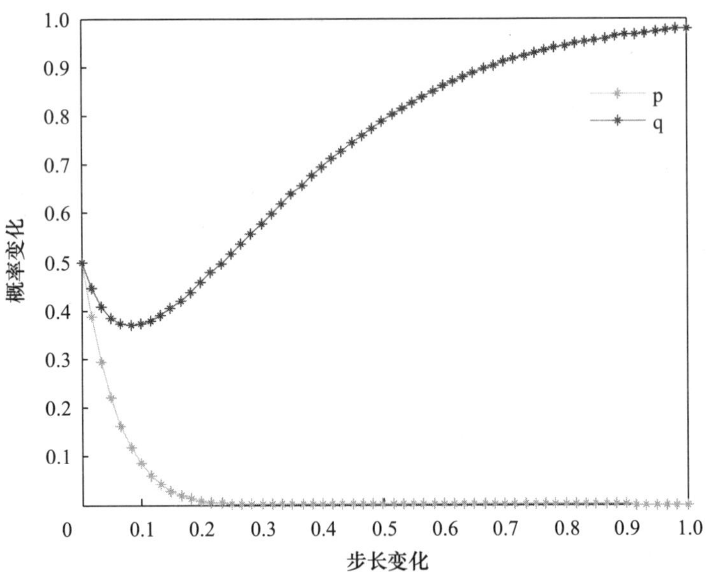

图 13－9　Cluster 3 中小企业采取违约策略的概率 p 和银行采取放贷策略的概率 q 随时间的演化情况

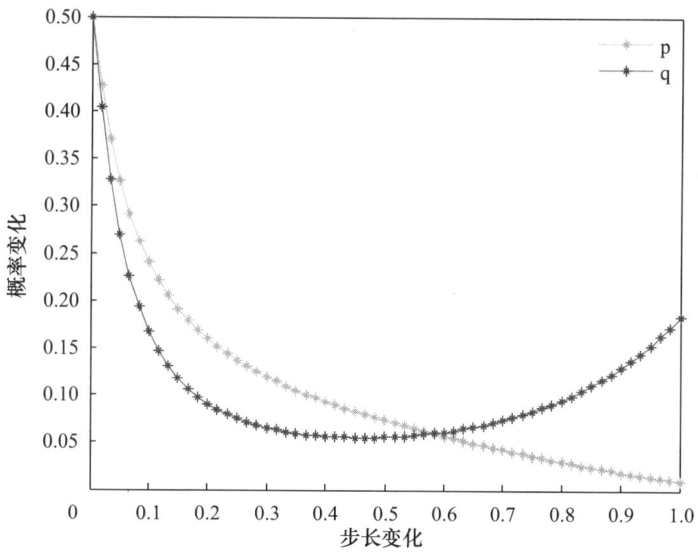

图 13－10　Cluster 4 中小企业采取违约策略的概率 p 和银行采取放贷策略的概率 q 随时间的演化情况

博弈结果给商业银行选择贷款策略带来的启示是：尽管核心企业提供的担保额小于银行的放贷额，银行存在亏损的可能，但是，由于中小企业的违约惩罚额超过了贷款额，中小企业基本上都会守约，所以银行仍会采取放贷策略。只是从审慎放贷的角度考虑银行的放贷概率随着核心企业提供的担保额的变化在时间延迟上有所变化。

情况四：$\alpha>1$，$\beta>1$，系数变化如表 13－8 所示。

表 13－8　供应链金融分层控制系数

Cluster	1	2	3	4
Cluster Mean	2. 93	80. 73	35. 56	99. 17
α	1. 8	1. 6	1. 7	1. 5
β	1. 8	1. 6	1. 7	1. 5

选择表 13－8 供应链金融分层控制系数，观察供应链金融企业的博弈演化结果。供应链金融中的中小企业采取违约策略的占比 p 与银行采取放贷策略的占比 q 随时间的演化情况如图 13－11 所示。

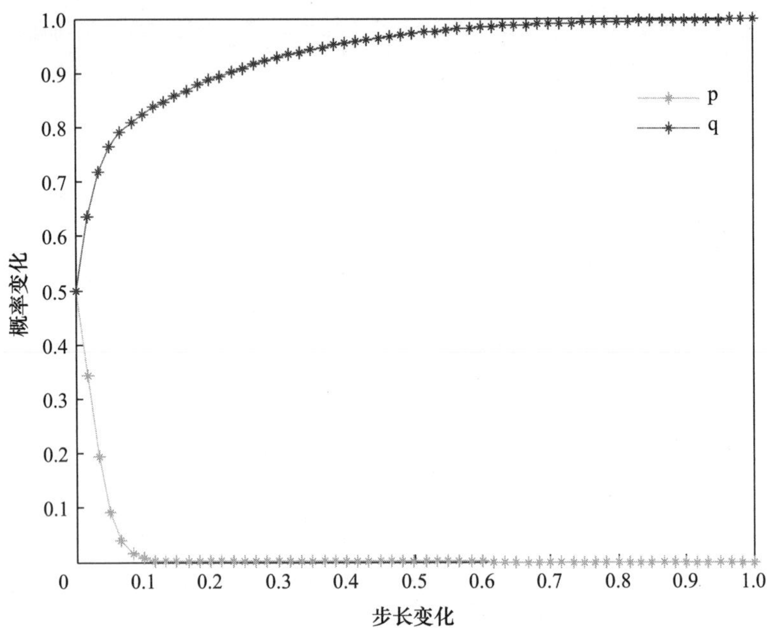

图 13－11　Cluster 1 中小企业采取违约策略的概率 p 和银行采取放贷策略的概率 q 随时间的演化情况（四）

从图 13－11 可知，当 $\alpha>1$，$\beta>1$ 时，中小企业采取违约策略的概率 p 一开始快速下降。随着时间的推移 p 的下降逐渐放缓并最终下降到稳定态 $p=0$。银行采取放贷策略的概率 q 在一开始快速上升，随着时间的推移 q 的上升逐渐放缓并最终上升到 $q=1$ 的稳定态。

博弈结果给商业银行选择贷款策略带来的启示是：当中小企业的违约惩罚系数 α 和核心企业的担保系数 β 都很大时，供应链金融业务可以很好地开展。因为当中小企业的违约惩罚额大于融资额时，采用违约策略将使中小企业遭受更大的损失。所以中小企业将采用守约策略。从银行的角度来说，由于核心企业的担保额要大于银行的贷款额，所以即使中小企业违约银行贷款也不会有损失。银行的贷款有了双重保障，所以银行贷款相对就比较宽松了。因此，这一供应链金融模式对于供应链中的各方都有利，因此是可持续的。

13.2.5　结论与启示

在供应链金融中，中小企业采用守约策略的概率和商业银行采用放贷策略的概率都与中小企业的违约惩罚系数 α 和核心企业担保系数 β 有关。当 $\alpha<1$，$\beta<1$时，供应链金融业务无法顺利开展。当$\alpha<1$，$\beta>1$时，中小企业采用违约策略而银行会采用放贷策略，但核心企业的利益受损，因此该模式不可持续。当 $\alpha>1$，$\beta<1$ 时，尽管核心企业提供的担保额小于银行的放贷额，银行存在亏损的可能，但是经时间考验在违约惩罚额超过了贷款额时中小企业能守约，贷款能及时收回，因此银行还是会采取放贷策略。该模式在供应链金融中可持续。当 $\alpha>1$，$\beta>1$ 时，银行有了中小企业守约和核心企业担保双重保障，银行贷款相对宽松。该模式在供应链金融中可持续。

在供应链金融的管理中，商业银行可通过核心企业的担保额的变化来降低信用风险。而核心企业可通过增加中小企业的违约损失来保证中小企业的守约。通过供应链金融中的分层管理，改善整个供应链金融系统的运行效率。

第三节 基于核心企业选择的供应链金融风险管理

13.3.1 问题的提出

中小企业在我国国民经济发展中起着重要的作用。但是，由于中小企业在财务指标、信用风险评估等方面很难满足银行贷款要求，所以常常被排除在正常的银行贷款体系之外。“融资难、融资贵”成为制约中小企业发展的主要障碍。

中小企业经营活动常围绕着核心企业展开。如生产汽车零配件的中小企业主要是作为汽车制造企业的上游企业而存在，汽车 4S 店则是作为汽车制造企业的下游企业而存在。上下游中小企业和汽车制造企业组成一个供应链系统。汽车制造企业是这一供应链上的核心企业，维持着供应链系统的运行。失去了上、下游企业支撑的核心企业是无法生存的，失去了与核心企业长期稳定联盟关系的中小企业经营也将举步维艰。

供应链金融就是商业银行基于供应链系统中的资金需要，通过对供应链整体的考核来确定是否给予供应链上企业提供贷款的金融服务模式。其中，对于核心企业的考核评价是决定商业银行最终是否给予贷款的最主要方面。

供应链金融是实现银行、中小企业、核心企业三方共赢的理想合作模式。首先，从银行角度来说，供应链金融突破了传统信贷模式，以供应链整体的视角对中小企业进行单笔融资授信，拓宽了业务范围。其次，对中小企业而言，供应链金融业务的开展突破了自身信用不足的局限，获得了长期相对稳定的融资新渠道。最后，对于核心企业而言，供应链金融业务的开展在加强与银行的合作往来的同时，为企业稳定经营提供了良好的环境，从而提升了供应链整体的市场竞争力。另外，对于提供供应链上物流服务的企业来说，通过与银行的合作开辟出新的业务领域，市场潜力得到充分挖掘。

从银行开展供应链金融业务所面临的难点来看，如何准确选择核心企业是关键问题之一。国内商业银行现有的供应链金融产品有“商贷通”（民生银行）、“金芝麻”（兴业银行）、“1 + N”（深发行）等。综观国内的供应链金融产品，其在核心企业的选择标准上过于依赖主观判断，且各大商业银行大多将短期目标定为率先抢占供应链市场，体现出流程和考核方式上的粗放型特征。随着供应链金融市场日趋成熟，如何建立完备的考核指标筛选出那些具备供应链价值的核心企业是商业银行未来抢占和开拓供应链金融市场的关键点。

13.3.2 基于核心企业选择的供应链金融博弈框架设计

通过考察供应链金融应收账款模式下信贷业务的信用风险，确立核心企业的选择标准。为此，本书设计了三个供应链金融业务的博弈模型。

（1）应收账款融资模式下的银行、核心企业、中小企业三方博弈模型。考虑完全信息和不完全信息条件下三方博弈，对比分析各交易主体的策略与收益变化，得出纳什均衡条件。

（2）考虑“隐性股权”下的银行、核心企业、中小企业三方博弈模型。为考察银行、核心企业、中小企业三方长期的交易关系对信用风险的影响，将这种长期交易关系的价值作为变量，再综合传统应收账款融资模式下的三方博弈，提出考虑“隐性股权”下的银企三方博弈。通过博弈分析和算例分析与传统应收账款融资模式下的银企三方博弈结果进行对比，得出纳什均衡条件。

（3）同一供应链上的中小企业之间的博弈模型。为研究核心企业对其上、下游中小企业的管理能力，将围绕同一核心企业的中小企业作为一个贷款团体，建立供应链上中小企业之间的博弈模型。在完全信息和不完全信息条件下进行三方博弈，对比分析各交易主体的策略与收益变化，得出纳什均衡条件。

借助基于有限理性、强化学习和模仿学习思想的复制者动态模型对三个模型分别进行仿真。

Friedman 曾提出一个假设：在一个群体里，参与者有不同的备选策略。当一

种策略获得的平均得益高于群体的混合策略平均得益时，群体里使用这种策略的人数将变多。复制者动态模型就是基于这一思想开发出来的。借助复制者动态模型，可以描述某种特定策略在一个群体里被采用的比例及该比例的变化情况。

在复制者动态模型中，假设参与人的理性层次较低、学习速度较慢，他们依据过去多次博弈结果来调整自己的策略。调整规则是：当一种策略获得的平均得分高于混合策略的平均得分，参与人将更多地使用这一策略。复制者动态模型可以分成单群体复制者动态模型和多群体复制者动态模型，群体的动力学演化过程如下所示。

模型一：单群体复制者动态模型的动力学演化过程。在单群体复制者动态模型中，所有的个体都属于同一个群体。群体中的每个个体都有相同的纯策略集。在博弈过程中，个体的策略得分随着群体状态的变化而变化。

以 $S=\{s_1, s_2, \cdots, s_k\}$ 表示群体中个体可供选择的策略集，$x=\{x_{s_1}, x_{s_2}, \cdots, x_{s_k}\}$ 表示群体在时刻 t 所处的状态。其中，x 表示在时刻 t 选择策略 s_i 的人数在群体中所占的比例。用 $f(s_i, x)$ 表示群体中个体进行随机配对博弈时，群体中选择策略 s_i 的个体所得的期望收益；用 $f(x, x)$ 表示群体平均期望收益：

$$f(x,x) = \sum_k x_{s_i} f(s_i,x) \tag{13-2}$$

假定选择策略 s_i 的个体数的增长率为 $f(s_i, x)$，则系统的状态演化方程为：

$$\frac{dx_{s_i}}{dt} = [f(s_i, x) - f(x, x)]x_{s_i} \tag{13-3}$$

由式(13-3)可知，如果选择策略 s_i 的个体的收益高于群体平均收益，那么该类个体在群体中所占比例将随时间的演化而不断增加；如果选择策略 s_i 的个体的收益少于群体平均收益，那么该类个体在群体中所占比例将随时间的演化而不断减少；如果选择策略 s_i 的个体的收益等于群体平均收益，那么该类个体在群体中所占比例将保持不变。

模型二：多群体复制者动态模型的动力学演化过程。在多群体复制者动态模型中，存在多个群体。不同群体中的个体有不同的策略集，不同的群体平均收益和不同的群体演化速度。则系统的状态演化方程为：

$$\frac{dx_{si}^j}{dt} = [f(s_i^j, x) - f(x^j, x^{-j})]x_{si}^j \tag{13-4}$$

其中，$j=\{1, 2, \cdots, k\}$ 表示第 j 个群体；x_{si}^j 表示在时刻 t 第 j 个群体中选择纯策略 s_i 的个体数占该群体总数的比例，x^j 表示群体 j 在某时刻所处的状态，x^{-j} 表示第 j 个群体以外的其他群体在 t 时刻所处的状态；s_i^j 表示群体 j 中个体行为集中的第 i 个策略；x 表示群体的策略组合；$f(s_i^j, x)$ 表示群体状态为 x 时，群体 j 中个体选择策略 s_i^j 时的期望得益；$f(x^j, x^{-j})$ 表示混合群体的平均收益。

借助复制者动态模型，可仿真模拟供应链金融中各方的博弈过程，从而发现不同的利率、违约成本等条件下系统演化到稳态时的供应链合作水平。

13.3.3 应收账款融资模式下银企博弈仿真

当银行采取“贷款”策略时，参与供应链融资的中小企业有“守信”和“违约”两种选择。如果中小企业选择“守信”，那么银企双方都能获得协议所规定的各自的收益，即银行到期获得本金和利息，中小企业解决了经营资金不足问题。如果中小企业选择“违约”。在应收账款模式下，银行接下来会要求核心企业兑现应收账款以弥补损失。当核心企业选择“还款”，则银行弥补损失。核心企业遭受经济损失。如果核心企业经营发生了重大不利变化，或者核心企业可能存在与中小企业串谋违规融资行为，此时核心企业就可能会选择“不还款”。核心企业若与银行的合作终结，银行蒙受损失。核心企业遭失信行为曝光的损失。此时，中小企业因逃避还款义务而得到较高的短期收益，但同时会因为被驱逐出供应链业务和遭违约失信行为的曝光而遭受可能的长期损失。

银行、中小企业、核心企业三方博弈的收益矩阵如表 13－9 所示。表内收益函数从上到下分别代表银行、中小企业、核心企业的收益。

表 13－9 银行、中小企业、核心企业三方博弈收益矩阵

银行贷款		中小企业（融资企业）	
		守信	违约
核心企业	还款	$\alpha M r_0 - C$	$M - \alpha M(1 + r_0) - C$
		$\alpha M(r_2 - r_0) + Y$	$\alpha M(1 + r_2) - T$
		$M r_1 + Y$	$M r_1$
	不还款	$\alpha M r_0 - C$	$-\alpha M(1 + r_0) - C$
		$\alpha M(r_2 - r_0) - M$	$\alpha M(1 + r_2) - M - T$
		$M(1 + r_1) - S$	$M(1 + r_1) - S$

表 13－9 中各项指标的含义如下：M 为核心企业和中小企业之间的应收账款额；α（$0 < \alpha < 1$）为银行根据自身的风险偏好和供应链风险状况确定的应收账款质押率；r_0 为银行提供的贷款利率；C 为银行的监督成本；r_1 为核心企业利用

未支付账款进行再投资所获得的收益率；r_2 为获得贷款的中小企业的投资收益率；S 为核心企业违约损失；Y 为长期稳定的交易关系给供应链带来的好处；T 为中小企业违约给自己造成的信誉等损失。以上各变量的约束条件是：各变量值都大于 0 且 $\alpha Mr_0 - C > 0$，$r_2 > r_0$。银行选择不贷款，则融资不能实现，此时三方收益均为 0。

下面对供应链金融系统在完全信息博弈下和不完全信息博弈下所可能达到的均衡状态进行简要分析。

（1）完全信息博弈。若供应链金融系统中的博弈为一次博弈，则 $Y = T = S = 0$。若中小企业违约，核心企业不还款所获收益大于还款收益，所以核心企业选择违约；若中小企业守约，核心企业不还款收益也大于还款收益，所以核心企业仍选择不还款。故核心企业存在优势策略不还款。此时，中小企业违约收益与守约收益之差为 $\alpha M(1 + r_0) > 0$，所以中小企业选择违约。在信息完全条件下，银行能够准确预测到中小企业和核心企业的选择，所以银行会选择不贷款。此时，银行、中小企业、核心企业三方收益均为 0。

在现实交易中，供应链成员之间有较为稳定的交易关系，且各成员重视长远利益和交易关系的价值。当有能力还款时，各成员都愿意守约。所以供应链金融中的三方博弈应该更接近于重复博弈。在重复博弈中，若在某次博弈中有一方违约，则其会受到惩罚。而不违约方将受到供应链上的奖励。所以在重复博弈中，$Y \neq 0$，$T \neq 0$，$S \neq 0$。

在供应链金融系统重复博弈中，当核心企业选择还款时，中小企业守约收益与违约收益之差为 $Y + T - \alpha M(1 + r_0)$。当 $Y + T > \alpha M(1 + r_0)$时，中小企业选择守约；当 $Y + T < \alpha M(1 + r_0)$时，中小企业选择违约。当核心企业选择不还款时，中小企业守约收益与违约收益之差 $T - \alpha M(1 + r_0)$。当 $T > \alpha M(1 + r_0)$时，中小企业选择守约；当 $T < \alpha M(1 + r_0)$时，中小企业选择违约。因此，当惩罚 T 足够大，以使中小企业违约收益小于守约收益时，中小企业都将守约。

在完全信息下，核心企业可通过分析得知有足够大的 T 时中小企业会选择守约。考虑中小企业守约情况下核心企业自身收益最大化策略。当中小企业守约时，核心企业还款与不还款收益之差为 $S + Y - M$。当满足 $S + Y > M$ 时，核心企业选择还款。故当惩罚 S 足够大时，核心企业选择还款。在完全信息下，银行可分析得知，中小企业和核心企业在惩罚足够大时会选择守约和还款。银行从自身利益最大化考虑，将选择提供贷款。所以，当违约惩罚足够大时，银行、中小企业、核心企业三方所选择的策略组合是(贷款，守约，还款)。

（2）不完全信息博弈。由于市场中存在很多不确定因素。有时会出现企业愿意守约但因客观原因无力还贷的情况。故需要考虑中小企业和核心企业因还款能力造成的非意愿性违约的情形，称之为不完全信息下的银企博弈。

在不完全信息下，银行会根据其预测的中小企业和核心企业的守约概率来决定是否贷款。为便于研究，不妨假定存在一虚拟博弈方。该虚拟博弈方有四种决策，（守约，还款），（违约，不还款），（守约，不还款），（违约，还款），分别代表中小企业和核心企业决策的四种组合情况。银行预测四种状态出现的概率分别为 $\beta_2\beta_3$、$(1-\beta_2)\beta_3$、$\beta_2(1-\beta_3)$、$(1-\beta_2)(1-\beta_3)$。其中，β_2、β_3 分别代表中小企业和核心企业的守约概率，$\beta\in[0,1]$。β 值越接近于 1，则申请人信用越好；β 值越接近 0，则申请人信用越差。

下面通过复制者动态模型仿真实验来考察存在多家银行、核心企业和中小企业的情况下，银行贷款概率、中小企业守约概率以及核心企业贷款利率三者之间的关系。

假定在时刻 t，采取贷款策略的银行在所有银行里所占的比例是 β_1，则采取不贷款的成员比例是 $1-\beta_1$，其中，$\beta_1\in[0,1]$。采取守约策略的中小企业在所有中小企业里所占的比例是 β_2，则采取违约策略的成员比例是 $1-\beta_2$，其中，$\beta_2\in[0,1]$。采取还款策略的核心企业在所有核心企业里所占的比例是 β_3，采取违约策略的成员比例是 $1-\beta_3$，其中，$\beta_3\in[0,1]$。使用 Matlab 的 Simulink 模块库进行银行、核心企业和中小企业三方博弈仿真。在给定相关的约束条件下，观察供应链金融应收账款融资模式中三方博弈的时间演化情况。比较不同参数值对仿真实验结果的影响。

表 13 - 10 中先设定了对照组的参数。然后分别改变 T、S、Y 的值，观察相关的变量值变化对系统达到均衡态的收敛速度和均衡点位置的影响。其中，博弈次数 = 博弈时间 $\times\frac{1}{\text{步长}}$。

表 13 - 10　对照组参数赋值

变量	M	α	r_0	C	T	Y	S	时间	步长
值	100	0.9	0.0435	1	200	2	80	1s	1/60

首先，基于表 13 - 10 参数数据，给出银行、中小企业和核心企业三方博弈结果。如图 13 - 12 所示。

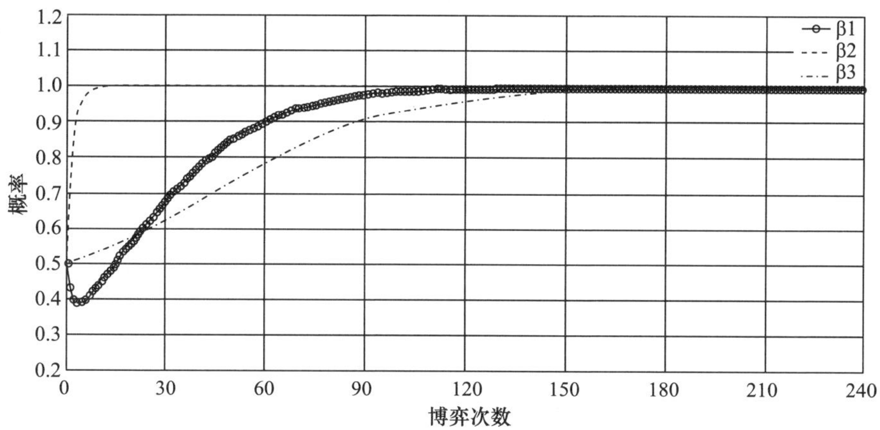

图 13－12　银行、中小企业和核心企业三方博弈结果（一）

从图 13－12 中可以看到，在所选定的参数下，供应链金融系统中除了一开始采用合作策略的银行比例有所减少外，在后续的时间段中银行、中小企业和核心企业中采用合作策略的比例都逐渐升高，并最终达到了供应链上所有参与者都采用合作策略的稳定状态。即所有银行都愿意贷款给供应链上的中小企业，所有中小企业都对银行保持守信，所有核心企业始终保证守信还款的稳定状态。

其次，将对照组中的 T＝200 改变为 T＝300，其余变量不变，给出银行、中小企业和核心企业三方博弈结果，如图 13－13 所示。

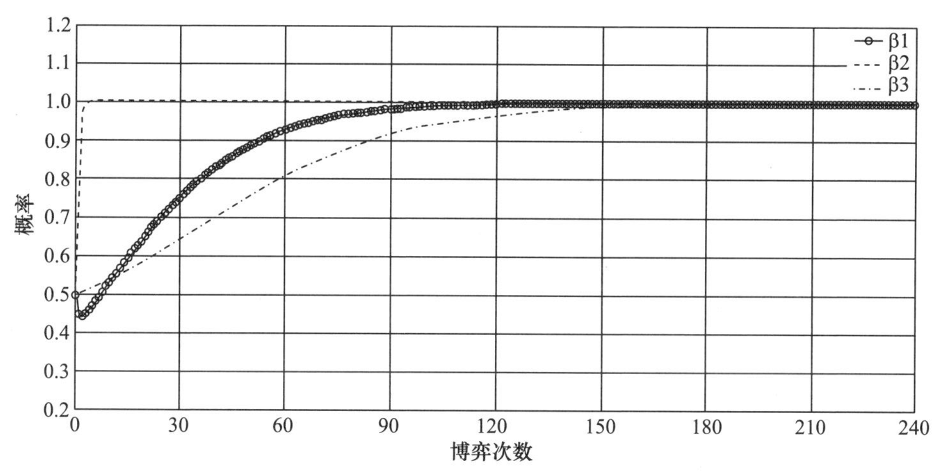

图 13－13　银行、中小企业和核心企业三方博弈结果（二）

从图 13－13 中可以看出，在原有的变量取值下已能使所有各方都采用合作策略的情况下，继续增大对中小企业的违约惩罚 T 并不能对最终系统达到稳定状态的结果有什么影响，即系统最终仍达到了供应链上所有参与者都采用合作策略的稳定状态。图 13－12 和图 13－13 中显示结果的主要区别是，增大 T 使中小企业快速达到了全部合作的状态。另外，增大 T 还使一开始采用合作策略的银行比例减少得没那么明显。

再次，将对照组中的 S＝80 改变为 S＝90，其余变量不变，给出银行、中小企业和核心企业三方博弈结果，如图 13－14 所示。

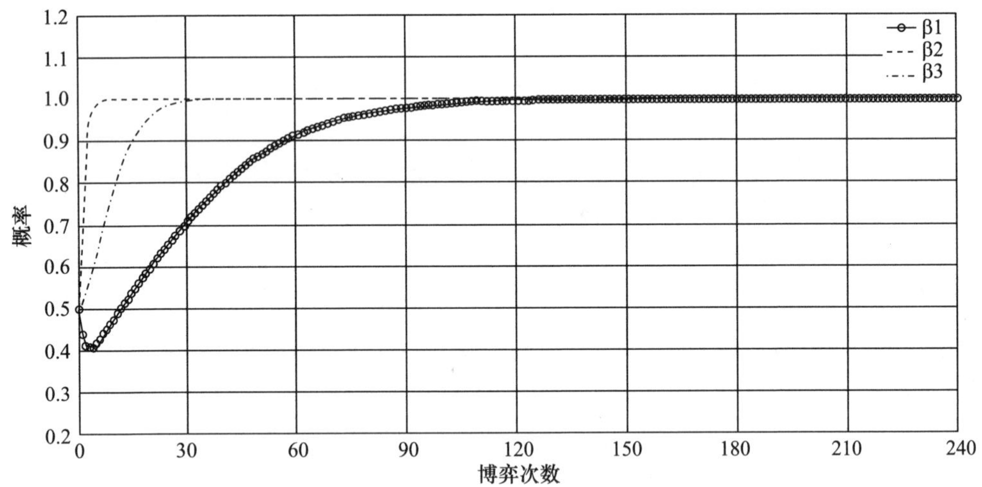

图 13－14　银行、中小企业和核心企业三方博弈结果（三）

从图 13－14 中可以看出，在原有的变量取值下已能使所有各方都采用合作策略的情况下，继续增大对核心企业的违约惩罚 S 并不能对最终系统达到稳定状态的结果有什么影响，即系统最终仍达到了供应链上所有参与者都采用合作策略的稳定状态。图 13－12 和图 13－14 中显示的主要区别是，增大 S 使核心企业快速达到了全部合作的状态。S 的增大对银行和中小企业达到全部合作的稳定状态的速度并没有明显的影响。

最后，将对照组中的 Y＝2 改变为 Y＝30，其余变量不变，给出银行、中小企业和核心企业三方博弈结果，如图 13－15 所示。

从图 13－15 中可以看出，在原有的变量取值下已能使所有各方都采用合作策略的情况下，增大供应链长期稳定合作关系的收益 Y 并不能对最终系统达到稳定状态的结果有什么影响，即系统最终仍达到了供应链上所有参与者都采用合作策略的稳定状态。图 13－12 和图 13－15 中显示的主要区别是，增大 Y 使核心企业快速达到了全部合作的状态。Y 的增大对银行和中小企业达到全部合作的稳定状态的速度并没有明显的影响。

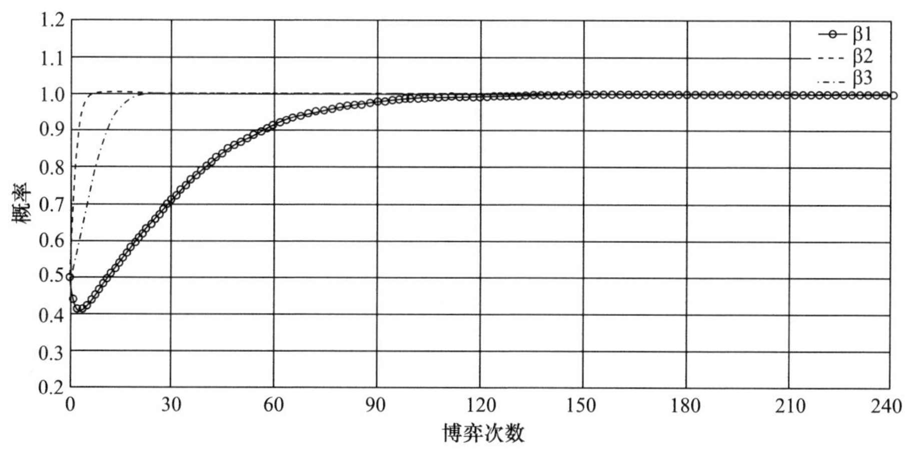

图 13－15　银行、中小企业和核心企业三方博弈结果（四）

从银行、中小企业和核心企业三方博弈的仿真结果中可以得出以下结论：

（1）违约惩罚能促进合作。供应链金融中的违约惩罚分为两类，对违约中小企业的惩罚和对违约核心企业的惩罚。当违约惩罚达到一定的力度，供应链金融系统中所有的参与者都将选择合作策略。继续增大惩罚可提高供应链金融系统中相关方达到全体合作的速度，但对系统的稳态结果并无影响。

（2）供应链奖励促进合作。供应链奖励主要体现在供应链长期稳定的合作关系给供应链金融各参与方所带来的额外收益。当供应链奖励足够大时，供应链金融系统中所有的参与者都将选择合作策略。继续增大供应链奖励可提高供应链金融系统中相关方达到全体合作的速度，但对系统的稳态结果并无影响。

从银行、中小企业和核心企业三方博弈的仿真结果可得到供应链金融管理的启示是：从选择核心企业的角度来看，银行可以将核心企业的行业地位和管理供应链效率作为考察重点。行业地位越高的核心企业，其违约所承受的信誉下降等惩罚带来的损失越大，其守约的动机越强烈。管理效率较高的核心企业有助于巩固并优化与上游供应商、下游经销商之间的战略关系，获得较高的供应链收益。通过正向激励降低供应链金融的信用风险。

13.3.4 考虑“隐性股权”的银企博弈仿真

将供应链金融长期稳定的交易关系的价值视为隐性股权，而隐性股权的股息就是对这一价值的量化。为使这种长期交易关系量化，参照Liu Zugang和Cruz的方法，将资本资产定价模型（CAPM）与净现值法（NPV）相结合，计算出隐性股权的价值。在由受资金约束的中小企业、核心企业以及银行组成的供应链金融系统中，理性的决策者都会追求自身利益的最大化。假定 NC_j^i 表示 t 阶段 i 从 j 获得的现金流，且每一阶段现金流数量相等，用 NPV 模型可以得到：

$$E_j^i = \frac{NC_j^i}{(1+r_j)} + \frac{NC_j^i}{(1+r_j)^2} + \cdots + \frac{NC_j^i}{(1+r_j)^t}，\cdots，i，j \in \{1，2，3\}，i \neq j \tag{13-5}$$

其中，E_j^i 表示 i 在 j 中的隐性股权价值，1、2、3 分别对应银行、中小企业、核心企业，r_j 表示给 j 的折扣率，反映了从 j 获得的现金流风险。通过 CAPM 模型确定 r_j，即：

$$r_j = r_f + \beta_j(r_m - r_f) \tag{13-6}$$

其中，r_f 表示无风险收益率，r_m 表示市场收益率，β_j 表示 j 公司对经济风险的敏感度，一般用来衡量该公司的金融风险。公司盈利能力受外界经济状况影响越大，则 β 值越大；反之越小。

当考虑企业的增长率以及维持交易关系的概率时，隐性股权 E_j^i 变化为：

$$E_j^i = \frac{NC_j^i}{\dfrac{(1+r_j)}{\varphi_j(1+g_j)} - 1} i，j \in \{1，2，3\}，i \neq j \tag{13-7}$$

其中，φ_j 为企业 j 保持合作关系的概率，g_j 为企业 j 的增长率，设：

$$\mu_j = \frac{1}{\dfrac{(1+r_j)}{\varphi_j(1+g_j)} - 1}，i，j \in \{1，2，3\} \tag{13-8}$$

可得：

$$E_j^i = \mu_j NC_j^i，i，j \in \{1，2，3\}，i \neq j \tag{13-9}$$

当中小企业守约时，中小企业应从核心企业获得的净现金流等于银行给中小企业提供融资服务而获取的利息再扣除监督成本，设应收账款额为 M，质押率为 α，贷款利率为 r_0，监督成本为 C，则：

$$NC_2^1 = M\alpha r_0 - C \tag{13-10}$$

当核心企业守约时，中小企业应从核心企业获得的净现金流等于他通过交易获得的收益(忽略交易成本)，设中小企业的投资收益率为 r_2，则：

$$NC_3^2 = Mr_2 \tag{13-11}$$

中小企业在银行中的隐性股权 E_2^1 和核心企业在中小企业中的隐性股权 E_3^2 分别为：

$$E_2^1 = \mu_2(\alpha Mr_0 - C) \tag{13-12}$$

$$E_3^2 = \mu_3\alpha Mr_0 \tag{13-13}$$

考虑“隐性股权”的银行、中小企业、核心企业三方博弈的收益矩阵如表 13－11 所示。表内收益函数从上到下分别代表银行、中小企业、核心企业的收益。

表 13－12 中先设定了对照组的参数。然后分别改变 T、S、Y 的值，观察相关的变量值变化对系统达到均衡态的收敛速度和均衡点位置的影响。其中，博弈次数 = 博弈时间 × $\frac{1}{步长}$。

表 13－11　考虑“隐性股权”银行、中小企业、核心企业三方博弈收益矩阵

银行贷款		中小企业（融资企业）	
		守信	违约
核心企业	还款	$\alpha Mr_0 + E_2^1 - C$	$M - \alpha M(1 + r_0) - C$
		$\alpha M(r_2 - r_0) + E_3^2 + Y$	$\alpha M(1 + r_2) + E_3^2 - T$
		$Mr_1 + Y$	Mr_1
	不还款	$\alpha Mr_0 + E_2^1 - C$	$-\alpha M(1 + r_0) - C$
		$\alpha M(r_2 - r_0) - M$	$\alpha M(1 + r_2) - M - T$
		$M(1 + r_1) - S$	$M(1 + r_1) - S$

表 13－12　对照组参数赋值

变量	M	α	r_0	C	T	Y	S	μ_2	时间	步长
值	100	0.9	0.0435	1	200	2	80	0.5	1s	1/60

首先，基于表 13－12 参数数据，给出银行、中小企业和核心企业三方博弈结果。如图 13－16 所示。

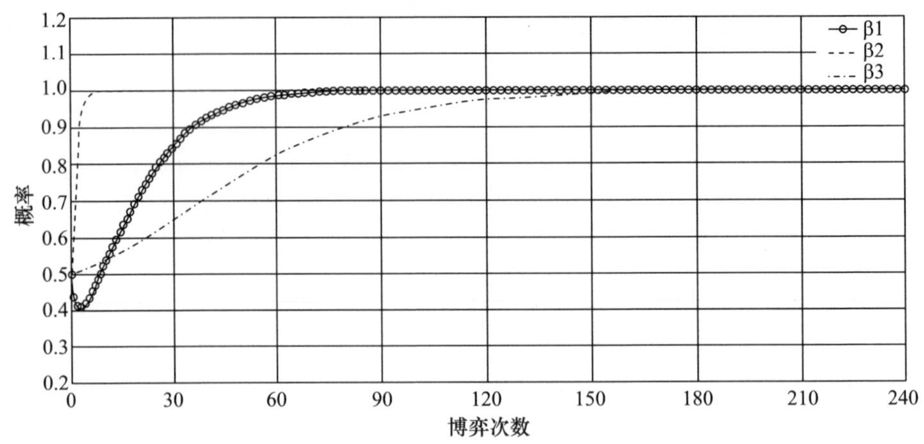

图 13－16　考虑“隐性股权”银行、中小企业和核心企业三方博弈结果（一）

从图 13－16 中可以看到，在所选定的参数下，供应链金融系统中除了一开始采用合作策略的银行比例有所减少外，在后续的时间段中银行、中小企业和核心企业中采用合作策略的比例都逐渐升高，并最终达到了供应链上所有参与者都采用合作策略的稳定状态。即所有银行都愿意贷款给供应链上的中小企业，所有中小企业都对银行保持守信，所有核心企业始终保证守信还款的稳定状态。

比较图 13－12 和图 13－16 的结果可以发现，加入隐性股权变量时，银行到达完全合作的时间缩短，中小企业和核心企业到达全部合作的速度基本不变。

其次，将对照组中的 $\mu_2=0.5$ 改变为 $\mu_2=1.5$，其余变量不变，给出银行、中小企业和核心企业三方博弈结果，如图 13－17 所示。

从图 13－17 中可以发现，增大隐性股权因子时，银行到达完全合作的时间进一步缩短，而中小企业和核心企业到达全部合作的速度基本维持不变。

考虑“隐性股权”后银行、中小企业和核心企业三方博弈的结果显示，当考虑隐性股权时，银行与中小企业间长期业务往来关系被视为收益，因此有更多的银行愿意给中小企业提供融资服务。当增加隐性股权的收益时，银行受到正面刺激，银行给中小企业发放贷款的态度更积极。

从考虑“隐性股权”的银行、中小企业和核心企业三方博弈的仿真结果可得到供应链金融管理的启示是：在开展供应链金融业务中，银行在考察核心企业时应将核心企业和中小企业的长期交易关系纳入考量范围。长期的供应链合作关

系不仅能使核心企业更多地了解所担保的中小企业，同时也能保证企业的稳定经营，使企业的还款能力得到保障，从而有助于降低银行的信用风险。

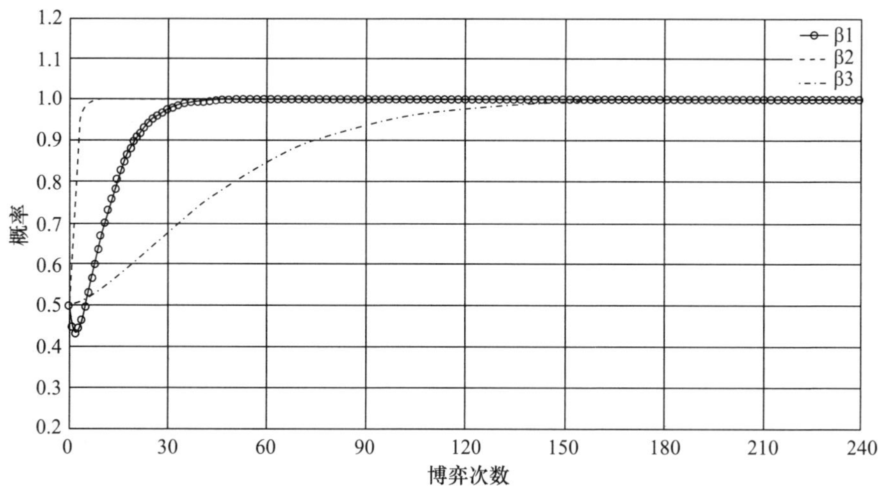

图 13－17　考虑“隐性股权”银行、中小企业和核心企业三方博弈结果（二）

13.3.5　相同供应链上的中小企业博弈仿真

在供应链融资中，银行贷款的对象是供应链上的众多中小企业。如果将供应链上的中小企业视为一个整体，那么，供应链融资就类似于企业集团融资。在供应链融资中，围绕着同一核心企业进行贷款的中小企业彼此的信誉会对整个供应链的信誉造成影响。因此，在选择核心企业时，应该从其对供应链上的中小企业的管理能力入手来进行考察。将同一供应链上的中小企业作为一个整体，团体目标是所有成员在信贷过程中都守信，以实现与银行间的长期合作。而从理性人的角度来考量，供应链上单个成员的目标是自身利益最大化。当个体利益和团体利益存在冲突时，供应链成员将面临自身利益与团体利益的取舍。这样就出现了供应链中的中小企业相互间博弈的问题。

假设供应链上各个中小企业成员不存在地位和倾向性特征上的差别。在面对银行时，中小企业的策略空间为（守信，违约）。如果把中小企业的守信行为看作是对这个企业集团的维护，那么违约就可以被看作是对企业集团的背叛。因此，对于同一供应链上的任何一家中小企业，其可选择的策略空间都是（维护，背叛)。

假设银行贷款金额为 αM，中小企业获得贷款的再投资收益率为 r_2，中小企业违约损失为 T，中小企业的守信成本是 C′，某中小企业的违约行为给团体中其他守信的中小企业带来的损失是 T′。当供应链上的所有中小企业都选择背叛策略时，他们会受到更加严厉的惩罚。此时，中小企业的违约损失为 zT，其中 $z>1$。当银行选择不贷款时，供应链上的中小企业的融资不能实现。假定此时双方收益均为0。其他所有变量都大于0。博弈模型的收益矩阵如表 13－13 所示。表13－13 内收益函数从上到下分别代表中小企业 1 和中小企业 2 的收益。

表 13－13　中小企业博弈收益矩阵

银行贷款		中小企业 1	
		维护	背叛
中小企业 2	维护	$\alpha M(r_2-r_0)-C'$	$\alpha M(1+r_2)-T$
		$\alpha M(r_2-r_0)-C'$	$\alpha M(r_2-r_0)-T'-C'$
	背叛	$\alpha M(r_2-r_0)-T'-C'$	$\alpha M(1+r_2)-zT$
		$\alpha M(1+r_2)-T$	$\alpha M(1+r_2)-zT$

本书使用 Matlab 的 Simulink 模块库对随机动态非线性系统进行仿真。选择 Simulink 中的高斯白噪声来描述随机干扰，观察选择背叛策略的中小企业比例 x 随着时间 t 的演化情况。模型中涉及的变量有：质押率 α，应收账款金额 M，再投资收益率为 r_2，违约损失 T，维护成本 C′，中小企业的背叛行为给团体中其他维护的中小企业带来的损失 T′，当中小企业都选择背叛时的惩罚系数 z，高斯白噪声的方差，博弈次数（博弈时间 $\times\frac{1}{步长}$）。下面通过仿真模拟比较不同的违约损失 T 和随机干扰方差对中小企业违约利率随时间演化的影响。

（1）考虑违约损失值相对较大的情形。首先，考察随机干扰项较小时的情形。具体各参数的取值如表 13－14 所示。

表 13－14　模型参数赋值情况

变量	M	α	r_0	r_2	C′	T	T′	z	方差	时间	步长
值	100	0.9	0.0435	0.25	1	120	20	1.5	0.1	0.5s	1/30

当选择表 13－14 中的参数值时，供应链上的中小企业选择“背叛”策略的企业数占所有中小企业数的比例随时间的演化情况如图 13－18 所示。

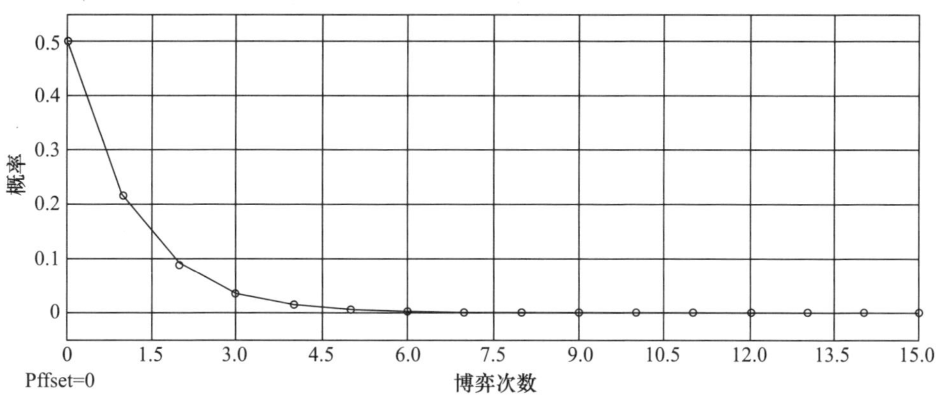

图 13－18　供应链上选择违约策略的中小企业比例随时间演化情况（一）

由图 13－18 可知，当违约损失较大及随机扰动较小时，即 T＝120 及高斯白噪声的方差为 0.1，采用背叛策略的中小企业比例随时间逐渐减少，并最终减少到零。也就是说，当违约损失较大及随机扰动较小时，在长期博弈中供应链金融系统里的中小企业都倾向于守信。供应链企业之间的关系稳定。

其次，考察其他变量值不变，高斯白噪声的方差从 0.1 增加到 10 的情形。供应链上的中小企业选择“背叛”策略的企业数占所有中小企业数的比例随时间的演化情况如图 13－19 所示。

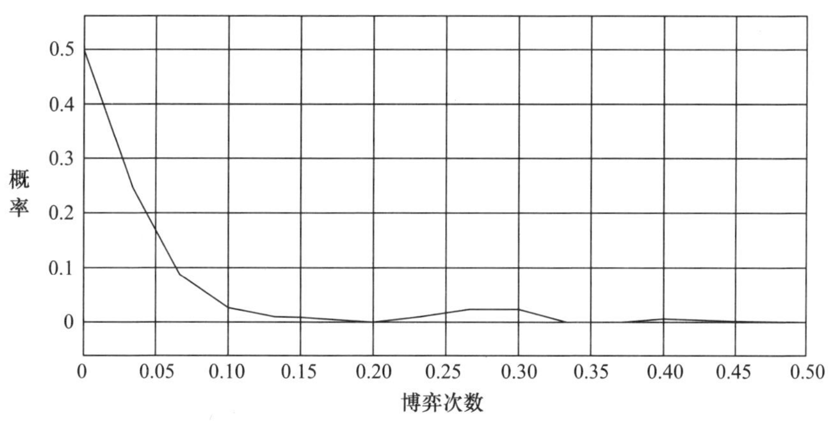

图 13－19　供应链上选择违约策略的中小企业比例随时间演化情况（二）

从图 13－19 中可知，虽然违约损失仍保持较大的值 T＝120 不变，但是随着随机扰动的增加时，随着时间的演化供应链金融系统中最终仍可能会有少数中小企业采用背叛策略。

最后，考察其他变量值不变，将高斯白噪声的方差从 10 继续增加到 100 的情形。供应链上的中小企业选择“背叛”策略的企业数占所有中小企业数的比例随时间的演化情况如图 13－20 所示。

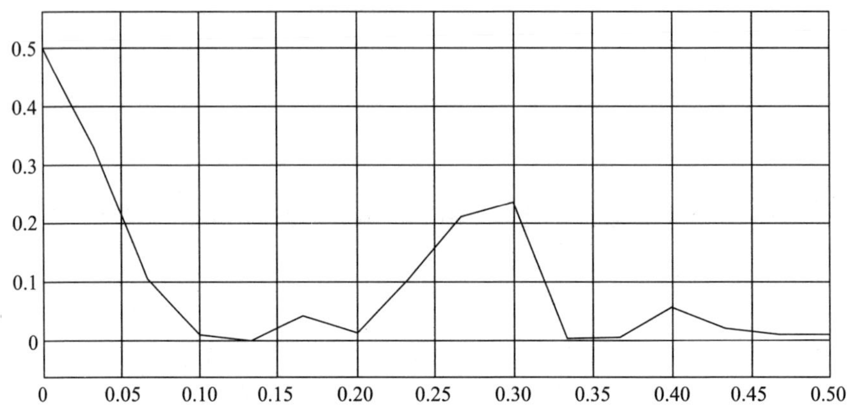

图 13－20　供应链上选择违约策略的中小企业比例随时间演化情况（三）

从图 13－20 可以看出，随着随机扰动的进一步增大，采用背叛策略的中小企业比例一开始随时间推移仍是逐渐减少。但当该比例减少到某个小值后，系统开始出现较大的波动。即当随机扰动较大时，供应链系统中的中小企业采用背叛策略的比例呈无规则的剧烈波动状态。

（2）考虑违约损失值相对较小的情形。首先，考察随机干扰项较小时的情形。具体各参数的取值如表 13－15 所示。

表 13－15　模型参数赋值情况

变量	M	α	r_0	r_2	C′	T	T′	z	方差	时间	步长
值	100	0.9	0.0435	0.25	1	80	20	1.5	0.1	1s	1/60

当选择表 13－15 中的参数值时，供应链上的中小企业选择“背叛”策略的企业数占所有中小企业数的比例随时间的演化情况如图 13－21 所示。

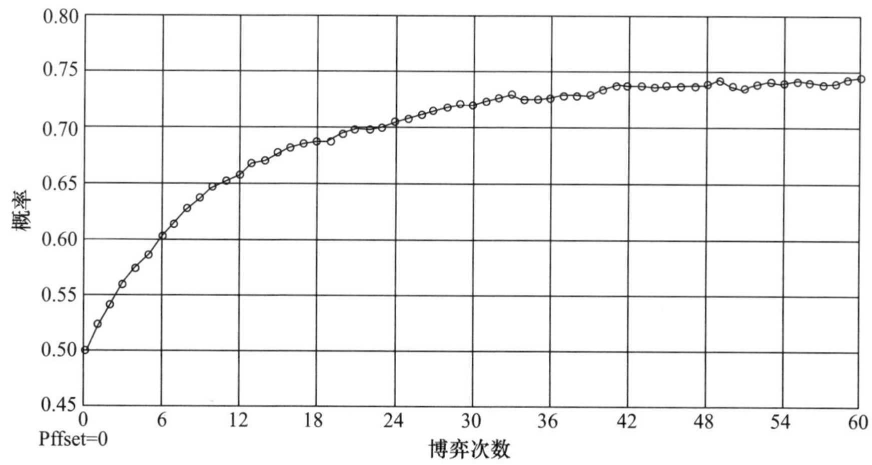

图 13－21　供应链上选择违约策略的中小企业比例随时间演化情况（四）

从图 13－21 可知，当违约损失较小及随机扰动较小时，即 T＝80 及高斯白噪声的方差为 0.1，采用背叛策略的中小企业比例随时间逐渐增大，并最终达到稳定态 0.75 左右。也就是说，当违约损失较小及随机扰动也较小时，在长期博弈中供应链金融系统里的中小企业都倾向于不守信。这种情形不利于形成稳定的供应链关系。

其次，考察其他变量值不变，高斯白噪声的方差从 0.1 增加到 10 的情形。供应链上的中小企业选择“背叛”策略的企业数占所有中小企业数的比例随时间的演化情况如图 13－22 所示。

从图 13－22 可知，当保持较小的值 T＝80 不变，随机扰动的增加一开始并没有显著影响到供应链金融系统中采用背叛策略的中小企业比例的变化特征。采用背叛策略的中小企业比例随时间逐渐增加。当采用背叛策略的中小企业比例达到 0.7 左右时，采用背叛策略的中小企业比例开始围绕着平均值 0.75 左右随机地往上往下运动。

最后，考察其他变量值不变，将高斯白噪声的方差从 10 继续增加到 100 的情形。供应链上的中小企业选择“背叛”策略的企业数占所有中小企业数的比例随时间的演化情况如图 13－23 所示。

从图 13－23 可知，随着随机扰动的进一步增大，采用背叛策略的中小企业比例一开始随时间推移仍是逐渐增大。但当该比例增大到 0.7 以后，系统开始出现更大幅度的波动。即当随机扰动较大时，供应链金融系统中的中小企业采用背叛策略的比例围绕着平均值0.75左右呈剧烈的上下波动状态。

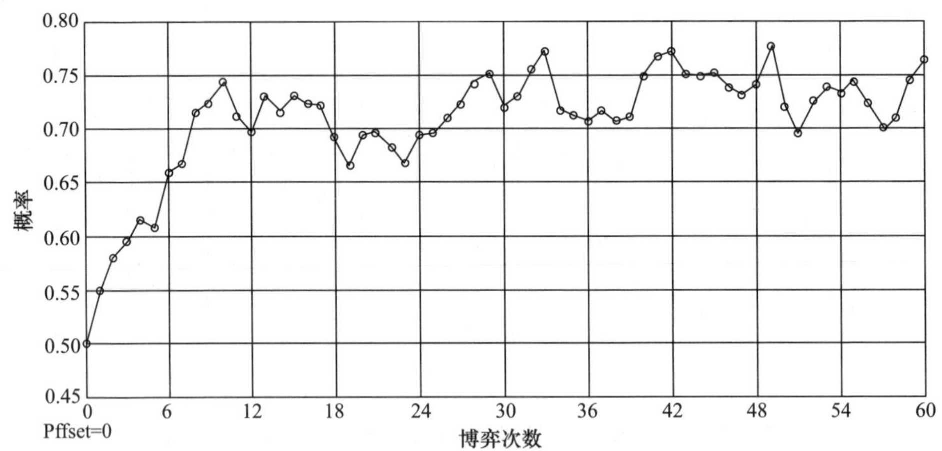

图13-22　供应链上选择违约策略的中小企业比例随时间演化情况（五）

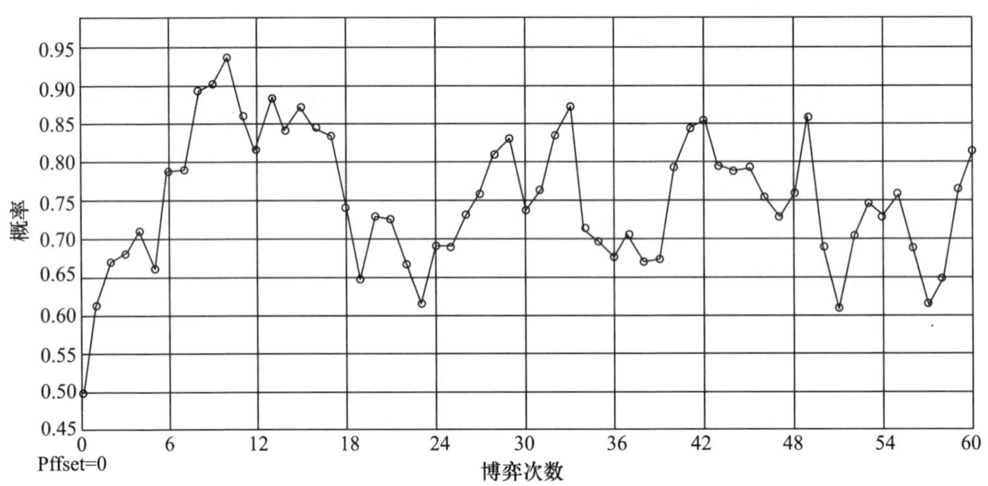

图13-23　供应链上选择违约策略的中小企业比例随时间演化情况（六）

从违约惩罚较小和惩罚较大两种情形下系统的演化结果的比较中可以发现，同一供应链上的中小企业之间是否能形成稳定的合作关系与违约惩罚的力度有关系。当违约惩罚的力度较大时，同一供应链上的中小企业容易形成稳定的合作关系。当违约惩罚的力度较小时，同一供应链上的中小企业不易形成稳定的合作关

系。随机扰动的存在虽然会影响到结果的稳定性，但采用背叛策略的中小企业比例基本上还是围绕着某一特定的平均值上下波动。该平均值并未随着随机扰动项大小的变化而变化。

从银行选择核心企业的角度来看，可以得出以下结论：银行在对供应链金融中潜在授信对象进行考察时，应该针对核心企业的供应链管理能力进行重点考察。通过保持适当的违约惩罚力度，核心企业能促使供应链上的中小企业为团体共同利益而保持相互合作的状态，以赢得银行对供应链企业的信任和长期的合作，降低供应链企业的融资成本，使供应链整体能获得长期稳定的经营效益。

13.3.6 结论与启示

基于复制者动态模型构建了应收账款融资模式下的供应链金融博弈模型。主要考察了以下三种情形下的博弈结果：一是一般情形下的银企博弈；二是考虑了“隐性股权”条件下的银企博弈；三是属于同一供应链上的中小企业间的博弈。

根据本书仿真模拟结果，对供应链金融核心企业进行选择时应主要考察以下三方面：

一是选择行业地位高的企业作为核心企业能够有效降低供应链整体的信用风险。对于行业地位高的企业而言，违约意味着信用的贬损，将面临较高的违约成本。从短期来看，信誉损失会造成股价和市值的下降；从长期来看，信誉损失会造成贷款额度的降低和贷款利率的提高。

二是银行在开展供应链金融业务时应将核心企业与中小企业及银行与中小企业的长期关系纳入考量范围。核心企业与中小企业的长期合作意味着往期经营生产处于相对稳定可查状态，保证中小企业具有相应的还款能力。

三是银行应将核心企业的供应链管理能力作为考察潜在供应链金融授信客户的指标之一。对供应链的高效率管理能力有助于巩固和优化核心企业与上、下游企业间的战略合作关系，保持供应链系统的长期稳定性，从而有效降低供应链企业的违约风险。

第十四章　金融复杂系统研究进展和未来展望

金融复杂系统的研究从最初的现象发现到中期的经验总结再到后续的理论建模，已经经历了20多年的时间。随着互联网技术的发展，线上线下高度融合、金融大数据分析、投资者行为心理等领域的研究成果如何与金融服务优化和金融风险管理结合起来已成为金融复杂系统领域新的研究方向。各学科新的技术和方法将被有机结合到金融学问题的研究中，以更好地发挥金融服务在优化资源配置、促进社会经济发展中的作用。

第一节　线上线下高度联通社会中的金融服务优化模式

在互联网环境下，传统的受制于地域空间范围限制的金融服务模式得到了极大的解放。借助于电子支付、网上银行、互联网金融超市等渠道，金融机构与分散于全国各地，甚至是全球各地的客户建立了实时的沟通渠道。如何借助互联网渠道拓展客户资源，实现互联网环境下的金融服务资源优化重组，提高线上线下客户的综合服务能力，最大限度地发挥金融资源在社会经济发展中的推动作用，是经由互联网渠道所联系起来的这一高度联通社会中的重要课题。

从互联网金融平台出发优化金融服务，需要着重关注的是平台所带来的网络效应、非对称性成本效应、垄断和竞争模式的变化、金融创新和金融管制的动态平衡等问题。从平台的网络效应来看，互联网环境下的金融服务平台客户

资源存在正反馈放大效应。根据人们的搜索习惯和对平台质量的认知，新客户往往更愿意连接进入有更多老客户的金融服务平台。因此，互联网金融平台上所聚集的人越多，就会有更多的新客户愿意进入这一平台。客户链接中的网络成长机制往往会导致巨型平台的出现，导致金融服务中出现强者更强、弱者更弱的垄断局面。但是，由互联网金融平台的人气集聚所带来的垄断效应相较于传统的行业垄断、技术垄断等来说又是非常脆弱的。平台经济所带来的客户集聚的便利性，实际上也意味着客户消散的快速性。在互联网环境下，客户的可选择范围广，并可以同时在多个互联网金融平台接受相关的服务。因此，相较于传统的金融服务对象，互联网金融平台中的客户忠诚度相对较低，十分容易受到外部干扰的影响。因此，互联网环境下的金融服务平台规模效应和范围经济更需要实时的跟踪和维护。这给金融企业带来了需要着重关注和解决的新的课题。

从聚合资源的角度出发优化金融服务，需要着重关注的是线上线下金融服务资源的联结和重组。在互联网环境下，金融服务所联结的不仅仅是产品和客户，还进一步延伸到了实体企业经营、服务过程管理和多元信息反馈的全过程中。金融产品生产的大规模标准化和分散化个性化共存，金融服务系统的自动化实时化和人工化定制化共存，金融服务渠道的专用性单一性和共享性多元性共存。在当今各领域相互渗透的大环境下，金融服务因市场的扩大和服务的深入对包括人力资源在内的各类资源的需求并没有减少，而是进行了资源的重组和优化，以提高自身的竞争力。金融领域的各类资源配置呈现出线上、线下融合的模式，在服务供给、质量评价、激励机制、竞争模式等方面都表现出新的特点。金融服务对实体经济发展的相互促进作用更为明显，在社会经济各方面的渗透更为广泛和深入。

从产品定价的角度出发优化金融服务，需要着重关注的是互联网环境下金融产品定价的特殊性。与传统的金融产品一样，互联网环境下的金融产品价格与产品价值、服务成本、市场供求关系等直接相关。除此之外，互联网金融产品价格的影响因素有着其特殊性，这些特殊性主要体现在产品的价格与产品的生命周期、产品的供给方式和质量保障模式、消费者偏好差异和心理评价等有关。互联网环境下的金融产品定价需要根据不同产品的特点制定不同的定价规则，以达到产品定价与市场预期、客户的风险承受能力、企业发展的长期战略等相匹配。

第二节 互联网环境下多源大数据融合与金融风险管理

在互联网环境下，金融风险呈现出许多新的特征。一方面，随着金融体系发展的日益复杂化，金融机构间连接呈现出多样性、紧密性、动态性等特征。金融风险在各类金融机构间的传播也成为一种常态。局域性金融危机向全域性金融危机的转化路径也变得越来越复杂。另一方面，随着金融市场交易品种和交易数量越来越庞大，其风险也变得越来越隐蔽，其度量难度也变得越来越大。尤其是随着大量的非结构化数据的产生，传统的金融风险度量方法其处理数据能力的局限性变得越来越突出。如何将大量的分散于各个领域的非结构数据转换成可以利用的有用信息，以提高金融机构的风险预防和控制能力，成为未来几年甚至几十年内的重要课题。

在当前的大数据时代，数据的价值已经得到了各个领域充分的重视。随着国内外信息学科和统计学科的进一步发展，大数据处理方法也越来越丰富。这一切为互联网环境下的金融风险管理带来了重要的发展机遇，同时也带来了多方面的挑战。其有利的一面主要体现在大数据处理方法可以弥补传统的金融风险度量方法仅针对样本数据进行分析和处理，因而只能表征风险的局部特征这一不足，从而能够更为精确和全面地进行金融风险管理。其不利的一面主要体现在大数据所表现出的体量浩大、模态繁多、生成速度快、价值巨大但密度稀疏等特点，使我们在对数据的收集、处理和分析方面遇到许多新的困难。因此，如何将大数据运用于金融风险管理之中，是学术界和业界面临的共同课题。正如 Victor（2013）在其最新著作《大数据时代——生活、工作与思维的大变革》中指出的一样，在大数据时代，思维方式要发生以下三大变革：第一，要分析与事物相关的所有数据，而不是依靠分析少量数据样本，即要总体，不要样本；第二，要乐于接受数据的纷繁性和复杂性，而不再追求精确性；第三，不再探求难以捉摸的因果关系，应该更加注重相关关系。

互联网环境下的多源数据融合分析在金融风险管理中的应用已有一些前瞻性的探索。研究人员结合动量模型、频域分析理论和趋势分析理论，对微博话题的时间序列进行分析，提取出能有效识别微博突发话题的特征量指标，并将这些指标量变化与金融市场中的交易价格和交易量变化等进行相关性分析。研究人员结合灰色关联度法和模糊聚类法，对信用评价指标的多维时间序列数据进行分割处理和聚类分析，从时间序列的角度观察到受评对象信用等级的演化趋势。针对互联网环境下金融大数据在金融风险管理中的应用趋势，通过多源大数据融合可以开展以下一些方面的工作。

在金融机构客户管理方面，通过多源大数据收集和整理构建动态的金融机构客户信息数据库。在给金融机构客户进行分类的基础上，收集与不同类型的客户有关的资产、行为、社会关系等方面的信息，通过将不同来源的大数据信息进行加工和处理，预测客户的投资行为和资产变动状况，监控与客户行为相关的各类金融风险，并进一步分析客户资产和行为的变动可能给金融机构带来的盈利或损失。采用信息跟踪方法及时收录客户的各类交易数据、行为数据和关系数据，覆盖原始的冗余数据，动态修正前期的预测结果。

在金融机构客户风险产生和转移的监测方面，通过多源大数据的结构化处理和建模实现关系数据的可视化。借助于数据挖掘技术和网络化处理方法提取与金融风险相关的任何有价值信息，并将这些价值信息作为个体风险传播所依赖的信息流渠道，构建客户风险传播关联网络。例如，在对互联网金融平台投融资人行为数据的可视化处理中，可以将源于平台的融资人照片信息、性别信息、利率信息、项目信息与源于其他渠道的购物信息、出行信息等结合起来综合判断借款人信用风险，构建信用信息关联网络。

在度量相互独立的金融机构风险总量方面，通过大数据分析提炼某一地区相互独立的金融机构之间的资产关联性以及系统重要性等特征，识别金融风险在金融机构内部及金融机构之间的传导路径。考察以资产信息作为网络模型中节点与节点连接的唯一输入与输出，优化网络结构，保证在不同金融机构之间的系统相关性能够被准确刻画的前提下信息可快速有效传递，从而以目标金融机构为核心将不同的金融机构整合成一个局部的金融系统，构建基于大数据分析的金融风险传播网络模型，探讨影响金融机构风险总量变化的多种因素。

在大数据网络模型应用于金融风险度量的有效性和稳健性方面，通过将大数据网络模型应用于金融机构之中，并根据我国银行、证券公司、保险公司以及信托等金融机构的资产特点和风险特征，设置大数据网络结构模型中的参数值，模拟大数据网络模型在金融机构风险度量时的各种状态或可能出现的结果，检测大数据网络对金融风险度量的及时性和准确性。同时，采用极端事件和情景分析对大数据网络模型进行压力测试，评估大数据网络模型度量金融风险的有效性和稳健性。

第三节 基于投资者行为心理的金融市场演化和资产定价

行为金融理论是结合心理学理论而提出的一种用于解释金融市场中的“金融异象”和开展行为资产定价的理论。在行为金融理论中，投资者是有限理性的，富于情感，带有倾向性心理特征。以心理学中的认知偏差理论为基础，经济学家提出了前景理论，用以解释人们在金融市场投资中的参考点效应、反应不足或反应过度、多重异质性等行为。

国内外对于行为资产定价的研究较为关注投资者关注度、处置效应、过度反应、行为资产定价模型等方面。在投资者关注度对于资产价格的影响方面，研究发现较高的关注度会在个人投资者中间引起异常的交易活动，同时这也会导致短期市场价格发生巨大变化。在金融市场中，投资者更多地关注他们所熟悉的投资产品，从而使这些产品的价格容易出现较大的波动。投资者在选择所投资的产品时，往往被近期所能引起注意的事件所限制，从而使采取反转策略的投资者倾向于购买近期表现较差的产品，趋势策略的投资者倾向于购买近期表现较好的产品。投资者的有限关注特征导致其在面对市场不确定性升高时，更加关注市场因素，从而使市场波动率和资产收益的协同波动在冲击发生的当天升高，而在接下来的日子里出现反转。在投资者过度反应对于资产价格的影响方面，研究发现金融市场中的产品投资收益表现出反转现象。先前所亏损的投资产品在接下来的几年里其收益率往往会超过先前盈利的投资产品。IPO 股票在发行首日收益为正，但在长期投资中却表现不佳。在投资者处置效应对于资产价格的影响方面，研究发现投资者更愿意卖出盈利的产品而长期持有亏损的产品。投资者中所存在的这种处置效应在各国股票市场的交易账户信息中都有发现。在行为资产定价模型的研究方面，经济学家们根据投资者在投资过程中所存在的代表性偏差、过度自信、损失厌恶等心理特征提出了多个行为资产定价模型，以此解释金融市场中所存在的短期惯性和长期反转等现象。

基于国内外已有的研究成果，在投资者行为心理对金融市场演化和资产定价影响的研究方面，可以开展以下几个方面的工作。在刻画投资者行为与资产价格的关系方面，可以从投资者在证券市场交易中经常表现出来的有限关注、过度交易和处置效应等方面入手，分析不同类型的金融市场中投资者的交易行为对资产价格的变化有着多大程度的影响，以及资产价格如何随着投资者交易行为的改变而变化。在寻找决定资产价格的行为因素方面，可以运用心理学理论对投资者的认知过程进行解读，从制度与行为、信息与行为、心理与行为以及文化与行为等多个方面分析市场和非市场因素对投资者交易心理和行为的影响。观察市场价格受到哪些外部因素的冲击时投资者会表现出的某些异常行为。在构建符合国情的行为资产定价模型方面，可以基于前景理论设定影响投资者行为的重要因素的权重，构建投资者交易心理的行为因子。另外，通过引入两个相互作用体和认知相关的行为因子组合，重新构造出符合国情的行为资产定价模型。在检验并修正已有的行为资产定价模型方面，可以通过建立行为资产定价模型的检验模型，对所建立的行为资产定价模型进行检验。采取分阶段建模和预期检验、总体建模和抽样检验的方式，检验和提高行为资产定价模型的有效性和稳健性。

参考文献

[1] Guang Chen, Tian Qiu, Xiong – Fei Jiang, Li – Xin Zhong, Xiao Run Wu. How Trading Volume responds to Return in Financial Dynamics? Physica A 424 (2015) 73 – 81.

[2] Li – Xin Zhong, Wen – Juan Xu, Fei Ren, Yong – Dong Shi. Coupled Effects of Market Impact and Asymetric Sensitivity in Financial Markets. Physica A 392 (2013) 2139 – 2149.

[3] Li – Xin Zhong, Wen – Juan Xu, Ping Huang, Tian Qiu, Yun – Xin He, Chen – Yang Zhong. Self – organization and Phase Transition in Financial Markets with Multiple Choices. Physica A 410 (2014) 450 – 456.

[4] Li – Xin Zhong, Wen – Juan Xu, Rong – Da Chen, Chen – Yang Zhong, Tian Qiu, Fei Ren, Yun – Xin He. Self – reinforcing Feedback Loop in Financial Markets with Coupling of Market Impact and Momentum Traders. Physica A 493 (2018) 301 – 310.

[5] Li – Xin Zhong, Wen – Juan Xu, Rong – Da Chen, Chen – Yang Zhong, Tian Qiu, Yong – Dong Shi, Li – Liang Wang. A Generalized Voter Model with Time – decaying Memory on a Multilayer Network. Physica A 458 (2016) 95 – 105.

[6] Wen – Juan Xu, Li – Xin Zhong, Ping Huang, Tian Qiu, Yong – Dong Shi, Chen – Yang Zhong. Evolutionary Dynamics in Opinion Formation Model with Coupling of Social Communities. Advances in Complex Systems 18, No. 1 & 2 (2015) 1550003 (16 pages).

[7] Li – Xin Zhong, Fei Ren, Tian Qiu, Jiang – Rong Xu, Bi – Hui Chen, Cai – Feng Liu. Effects of Attachment Preferences on Coevolution of Opinions and Networks. Physica A 389 (2010) 2557 – 2565.

[8] Li - Xin Zhong, Tian Qiu, Fei Ren, Ping - Ping Li, Bi - Hui Chen. Time Scales of Epidemic Spread and Risk Perception on Adaptive Networks. Europhysics Letters 94 (2011) 18004 (6pagcs).

[9] Li - Xin Zhong, Wen - Juan Xu, Rong - Da Chen, Tian Qiu, Yong - Dong Shi, Chen - Yang Zhong. Coupled Effects of Local Movement and Global Interaction on Contagion. Physica A 436 (2015) 482 - 491.

[10] Li - Xin Zhong, Wen - Juan Xu, Yun - Xin He, Chen - Yang Zhong, Rong - Da Chen, Tian Qiu, Yong - Dong Shi, Fei Ren. A Generalized Public Goods Game with Coupling of Individual Ability and Projet Benefit. Chaos, Solitons and Fractals 101 (2017) 73 - 80.

[11] Meng Xu, Da - Fang Zheng, Chen Xu, Li - Xin Zhong, Pak - Ming Hui. Cooperative Behavior in N - person Evolutionary Snowdrift Games with Punishment. Physica A 424 (2015) 322 - 329.

[12] Li - Xin Zhong, Wen - Juan Xu, Yong - Dong Shi, Tian Qiu. Coupled Dynamics of Mobility and Pattern Formation in Optional Public Goods Games. Chaos, Solitons and Fractals 47 (2013) 18 - 26.

批注：本书的核心内容发表于国内外重要的 SSCI/SCI 期刊上，以上是书中核心内容所包含的本书作者所发表的文章。

后　记

本书为浙江财经大学钟立新教授主持的国家自然科学基金项目“基于子空间耦合的金融复杂系统建模与风险控制研究（71371165）”的主要研究成果。其核心内容曾发表在国内外重要学术期刊，包括 SSCI、SCI、CSSCI 等收录的期刊。另外，在本书的写作过程中，同时还受到了浙江财经大学杰出中青年教师资助计划（10141518001）和国家自然科学基金重点项目“基于互联网金融模式的结构性理财产品风险度量及应用研究（71631005）”等的支持，在此一并表示感谢。

本书中所涉及的研究工作凝聚了金融复杂系统研究小组全体成员的共同努力。研究小组每周在实验室的探讨和实验推动着作者在金融复杂系统研究领域的不断前行。在此，对曾经参加和正在参加金融复杂系统研究班讨论和实验室工作的全体小组成员表示感谢。

在当前的互联网大数据环境下，金融复杂系统研究正向着新金融、新思想、新创造的方向发展。如何进一步融合多学科领域的创新成果，推动金融复杂系统研究向着纵深发展，开创出具有中国特色及适用于中国本土的金融创新产品和金融风险管理模式，将是金融复杂系统研究小组下一步继续努力的方向。

最后，感谢所有给予我们支持和帮助，在此没有一一提及的师长和朋友们！感谢许多曾谋面或未曾谋面的引用本小组研究工作的作者们！

愿以此书献给所有关心和爱护我们的人！

作者

2018 年 6 月